汽车驾驶员（初、中级）培训教材

（修订本）

主编　戴良鸿

苏州大学出版社

图书在版编目(CIP)数据

汽车驾驶员(初、中级)培训教材／戴良鸿主编
．—修订本．—苏州：苏州大学出版社,2018.8
ISBN 978-7-5672-2433-9

Ⅰ．①汽… Ⅱ．①戴… Ⅲ．①汽车驾驶员－职业培训－教材 Ⅳ．①U471.3

中国版本图书馆 CIP 数据核字(2018)第 102874 号

汽车驾驶员(初、中级)培训教材(修订本)
戴良鸿　主编

责任编辑　管兆宁

苏州大学出版社出版发行
(地址：苏州市十梓街1号　邮编：215006)
镇江文苑制版印刷有限责任公司印装
(地址：镇江市黄山南路18号润州花园6-1号　邮编：212000)

开本 787 mm×1 092 mm　1/16　印张 23　字数 560 千
2018 年 8 月第 1 版　2018 年 8 月第 1 次印刷
ISBN 978-7-5672-2433-9　定价：76.00 元

苏州大学版图书若有印装错误，本社负责调换
苏州大学出版社营销部　电话：0512-67481020
苏州大学出版社网址　http://www.sudapress.com

汽车驾驶员（初、中级）培训教材（修订本）编委会

编　委　　蒋志伟　　乔士俊　　戴良鸿
　　　　　姚　新　　张则雷　　郑　军
　　　　　凌　晨　　姚丹超
主　编　　戴良鸿
统　稿　　戴良鸿　　凌　晨
撰　写　　戴良鸿　　凌　晨　　许　媛
　　　　　解国林　　倪桂荣

前言

随着道路运输业和汽车工业的飞速发展，各种新技术、新结构、新工艺和新材料不断在汽车上应用，这对汽车应用领域的从业人员提出了更高的要求。为了提高机关事业单位汽车驾驶岗位从业人员的技术素质和服务质量，不断满足驾驶员技术培训考核的科学化、规范化和制度化要求，江苏省人力资源和社会保障厅组织了有关专家、教师，根据《汽车驾驶员国家职业资格标准》，结合江苏省机关事业单位汽车驾驶员培训和考核实际，在认真编制各工种培训教学计划和大纲的基础上，组织编写了这本教材。

本教材由江苏省人力资源和社会保障厅组织编审。全书共分六个单元，内容包括汽车驾驶基础知识，汽车技术基础知识，汽车构造，汽车维护，汽车常见故障诊断与排除以及汽车初、中级驾驶员操作技能鉴定。

本教材总结了江苏省机关事业单位汽车驾驶员培训和考核的教学经验，注重以提升学员技术素质为导向，以增强服务能力为本位，教材内容适应汽车驾驶行业对技能型人才的要求，具有以下特点：

（1）教材以职业资格标准要求构建知识和技能体系。教材的六个单元对应了国家职业资格标准中汽车驾驶员四、五级技能规范要求，为贯彻国家职业资格标准，保证提高参培人员的技术素质和服务质量奠定了良好的基础。

（2）教材注重实用性，体现先进性，保证科学性，突出实践性，贯穿可操作性，反映了汽车工业的新知识、新技术、新工艺和新标准。

（3）教材体现了四、五级汽车驾驶员应知应会的知识技能要求，更注重汽车驾驶员的职业特点，重点围绕工勤岗位的应用能力，强化了新结构、新技术的学习运用，突出了新能源汽车技术、防御性驾驶、车务管理、车辆技术管理、相关法律法规知识以及技能技艺方面的内容。

（4）教材文字简洁、通俗易懂、图文并茂、形象直观、形式生动，有利于培养学员的学习兴趣，提高学习效果。

本书可作为国家、地方机关事业单位工人技术等级岗位四、五级汽车驾驶员培训和考核用书，也可以作为汽车驾驶专业培训教学、驾驶行业岗位培训或自学用书，同时可供汽车维修技术人员、销售人员和汽车运输企业从事教育培训的教师阅读参考。

编 者

2018年2月

目录 Contents

第一单元　汽车驾驶基础知识 ……………………………………………………… 001

第一章　汽车驾驶理论基础 …………………………………………………………… 001
第一节　汽车驾驶基础知识 …………………………………………………………… 001
第二节　汽车的特征参数与使用性能 ………………………………………………… 006
第三节　基础驾驶操作 ………………………………………………………………… 010

第二章　各种道路条件下的驾驶 ……………………………………………………… 016
第一节　一般道路驾驶 ………………………………………………………………… 016
第二节　复杂道路驾驶 ………………………………………………………………… 024

第三章　汽车安全驾驶 ………………………………………………………………… 039
第一节　交通法规 ……………………………………………………………………… 039
第二节　车辆技术状况与交通安全 …………………………………………………… 054
第三节　汽车装载与行车安全 ………………………………………………………… 058
第四节　行驶速度与行车安全 ………………………………………………………… 060
第五节　防御性驾驶 …………………………………………………………………… 062

第四章　驾驶员职业道德 ……………………………………………………………… 066
第一节　职业道德的基本概念 ………………………………………………………… 066
第二节　驾驶员职业道德的主要内涵 ………………………………………………… 070

第五章　汽车道路运输知识 …………………………………………………………… 073
第一节　道路旅客运输基本知识 ……………………………………………………… 073
第二节　道路货物运输基本知识 ……………………………………………………… 077

第二单元　汽车技术基础知识 ……………………………………………………… 082

第一章　汽车材料基础知识 …………………………………………………………… 082
第一节　金属材料 ……………………………………………………………………… 082
第二节　非金属材料 …………………………………………………………………… 094
第三节　汽车运行材料及其使用 ……………………………………………………… 097

第二章　机械识图 ……………………………………………………………………… 104
第一节　制图的基本知识和基本规定 ………………………………………………… 104
第二节　投影基础及三视图 …………………………………………………………… 107
第三节　机件的表达方法 ……………………………………………………………… 113
第四节　机械图样的表达与识读 ……………………………………………………… 120

第三章　电工电子学知识 ································· 138
　　　第一节　电工学基础 ··································· 138
　　　第二节　电子学基础 ··································· 153

第三单元　汽车构造 ··· 158

　　第一章　汽车类型、编号及基本组成 ····················· 158
　　　第一节　汽车类型及编号 ······························· 158
　　　第二节　汽车的基本组成 ······························· 163
　　第二章　汽车发动机 ····································· 166
　　　第一节　发动机构造、分类及专业术语 ················· 166
　　　第二节　曲柄连杆机构 ································· 173
　　　第三节　发动机配气机构 ······························· 180
　　　第四节　汽油机燃料供给系 ····························· 184
　　　第五节　发动机点火系 ································· 192
　　　第六节　发动机润滑系 ································· 205
　　　第七节　发动机冷却系 ································· 208
　　第三章　汽车底盘 ······································· 211
　　　第一节　汽车传动系 ··································· 212
　　　第二节　汽车行驶系 ··································· 221
　　　第三节　汽车转向系 ··································· 228
　　　第四节　汽车制动系 ··································· 232
　　第四章　汽车电气设备 ··································· 235
　　　第一节　电源系 ······································· 235
　　　第二节　启动系 ······································· 238
　　　第三节　照明与信号装置 ······························· 243
　　　第四节　汽车辅助电气设备 ····························· 251

第四单元　汽车维护 ··· 261

　　第一章　汽车定期维护 ··································· 261
　　　第一节　汽车维护制度 ································· 261
　　　第二节　日常维护 ····································· 263
　　　第三节　一级维护 ····································· 265
　　第二章　汽车不定期维护 ································· 267
　　　第一节　汽车走合期维护 ······························· 267
　　　第二节　汽车售前维护 ································· 268
　　　第三节　汽车季节性维护 ······························· 270

第五单元　汽车常见故障诊断与排除 ························· 273

　　第一章　发动机常见故障诊断与排除 ····················· 273

第一节　曲柄连杆机构和配气机构常见故障诊断与排除……………………… 273
　　第二节　电子燃油喷射系统常见故障诊断与排除………………………………… 276
　　第三节　点火系常见故障诊断与排除……………………………………………… 282
　　第四节　冷却系常见故障诊断与排除……………………………………………… 287
　　第五节　润滑系常见故障诊断与排除……………………………………………… 289
　第二章　汽车底盘常见故障诊断与排除…………………………………………… 291
　　第一节　传动系常见故障诊断与排除……………………………………………… 291
　　第二节　行驶系常见故障诊断与排除……………………………………………… 299
　　第三节　转向系常见故障诊断与排除……………………………………………… 302
　　第四节　制动系常见故障诊断与排除……………………………………………… 307
　第三章　汽车电气设备常见故障诊断与排除……………………………………… 309
　　第一节　电源系常见故障诊断与排除……………………………………………… 309
　　第二节　启动系常见故障诊断与排除……………………………………………… 312
　　第三节　汽车照明、信号及仪表系统常见故障诊断与排除……………………… 315
　　第四节　汽车辅助电气设备常见故障诊断与排除………………………………… 319
　第四章　途中急救知识………………………………………………………………… 321
　　第一节　发动机故障途中急救方法………………………………………………… 321
　　第二节　底盘故障途中急救方法…………………………………………………… 324
　　第三节　电气设备故障途中急救方法……………………………………………… 325

第六单元　汽车初、中级驾驶员操作技能鉴定…………………………… 327

　第一章　汽车驾驶员初级工操作技能鉴定项目…………………………………… 327
　　第一节　公路掉头…………………………………………………………………… 327
　　第二节　曲线驾驶…………………………………………………………………… 328
　　第三节　定点停车…………………………………………………………………… 329
　　第四节　坡道驾驶…………………………………………………………………… 329
　　第五节　车位正反倒车……………………………………………………………… 330
　　第六节　侧方停车…………………………………………………………………… 331
　　第七节　发动机电控系统读码、清码……………………………………………… 332
　　第八节　更换火花塞………………………………………………………………… 334
　　第九节　前照灯不亮故障排除……………………………………………………… 335
　　第十节　喇叭不响故障排除………………………………………………………… 336
　　第十一节　更换蓄电池……………………………………………………………… 338
　　第十二节　更换轮胎………………………………………………………………… 339
　　第十三节　车辆日常维护作业规范………………………………………………… 340
　第二章　汽车驾驶员中级工操作技能鉴定项目…………………………………… 341
　　第一节　百米加减挡驾驶…………………………………………………………… 341
　　第二节　穿越限宽门………………………………………………………………… 342
　　第三节　连续障碍行驶……………………………………………………………… 343

第四节　单边桥驾驶 …………………………………………………… 344
第五节　直角转弯 ……………………………………………………… 345
第六节　起伏路驾驶 …………………………………………………… 346
第七节　发动机不能启动故障排除 …………………………………… 347
第八节　发动机气缸压力检测 ………………………………………… 348
第九节　离合器踏板自由行程调整 …………………………………… 350
第十节　前轮前束调整 ………………………………………………… 351
第十一节　制动系统常见故障排除 …………………………………… 352
第十二节　转向沉重故障排除 ………………………………………… 353
第十三节　汽车电源系统故障排除 …………………………………… 354
第十四节　汽车一级维护作业规范 …………………………………… 355

后　记 ……………………………………………………………………… 358

第一单元　汽车驾驶基础知识

汽车驾驶基础知识是汽车驾驶员的一门基础课程，主要介绍汽车驾驶的理论基础、在各种道路条件下的驾驶要求、如何安全驾驶、驾驶员应遵循的职业道德标准以及汽车道路运输方面的相关知识。

第一章　汽车驾驶理论基础

本章主要介绍汽车驾驶基础知识、汽车的特征参数与使用性能以及基础驾驶操作的相关知识。

第一节　汽车驾驶基础知识

一、汽车基础知识

（一）汽车的定义

美国汽车工程师学会标准 SAE J687C 中对汽车的定义是：由本身动力驱动并装有驾驶装置，能在固定轨道以外的道路或地域上运送客货或牵引车辆的车辆。

日本工业标准 JISK0101 中对汽车的定义是：自身装有发动机和操纵装置，不依靠固定轨道和架线能在陆地上行驶的车辆。

我国国家标准 GB/T 3730.1—2001《汽车和挂车的术语和定义车辆类型》中对汽车的定义是：由动力装置驱动，具有四个或四个以上车轮的非轨道无架线车辆。

按照汽车的上述定义，我国二轮摩托车和三轮机动车都不属于汽车的范畴，不带动力装置的全挂车和半挂车不算汽车，但当它们与牵引车组合成汽车列车后属于汽车。美国和日本对汽车的定义范围比我国广，它们可以包括二轮摩托车和三轮摩托车，接近于我国道路机动车所指范围。

（二）汽车分类

按 GB/T 3730.1—2001 把汽车分为乘用车和商用车两种，新标准已从 2002 年 3 月 1 日开始实施。

1. 乘用车（passenger car）

乘用车指在其设计和技术特性上主要用于载运乘客及其随身行李或临时物品的汽车，包括驾驶员座位在内最多不超过 9 个座位。它也可以牵引一辆挂车。乘用车具体划分为普通乘用车、活顶乘用车、高级乘用车、小型乘用车、敞篷车、仓背乘用车、旅行车、多用途乘用车、短头乘用车、越野乘用车、专用乘用车共11种。

(1) 普通乘用车（saloon, sedan）。封闭式车身，固定式车顶（顶盖），有的顶盖一部分可开启。4个或4个以上座位，至少两排，后座椅可折叠或移动形成装载空间；2个或4个侧门，可有一后开启门。

(2) 活顶乘用车（convertible saloon）。具有固定侧围框架可开启式车身，车顶为硬顶或软顶。车顶至少有两个位置：封闭和开启或拆除。可开启式车身可以通过使用一个或数个硬顶部件将开启的车身关闭。4个或4个以上座位，至少两排；2个或4个侧门；4个或4个以上侧窗。

(3) 高级乘用车（pullman saloon）。封闭式车身，前后座之间可以设有隔板，固定式硬车顶，有的顶盖一部分可开启。4个或4个以上座位，至少两排，后排座椅前可安装折叠式座椅。4个或6个侧门，也可有一个后开启门；6个或6个以上侧窗。

(4) 小型乘用车（coupe）。封闭式车身，通常后部空间较小。固定式硬车顶，有的顶盖一部分可开启。2个或2个以上的座位，至少一排；2个侧门，也可有一个后开启门；2个或2个以上侧窗。

(5) 敞篷车（convertible, open tourer）。可开启式车身，车顶可为软顶或硬顶。车顶至少有两个位置：第一个位置遮覆车身；第二个位置车顶卷收或可拆除。2个或2个以上的座位，至少一排；2个或4个侧门；2个或2个以上侧窗。

(6) 仓背乘用车（hatchback）。封闭式车身，固定式硬车顶，有的顶盖一部分可以开启。4个或4个以上的座位，至少两排，后座椅可折叠或可移动，以形成一个装载空间。2个或4个侧门，车身后部有一个仓门。

(7) 旅行车（station wagon）。封闭式车身，车尾外形可提供较大的内部空间，固定式硬车顶，有的顶盖一部分可以开启。4个或4个以上的座位，至少两排，座椅的一排或多排可拆除，或装有向前翻倒的座椅靠背，以提供装载平台；2个或4个侧门，并有一个后开启门；4个或4个以上侧窗。

(8) 多用途乘用车（multi-purpose passenger car）。上述（1）～（7）车辆以外的，只有单一车室载运乘客及其行李或物品的乘用车。但是，如果这种车辆同时具有下列两个条件，则不属于乘用车而属于货车：① 除驾驶员以外的座位数不超过6个；只要车辆具有可使用的座椅安装点，就应算座位存在。② $P-(M+N\times68)>N\times68$，式中 P 为最大设计总质量，M 为整车装备质量与1位驾驶员质量之和，N 为除驾驶员以外的座位数。

(9) 短头乘用车（forward control passenger car）。一半以上的发动机长度位于车辆前挡风窗玻璃最前点以后，并且方向盘的中心位于车辆总长的前1/4部分内。

(10) 越野乘用车（off-road passenger car）。所有车轮同时驱动，或其几何特性、技术特性和它的性能允许在非道路上行驶的一种乘用车。

(11) 专用乘用车（special purpose passenger car）。运载乘员或物品并完成特定功能的乘用车，它具备完成特定功能所需的特殊车身和/或装备。例如，旅居车、防弹车、救护车、殡仪车等。

2. 商用车（commercial vehicle）

商用车指在设计和技术特性上用于运送人员和货物的汽车，并可以牵引挂车。商用车包括三部分：客车、半挂牵引车、货车。

（1）客车（bus）。在设计和技术特性上用于载运乘客及其随身行李的商用车辆，包括驾驶员在内座位数超过9座。客车有单层的或双层的，也可牵引一辆挂车。客车又分为小型客车、城市客车、长途客车、旅游客车、铰接客车、无轨电车、越野客车、专用客车。

（2）半挂牵引车（semitrailer towing vehicle）。装备有特殊装置用于牵引半挂车的商用车辆。

（3）货车（goods vehicle）。一种主要为载运货物而设计和装备的商用车辆。货车又分为普通货车、多用途货车、全挂牵引车、越野货车、专用作业车、专用货车。

（4）挂车（trailer）。就其设计和技术特性需由汽车牵引，才能正常使用的一种无动力的道路车辆，用于载运人员或货物。挂车又分为牵引杆挂车、半挂车、中置轴挂车。

（5）汽车列车（combination vehicles）。一辆汽车与一辆或多辆挂车的组合。汽车列车又分为乘用车列车、客车列车、货车列车、牵引杆挂车列车、铰接列车、双挂列车、双半挂列车和平板列车。

（三）汽车的结构组成

现代汽车是由多个装置和机构组成的。不同型号、不同类型及不同厂家生产的汽车其基本构造都是由发动机、底盘、电气设备和车身四大部分组成的。

1. 发动机

发动机是为汽车行驶提供动力的装置。现代汽车广泛采用往复活塞式内燃发动机。它是通过可燃混合体在气缸内燃烧膨胀产生压力，推动活塞运动并通过连杆使曲轴旋转来对外输出功率的，如图 1-1-1 所示。发动机主要包括两大机构和五大系统，它们是曲柄连杆机构、配气机构；燃料供给系、冷却系、润滑系、点火系和启动系。

图 1-1-1 汽车发动机

2. 底盘

底盘接受发动机的动力，使汽车产生运动，并保证汽车按照驾驶员的操纵正常行驶。底盘由传动系、行驶系、转向系和制动系组成，如图 1-1-2 所示。

图 1-1-2 汽车底盘

3. 车身

车身是驾驶员工作的场所,也是装载乘客和货物的场所。车身应为驾驶员提供方便的操作条件以及为乘客提供舒适安全的环境或保证货物完好无损。车身还包括车门、窗、车锁、内外饰件、附件、座椅及车前各钣金件等,如图 1-1-3 所示。

图 1-1-3 汽车车身

4. 电气设备

电气设备由电源系、发动机启动系、点火系、汽车照明和信号装置等组成,如图 1-1-4 所示。此外,在现代汽车上愈来愈多地装配了各种电子设备,如微处理机、中央计算机系统以及各种人工智能装置等,显著地提高了汽车的性能。

桑塔纳汽车的电气布置

图 1-1-4 汽车电气设备

二、汽车运行条件

汽车作为生活和运输的主要交通工具，具有机动、灵活、快捷等特点，驾驶汽车要达到"安全、迅速、经济、舒适"的要求，必须掌握汽车行驶的基本原理，用以更好地指导驾驶实践和有关汽车知识的学习、研究。

要使汽车行驶，必须具备两个基本行驶条件：驱动条件和附着条件。

（一）驱动条件

汽车必须有足够的驱动力以克服各种阻力。汽车的驱动力由发动机产生。发动机发出的转矩经由传动系统传到车轮上的转矩 M_t，力图使车轮旋转。由此，在驱动轮与地面接触处向地面施加一个力 F_0，其数值为 M_t 与车轮半径 r 之比：

$$F_0 = \frac{M_t}{r};$$

与此同时，地面对车轮施加一个与 F_0 数值相等、方向相反的反作用力 F_t（图 1-1-5），F_t 就是驱动力。

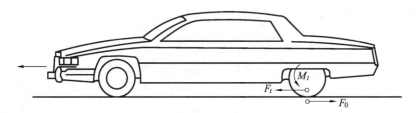

图 1-1-5 驱动力产生示意图

汽车的行驶总阻力 ΣF 包括滚动阻力 F_f、空气阻力 F_w、加速阻力 F_j 和上坡阻力 F_i：
$$\Sigma F = F_f + F_w + F_i + F_j。$$
滚动阻力 F_f 主要是由于车轮滚动时轮胎与路面变形而产生，空气阻力 F_w 是由于汽车行驶时与其周围的空气相互作用而产生，上坡阻力 F_i 是汽车重力沿坡道上的分力，加速阻力 F_j 只在汽车处于变速运动状态时存在。

汽车行驶的过程是驱动力能否克服各种阻力的交替变化过程：当 $F_t = \Sigma F$ 时，汽车匀速行驶；当 $F_t > \sum F$ 时，汽车速度增加，同时空气阻力亦随车速的增加而急剧增大，在某个较高速度处达到新的平衡后匀速行驶；当 $F_t < \sum F$ 时，汽车减速乃至停驶。这时，如果要维持较高的车速，就需要加大发动机的输出功率或将变速器换入较低的挡位以维持较大的驱动力。

（二）附着条件

驱动力的最大值一方面取决于发动机可能发出的最大转矩和变速器换入最低挡时的传动比，另一方面又受轮胎与地面的附着作用限制。

当汽车在平整干硬的路面上行驶时，车轮的附着作用是由于轮胎与路面存在着摩擦力而产生。这个摩擦力阻碍车轮的滑动，使车轮能够正常地向前滚动并承受路面的反作用力——驱动力。如果驱动力大于摩擦力，车轮与路面之间就会发生滑动。在松软地面上，除了轮胎与地面的摩擦之外，还加上嵌入轮胎花纹凹部的软地面凸起部所起的抗滑作用。由附着作用所决定阻碍车轮滑动的力的最大值称为附着力，用 F_φ 表示。附着力与车轮承受垂直于地面的法向力 G（称为附着重力）成正比：

$$F_\varphi = G\varphi。$$

由此可知，附着力是汽车所能发挥驱动力的极限，其表达式为：

$$F_t \leqslant F_\varphi = G\varphi，$$

此式称为汽车行驶的附着条件。

在冰雪或泥泞地面上，由于附着力很小，汽车的驱动力受到附着力的限制而不能克服较大的阻力，导致汽车减速甚至不能前进，即使加大节气门开度或换入低挡，车轮只会滑转而驱动力不会增大。为了增加车轮在冰雪路面上的附着力，可采用特殊花纹的轮胎、镶钉轮胎或者在普通轮胎上绕装防滑链，以提高对冰雪路面的附着作用。非全轮驱动汽车的附着重力仅为分配到驱动轮上的那一部分汽车总重力，而全轮驱动汽车的附着重力则为全车的总重力，因而其附着力较前者显著增大。

第二节　汽车的特征参数与使用性能

一、汽车的主要特征参数

（一）质量参数

（1）装备质量：汽车完全装备好（但不包括货物、驾驶员及乘客）的质量。除了包括发动机、底盘和车身外，还包括燃料、润滑油、冷却水、随车工具和备用轮胎等的质量。

（2）载质量：货车在硬质、良好的路面上行驶时所允许的最大额定装载质量。客车和轿车的载质量一般以乘坐人数表示，其额定客人数即为车上的额定座位数。

（3）总质量：汽车在满载时的总质量，即汽车装备质量与所载质量之和。

（二）尺寸参数

汽车的主要尺寸参数有车长、车宽、车高、轴距、轮距、前悬、后悬、接近角、离去角和离地距等，如图 1-1-6 所示。

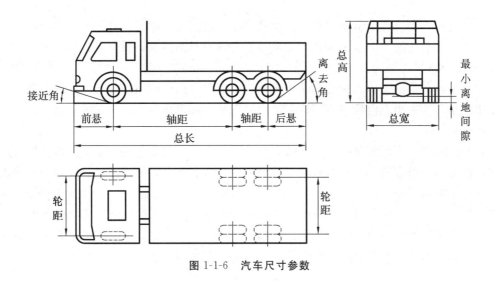

图 1-1-6 汽车尺寸参数

（1）车长：车长是指汽车长度方向两极端点间的距离。车长是对汽车的用途、功能、使用方便性等影响最大的参数，因此一般以车长来划分车身等级。车身长意味着纵向可利用空间大，但太长的车身会给掉头、停车造成不便。一般中小型乘用车长 4m 左右，接近 5m 长的可算作大型车了。按我国有关规定，公路车辆的极限总长是：货车、越野车、客车≤12m，铰接式客车≤18m，汽车带挂车≤20m。

（2）车宽：车宽是指汽车宽度方向两极端点间的距离。车宽主要影响乘坐空间和灵活性。对于乘用车，如果要求横向布置的三个座位都有宽阔的乘坐感（主要是足够的肩宽），那么车宽一般都要达到 1.8m。近年来，由于对安全性的要求，车门壁的厚度有所增加，因此车宽也普遍增加。按我国有关规定，公路车辆的极限总宽≤2.5m。

（3）车高：车高是指汽车最高点至地面间的距离。车高直接影响重心（操控性）和空间。大部分轿车高度在 1.5m 以下，与人体的自然坐姿高度相比低很多，主要是出于降低全车重心的考虑，以确保高速拐弯时不易翻车。MPV、面包车等为了营造宽阔的乘坐（头部空间）和载货空间，车身一般比较高（1.6m 以上），但随之使整车重心升高，过弯时车身侧倾角度大，这是高车身的一个重大缺陷。按我国的有关规定，公路车辆的极限总高≤4m。

（4）轴距：轴距是指汽车前轴中心至后轴中心的距离。在车长被确定后，轴距是影响乘坐空间最重要的因素，因为绝大多数的两厢和三厢轿车，乘员的座位都是布置在前后轴之间的。长轴距使乘员的纵向空间增大，直接得益的是对乘坐舒适性影响很大的脚部空间。在行驶性能方面，长轴距能提高直路巡航的稳定性，但转向灵活性下降，回旋半径增大。

（5）轮距：轮距是指同一车轴左右轮胎胎面中心线间的距离。轮距直接影响汽车的前后宽度比例。与其他尺寸相比，轮距更受机械布局（尤其是悬挂系统类型）的影响，是造型设计师需要在早期确定的参数。一般轿车的前轮距比后轮距略大（相差 10~50mm），即车身前半部比后半部略宽，这与气流动力学有关。但一些特殊布局的汽车，如法拉利的 512TR，由于后轴安放了大型的水平对置 12 缸发动机，使其后轮距远大于前轮距，这就需要以特别的造型设计来配合。在操控性方面，轮距越大，转向极限和稳定性也会越高，很多高性能跑车车身翼子板都向外抛，就是为了尽量扩大轮距。

（6）前悬与后悬：前悬是指汽车最前端至前轴中心的距离。后悬是指汽车最后端至后轴中心的距离。

（7）接近角与离去角：接近角是指汽车前端突出点向前轮引切线与地面的夹角。离去角是指汽车后端突出点向后轮引切线与地面的夹角。接近角和离去角越大，表示汽车的通过性越好。

（8）离地距：离地距是指车体最低点与地面的距离。后驱车的离地最低点一般在后轴中央，前驱车一般在前轴，也有些轿车的离地距最低点在前防撞杆下缘。离地距必须确保汽车在行走崎岖道路、上下坡时的通过性，即保证不刮底。但离地距高也意味着重心高，影响操控性，一般轿车的最低离地距为 130~200mm，符合正常道路状况的使用要求。越野车离地距普遍大于 200mm。赛车由于安装了扰流车身部件，并且要降低重心，离地距可以低至 50mm，甚至更低，当然前提是赛车跑道路面平坦，在普通街道上肯定是不可行的。

二、汽车的使用性能

汽车的使用性能是指汽车满足使用要求的程度，也是衡量汽车性能好坏的重要指标。汽车的使用性能包括：动力性、燃料经济性、制动性、操纵稳定性、行驶平顺性、乘坐舒适性、通过性、安全性、可靠性、耐久性、操作方便性和排放性等。

（一）汽车的动力性

这是汽车首要的使用性能。汽车必须有足够的平均速度才能正常行驶，汽车必须有足够的牵引力才能克服各种行驶阻力正常行驶，这些都取决于动力性的好坏。汽车动力性可从以下三方面指标进行评价。

（1）汽车的最高车速：汽车的最高车速是指汽车在水平的良好路面（混凝土或沥青）上能达到的最高行驶速度。

（2）汽车的加速能力：指汽车在各种使用条件下迅速增加汽车行驶速度的能力。汽车的加速能力强，表明汽车有较好的超车能力。汽车的加速能力通常用原地起步加速至某一速度（如 100km/h）的时间来衡量，或由原地起步行驶某一段距离（如 400m）的时间来衡量。

（3）汽车的爬坡能力：汽车的爬坡能力用汽车满载时以最低挡位在坚硬路面上等速行驶所能克服的最大坡度来表示，称为最大爬坡度。它表示汽车最大牵引力的大小。

不同类型的汽车对上述三项指标要求各有不同。轿车与客车偏重于最高车速和加速能力，载重汽车和越野汽车对最大爬坡度要求较高。但不论何种汽车，要在公路上能正常行驶，必须具备一定的平均速度和加速能力。

（二）汽车的燃料经济性

为降低汽车运输成本，要求汽车以最少的燃料消耗完成尽量多的运输量。汽车以最少的燃料消耗量完成单位运输工作量的能力，称为燃料经济性。燃料经济性的衡量指标是：给定行驶里程的汽车燃料消耗量，或给定燃料消耗量能使汽车行驶的里程。例如，我国采用的指标是汽车行驶 100km 消耗多少升燃料（L/100km）。

（三）汽车的制动性

汽车具有良好的制动性是安全行驶的保证，也是汽车动力性得以很好发挥的前提。汽车制动性有下述三方面的内容。

（1）制动效能：汽车迅速减速直至停车的能力。常用制动过程中的制动时间、制动减速度和制动距离来评价。汽车的制动效能除和汽车技术状况有关外，还与汽车制动时的速度以及轮胎和路面的情况有关。

（2）制动效能的恒定性：在短时间内连续制动后，制动器温度升高导致制动效能下降，称之为制动器的热衰退。连续制动后制动效能的稳定程度为制动效能的恒定性。

（3）制动时方向的稳定性：制动时方向的稳定性是指汽车在制动过程中不发生跑偏、侧滑和失去转向的能力。当左右侧制动动力不一样时，容易发生跑偏；当车轮"抱死"时，易发生侧滑或者失去转向能力。前轮抱死后，汽车将失去转向操纵能力；后轮抱死后，汽车后部很可能发生侧滑甩尾。由此可见，在车轮抱死时，会影响汽车制动时方向的稳定性。

（四）汽车的操纵性和稳定性

（1）汽车的操纵性：是指汽车对驾驶员转向指令的响应能力，它直接影响到行车安全。轮胎的气压和弹性，悬挂装置的刚度以及汽车重心的位置都对该性能有重要影响。

（2）汽车的稳定性：是指汽车在受到外界扰动后恢复原来运动状态的能力以及抵御发生倾覆和侧滑的能力。对于汽车来说，侧向稳定性尤为重要。当汽车在横向坡道上行驶、转弯以及受其他侧向力时，容易发生侧滑或者侧翻。汽车重心的高度越低，稳定性越好。合适的前轮定位角度使汽车具有自动回正和保持直线行驶的能力，提高了汽车直线行驶的稳定性。如果装载超高或超载，转弯时车速过快，横向坡道角过大以及偏载等，容易造成汽车侧滑及侧翻。

（五）汽车的行驶平顺性和乘坐舒适性

汽车的行驶平顺性：汽车在行驶过程中由于路面不平的冲击，会造成汽车的振动，使乘客感到疲劳和不舒适或货物损坏。为防止上述现象的发生，不得不降低车速，同时振动还会影响汽车的使用寿命。汽车在行驶中对路面不平的降振程度，称为汽车的行驶平顺性。

汽车行驶平顺性的物理量评价指标，客车和轿车采用"舒适降低界限"车速特性。当汽车速度超过此界限时，就会降低乘坐舒适性，使人感到疲劳、不舒服。该界限值越高，说明平顺性越好。货车采用"疲劳-降低工效界限"车速特性。汽车车身的固有频率也可作为平顺性的评价指标。从舒适性出发，车身的固有频率在 600~850Hz 的范围内较好。

（六）汽车的通过性

汽车在一定的载重量下能以较高的平均速度通过各种坏路、无路地带和克服各种障碍物（陡坡、台阶、壕沟等）的能力，称之为汽车的通过性。各种汽车的通过能力是不一样的。轿车和客车由于经常在市内行驶，通过能力就差。而越野汽车、军用车辆、自卸汽车和载货汽车，就必须有较强的通过能力。

（七）汽车的安全性

安全性是指汽车在行驶时避免发生碰撞事故以及碰撞后可减轻损失或伤亡的性能。汽车的安全性又可分为主动安全性和被动安全性两项。

（1）主动安全性：主动安全性是指汽车对操纵稳定性和制动性能等事故的预防能力。

（2）被动安全性：被动安全性是指汽车发生不可避免的碰撞事故时，对驾驶员和乘员进行保护，尽可能减少其所受的伤害，即提高汽车碰撞对人员的保护能力，如保险杠性能、防撞车身结构、安全带效能、安全气囊效能、安全玻璃性能等。

（八）汽车的可靠性和耐久性

这是指汽车在正常条件下、规定的时间内完成必要的工作的能力。如果汽车的零部件在规定的使用期限内不能保证性能要求，就称为"故障"或"不可靠"。故障包括如下情况：零部件不工作、工作不稳或性能降低。故障又分为突发性和渐衰性两种表现形式。汽车零部件产生故障后，有的经过维修后仍可保证性能要求，而有的则不可维修而报废。零部件从开始正常工作直至不能正常工作而报废的整个过程称为使用寿命，可用零部件的工作时间或汽车的行驶里程去衡量。可靠性和耐久性的含义有相似之处，但可靠性是针对故障而言，而耐久性是指使用寿命的长短。

第三节　基础驾驶操作

汽车驾驶作为一项技能，它的培养和产生有一个循序渐进的过程。为了成为一名合格的汽车驾驶员，必须从基础操作开始，逐步掌握各种道路条件下的驾驶技术。基础驾驶操作从驾驶前的准备、车辆的检测到规范的操作，主要包括如何正确规范地上下汽车、启动车辆、起步、变速、制动、停车等一些基本动作和步骤。

一、汽车驾驶前的准备与检查

驾车前安全检查的目的是避免行车中出现故障引发意外，提前发现问题，这关系到自身和他人的生命财产安全，所以一定要认真进行。检查的内容有：

（1）驾驶室内部检查：检查各操纵装置有无异常。

（2）发动机舱的检查：检查各工作液量是否充足，传动皮带是否松旷。

（3）车辆外部检查：

① 车身及玻璃有无碰擦受损，地面有无油污及水迹，以及车上有无泄漏部位并查明原因。

② 检查轮胎螺栓和钢板有无松旷，轮胎气压是否充足，各胎气压是否一致，检查轮胎有无明显的裂痕、损伤和异常磨损。

③ 各灯光装置是否齐全完整、灯光明亮、工作可靠。

④ 检查前后牌照是否齐全、牢固，标志与证件是否带齐，检查灭火器、停车警告标志、随车工具、备胎等是否齐备。

二、驾驶员上下汽车及驾驶姿势

驾驶员上车之前，应观察周围情况，防止因突然打开车门而妨碍行人、骑车人或其他车辆的正常行驶。驾驶员在驾驶汽车时，应穿着适宜的服装和鞋帽，上衣、裤子要松紧适度，确保身体各部活动自如；应防止长发散落挡住视线；不能赤脚或穿拖鞋驾驶车辆，以防制动无力或脱滑而造成事故。

上车时，应用左手打开车门，将左手倒换入车门内侧，用右手握于方向盘右侧，右脚伸入车内，并放于油门踏板上，身体随之进入，收回左脚，且放于离合器踏板下方，关好车门，扣好安全带。

下车时，先解开安全带，由后视镜观察车后有无从车左侧过来的车辆或行人，前后巡视确认安全后，再打开车门，伸出左脚，探身后视，再次认定安全状况，起身出车，关好车门。

上车后应调整好驾驶座位，正确而合适的座位是驾驶的基本要领，座位过分靠前或靠后都会影响操作。调整时，通常是将座位下方的操纵手柄搬开，身体带动活动底板与座椅一起前后移动，使自己在踏下踏板时，膝盖略微弯曲，大腿与小腿间的角度以120°～130°为宜。调节好后，放松手柄，使锁块定位。其次是调整靠背的倾角，一般使用靠背右侧的拉柄，拉动后，身体前后倾仰带动后靠背弧形移动，使身体能贴住靠背而手掌能轻松地握住方向盘上端，调整合适后放松手柄，使锁卡定位。

座位调整好后，应调整车辆的后视镜和侧视镜，以便于观察到车辆后方及后侧的交通状况。否则不便于了解车辆行驶的状况和倒车。

保持良好的驾驶姿势，能够减轻驾驶员的疲劳程度，使精力集中，感觉舒适，也便于观察道路情况和仪表，保证正确、灵活、敏捷、安全地进行驾驶操作。

正确的驾驶姿势是：身体正对转向盘，后背靠于靠背；两眼向前平视，能看远顾近，注意两边；两手分别握于转向盘轮缘左右两侧，两肘自然下垂；头正颈直，颈部肌肉自然放松；两腿分开，左脚自然地放于离合器踏板左下方，右脚以脚跟为支点，脚掌轻放在加速踏板上。

无论手脚如何动作，上身均应保持正直，注意克服身体弓腰哈背、过于后仰，单手扶持转向盘，将胳膊肘放在窗框上等不良的驾驶习惯。严禁双手同时离开转向盘，除观察仪表外绝不允许低头下看，对各操纵机件必须达到"盲控"的标准，即不需眼看，一次就能准确无误地摸到机件的位置。

三、车辆的感觉

车辆的感觉就是驾驶员对车身部分与路面相对位置的直接感觉。正确的车辆感觉有助于驾驶员准确地控制汽车在道路上的行驶位置，合理选择路面，保证行车安全。车型的不同和驾驶员座位高低将直接影响到驾驶员的视线和对车体的整体感觉。

坐在座位上，驾驶员应能正确判断车身前后左右边缘及前后左右车轮的位置，掌握汽车转向时车身的运动规律。通过观察和体会，驾驶员对所驾驶的汽车各部位置有了正确的感觉，才能保证汽车行驶时，与外部障碍保持适当的安全距离，准确地控制汽车的位置，正确选择安全通过的空间。

建立车辆感觉时，还应注意驾驶员的视线有部分无法看到的区域，即视线盲区。视线盲区取决于驾驶室的结构，驾驶员身材的高低，汽车视窗的大小和座椅的高低。视线盲区通常是车后大于车前，右侧大于左侧，驾驶员必须注意体验。

四、汽车的起步

1. 发动机的启动

发动机的启动分为常温启动和低温启动,在低温(大气和发动机温度低于5℃)条件下,由于润滑不好,发动机启动比较困难,同时机件的磨损较大,燃料消耗较多。因此,启动后必须先低速运行,逐步恢复正常行驶速度,否则会加速发动机的损耗。有的汽车装有低温启动装置(如启动预热、启动加浓等),则应利用这些装置。启动操作步骤如下:

(1) 拉紧驻车制动杆,将变速杆放在空挡位置。

(2) 接通电源总开关(若安装),打开点火开关。

(3) 在察看车后有无不安全的情况后,踩下离合器踏板,右脚稍踏下加速踏板(约全行程的1/3~1/2)。

(4) 转动钥匙或按下启动机按钮(一次的时间不得超过5s,再次使用的间隔不少于10~15s)启动发动机。启动后应立即松开钥匙或按钮,不要猛"轰油门"。若连续数次启动不了,应检查故障,将故障排除后再行启动。蓄电池电不足时,汽油机可用蓄电池跨接启动或挂挡推动。

(5) 要停熄发动机,汽油机关闭点火开关,柴油机将排气制动杆推到制动阀关闭位置即可,有发动机停止拉钮的,拉出拉钮,发动机即停熄。发动机温度过高时,应怠速运转1~2min,使发动机均匀降温后再熄火。

2. 汽车起步

汽车从静止经动力牵引到行驶的过程称为起步。静止的汽车有很大的惯性,要使它行驶起来,就必须不断地增加汽车的动力,使之足以克服自身重力形成的各种阻力,方能起步。汽车起步应做到安全、平稳、迅速。

五、汽车变速

变速的操作俗称为换挡。汽车在行驶中,根据道路和交通流量的情况,需要经常地改变行驶速度。及时、准确、平顺地换挡,对提高汽车行驶的经济性和动力性,延长变速器、离合器的使用寿命都有着很大关系。

1. 加减速

起步后首先需要练习通过踩踏加速踏板调节速度和踩踏制动踏板控制汽车行驶速度。

(1) 使用加速踏板调节车速。踏踩加速踏板可提高车速;松开加速踏板可降低车速;保持加速踏板位置可实现保持一定的速度行驶。

(2) 使用制动踏板调节速度。当松开加速踏板不能充分降低速度时,可轻踩制动踏板降低速度,如果用力踩制动踏板可实现迅速降低速度。

2. 换挡待机

汽车在运行中,当汽车动力大于行驶的阻力,汽车就加速行驶,反之则减速行驶;当两者相等时,则汽车匀速行驶。在汽车动力一定时,驱动轮的转速越低,其驱动力越大;转速越高,其驱动力越小。换挡的实质是选择变速器的不同变速比,使驱动轮获得不同转矩和转速。当汽车运动阻力增大,如起步、上坡或通过困难路段时,需要增大牵引力,就必须降入较低的挡位。降挡后汽车行驶正常,即为降挡适宜。当道路条件较好时,运行阻力减小，车速提高较快，在车速超过上一挡位的最低车速时，就应及时升入高一级挡位。升挡后汽车行驶稳定，即为升挡适宜；否则均属于"拖挡"。拖挡行驶会增加燃油消耗和机件磨损，这在驾驶过程中是不允许的。

为了提高汽车的平均行驶速度和经济性，在道路、交通条件允许的前提下，应尽可能地使汽车处于高挡位行驶，减少低挡位行驶时间。同时，还应使发动机经常处于中等负荷工作状态，以降低汽车的燃油消耗。对于初学者，应认真体验各种车速条件下发动机动力的强弱以及各挡位的最低工作车速，从而为正确、适当地变速，提高汽车的经济性创造条件。

3. 换挡方法

（1）加挡（加速）：在迅速地松开加速踏板的同时，踏下离合器踏板，将变速杆移至空挡，随即放松离合器踏板，再踏一下离合器踏板，并迅速把变速杆挂入高一级挡位；接着边放松离合器踏板，边踏下加速踏板。这种操作方法称为两脚离合器，其目的是利用怠速运转的发动机来带动一下变速器的第一轴，将第一轴及中间轴转速减慢，使两个将要啮合的齿轮圆周速度接近，便于啮合，不致发生撞击响声或损坏。

（2）减挡（降速）：在迅速踩下离合器踏板的同时抬起加速踏板，立即把变速杆移入空挡，接着放松离合器踏板，随即踏一下加速踏板（加空油），再迅速踏下离合器踏板，将变速杆挂入低一级挡位后，放松离合器踏板，同时踏下加速踏板，使汽车继续行驶。加空油的目的是提高发动机转速，使两个将要啮合的齿轮的转速接近，便于啮合。减挡时应注意：当离合器未到位时会引起发动机空转，空转不仅引起噪声，时间过长对发动机也有一定损伤；如果降挡过快，会引起剧烈抖动；加速踏板踩得过轻或离合器抬起过急，都可能引起发动机熄火。

目前同步器已被汽车变速器广泛采用，使得换挡简单方便，只需放松加速踏板，踏下离合器踏板，即可将变速杆换入需要的挡位。但仍应掌握两脚离合器的方法，这是因为不少汽车只是在中速挡与高速挡之间设同步器。为了延长同步器的使用寿命，这样操作仍有好处。

汽车加速过程必须逐级进行，不允许越级加挡；减挡是在汽车速度降低后，为保证汽车动力的换挡过程。由于降速的幅度大小有区别，减挡可以逐级进行，也可以越级进行。在换挡时，要一手换挡，另一手掌握好转向盘，防止"跑轮"（即汽车偏行），不要"猛推硬拉"，避免齿轮的撞击。

六、汽车转向

汽车转向要根据道路情况及弯度大小，控制好转向轮轨的转角，转向轮轨迹应圆滑适度，转角不能太大和太小。

汽车转向时要掌握汽车的稳定性。汽车转向时会产生离心力，弯度越小，速度越快，离心力越大。离心力过大会引起汽车侧滑甚至倾翻。因此，在汽车转向前应降低车速，不要猛打方向，同时，要尽量避免转向时制动，特别是紧急制动。当转向时发生前轮侧滑，应放松加速踏板，将转向盘朝着相反的方向转动；后轮侧滑，则应顺着转向方向适当转动转向盘，待侧滑停止后，再修正行驶方向。

到交叉路口需要转弯时，应在转弯前50～100m处降低车速，打开转向灯（夜间要改用近光灯），并注意指挥信号和交通情况，在确保交通安全的前提下才可转弯。

在城区道路上划有机动车分道线的路口转弯时，须在距路口 50～100m 处发出转向信号，同时变更车道。小型客车右转时，应变更驶入大型机动车道内；大型客车、货运汽车左转时，应变更驶入小型机动车道。

七、汽车制动

制动俗称刹车，它的正确、合理的运用，影响到燃料的消耗，机件及轮胎的磨损，也关系到行车的安全。

制动装置分为行车制动（俗称脚制动）和驻车制动（俗称手制动）。行车制动装置的作用是使车辆减速或停车。驻车制动装置的作用是使车辆停止时保持稳定，还可在坡道起步时起辅助作用。

车辆挂前进挡行驶时，如果完全抬起加速踏板，保持较低挡位，发动机没有更多的燃料供应，转速下降，会牵制车辆的速度逐渐降低，能起一定的制动作用，称为发动机制动。在行驶中，尤其是下长坡时正确使用发动机制动，对安全非常重要。

高速行驶时制动要同时使用行车制动和发动机制动，先轻踩制动踏板，速度降到较低后再踏离合器踏板换低挡，这样比较安全。

1. 预见性制动

在驾驶汽车过程中，当出现行人、车辆、地形和交通情况的变化时，估计难以通过或可能发生危险，需要提前有目的地采取减速或停车，这就是预见性制动。

当停车位置较远时，可先放松加速踏板，利用汽车的行驶阻力和发动机阻滞作用降低车速，或将变速杆放入空挡利用滑行减速，并根据情况持续或间断地轻踩制动踏板，使汽车进一步降低车速。当汽车的速度已降得很慢快要停车时，可逐渐转动转向盘使汽车靠向道路的右边。如尚未将变速杆放入空挡，则要踩下离合器踏板，同时轻踩制动踏板，使汽车平稳、正直地停住；如果预定停车位置较近，为了使预见性制动停车平稳、准确，其制动力度的运用至关重要。制动踏板的运用应该是"轻—重—轻"的过程。即开始时将右脚从加速踏板移向制动器踏板再轻轻地踏下，再根据减速程度和距停车点的距离，适当加重制动踏板的压力，汽车在接近停车目标前，就应该踏下离合器踏板，并松一点制动踏板，利用汽车的惯性力使汽车恰好驶向停车目标。这样就不会因制动过急而使汽车"点头"。

2. 紧急制动

它是指在汽车正常行驶中遇到突发的紧急情况时，驾驶员正确、迅速地使用制动器，使汽车在最短的距离内迅速停住，以避免发生交通事故而采取的制动措施。

紧急制动的操作方法：双手紧握转向盘，两眼向前看，果断地抬起加速踏板，迅速用力踏下制动踏板，必要时，同时拉紧驻车制动器操作杆，发挥汽车的最大制动能力，迫使汽车迅速停住。

使用紧急制动不仅对汽车各部机件和轮胎都会造成一定的损伤，而且还会由于左右车轮的制动效果不一致，而造成汽车制动跑偏，方向难于控制而造成事故。所以紧急制动只有在迫不得已的危急情况下使用。

3. 停车

当需要停车时，应提前开启右转向灯，并利用右侧后视镜观察右后方有无来车，采取预见性制动降低车速，并使车辆逐渐靠向道路右侧，当接近预定停车地点时回正方向，将变速杆移入空挡，待汽车停稳后拉紧手制动，关闭点火开关和转向灯。停车的基本要求是平稳、准确、车身正直。

八、行驶位置

车辆行驶时要注意选择好行驶位置，行驶时应在车道正中央行驶，不要过于靠近路边和道路中心线。在没有划分中心线的公路上，在无会车可能时，应在道路中心行驶。

九、倒车

倒车时，一是视线受限；二是后轮成前导，前轮变为后跟，发生"转向情况变异"；三是驾驶操作没有前进时顺手、方便和灵活。所以在倒车姿势、目标的选择、操作方法、注意事项上有其客观规律。

（一）倒车的驾驶姿势与倒车目标的选择

要根据汽车的外廓、装载的宽度与高度、交通环境、道路的视线条件等选择倒车姿势和相应的倒车目标。

1. 注视后窗倒车

左手握转向盘上方，上身向右侧转，下身微斜，右臂依托在靠背上端，头转向后窗，两眼注视后方目标。一般是选择车库门或停靠位置的建筑物、树木等为目标，以车厢后挡板中心线或车厢后角与选定目标的间距进行倒车。

2. 注视侧方倒车

右手握扶转向盘上端，左手打开车门扶在车门窗框下沿或内扶手上，头从左方探出驾驶室，注视后方目标进行倒车。一般是选择能见到的场地或车库的边缘为目标，依据后轮、车厢边缘或车厢后角与所选目标接近的情况进行倒车。

3. 注视后视镜进行倒车

其姿势与前进行驶的姿势相同，两眼通过左右两侧的后视镜注视目标，一般是在道路右侧右转弯倒车时采用，常选右侧后视镜中出现的路沿、树木等的影像为目标，依据车身的边缘或右后轮的影像与所选目标影像之间的空隙进行倒车。

（二）倒车的操作方法

1. 直线倒车

应保持前轮的正直方向倒退，当发现车尾偏斜时，车朝偏斜的相反方向转动转向盘，待车尾接近正直时将转向盘回正。

2. 转弯倒车

转弯倒车要为内轮差留出余量，右转弯倒车要将余量留在左侧，左转弯倒车要将余量留在右侧，倒车时要看后顾前，防止前轮及前翼子板碰撞障碍物。

（三）倒车的要求和注意事项

（1）首先观察了解车后的道路与环境情况，确知倒车的稳妥范围后方可进行倒车。

（2）根据实际情况采取相应的姿势，选好目标，将变速器挂入倒挡，用同前进挡起步一样的操作方法进行倒车起步。

（3）倒车行驶中要稳住加速踏板，控制车速，不可忽快忽慢，既要防止因乏力熄火，又要避免因倒车过猛而发生事故。

（4）在危险地段倒车时，应将车头对着危险地段、车尾朝向安全地段，前行或后倒中注意留有余地。

（5）倒车时如有人指挥，必须注意与指挥人员密切配合，既要听从指挥，又要有自己的估计判断，绝不可自以为是。指挥人员不宜在车后倒退行走，应在车的安全一侧，重点照看汽车的后方和前方，确保安全。

（6）倒车时，要随时做好制动停车的准备。如感到有危险，应立即停车，弄清情况后再倒车。

第二章　各种道路条件下的驾驶

驾驶技能的产生从一开始的原地驾驶到场地驾驶，最终必须能适应各种道路条件下的驾驶。本章将介绍在一般道路条件下以及一些复杂道路条件下驾驶的操作要求、注意事项、驾驶技巧等内容。

第一节　一般道路驾驶

一般道路驾驶主要是指在正常道路、正常气候条件下汽车平稳起步行驶，主要有平路驾驶，坡道驾驶，通过桥梁、隧道、铁路、沙滩和河床道路的驾驶。

一、平路驾驶

（一）行驶路线

车辆行驶路线是指车辆要按照道路上划、设的法定车道或部位分道行驶。行车中选择好的路线行驶，对轮胎、钢板弹簧和其他机件的使用寿命以及驾驶员的疲劳强度都有很大关系。因此在行驶中，应尽量避免颠簸和偏重，并尽可能保持直线匀速行驶。

在一般平直道路上，车辆应靠右侧行驶，如对方无来车可在中间行驶，特别是在路面不很宽、拱形较大的碎石路上，使车轮左右两边都有回旋余地，这对于以较高车速行驶时更有必要。因道路中间经多次行车，路面平齐坚实而阻力小。

在行驶中如遇对面来车或后车超越时，应主动减速让到右侧行驶，过后再将车辆平稳地驶入中间。长期偏向一侧行车，将会加重一边轮胎、钢板弹簧、车架等机件的负荷磨损而造成不均衡的磨损和损坏。

在行驶中，应注意避开道路上的尖石、棱角物等，如遇到凹凸不平、搓板路面或其他不良路面情况时，可减速缓行通过。不可为了选择行驶路线而左右猛转方向盘，致使车辆行驶失稳。

【注意】　不得跨越实线改变行车路线；不得向右跨越实线改变行车线路；不得向右

跨越虚线改变行车路线超越前车。

（二）行驶速度

车辆的行驶速度与行车安全、燃料消耗、机件使用寿命有直接关系。因此，车速应根据车型、道路、气候、任务、载货、视线、交通情况等来确定，也要兼顾驾驶员本人的技术熟练程度和精力充沛与否。在良好的道路上，应用高速挡的经济车速行驶。这个速度因车型不同而有所区别，汽油车大致是出厂性能最高车速的40%～60%。在这个速度下行驶，既能取得良好的节油效果、降低运输成本，又能维持正常运输效率。车速过高，不仅会增加燃料消耗、加速机件和轮胎的磨损，使汽车的经济性能变坏，还容易发生行车事故；车速过低，则降低了运输效率，燃料消耗还可能增加，也是不适宜的。

驾驶员必须严格执行限速规定，在任何条件下都不能超速行驶。

（三）行驶间距

车辆行驶间距是指车辆之间纵向和横向的距离。汽车行驶时，必须与周围的车辆、行人以及障碍物保持一定的间隔距离。

（1）与同向行驶车辆间的距离，在公路上应保持30m以上；在市区应保持20m以上；在繁华地区应保持5m以上；在冰雪道路上应保持50m以上；遇到气候不良或特殊道路时，其间隔还应适当加长。

（2）侧向间距与车速有关。一般车速40～60km/h时，同向行驶车辆的侧向最小安全间距为1.0～1.4m；异向行驶车辆的间距为1.2～1.4m；汽车与人行道的间距为0.6m。

（3）在雨、雪、雾天，车辆间距应适当加大。汽车与运动物体的间距可大些，与静止物体的间距可小些。若条件不允许保持足够的安全侧向间距，则应降低车速，慢慢通过，以保证行车安全。

（4）汽车行驶中与周围的人、物的间距不断发生变化，要注意随时观察，及时调整间距。

（四）会车

会车应靠道路右侧通过。车辆交会时，应根据双方车辆的速度、车型、车况、装载情况以及道路状况、视线好坏、气候条件、交通情况和驾驶技术水平等因素来调整自身车辆的速度及行驶位置，选择合适的会车地点，达到安全迅速交会的目的。

在会车时要遵守以下几点：

（1）会车前，应看清来车装载情况，如有无拖带挂车和装载超宽物体，适当降低车速，选择较宽、坚实的地方，靠路右侧鸣号慢行交会通过。如道路狭窄、交通频繁，应停车避让，在确保安全的情况下方可先行通过。

（2）会车时，不得在中央行驶，以免妨碍来车行进和发生碰撞。不得在桥梁、隧道、涵洞、急转弯处交会。

（3）当自己路前有障碍物时，应先停车让来车通过。行驶在狭窄道路时，先到达宽处的汽车，应停车让来车先过。

（4）在雨、雾、雪天或黄昏等视线不清的条件下会车时，要降速开小灯，加大两车横向距离，必要时停车避让。

（5）一般情况下交会，应按下列规定：空车让重车，大型车让小型车，货车让客车，普通车让特种车，下坡车让上坡车。如一时分辨不清或遇到特殊情况时，应本着礼让的精神，自觉做到：先慢、先让、先停。

(6) 在路面宽 6～7m 的三级公路上行驶，会车时遇到障碍物，只能单车通过。这时应按右侧通行的规则，让前方无障碍物的一方先行，而靠近障碍物的汽车只能在对方通过后再通行。不得抢路，否则往往会造成严重后果。

(7) 夜间会车，距对方来车 150m 以内，将大灯改用小灯。会车时，不准用雾灯。在没有路灯照明的公路上会车时，要注意观察右前方情况，降低车速，必要时停车交会，防止关大灯后看不清前方情况，发生事故。

(8) 不得在两车交会之际使用紧急制动。

（五）超车

车辆超越前方同向行驶又在同一车道的车辆，称为超车。超车不当或强行超车，容易发生事故。因此，要做到以下几点：

(1) 应选择道路宽直、视线良好、路侧左右均无障碍、距对面来车 150m 以外的地点进行。

(2) 欲超车时，可以先向前车左侧接近，并鸣号通知前车，夜间用断续开闭大灯示意，力图使前车发现，待确认前车让超车后，与被超越车辆保持一定的横向间距，方得加速从左边超越；超越后必须在驶离被超车 20m 以外，再驶入正常路线。

(3) 在超越中，如发现道路左侧有障碍或因横向间距过小而有挤擦危险时，要慎用紧急制动，以免车辆侧滑发生碰撞。

(4) 如前车因故未及时避让，不得强行超车，更不能情绪急躁，意气用事，以免发生意外。

(5) 在超越停放的车辆时，应减速鸣号，保持警惕，防止该车辆突然起步驶入行车道，也要防止该车门突然打开、驾驶员下车。还要注意被车遮蔽处骤然出现横穿公路的行人。在超越停车的客车时更应注意这一点。

(6) 下列地点或情况下不得超车：

① 通过繁华街道、交叉路口、隧道、窄桥、陡坡、弯道、狭路以及因雨、雪、雾造成视线不清或牵引损坏的车辆时。

② 遇有障碍物或距对面来车 150m 以内，以及前车正在超越其他车辆时。

③ 前车已发出转弯信号或有警告标志的地点。

④ 前车时速已达后车的最高时速限制时。

⑤ 驾驶拖带车辆或牵引挂车时。

（六）让超车

让同方向行驶车辆超越的过程称为让超车。驾驶车辆时，应注意观察尾随车辆动态，及时让超车，做到礼让、平稳、安全。

让超车时要严格遵守交通规则中关于让超车的规定，并做到以下几点：

(1) 汽车在行驶中，应注意后面有无车辆尾随，如后车要求超越，应视道路和交通情况是否适宜让后车超车，在认为可以超越的条件下，选择适当路段减速靠右边行驶，必要时以手势或灯光示意让后车超越。不得故意不让或让路不减速。

(2) 在让车过程中，若新发现右前方有障碍物时，就不能突然左转方向绕过障碍。因为这样会使得正在超越的车辆措手不及而发生危险，只能急剧减速，甚至停车待超，让后车完全超越过去后再绕过障碍物。

（3）让超车后，确认无其他车辆接连超越，再驶入正常行驶路线。

（七）滑行

滑行是指在机动车行驶中，驾驶员把变速杆置于空挡位置，使发动机与驱动轮的动力传输通过离合器分离开，利用车辆惯性行驶的操作方法，也称空挡滑行。

（1）滑行应在道路、气候、交通条件允许时，在确保安全，不妨碍其他车辆行驶，而且怠速稳定，转向、制动毫无故障的前提下方可进行。在滑行过程中，应随时做好制动的准备。

（2）现代车辆由于在制动系统上安装了真空助力器，一般不得熄火滑行。

（3）凡需降速并准备停车时，一般在下列情况下可以减速滑行：前方遇有障碍需要减速时；平路、转弯、过桥、交会以及通过有指挥的交叉路口需要降速时；道路不平或交通频繁地段需要减速通过时；预见性或有目的停车之前要降速时。

（4）在平坦、坚实、视线清晰、行人和车马较少的道路上可以加速滑行；等到车速降低至 20~25km/h 时，即应终止，以便直接挂入高速挡继续行驶。

（5）加速滑行时，须保持不降低车辆应有的平均技术速度。滑行前的加速应不高于交通规则中规定的最高时速。

（6）在下列情况下禁止滑行：

① 路滑、风雪、雨雾、黄昏、黑夜、视线不清及下陡坡时。

② 装载危险物品，超高、超长物品以及特需载运。

③ 拖带损坏车辆时。

④ 气温过低，滑行后会影响发动机正常温度时。

⑤ 汽车在走合期内。

（八）掉头

使车辆对原行驶方向做 180°改变的操作称为掉头。

车辆掉头应遵守交通规则的规定，选择掉头的地方一定要确保安全，如交叉路口，平坦、宽阔、路肩地坚硬的安全地段和路旁有可利用的空地等处，均可进行掉头操作。

1. 车辆掉头的方法

掉头可以用一次顺车及前进与倒车相结合的方法进行。掉头前应发出掉头信号，掉头后解除信号。采用何种方法，要视掉头地方的宽窄、交通情况和有无指挥人员等具体情况而定。现把通常使用的两种方法分述如下：

（1）一次顺车掉头。在交叉路口或较宽的道路上，可以一次顺车掉头。汽车驶近掉头地点，降低车速，将车驶靠右侧路边，挂入中速挡或低速挡，根据掉头路线向左转动转向盘，完成掉头。

（2）前进与倒车相结合的掉头。不能一次顺车掉头时，可采用这种方法：在掉头的第一次顺车时，应迅速向左打方向，将车驶向道路的一侧，待前轮快接近路边或车辆前沿接近障碍物时，踩下离合器踏板，轻踩制动，同时迅速向右回转方向及时将车停住。后倒时要先观察车后情况，然后起步向右转足方向，使车尾向右偏移后倒，待车倒至后轮将要接近路边或车辆后沿接近障碍物时，即踩下离合器踏板，并迅速将转向盘向左回转，同时要轻踩制动停车。如能顺车驶出就可驶入行驶路线，若还转不过来，可以按上述方法再倒一次或反复进行数次。

2. 车辆掉头的注意事项

（1）应尽量避免在坡道、狭窄路段和交通复杂的地方掉头，严禁在桥梁、隧道、涵洞、城门、铁路交叉路口等处掉头。

（2）掉头进退过程中，各车轮接近路边的距离各不相等，在估计车位时，应以先接近路边的车轮为准。

（3）前进时应以前保险杠为准；后倒时应以后车厢板为准，以免与道路两旁的树木或障碍物碰撞。

（4）前进应尽量不留余地，后倒则应留有余地。

（5）在危险地段掉头，车尾应朝向危险方一边，这样便于掌握情况。

（6）掉头时，应酌情鸣号，并注意各方的车辆和行人。

（九）临时停车

途中临时停车的注意事项：

（1）在公路上停车，应选择平坦坚实、视距较长和不影响他车交会的安全地点，紧靠道路的右侧停放。如与他车临近停放，至少应保持2m的车间距离，不得与他车在道路侧边并列停放。

（2）汽车发生故障时，应迅速将车辆移至道路的右边，以免妨碍交通。若因故必须暂停在弯道上或隐蔽地点时，应在前后几十米外设置明显标志。夜间应开启前小灯或尾灯，便于两方来车注意，以防碰撞。

（3）装载易燃易爆、易腐烂等危险品的车辆，应停放在远离建筑物或郊区空阔的安全地点，不得在市、镇、人烟稠密的地方或靠近其他车辆停放，在停放时间内需有人看守，以免发生意外。

（4）除交通规则规定禁止停车处不准停车以外，河溪边、悬崖下、深谷旁及道路视距短的隐蔽地段、路面有油污和腐蚀性化学物品等处避免停车。

（5）车辆停妥后，除应挂上低速挡、拉紧手制动以外，需视情况垫上三角木。

（6）汽车应在指定地点停放，注意整齐，留有停车间距，并保证随时可以驶出。

二、坡道驾驶

汽车在坡道上行驶，由于存在上坡阻力或下坡助力，对车辆行驶有很大影响。因此，坡道行车必须认识和掌握这一特点，根据坡度的大小、长短，弯道的缓急，路面的宽窄，结合汽车性能及载货情况，采取适当的方式行驶，做到转向适度灵活，换挡迅速及时，手脚配合协调，制动使用合理。

（一）上坡驾驶

（1）上坡起步时，因受上坡阻力的影响，所以操作上除按一般起步要领、程序进行外，还要注意手制动器、离合器和加速踏板操作的密切配合。当离合器感觉车辆将开始前进时，在加油门的同时，逐渐放松手制动杆。放松手制动杆的时机必须适当，若放松过迟，会因制动力过大起不了步；放松过早，汽车受上坡阻力的影响将会向后倒溜。若车辆发生倒溜，应立即踩下制动踏板和离合器踏板，待车辆停稳后重新起步。切忌猛抬离合器又猛踩油门踏板进行起步，也不可用手制动器来阻止倒溜，这样极易损坏机件。

(2) 遇上坡熄火时，应先运用手制动器，同时踩下离合器踏板（切忌先踩），以防倒溜。如遇停车，应在关闭点火开关后，将变速杆移入空挡位置。必要时用三角木塞住后轮，以免车辆自行后退。

(3) 上坡换挡，动作要求越快越好，操作技术要熟练，且有密切而谐调的配合动作，才不至于发生车辆停顿，变速啮合齿碰撞，甚至挂不上挡的现象。

（二）坡道行驶

(1) 在坡道上行驶应尽可能使用较高的挡位，这对节油和减少机件磨损有利。但应掌握"高速挡不硬撑，低速挡不硬冲"的操作方法，使发动机保持一定的余力慢慢而上。用高速挡勉强行驶，不仅会引起发动机突爆，还会缩短发动机的寿命；用低速挡硬冲，将会过高地提高发动机转速，使发动机过热，增加油耗。所以要视坡度、发动机的动力变化情况及时换挡。

(2) 通过短而不陡的坡道，若路面宽而平坦，两侧又没有危险时，可适当利用惯性冲上坡道。

(3) 通过弯曲坡道时，因视线受限，对道路弯曲的缓急及路面交通情况不易判断等，必须以低速挡靠右侧行驶，切实做到"减速、鸣号、靠右行"。绝对不能超车，以免与对面来车相撞。

(4) 上长坡或陡坡时，在条件许可的情况下，在上坡前可加速利用惯性冲破。在动力不足时，则应逐级减挡，稳住加速踏板，徐徐而上。

(5) 汽车连续上陡坡，发动机会过热，可选择适当地点休息，并进行途中例检。

（三）下坡驾驶

(1) 下坡起步：可根据坡度大小，选择适当的挡位（切忌用高速挡）。在放松手制动杆的同时，抬起离合器踏板，使车辆下溜起步。

(2) 下坡换挡：低速挡换高速挡，一般和平路操作相同，但动作要快，空挡只需一带而过，不可停留。高速挡换低速挡，不常使用，一般在下坡途中遇到制动失灵或不宜使用制动时，才采用俗称"抢挡"的方法，利用发动机牵阻来控制车速。

(3) 下坡停车：应先踩制动踏板，然后再踩下离合器踏板，先进行减速，后使车辆停位。停车后拉紧手制动杆，关闭点火开关，将变速杆移入倒挡位置。必要时还可用三角木塞住后轮。

(4) 在比较缓、短的下坡行驶时，可挂高速挡，但右脚应放在制动踏板上，利用制动强度的变化来控制车辆的速度。接近坡尾时，可脱挡滑行。

(5) 下坡行驶时应注意保持发动机的正常温度，以免发动机的温度过低使油耗增加。

(6) 下坡行驶时如使用制动的时间过长，会使制动鼓过热，还会使制动失效。必要时可中途停车进行检查，休息后再继续行车。

(7) 下坡行驶中，应适当拉长车距，一般应不小于 50m。

（四）坡道倒车

(1) 车辆向上坡方向倒车：起步要按上坡的要领操作，起步后要控制好油门踏板，以维持稳定的速度后倒。停车时，踩离合器踏板与制动踏板要同时进行，但踩离合器踏板要略快，以免熄火。

(2) 车辆向下坡方向倒车：起步时松开手制动与抬离合器同时进行。倒车时，右脚放在制动踏板上，先利用发动机怠速牵制车辆后倒速度，视情况用轻微制动配合。停车时，踩下离合器踏板后，立即把制动踏板踩到底，防止车辆后溜。

三、通过桥梁的驾驶

（一）公路大桥

汽车在通过笔直宽阔的公路大桥时，其驾驶操作与一般平直的路上没太大区别，参见平路驾驶操作。

（二）特殊桥梁

以下主要介绍的是几种特殊桥梁的通过要领。首先，在通过桥梁前要注意观察桥头附近的交通标志和文字提示（如限高、限宽、限重、限速等）；然后，根据不同桥梁的特点进行操作，使汽车安全通过桥梁。

1. Z型道路桥

驾驶员在行车中，经常会遇到这种上桥之前一个急转弯，下桥之后又是一个急转弯的Z型道路桥。这种桥对行车安全威胁较大，因为桥的两端都是直路，临近上桥时突然一个急转弯，使得一些驾驶员还没有从调整行驶的状态中调整过来就进入急转弯，往往造成减速不彻底，保留速度过快，撞坏桥栏或翻于桥下等（特别是夜间行车时）。因此，驾驶员在遇到这种桥梁时，必须避免产生速度错觉，彻底减速方可通过。

2. 漫水桥

又称水中桥，因驾驶员看不到水中道路，加之雨季、汛期水深变化无常，也是比较危险的。通过漫水桥之前，应观察好其他车辆的行进路线及两侧参照物。入水后应远视对岸固定目标，按规定路线匀速行驶，尽量避免途中换挡和停车。雨季应向当地人了解汛情、水深等情况，然后再通过。当水深超过本车最大涉水深度时，不得冒险硬过。

3. 拱形桥

也叫驼峰桥，因其坡度变化较大，驾驶员视线受阻，形成盲区。所以，应在汽车接近桥头时，降低车速并鸣喇叭，夜间变换远、近灯光，示意对方车辆、行人注意避让，并靠右侧行驶。

4. 简易便桥

便桥的稳固性较差，桥面道路粗糙不平，汽车通过前驾驶员应下车察看，确认安全后再通过。不得在桥上急刹车、换挡和停车，应使用低速挡匀速通过，还应注意躲避桥面漏洞、铁钉等障碍。

5. 临建浮桥、吊桥

行驶中遇有临时搭建的浮桥（多船相拼接而成）或吊桥，应停车观察，挂低速挡匀速通过。为了减少汽车对桥面的冲击、震动，同样要避免在桥上换挡、急刹车或停车。

6. 窄桥

遇有桥面狭窄的桥梁时，应观察好是否有对面来车，桥上是否还有其他非机动车、行人、路障等（有时桥面施工时，会允许单向通行）。若会车有困难，应在桥头停车避让，不得高速抢行，不得在桥上超车、掉头、倒车和停车。

7. 夜间过桥

驾驶员夜间在生疏的道路上行车，遇有通过桥梁的文字提示和指示标志时，要格外引起重视。过桥时当车灯偏向一侧或突然消失,应立即减速。过桥会车时应关闭远光灯,若对方没有变换近光灯,产生眩目看不清桥面有多宽时,应立即减速,必要时应停车观察,看清之后再通过。

四、通过隧道、铁路以及沙滩、河床道路的驾驶

（一）通过隧道的驾驶操作

驾驶员在白天通过隧道时,会出现较强的暗适应现象,眼前一片漆黑,什么也看不到,造成盲行。另外,受隧道空间条件限制（限高或限宽）,隧道内会车时,还会出现横向间距过近,容易发生刮碰等不安全因素。因此,应注意采取以下措施：

（1）驾驶员在白天光线较强时,应戴好有色眼镜,当汽车刚刚进入隧道口时应马上摘掉眼镜,然后再打开大灯增加亮度。这样就能够明显缩短暗适应的时间,有效提高能见度。

（2）进入隧道前,注意道路两侧的标志、标牌（限高、限宽、限速等）和文字提示（隧道内有水、结冰、施工慢行等）。

（3）在汽车进入隧道光线突然变暗的一瞬间,千万不要手忙脚乱地去换挡,而要把开启大灯放在首位。驾驶员要在汽车进入隧道之前完成减速、换挡等操作,然后一手紧握方向盘,另一只手放在大灯开关上等候操作。

（4）汽车进入隧道后,驾驶员在视力尚未完全恢复之前,一定要低速行驶。会车过程中要在两车相距 20m 左右,及时变换远光灯,察看对方车辆是否间距超宽或过近。

（5）车辆在隧道内发生故障时,要立即打开应急灯,并尽快将车推出隧道。无法移动或发生事故时,应在距车 50m 处设置故障标志牌,并开启应急灯。

（6）遇有只能单向行驶或过窄的隧道时,应首先观察好隧道内的情况。若已有车行驶,应在隧道口外停车等候；若是本车正在隧道内行驶,对面出现来车时,应变换远、近灯光或鸣喇叭示意其先不要进入。

（7）当汽车驶出隧道时,应及时关闭大灯。如果一时忘记关灯,又有对面来车闪大灯提示时,要迅速关闭大灯,并注视对方驾驶员,鸣一声短笛表示谢意。

（二）通过铁路道口的驾驶操作

通过铁路道口,应注意采取以下措施：

（1）通过铁路道口前,应注意减速并留意路旁标志,遇有铁路道口灯光闪烁,发出音响信号,栏杆落下时,应在距铁轨 5m 以外的地方依次等候。

（2）通过无人看守的道口时,要坚持"一慢二看三通过"的原则,必要时应停车观察。听到火车鸣笛,发现来车时,不要与火车争道抢行。汽车穿越道口之前,要提前把变速杆换入低速挡。如果道口内比较宽阔、平坦,可逐级减挡稳住油门通过。若道口内高低不平、交通情况复杂,必须越级减入低速挡,以免车速过快、颠跳,或因情况变化突然减速造成熄火。

（3）不得在铁路道口内换挡或停车。若汽车在通过铁路道口时发生故障,应立即请人帮忙将车推出道口；也不得在道口内停车排除故障。

（三）通过沙滩、河床道路的驾驶操作

沙滩、河床道路土质松软、阻力较大,遇有积沙较厚或出现淤泥的路段,车速下降较

快容易打滑、空转，会造成陷车甚至熄火。故行驶中应掌握如下技巧：

（1）起步时不能过快、过猛，抬离合器踏板的停顿时间要稍长一些，待汽车平稳起步后，再适当加大油门（应比平常稍大些），以便克服沙、泥路较大的阻力，但油门也不能过大，以防打滑、陷车。

（2）在沙路中行驶尽量不要换挡，如果是较短的一段沙路应使用中速挡，稍加大油门，保持足够动力冲过。若沙路较长，中途必须换挡时，应采用"一脚离合快速加挡"或"高速减挡"（连油挡）的方法换挡，之后要紧跟油门继续行驶。

（3）行驶中由于转向轮（前轮）阻力较大，所以要双手紧握住方向盘，转弯时要早打、少打，不得急转或过度转向，以免前轮阻力过大，造成陷车。

（4）必要时还可将轮胎适量放气，以便加大附着力，提高通过性能。有车辙的道路应尽量走车辙，没有车辙的情况下，要尽可能保持直线行驶。

（5）遇有浮沙较厚或出现淤泥的河床道路，通过困难时，应在车轮下铺以木板、树枝、篷布、草袋等，防止车轮打滑。

（6）陷车时不要加大油门前后晃动，防止车轮空转使驱动轮越陷越深。应该用铁锹铲除积沙或淤泥，然后在众人推车的配合下将车开出。还可用千斤顶架起驱动轮，在轮下填充木板、石块、树枝等将车开出。

（7）车队或有其他车辆同行时，应拉大车距，尤其是在容易发出打滑、陷车的路段，要等前车顺利通过后再起步，以防止中途停车。

第二节　复杂道路驾驶

车辆在整个行驶过程中除了经历一般道路情况下的驾驶以外，还会经历很多复杂道路情况下的驾驶，主要包括城市道路驾驶、夜间驾驶、雨雾天驾驶、冰雪路驾驶、汽车涉水驾驶、高速公路驾驶等。下面将对这些复杂道路的特点及操作事项做介绍。

一、城市道路驾驶

（一）城市道路交通的特点

城市道路交通的特点是车辆、行人及非机动车相对集中，交叉路口多，交通信号多，地面标志、标线多，路旁标牌提示多，道路交通情况相对密集，横向纵向车距较近等。

（二）城市道路驾驶的基本要求

根据城市道路交通的特点，驾驶员在城市道路行驶时应做到以下几点：

（1）首先要熟悉相关的法律、法规，服从交通管理人员的指挥，严格按照交通信号标志、标线行驶。

（2）行车中驾驶员还应注意了解各地区根据本城市道路交通特点制定的更为具体的地方性法规。

（3）在城市道路上行驶，既不能太快（减少情况变化的突然性，防止追尾），也不要太慢（跟不上车流，影响后车行驶）。同时，还要控制好前后、左右的安全车距。

（4）在汽车起步、停车、转弯以及变线行驶时，一定要正确使用转向灯。

（5）处理情况时要准确判断车辆、行人的动态，尤其是上下班交通高峰时间，道路空间有限，情况复杂，驾驶员更要提高警惕，注意防范，随时做好停车准备，确保城市道路驾驶的行车安全。

（三）城市道路驾驶技巧

（1）汽车在快慢不分的车道上行驶时，驾驶员必须遵章守法，认真执行右侧通行的规则，各行其道。在快慢车道行驶分两种情况：

一是在无漆化标线的道路（若路宽大于或等于14m，则两侧各3.5m为非机动车道，其余路面为机动车道；若路宽小于14m但大于或等于10m，则居中的7m为机动车道，两侧至少各有1.5m的路面为非机动车道；若路宽小于10m但大于或等于6m，则两侧1.5m路面为非机动车道，其余路面为机动车道）行驶时，机动车一般居中偏右行驶，非机动车则紧靠道路右侧行驶。如果因超车、会车等情况，必须占用其他车的行驶路线时，按规定必须让有通行权的车辆先行。

二是在只划有中心线的道路上行驶时，机动车应靠中心线右侧行驶，非机动车则靠道路右边行驶。

（2）汽车在两种车道（即划有机动车道与非机动车道，白色连续实线为车道中心线，划在道路的中间将道路纵向分成两部分，从而解决了车辆往来路线不分的问题）上行驶。白色间断线为车道分道线，用以区分车道，靠中心线一侧的车道为机动车道，供机动车行驶；机动车道右侧的是非机动车道，供非机动车行驶。车辆上路行驶时，根据各行其道的原则，机动车和非机动车分别在各自的车道内享有通行权，各种车辆必须在规定的车道内顺序行进。在通常情况下，不允许车辆越过中心线或压线行驶。若因故借道行驶，不准妨碍该车道正常行驶的车辆。当车辆越过人行横道时，不得妨碍有先行权的行人通行。

（3）汽车在三种车道（即划有小型快速车道、大型载重车道和非机动车道）上行驶时，机动车、非机动车都只准在规定的车道内行驶，不准跨线或压线行驶。划有黄色实线处，表示严禁车辆越线改变车道或越线超车。

（4）汽车在城市里行驶时应控制行驶速度。目前城市交通规则所规定的最高时速是为我国主要车型的经济速度而制定的。对于通过繁华交叉路口、行人稠密地区、铁路和街道交叉地点，转弯、掉头、上下桥以及大风、积水、结冰、雾天等能见度在30m以内，行驶中遇有喇叭发生故障或下雪下雨时雨刮器损坏等情况，最高时速不得超过15km/h。

（5）合理控制行驶间距（指车辆在行驶过程中后车车头与前车车尾间距离和行驶横向距离）。如遇特殊情况，行驶间距可增大1～2倍。在会车、让车或超车过程中，驾驶员必须根据车辆的位置、车速、道路、地形等变化，照顾到前后及两侧的情况，调整自己的车速和两车外侧间的横向距离。根据我国道路实际情况，交通管理部门对各种不同车速的车辆的最小横向距离和车轮至路边的最小距离都做了比较详细的规定。与非机动车间的行驶横向距离，在提前观察好各种车辆动态的情况下，要保持1～2m以上的距离。

（6）通过有自动信号灯的交叉路口时，要严格遵守"红灯停，绿灯行"的原则。由于交叉路口的视线盲区较大，驶过交叉路口的车速不得超过20km/h。车辆在行近交叉路口时，要提前50～100m减速，最好将车速控制在5～10km/h为宜。通过有快慢车道或多车道的交叉路口时，均要在离路口50～100m处交换车道。在通过有行人信号灯的人行横道时，被放行的行人在人行横道上享有先行权。通过没有行人信号灯的人行横道时，也必须确保行人的安全。被放行的直行车辆与转弯车辆相遇时，直行车辆享有先行权；左转弯的机动车与非机动车相遇时,左转弯的机动车享有先行权。在有交通民警指挥的路口,则应以交通民警的指挥手势为准。在交叉路口遇到红灯时,直行或左转弯车辆应停在停车线外,右转弯车辆在不影响被放行车辆正常行驶并保证路边行人安全的情况下可以右转弯。若车辆在快慢车道不分的道路上行驶,则不能偏左停车,以免妨碍交通。如路口已有车辆停放,应依次停下。

通过无人指挥的交叉路口,非机动车与机动车相遇时,机动车享有先行权;同方向的右转弯机动车和直行非机动车相遇时,直行非机动车享有先行权;在支干不分的道路上,转弯机动车和直行机动车相遇时,直行车享有先行权;双方都是直行或左转弯的机动车,则右面先来的车辆享有先行权;左转弯机动车和右转弯机动车相遇时,右转弯机动车享有先行权;先进入交叉路口的车辆比尚未进入交叉路口的车辆享有先行权。

(7) 通过环形交叉路口时,在进入环形交叉路口后,所有车辆都要绕岛右侧转行,但不开转向灯。行驶到预定道路,准备驶出路口前,才开右转向灯,然后离开环形交叉路口。在进入环形交叉路口前,应将车速控制在15km/h左右,并注意来自左方将驶入环岛的车辆;进入环道后,则应将注意力转到右侧向环道内驶来的车辆;出路口时,应注意右侧直行的非机动车,以确保安全。有两条或两条以上车道的环形路口,靠环岛的内侧为快车道。当车辆由内侧车道离开环形路口并驶向预定道路前,一定要及时发出转向信号。先驶入外侧车道,然后驶离环岛,不可从内侧车道直接右转弯驶出环岛,以免与在外侧机动车道行驶的车辆相撞。进入环形交叉路口的机动车和出路口的机动车相遇时,驶出路口的机动车享有先行权。

(8) 通过立交桥时,必须按设在路口的标志所规定的方向行驶。

(四) 城市道路驾驶禁忌

1. 一忌闯红灯

在城市的主要路口,都设有红、黄、绿交通信号灯,它是按照一定的时间规律进行变化的。无论什么车,都不准闯红灯,遇红灯亮要将车辆停在停止线(白色实线)以内;绿灯亮时,准许车辆通行,但转弯的车辆要给直行的车辆让路,不得妨碍直行的车辆;黄灯亮时,不准车辆通行,但已越过停车线的车辆可以继续行驶。当黄灯闪烁时,车辆和行人都必须格外小心,注意在确保安全的条件下通行。

关于右转弯的问题,"交规"中指出,右转弯的车辆和T形路口右边无横道的直行车辆,在遇到红灯、黄灯时,可以通行,但是不能妨碍直行车辆。但是有的城市另有规定,右转弯遇红灯不可通行。即使是同一个城市,情况也不相同。这是因为有的路口是车道灯(红绿色箭头或叉形灯,另加时间显示)指挥交通,到底该路口能否通行,还要看车道灯的信号。有时,即使是右转弯,但本道内是红色叉形灯,或是红色箭头灯指向右,也是不可通行的。

夜晚,一般没有警察执勤,更要遵守交通信号灯的指挥。深夜因车辆较少,有些十字路口两边的信号指示灯会全部闪烁,此时应在确认安全的情况下减速通过。

2. 二忌随意鸣喇叭

在郊外公路上及在弯道及视线死角等地方,提倡鸣喇叭,特别是在雾天、雨天,也要多鸣喇叭,以引起人们的注意。

但是在城市则不然,为了减少城市的噪声,许多大城市规定在市区内某些路段禁止鸣喇叭，设有禁鸣喇叭标志。即使是允许鸣喇叭的路段，喇叭的音量也要控制在150dB以下，每次鸣笛不超过半秒，连续鸣喇叭不许超过3次，也不允许用喇叭唤人。

喇叭是车辆的安全设备，不许鸣喇叭以后，势必对安全行驶造成影响，这就要求驾驶员要格外小心，提高防范意识，控制好车速及汽车与行人之间的距离。

3. 三忌随意压线

城市的交通标志、标线很多。路面上的白色线叫交通标线，有的线是可以压的，而有的线是不可以压的。道路中心的单实线、双实线（白色或黄色）是不能压的。道路中心的虚线，在超车和转弯时可以短时间压线，也可以越线行驶。

4. 四忌随意停车

城市里停车有许多规定，违反了这些规定，可能会影响交通安全。因此在城市内停车时，应注意以下几点：① 在道路上临时停车，要按顺行方向靠道路右边停车，当妨碍交通时必须立即离开。② 车辆没有停稳前，不能打开车门让乘员上下车。开车门时，要确保不碰到后边的骑车人。③ 在设有人行道护栏出口处、人行横道上、施工地段、障碍物对面，不准停车。④ 交叉路口、铁路道口、弯路、窄路、桥梁、陡坡、隧道以及距离上述地点20m内的路段，不准停车。⑤ 公共汽车站、电车站、急救中心、加油站、消防栓、消防队驻地门口、公安局门口及距离上述地点30m以内的路段，除使用上述设施的车辆外，其他车辆不许停车。许多城市的繁华街道不允许停车。⑥ 在恶劣天气（如大风、雨、雾）和夜晚于路上停车时，应开示廓灯。

5. 五忌随意掉头

随着城市出租车的增加，汽车在车道上随意掉头的现象越来越多。在掉头前，一定要确认前后没有车辆才可实施掉头，并且遵守下列地点不允许掉头的规定：铁路道口、人行横道、弯路、窄路、桥梁、陡坡、隧道或容易发生危险的路段。

6. 六忌随意超车

在划有行车道的道路上，后车欲超前车，须待前车让出路面后，才能进行超车。但是，普通的车辆不许超越正在执行任务的警车、消防车、工程救险车、救护车及其护卫的车队，也不许穿插入警车护卫的车队中行驶。

7. 七忌随意倒车

在城市街道上倒车时，必须查明情况，在确认安全后才能实施倒车。但在下列地段不许倒车：铁路道口、交叉路口、单行线、窄路、桥梁、陡坡、隧道、交通繁忙的路段等。

二、夜间驾驶

（一）夜间驾驶的特点

（1）夜间行车由于受到灯光照射的限制，盲区较大，视线不良，不利于驾驶员观察道路情况。

（2）行驶时，驾驶员在对面车灯及其他光源的照射下，容易产生炫目，造成盲行，危及行车安全。

（3）车灯的不停晃动以及道路坡度、方向、角度的不同，容易给驾驶员造成错觉。

（4）夜间行车驾驶员的视野受条件限制，没有参照物，过于单调，只能听到机器的轰鸣声，容易困倦。

(5) 人们正常的生理习惯是白天工作、夜间休息，而驾驶员夜间长途行车，特别是午夜至凌晨极易因疲劳而发生事故。

(6) 夜间道路上车辆、行人稀少，情况单一，容易导致驾驶员盲目开快车。

（二）影响夜间驾驶安全的因素及安全行车方法

1. 眩目对夜间行车的影响

眩目是指驾驶员的眼睛在强光的照射下所产生的耀眼感，一时看不清东西，俗称"晃眼睛"。

眩目现象是对夜间行车安全的最大威胁。因此，驾驶员在夜间行车时，除了要在会车时与对方车辆配合，按规定使用灯光外，还要在无法避免眩目的情况发生时，降低车速，必要时应停车，待眩目消失，看清道路后再继续行驶。

2. 黄昏时的光线特点对驾车的影响

黄昏时随着光线的渐渐变暗，驾驶员的视力会比白天下降一半左右。此时打开车灯却起不了多大作用，这是由于黄昏时的"空间对比度"极低，无法形成较大的明、暗差距造成的。所以，黄昏是一天中行车容易发生事故的时间段，驾驶员一定要引起高度重视。

3. 明适应和暗适应对驾车的影响

驾驶员开车从明亮的地方突然进入黑暗的地方，起初视力很差看不清东西，经过一段时间的适应视力才会逐渐恢复，这一过程就叫作暗适应。例如，白天行车突然进入黑暗的隧道、黄昏时行车、夜间由灯光辉煌的城区突然驶入没有路灯的道路等，都属于暗适应的范畴。暗适应与光线强度的反差大小有关，反差越大，暗适应的持续时间越长。因此，驾驶员应根据这一特点及时调整操作，降低车速以免造成盲行。

驾驶员开车由黑暗走向光明，就称为明适应。比如，汽车由黑暗的隧道内驶出、黎明时行车、夜间由没有路灯的道路一下子进入有路灯的明亮街道等，都属于明适应。由于人的眼睛能够比较好地适应从暗到亮的视觉环境，所以明适应对驾驶员开车的影响不大。但是，在太阳直射到眼睛及冬季在白雪皑皑的旷野中行车时，这种过于刺眼、明亮的环境是驾驶员很难长时间适应的，还是要戴好有色眼镜。

（三）夜间行车时汽车灯光的使用特点

(1) 汽车灯光的使用对夜间行车的速度影响很大，所以行驶速度应根据车灯照射距离的远近而定。照射距离远、视线良好时，可适当加速行驶；照射距离近时，必须减速，从而降低情况处理的突然性。

(2) 由于汽车灯光只能直线照射，当行驶中遇有转弯时，就会出现较大的视线盲区，只能减速慢行。

(3) 夜间汽车上坡时，由于车灯照射角度的变化，使光照距离过近从而影响观察；而下坡时照射距离又过远因而视物不清，也会对驾驶员的视线产生影响。

(4) 夜间还应利用变换远、近灯光，提示盲区内的车辆、行人注意避让，或作为超车信号使用。

（四）夜间行车前应做的准备

(1) 夜间行车之前（特别是长途车）要充分休息以防困倦，尽量避免单人夜行车。

(2) 夜间驾驶员方位感觉较差，容易走错路，上路前应对行驶方向、路线、路况等信息加以了解。

(3) 上路前除了要做好例行的出车前检查之外，还要把前后灯、雨刷器以及各仪表工作情况作为重点进行专项检查。

(4) 检查备胎、随车工具、故障标志牌、工作灯、灭火器是否齐全有效。

(5) 初学者夜间行车时，起码应掌握两个以上有经验的驾驶员或汽车修理部的电话号码，以便应急咨询。

(6) 夜间行车之前，晚饭既不要吃得过饱（胃肠负担过重容易"困"），又不能空腹（长时间空腹开车容易产生头晕、眼花、反应能力下降、四肢无力等现象）。

(7) 要带好饮用水（矿泉水或白开水），尽量少喝过甜的饮料。

（五）夜间驾驶起步的操作

起步前应观察好周围道路环境和过往车辆、行人，开左转向灯，再开大灯（近光灯）照亮前方道路，然后按起步的操作要领起步。

【注意】 不得先起步后开灯（在城市路灯照明良好的街道上，可以开小灯起步和行驶）。起步后，时速低于 30km/h 使用近光灯，超过 30km/h 应变换远光灯行驶。

（六）夜间驾驶的换挡操作

夜间行车加挡之前要充分冲车，以确保汽车在加挡之后尚有足够动力。减挡操作要适当提前，不要出现拖挡现象，同时，夜间行车绝对禁止空挡滑行。这是因为绝大多数汽车的灯光强度都是依靠发电机和蓄电池共同保障的，所以如果夜间行驶中长时间拖挡行驶或空挡滑行，汽车的前大灯就会因发电量过小而长时间靠蓄电池供电，造成大灯亮度逐渐减弱和蓄电池亏电现象。

（七）夜间驾驶转弯时的操作

夜间驾驶转弯时，由于车灯是直线照射，所以灯光无法跟随弯路同步移动，会出现灯光偏向一侧（缓弯）或灯光突然消失（急弯）等现象。此时，视线盲区较大，应减速并在距弯路 50m 左右时，连续两次变换远、近灯光（作为信号使用），以提示弯路另一侧的车辆、行人注意避让，然后开近光灯（增强距离的清晰度，防止造成对方眩目）低速通过。

（八）夜间驾驶上、下坡的操作

夜间汽车上坡时由于车灯照射角度的变化，会使光照距离过近影响观察，同时伴有发动机声音沉闷、动力下降等现象。此时，应适当提前逐级减挡并变换远光灯，以便增加照射距离。当汽车接近坡顶时应变换近光灯，防止灯光上扬加大视线盲区。

夜间汽车下坡时，会使发动机转速升高、声音变轻、灯光照射距离变远、道路清晰度下降。此时，应及时加挡并注意间断使用近光灯以观察道路情况。

（九）夜间会车的操作

夜间会车前，应在感到炫目时换近光灯。如果对方车辆没有及时变光，应再次变换远、近灯光或鸣笛提示对方。若对方还是不变近光灯，要及时把车速降至能够看清道路为宜。会车前要学会借用对方车辆灯光，观察好两车交会点的道路情况，观察重点应放在道路中间及右侧，不要为了看其是否变光而直视对方车辆的车灯光。如果在本车的右前方出现非机动车及行人等情况，无法在会车前超越时，可以开一下远光灯再迅速变回近光灯。之后，对方车辆也应交替变换一次远、近灯光。待两车相距 20m 左右，双方车灯均不再构成眩目时，打开远光灯观察对方车辆有无超宽货物，再视道路情况返回路中加速行驶。

（十）夜间停车的操作

（1）汽车在路边暂停时，不要把所有灯光全部关掉，应开小灯（示廓灯）。

（2）夜间遇有雨、雾天气，汽车在低速行驶及靠边停车时，也应开小灯和应急灯（黄色双闪）。

（3）汽车出现故障或发生事故时，应在车尾50m处设置故障标志牌，并开启应急灯。

（4）终止行车停放时，应选择好停车地点把车停稳，先关闭所有灯光然后再熄火（即先关灯后熄火）。

三、山路驾驶

（一）山区道路的交通特点

（1）坡长且陡，路窄弯急。一般山区公路多为翻山越岭盘山而建，弯道曲折，连绵不绝，连续上坡十几千米、几十千米都是可能的。

（2）转弯多，视线盲区较大。应随时注意路边的标志、标牌提示，严格遵守减速、鸣号、靠右行的行车原则，避免转弯时车辆占道或冲下山崖。

（3）气候多变，险情频发。山区道路的气候与道路所处的纬度、海拔高度以及地形有关，往往从山顶到山脚，会经历不同的季节变化。有些山区气压很低，空气稀薄，导致水的沸点下降，冷却水容易沸腾，发动机燃烧不正常。此外，频繁出现的道路冲毁、桥涵中断、山道塌陷等险情，都给安全行车带来困难。

（4）制动器热衰退大。连续下坡，频繁使用制动，导致制动器温度增加，会降低制动性能。

（二）山区道路安全行车方法

1. 行车前的准备

（1）做好物资准备。驾驶员进入山区道路前，应根据需要准备一些必要的物资器材和生活用品，以防中途发生意外。

（2）加强车辆维护和技术检查。尤其要重点检查转向系统、制动系统、传动系统等对安全驾驶影响较大的关键部位。

（3）合理装载。对于营运的货车，驾驶员在出车前要对车辆的装载情况进行检查和加固，防止货物洒落；禁止超载，避免在车辆上下坡时因货物滚动或重心不稳而影响行驶稳定性。

2. 山路的驾驶操作

（1）上坡驾驶。

汽车在上坡过程中长时间中、低速行驶，会导致发动机转速较高、水温上升较快。因此，行驶中驾驶员应特别留意观察机油压力表、水温表的工作情况。一旦水温过高或故障闪亮，应立即停车检查。若冷却水沸腾（开锅），应在自然冷却后补充冷水。

【注意】 打开水箱盖时要用擦车的毛巾盖住水箱盖，然后再拧开，防止冷却液喷出烫伤。

行驶中由于转弯多，视线盲区较大，应随时注意路边的标志、标牌提示，严格遵守减速、鸣号、靠右行的行车原则。在傍山险路会车时，靠山壁一侧的车辆应先慢、先让、先停。在汽车上坡跟车行驶时车距不要太近，以免前车收油、换挡、刹车时，造成后车减速、停车。

上坡换挡操作时，既不要长时间低速挡行驶，也不要拖挡行驶"硬撑"（以免传动部分抖动，加速机件损坏或熄火）。应使用冲坡减挡的方法，逐级减到低速挡，坡度稍缓时还要及时加到高一级挡位。若减挡过迟，时机错过，应迅速改为越级减挡。驶入弯路时，大多会有换挡操作，可适当提前减挡，然后双手把好方向盘过弯路，回正方向后再加挡。

【注意】 山路驾驶，特别是在傍山险路中行车，一定要以方向、刹车为主，加、减挡操作为辅。在汽车行进中换不进挡不要紧，千万不能失去对方向盘和刹车的控制。

上坡中途停车时，应拉紧手制动，熄火，并将变速杆挂入1挡，坡路较陡时还应以石块顶住后轮。重新起步应按上坡起步的要领操作。在冬季冰、雪路上坡起步时，容易出现车轮空转、甩尾以及向坡下溜滑等现象。应视情况不同，小油门、高一级挡位起步。汽车向坡下倒退溜滑时，应使用间歇制动，并迅速将车尾甩向靠山的一侧，利用山壁或路边的沟槽将汽车顶住。

汽车在山路转弯或行至坡顶、视线盲区较大时，不要占用对方路权，应靠右、鸣笛。夜间应变换远、近灯光示意对方车辆、行人注意避让。

（2）下坡驾驶。

汽车在山路下坡行驶时，驾驶员所要做的第一件事就是在变速杆换到高速挡之前，踩制动踏板，确认一下制动性能，一旦刹车失灵不要慌，先将手刹拉动过半（如手刹全程拉紧为7扣的话，此时应拉动3~4扣），然后"高速减挡"（抢挡），逐级减至1挡时，再拉手刹将车停住。如果还停不住的话，应尽快把车撞向山壁、树木及路边沟槽、土包等，将汽车卡住。

确认刹车性能良好后再逐级加挡。下坡行驶不要挂空挡或在最高挡的情况下完全依靠刹车减速。它的危害是，下坡时将变速杆加到最高挡，汽车将会失去发动机的牵阻制动，而长时间完全依靠刹车减速，又会使刹车片过热，产生热衰减，造成刹车失灵。因此，应选择适当挡位保留一定的牵阻制动作用，再配合制动器下坡行驶。

下陡坡转弯时，应根据弯路曲率半径的大小，采用制动减挡的方法过弯路。通过弯路之后，再使用制动加挡的方法加挡，即右脚不要离开制动踏板，使车速始终保持在驾驶员的控制之下，以免在下坡加、减挡过程中车速忽高忽低。

下坡途中遇有上坡车时，应主动避让，特别是遇到大型重车、客车等，必要时应停车让行。冬季遇有冰、雪险段时，应将变速杆挂入1挡加油下坡，或请有经验的驾驶员代劳将车开下坡路，千万不可冒险逞能。在雨后湿滑的道路上下坡，转弯道应使用间歇制动将车速降低，然后再低速过弯路，避免在弯路中使用紧急制动，以免方向失控驶出路外。

四、泥泞和翻浆路驾驶

（一）泥泞和翻浆路的特点

汽车在泥泞路中行驶，车轮滚动阻力加大，附着系数减小，起步时驱动轮容易空转、打滑；行驶中油门过大或踩制动踏板时，会产生甩尾、侧滑；方向盘使用不当或路面倾斜时，会造成横滑等。

（二）通过泥泞路、翻浆路的基本技巧

由于泥泞和翻浆路的特点所致，驾驶员要学会和掌握以下几种通过泥泞路和翻浆路的

基本技巧：

1. 路线的选择

汽车进入泥泞路行驶，应选择泥泞较浅、相对平坦、较坚硬的地面通过。遇有两边低、中间高的路面时，要骑在道路中间行驶，保持左右侧车轮高度一致，以防横滑。有车辙的道路尽量走车辙，当其他车辆通过时，应注意观察其深度（特别是同类车辆通过时）。如果遇到比较安全且较短的泥泞路，可选择适当挡位加速，利用惯性冲过去。有差速锁装置的汽车，应提前将差速器锁住，四轮驱动的汽车应接通前桥。

2. 起步的方法

泥泞路应选择高一级挡位（2挡）起步。如一次起步不成，可稍向后倒车，然后再起步；还可利用离合器，通过"结合—分离—再结合—再分离"的方法使汽车产生晃动，利用其惯性起步。

3. 油门的运用

油门的运用要平稳，使汽车保持匀速行驶，路面越滑，踩油门越要轻。有的初学者往往担心油门过小会使汽车熄火，其实，泥泞路摩擦系数小，道路越滑越不容易熄火。行驶中一旦油门过大，便会产生侧滑、甩尾。此时，应立即收油门并将方向盘打向甩尾的一侧，侧滑就会停止，然后再修正方向继续行驶。

4. 方向的控制

行进中应尽量保持转向轮（前轮）直线行驶，不要大角度转向，以免增加行驶阻力，造成驱动轮空转或陷车。方向盘使用要柔和，不得突然转向，以防离心力过大造成横滑。转弯时应加大曲率半径，遇有倾斜路面时，要先将汽车驶向较高的一侧，然后利用汽车横滑的现象，调整方向盘斜线驶向较低的一侧，通过泥泞路段。

5. 换挡的操作

汽车通过泥泞路，应选择中、低速挡一次通过，一般不宜换挡；实在无法避免时，应采用"一脚离合快速加、减挡"的方法完成换挡，换挡后要迅速跟油。下陡坡时若挡位太低，过强的发动机牵阻制动也会造成侧滑、甩尾现象，因此，必要时应挂入低速挡加油下坡。

6. 刹车的运用

汽车在泥泞路中行驶，一般不宜踩制动踏板减速，应使用收油或抢挡的方法，充分利用发动机的牵阻制动减速。必须踩制动踏板时，应使用间歇制动（点刹）或轻拉手制动器的方法减速。在使用脚制动器刹车的过程中，出现汽车甩尾时，要马上抬起制动踏板，汽车便会自动回正。

7. 自救的方法

汽车在泥泞路中陷车后，不要再大油门前后移动，以免车轮下越掏越空，汽车越陷越深。此时，应就近找些较粗的木杆、较厚的木板将车轮撬起，或在车下垫上坚硬的砖头、石块，然后以千斤顶将车架支起，并在车轮下填充砖、瓦、石块、稻草、树枝等，将车开出，还可找人帮忙推车或请其他车辆拖拽。

五、雨雾天驾驶

（一）雨天的道路驾驶特点

一般阵雨、暴雨来临之前，天空中会乌云翻滚、狂风大作，此时，非机动车、行人往往忽视道路上的过往车辆,四处躲闪,交通秩序混乱,同时穿雨衣、打雨伞也会给行人的听力和视线造成一定障碍,加之雨中路滑对汽车的刹车、转向、换挡等操作都有很大影响。

(二) 雨天的驾驶操作

为了确保雨中驾车安全,应注意以下几点:

(1) 在下雨前行人四处奔跑、道路交通情况复杂时,驾驶员一定要提高警惕,降低车速,注意避让骑车人和行人,特别是在城市中人车混行的街道上行驶时,更要提防视线盲区突然跑出行人。

(2) 雨中行车光线较暗,有时还会伴有一定的雾气,能见度差。因此,即使是在白天也应打开小灯或应急灯,向过往的车辆、行人示意汽车的位置。

(3) 雨量较小时应使用雨刷器的间歇挡,随着雨量的加大要适时调整雨刷器的刮水速度。同时,还要调整好车内空调的吹霜除雾开关,以防车内外的雾气影响视线。

(4) 减速时要尽量使用发动机牵阻制动,少踩制动踏板,必须踩制动踏板时应采用间歇制动的方法减速。行驶中如果因为踩制动踏板造成甩尾、侧滑时,应立即抬起制动踏板,并向甩尾的一侧修正方向,待汽车回正后再加油继续行驶。

(5) 汽车在雨中行驶时不得突然转向,转弯时方向盘要早打,拐大弯或在明弯处不妨碍其他车辆行驶的情况下"反切过弯",要加大转弯半径以减小离心力,防止侧滑。一旦发生侧滑应立即收油(不要踩制动踏板),并向侧滑的一侧打方向,当车身回正后再以间歇制动减速。

(6) 在雨中会车遇有道路积水时,应降低车速防止由于汽车突然冲进积水,转向轮(前轮)受到冲击,造成方向盘失控。还要防止两车各自溅起的积水遮盖对方的前风挡玻璃,一时看不清道路造成盲行。

(7) 尽量避免超车,跟车行驶时也要加大前、后车距,同时还要注意保持与左、右骑车人及行人之间的横向距离,遇有积水时应减速慢行,防止将泥水喷溅到行人身上。

(8) 雨季、汛期汽车在山路、河边及堤坝道路上行驶时,应尽量走路的中间,不要过于靠边。遇有狭窄路段会车时,应减速并选择较宽的安全地点停车相会。不得紧靠路边冒险通过,以防雨后土质疏松、道路坍塌造成事故。

(9) 雨量过大时不要勉强行驶,应选择安全地点,靠路边暂停,并开启应急灯,待雨量转小时再继续行驶。

(10) 行驶中雨水喷溅刹车毂,随时可能造成刹车失灵。因此,每次使用刹车都要比晴天时适当提前,一旦发现制动性能下降,应挂中、低速挡左脚踩制动踏板,同时,右脚踩油门"磨刹车"(即利用刹车毂与刹车蹄片的摩擦发热,蒸发其水分)以便恢复制动性能。

(三) 雾天的驾驶特征

汽车在雾中行驶,由于能见度差、视线不清、路面湿滑,会使道路交通情况变得复杂,容易发生交通事故。

(四) 雾天的驾驶操作

驾驶员在雾中行车时应注意下列事项:

(1) 打开防雾灯、大灯及应急灯(黄色双闪)。

(2) 降低车速，尽量不超车，最好是利用前车开道，与其保持一定车距，跟车行驶。

(3) 调整好雨刷器刮水速度和室内吹霜除雾开关，确保前风挡玻璃内、外透视性良好。

(4) 勤鸣喇叭（禁鸣地区除外）或变换远、近灯光，提示周围的车辆。

(5) 在画有标志线的道路应严格按线行驶，在无标线的道路上须靠右行驶，并且要注意路边的非机动车及行人。

(6) 雾中行车绝对禁止随意掉头、逆行，尽量避免停车。必须停车时，应紧靠路边，并开启小灯及应急灯。

六、冰雪路驾驶

（一）冰雪路驾驶特征

冬季汽车在冰雪路上行驶，由于附着系数小，常出现起步易打滑、加速易空转、刹车易甩尾等现象。

（二）冰雪路的驾驶操作

由于冰雪路的特征所致，其驾驶操作应注意以下几点：

(1) 起步时应选择高一级挡位（2挡），少跟油。若起步时打滑、空转，可以倒一下车重起，不要总是在一个地方反复起步，还可以轻拉一下手制动器起步，让后桥差速装置锁定（如果有此装置），将动力均匀地分配给两个驱动车轮。

(2) 在冰雪路行驶中，油门要轻、冲车时间要适当延长，加速过程中如出现甩尾、打滑现象，应马上收油，踩下离合器踏板，并向甩尾的一侧打方向，甩尾即会终止，然后再修正方向将车驶回正常车道。特别是在夜间或高速公路的冰雪路面上驾驶中，要防止"油门渐进"现象的发生，以免在不知不觉中产生侧滑，失去控制。

(3) 加、减挡过程中要避免猛抬离合器踏板，防止车轮转速突然改变产生甩尾。通过弯路时，要提前降低车速，拐大弯或反切过弯，要加大曲率半径，防止离心侧滑。

(4) 在雪后没有车辙的道路上行驶时，应以道路两侧的树木、电线杆作为参照物，走路的中间。有车辙的道路应尽量沿着车辙行驶，不要另辟路径。

(5) 会车时要加大横向间距。当两车行至交汇点时，不许使用制动或突然加速，以防侧滑。会车前如需要越过车辙两侧的冰埂时，应先减速，然后转向，以免造成横滑与来车剐碰。遇有狭窄路段会车时，应减速，必要时应停车让行。

(6) 跟车距离要加大，随时注意观察前车的刹车灯、转向灯，以及前车以远的道路交通情况，以便调整车距。上坡时应待前车上至坡顶或远至消除对本车影响时再冲坡，中途尽量不换挡或少换挡。上坡时一旦车轮打滑、空转，要立即停车，以免出现"倒行滑坡"的现象。下陡坡时要充分利用发动机牵阻制动，少踩制动踏板，必要时可换入1挡加油下坡。

(7) 行驶中尽量避免超车，确需超车时，应选择在道路条件良好的情况下，与前车沟通（鸣喇叭或闪大灯示意），待前车让行后再超车。因为在冰雪路上行驶，一般驾驶员为了安全起见，普遍不愿意也不敢过多靠路边行驶，所以在条件不具备和前车未让行之前，千万不要强超、硬挤，以免发生危险。

(8) 冬季行车还应特别注意道路性质的变化，有些道路阳坡路面冰雪融化，沥青路正常，而转过阴坡就会突然出现冰雪路。还有的道路会出现正午水路、早晚冰路，以及山下湿路、山上冰路等现象。因此，驾驶员要注意根据不同的道路性质，随时调整操作。

（9）在冰雪路上处理情况要提前，避免紧急制动，如果必须制动，也要采用断续式多点刹车的方法减速。但是在城市的冰雪道路上，遇有骑车人或行人，突然摔倒侵入行车通道躲闪不及时，应注意千万不能使用间歇制动，而应将制动踏板一脚踩到底，推着被撞的自行车或行人前行，直至停车，以免车轮碾压行人。

（10）冬季光亮的冰面道路以及两侧的积雪会产生较强的反射光，对驾驶的眼睛刺激很大，容易出现眩目、眼睛疼痛、视线不清等现象，影响行车安全。因此，雪地行车时一定要戴上有色眼镜、放下遮光板。若没有眼镜，则应每行驶 1 小时左右，停车休息，闭目养神，以使视力得以恢复。

（三）汽车在冰雪路中的自救

汽车在冰雪路面行驶中滑向路外、掉沟或陷车，前后都动不了时，首先应找人帮忙推车，配合驾驶员把车开出陷车地点。如果周围找不到人，应就近找些沙子、干土、树枝、玉米秆、稻草等垫在驱动轮下，把车开出陷车地点。若上述东西都找不到，还可将车内的脚垫放在轮下将车开出。也可将打滑一侧的驱动轮用千斤顶支起来，把下面挖实、垫平，然后撤下千斤顶，再把从动轮所要经过的路面也挖平、填实，将车开出。若还不行，只有找其他车牵引了。

七、汽车涉水驾驶

（一）汽车涉水驾驶特征

汽车涉水、过河时，会受到水的浮力和水流冲击的影响，使车轮附着系数减小，容易空转、陷车。同时，由于驾驶员无法观察到水中道路情况，河底高低不平，汽车很难操纵，易熄火。

（二）汽车涉水驾驶技巧

为了使汽车能够安全、顺利地涉水、过河，驾驶员应学会和掌握如下技巧：

（1）涉水前应选择好入水地点，确定行车路线，注意观察其他车辆通过时的路径、水深，特别是与本车同类的车型。若没有车辆通过，应向当地群众了解水深、水中道路性质以及雨季汛情等情况，切不可贸然下水。

（2）水深超过本车限定的涉水深度时，不能冒险硬过。例如，桑塔纳轿车的涉水深度为 0.3m，夏利轿车为 0.23m。

（3）汽车涉水、过河必须要在发动机无故障，刹车、转向及传动系统有效、可靠的情况下进行。

（4）水深接近本车最大涉水深度时，应拆下风扇皮带（防止风扇叶搅起水花，浸湿发动机电路造成熄火），用塑料布包好分电器、点火线圈等电器，堵好机油尺孔及加机油口等可能进水的部位。

（5）驾车入水时应挂低速挡缓慢入水，以免水花喷溅涌入发动机造成熄火。行进中不得随意换挡或停车，不得大角度转向，以免增大阻力造成陷车。

（6）汽车在水中行驶时，驾驶员应把观察重点放在前方对岸的固定目标。不要看水流，以免偏离水中道路。

(7) 涉水过程中要稳住油门，注意使发动机保持足够动力，防止油门过小、拖挡造成熄火或陷车。一旦陷车，发动机空转时千万要稳住油门，然后挂 2 挡或倒挡。如果情况严重，应稳住油门等待其他车辆将车拽出，或请人帮忙推出。

(8) 汽车在水中如果突然熄火，消声器进水后，千万不要试图重新启动发动机，以免将水吸入发动机气缸内，造成更大的损失。此时，只能求助其他车辆将车拖出。

(9) 车队或几台车同行时，不要多车同时下水，也不要近距离跟行，以免前车陷入水中，造成后车全部水中停车，应待前车涉水上岸后，后车再下水。

(10) 汽车涉水、过河之后，会因刹车毂进水造成刹车失灵。因此，上岸的第一件事就是"磨刹车"。其方法是以中、低速挡行驶，左脚踩制动踏板的同时右脚踩油门，利用刹车毂与刹车蹄片的摩擦发热，蒸发其水分，恢复制动效能。

八、高速公路驾驶

（一）高速公路的特征

高速公路是全封闭、多车道，设置中央隔离带、立体交叉、集中管理，控制出入、限制上路车种，安全服务设施配套齐全，专供机动车高速行驶的公路。在高速公路上驾驶完全不同于一般道路的驾驶。高速公路具有车速高、车道区分明确、分道行驶、车辆流向单一、车流量大、道路条件好等特点，驾驶员在高速公路上行驶容易麻痹大意。

（二）高速公路的驾驶操作

1. 驶入高速公路

（1）驶入收费处。车辆驶近收费处时，要严格遵守限速规定，密切注视指示牌上显示的道路及天气情况，确定是否能进入高速公路。确定可以进入后，选择通道上方亮绿灯信号且车辆较少的通行道口，依次排队通过，切勿争道抢行。

在设有电子不停车收费系统（ETC）的收费站，持有电子标签的车辆可以在 30km/h 的车速内不停车直接通过 ETC 专用收费车道，进入高速公路。

（2）交费或领取通行证。进入收费入口处，尽量将车身靠近收费亭，停车时使驾驶室门窗对齐收费窗口，便于收费人员和驾驶员交接现金、票证或通行卡。

在入口处领到通行卡或票证后，要妥善收存好，以备出口时交卡或验票。切忌将通行卡或票证随手乱丢，到达收费口时，为寻找通行卡或票证耽误时间，而影响通过速度。

（3）匝道行驶。高速公路的入口大多采用立体交叉形式，有两条或两条以上不同方向的匝道，如果不注意指路标志，往往会驶错方向。应注意观察指路标志，选择进入的匝道。

确定行驶的匝道后，及时驶入并尽快地提高车速，但不能超过标志规定的速度；前方有行驶的车辆时，要保持足够的安全间距；有弯道和坡道的匝道一般要限制速度，应注意警告标志，按标志规定的速度行驶。

（4）在加速车道上行驶。车辆进入加速车道后，应迅速提高车速，并打开左转向灯，选择驶入行车道的时机。在加速车道上尾随前车行驶时，应注意观察前车的加速情况，避免在加速车道上减速或停车。

（5）驶入行车道。车辆驶入行车道之前，先通过后视镜观察后方行车道上的车辆，正确估计车流速度，调整和控制好车速，根据车流情况确定尾随在哪辆车的后面汇入车流。

当行车道上的车流密度较大,车辆相距较近或以车队状态行驶时,要考虑自己车辆的加速性能和"车队"首车的速度。首车速度较慢时,可加速从首车前方驶入行车道。如果车队首车速度较快,其他尾随车距离较近时,则要控制好车速,在所有车辆通过后,再驶入行车道。

2. 高速公路行车道驾驶技巧

车辆进入高速路段后,既无灯光信号和道路平面交叉,又无行人、非机动车和其他低速车辆的干扰,从而使车辆具备了可以充分发挥其性能的条件。但由于在高速公路上行驶的车辆速度比普通道路高,对驾驶员的要求也就不同于普通道路。

(1) 速度的选择。车辆进入高速公路后,无论是正常行驶,还是超车或让车,都应严格遵守最高车速和最低车速的规定。

在高速公路上行驶时,要注意限速标志,按照标志要求限速行驶。高速公路上要求以非规定速度行驶时,都设有限速标志。在有限速标志的路段,应及时将车速控制在限速标准以内,超速驶过该路段是非常危险的。

(2) 分道行驶。机动车在高速公路上通行时,应当在行车道上行驶,必须严格遵守分道行驶、各行其道的原则,不得随意穿越分界线,不准骑、压分界线。

高速公路主车道设计有双向四车道、六车道、八车道。

单向两车道:车速低于100km/h的车辆,在右侧行车道上行驶;车速高于100km/h的车辆,在左侧车道上行驶。

单向三车道:左侧车道上行驶的车辆,最低车速为110km/h;中间车道上行驶的车辆,最低车速为90km/h;右侧车道上行驶的车辆,最低车速为60km/h。

单向四车道:左侧车道上行驶的车辆,最低车速为110km/h;中间两条车道上行驶的车辆,最低车速为90km/h;右侧车道上行驶的车辆,最低车速为60km/h。

(3) 行车间距。正常情况下,在高速公路上的纵向车距(两车间的前后距离)略大于行驶速度值。高速公路上,专门设有为驾驶员确认行车间距的行驶路段,在此路段上行驶,可检验和前车的行车间距,驾驶员可根据要求适时调整车速。

正常情况下在高速公路超车时,横向车距(两车间平行瞬间的左右距离)为:车速为100km/h时,横向车距为1.5m以上;车速为70km/h时,横向车距为1.2m以上;遇大风、雨、雪、雾天或者路面结冰时,在减速行驶的同时适当加大横向车距。

(4) 变更车道。变更车道时,应确认与要进入的车道前方车辆及后方来车均有不影响超车的足够安全行车间距。打开左(右)转向灯,向左(右)适量转动方向盘,加速驶入需要进入的车道。

(5) 通过隧道。行至隧道入口前约50m左右,打开前照灯、示廓灯、尾灯,及时查看车速表,根据隧道口标志上规定的速度控制车速。

进入隧道后,将视线注视点移到隧道的远处,不要看两侧隧道壁,注意保持行车间距;严禁在隧道内变更车道、超车和随意停车;双向行驶的隧道内禁止使用远光灯。

如果车辆在隧道内出现故障,只要车辆还能继续行驶,应尽可能把车驶出隧道;当车辆无法驶出隧道时,车上人员必须迅速离开车辆,设法将车移到特别停车点,打开危险报警灯,在车后方150m以外设警告标志,并通过紧急电话向高速公路管理中心报警。

驶出隧道前,通过车速表确认行车速度,不能凭直觉判断车速;到达出口时,握稳方向盘，以防隧道口处的横向风引起车辆偏离行驶路线；驶出隧道后，在光亮适应过程中切勿盲目加速，以免因视力瞬时下降不适应环境而造成危险。

（6）通过高速公路立交桥。行至高速公路立交桥时，要注意观察指路标志，在临近转弯的立交桥前，要根据右侧指路标志确认出口位置、行驶车道和行驶路线。

若要改变行驶路线，应距立交桥 500m 时，开始逐渐降低车速，根据预告标志适时地向右完成车道的变更，平顺地驶入预定车道；距出口 50～100m 时，打开右转向灯，按照指路标志的要求进入匝道，驶入新的行进方向车道。

（7）高速公路停车。在高速公路上行驶的车辆若发生故障必须停车时，切不可采用紧急制动的方法，更不能在行车道直接停车，应控制好车速，看清车前车后的交通情况，打开右转向灯，尽快驶离行车道，停在紧急停车带内或右侧路肩上。

停车后，必须立即打开危险报警闪光灯，在车后方设置警告标志，若是夜间还需同时打开示廓灯和尾灯；车上人员应迅速转移到右侧路肩以外或者应急车道内，必要时拨通紧急电话求援或报警。

若车辆短时间内修复后返回行车道时，应先在路肩或应急车道上提高车速，并打开左转向灯，在路肩或紧急停车带提高车速至 60km/h 以上；认真观察行车道上车流的情况，在不妨碍其他车辆正常行驶的情况下，进入行车道行驶。

3. 注意事项

（1）高速公路上行车，应随时注意情报板及标志牌显示的车速预告，适时调整行车速度。

（2）行驶中发现可能发生危险的车辆时，应尽早采取措施，或尽快抓住有利时机超越，或加大纵向间距拉开距离，无论哪种方法都是为了及早避开，确保行车安全。

（3）在高速公路上超车时，在距前车 70m 左右时，向左适量转动转向盘，保持足够的横向安全间距，加速超越；超车后，距被超车辆 50～70m 时，打开右转向灯，在不影响被超车辆正常行驶的情况下，平稳驶回行车道，关闭转向灯。

（4）高速公路上行车遇行驶前方道路上有障碍物、因事故前方车道堵塞、道路施工占道及自然灾害造成前方路段损坏需更换车道时，要注意观察道路上设置的标志或警示牌，按照标志或警示牌上的要求行驶。

（5）高速公路弯道行驶中，应适当降低车速，否则高速会失去控制，造成事故。尤其左转弯道行驶时，由于驾驶员的视距变短，应尽量避免在弯道上超车。为了避免因转小弯与侧面车辆刮碰，禁止在弯度小的弯道上超车。

（6）高速公路的坡道坡度较缓，车辆上坡时感觉比较明显，下坡时就不容易感觉出来。行车中应随时注意坡道的存在，注意观察道路标志和警告牌，根据道路的实际情况控制行车速度，尤其要控制下坡的速度。

（7）遇浓雾突然来临，来不及驶向服务区或停车场时，可把车辆驶入路肩下，打开示廓灯和尾灯，待雾散后，尽快驶离路肩。

（8）雪天在高速公路上行驶，应加大行车间距，一般应为干燥路面的 3 倍以上。尽量沿前车的车辙行驶，一般情况下，避免超车、急加速、急转和制动。必须停车时，应提前采取措施，尽量用发动机的牵阻作用来控制车速，以防各种原因造成的侧滑。

（9）路面结冰时，应立即将车辆驶到最近的服务区或停车场，安装轮胎防滑链或换用雪地轮胎。

4. 驶离高速公路

（1）驶离行车道。高速公路的出口前 2km、1km、500m 及出口处都设有下一出口的预告标志。行驶到距出口 2km 预告标志后，在左侧车道上行驶的车辆，要逐渐变道至右侧行车道。

（2）驶入减速车道。距出口 500m 时，打开右转向灯，适当调整车速，逐渐平顺地从减速车道口的始端驶入减速车道。

如果已驶过出口，只能继续向前行驶至立体交叉桥掉头，或者在下一出口驶离。严禁在高速公路紧急制动、停车、倒车、掉头、逆行，以及穿越中心隔离带供紧急情况使用的缺口。

（3）减速车道行驶。驶入减速车道后，关闭转向灯，注意观察车速表，并逐渐减速，使车速在进入匝道前减至 40km/h。

（4）匝道行驶。不允许未经减速车道减速，直接从行车道驶入匝道。进入匝道后，根据匝道的弯度掌握好方向盘，并将车速控制在限定的车速以下。

（5）驶入收费处。驶近收费处时，要严格遵守限速规定，选择通道上方亮绿灯信号且车辆较少的通行道口，依次排队通过，切勿争道抢行。

在设有电子不停车收费系统（ETC）的收费站，持有电子标签的车辆可以在 30km/h 的车速内不停车，直接通过 ETC 专用收费车道。

进入收费出口处，尽量将车身靠近收费亭，停车时使驾驶室门窗对齐收费口，便于收费人员和驾驶员交接现金、票证和通行卡。

（6）驶离高速公路。由于在高速公路上长时间高速行驶，对速度反应一度迟钝，在驶离收费处后的一段时间内，应通过观察速度表来控制车速，逐渐适应一般道路的速度，绝对不能单纯凭自己的感觉判断车速。

第三章　汽车安全驾驶

汽车作为一种方便快捷的交通工具，它的产生和发展给人们的生活带来了许多的便捷；同时它作为一种高速运动的机件，在整个运行过程中又存在着很多安全问题。本章将从道路交通安全法律、法规，车辆技术状况，车辆的行驶速度，以及车辆的装载等几个方面来分析影响交通安全的一些因素。

第一节　交通法规

为了维护道路交通秩序，预防和减少交通事故，保护人身安全，保护公民、法人和其他组织的财产安全及其他合法权益，提高通行效率，我国从 2004 年 5 月 1 日起施行《中华人民共和国道路交通安全法》。2015 年新道路交通安全法实施条例继续沿用 2004 年公布施行的条例。具体的道路交通安全法分为总则、车辆和驾驶人、道路通行条件、道路通行规定、交通事故处理、执法监督、法律责任及附则，共八章一百二十四条，中华人民共和国境内的车辆驾驶人、行人、乘车人以及与道路交通活动有关的单位和个人，都应严格遵守，确保安全驾驶。

一、总则

第一条 为了维护道路交通秩序，预防和减少交通事故，保护人身安全，保护公民、法人和其他组织的财产安全及其他合法权益，提高通行效率，制定本法。

第二条 中华人民共和国境内的车辆驾驶人、行人、乘车人以及与道路交通活动有关的单位和个人，都应当遵守本法。

第三条 道路交通安全工作，应当遵循依法管理、方便群众的原则，保障道路交通有序、安全、畅通。

第四条 各级人民政府应当保障道路交通安全管理工作与经济建设和社会发展相适应。

县级以上地方各级人民政府应当适应道路交通发展的需要，依据道路交通安全法律、法规和国家有关政策，制定道路交通安全管理规划，并组织实施。

第五条 国务院公安部门负责全国道路交通安全管理工作。县级以上地方各级人民政府公安机关交通管理部门负责本行政区域内的道路交通安全管理工作。

县级以上各级人民政府交通、建设管理部门依据各自职责，负责有关的道路交通工作。

第六条 各级人民政府应当经常进行道路交通安全教育，提高公民的道路交通安全意识。

公安机关交通管理部门及其交通警察执行职务时，应当加强道路交通安全法律、法规的宣传，并模范遵守道路交通安全法律、法规。

机关、部队、企业事业单位、社会团体以及其他组织，应当对本单位的人员进行道路交通安全教育。

教育行政部门、学校应当将道路交通安全教育纳入法制教育的内容。

新闻、出版、广播、电视等有关单位，有进行道路交通安全教育的义务。

第七条 对道路交通安全管理工作，应当加强科学研究，推广、使用先进的管理方法、技术、设备。

二、车辆和驾驶人

- 机动车、非机动车

第八条 国家对机动车实行登记制度。机动车经公安机关交通管理部门登记后，方可上道路行驶。尚未登记的机动车，需要临时上道路行驶的，应当取得临时通行牌证。

第九条 申请机动车登记，应当提交以下证明、凭证：

（一）机动车所有人的身份证明；

（二）机动车来历证明；

（三）机动车整车出厂合格证明或者进口机动车进口凭证；

（四）车辆购置税的完税证明或者免税凭证；

（五）法律、行政法规规定应当在机动车登记时提交的其他证明、凭证。

公安机关交通管理部门应当自受理申请之日起五个工作日内完成机动车登记审查工作，对符合前款规定条件的，应当发放机动车登记证书、号牌和行驶证；对不符合前款规定条件的，应当向申请人说明不予登记的理由。

公安机关交通管理部门以外的任何单位或者个人不得发放机动车号牌或者要求机动车悬挂其他号牌，本法另有规定的除外。

机动车登记证书、号牌、行驶证的式样由国务院公安部门规定并监制。

第十条 准予登记的机动车应当符合机动车国家安全技术标准。申请机动车登记时，应当接受对该机动车的安全技术检验。但是，经国家机动车产品主管部门依据机动车国家安全技术标准认定的企业生产的机动车型，该车型的新车在出厂时经检验符合机动车国家安全技术标准，获得检验合格证的，免予安全技术检验。

第十一条 驾驶机动车上道路行驶，应当悬挂机动车号牌，放置检验合格标志、保险标志，并随车携带机动车行驶证。

机动车号牌应当按照规定悬挂并保持清晰、完整，不得故意遮挡、污损。

任何单位和个人不得收缴、扣留机动车号牌。

第十二条 有下列情形之一的，应当办理相应的登记：

（一）机动车所有权发生转移的；

（二）机动车登记内容变更的；

（三）机动车用作抵押的；

（四）机动车报废的。

第十三条 对登记后上道路行驶的机动车，应当依照法律、行政法规的规定，根据车辆用途、载客载货数量、使用年限等不同情况，定期进行安全技术检验。对提供机动车行驶证和机动车第三者责任强制保险单的，机动车安全技术检验机构应当予以检验，任何单位不得附加其他条件。对符合机动车国家安全技术标准的，公安机关交通管理部门应当发给检验合格标志。

对机动车的安全技术检验实行社会化。具体办法由国务院规定。

机动车安全技术检验实行社会化的地方，任何单位不得要求机动车到指定的场所进行检验。

公安机关交通管理部门、机动车安全技术检验机构不得要求机动车到指定的场所进行维修、保养。

机动车安全技术检验机构对机动车检验收取费用，应当严格执行国务院价格主管部门核定的收费标准。

第十四条 国家实行机动车强制报废制度，根据机动车的安全技术状况和不同用途，规定不同的报废标准。

应当报废的机动车必须及时办理注销登记。

达到报废标准的机动车不得上道路行驶。报废的大型客、货车及其他营运车辆应当在公安机关交通管理部门的监督下解体。

第十五条 警车、消防车、救护车、工程救险车应当按照规定喷涂标志图案，安装警报器、标志灯具。其他机动车不得喷涂、安装、使用上述车辆专用的或者与其相类似的标志图案、警报器或者标志灯具。

警车、消防车、救护车、工程救险车应当严格按照规定的用途和条件使用。

公路监督检查的专用车辆，应当依照公路法的规定，设置统一的标志和示警灯。

第十六条 任何单位或者个人不得有下列行为：

（一）拼装机动车或者擅自改变机动车已登记的结构、构造或者特征；

（二）改变机动车型号、发动机号、车架号或者车辆识别代号；

（三）伪造、变造或者使用伪造、变造的机动车登记证书、号牌、行驶证、检验合格标志、保险标志；

（四）使用其他机动车的登记证书、号牌、行驶证、检验合格标志、保险标志。

第十七条 国家实行机动车第三者责任强制保险制度，设立道路交通事故社会救助基金。具体办法由国务院规定。

第十八条 依法应当登记的非机动车，经公安机关交通管理部门登记后，方可上道路行驶。

依法应当登记的非机动车的种类，由省、自治区、直辖市人民政府根据当地实际情况规定。

非机动车的外形尺寸、质量、制动器、车铃和夜间反光装置，应当符合非机动车安全技术标准。

● 机动车驾驶人

第十九条 驾驶机动车，应当依法取得机动车驾驶证。

申请机动车驾驶证，应当符合国务院公安部门规定的驾驶许可条件；经考试合格后，由公安机关交通管理部门发给相应类别的机动车驾驶证。

持有境外机动车驾驶证的人，符合国务院公安部门规定的驾驶许可条件，经公安机关交通管理部门考核合格的，可以发给中国的机动车驾驶证。

驾驶人应当按照驾驶证载明的准驾车型驾驶机动车；驾驶机动车时，应当随身携带机动车驾驶证。

公安机关交通管理部门以外的任何单位或者个人，不得收缴、扣留机动车驾驶证。

第二十条 机动车的驾驶培训实行社会化，由交通主管部门对驾驶培训学校、驾驶培训班实行资格管理，其中专门的拖拉机驾驶培训学校、驾驶培训班由农业（农业机械）主管部门实行资格管理。

驾驶培训学校、驾驶培训班应当严格按照国家有关规定，对学员进行道路交通安全法律、法规、驾驶技能的培训，确保培训质量。

任何国家机关以及驾驶培训和考试主管部门不得举办或者参与举办驾驶培训学校、驾驶培训班。

第二十一条 驾驶人驾驶机动车上道路行驶前，应当对机动车的安全技术性能进行认真检查；不得驾驶安全设施不全或者机件不符合技术标准等具有安全隐患的机动车。

第二十二条 机动车驾驶人应当遵守道路交通安全法律、法规的规定，按照操作规范安全驾驶、文明驾驶。

饮酒、服用国家管制的精神药品或者麻醉药品，或者患有妨碍安全驾驶机动车的疾病，或者过度疲劳影响安全驾驶的，不得驾驶机动车。

任何人不得强迫、指使、纵容驾驶人违反道路交通安全法律、法规和机动车安全驾驶要求驾驶机动车。

第二十三条 公安机关交通管理部门依照法律、行政法规的规定，定期对机动车驾驶证实施审验。

第二十四条 公安机关交通管理部门对机动车驾驶人违反道路交通安全法律、法规的行为，除依法给予行政处罚外，实行累积记分制度。公安机关交通管理部门对累积记分达到规定分值的机动车驾驶人，扣留机动车驾驶证，对其进行道路交通安全法律、法规教育，重新考试；考试合格的，发还其机动车驾驶证。

对遵守道路交通安全法律、法规，在一年内无累积记分的机动车驾驶人，可以延长机动车驾驶证的审验期。具体办法由国务院公安部门规定。

三、道路通行条件

第二十五条 全国实行统一的道路交通信号。

交通信号包括交通信号灯、交通标志、交通标线和交通警察的指挥。

交通信号灯、交通标志、交通标线的设置应当符合道路交通安全、畅通的要求和国家标准，并保持清晰、醒目、准确、完好。

根据通行需要，应当及时增设、调换、更新道路交通信号。增设、调换、更新限制性的道路交通信号，应当提前向社会公告，广泛进行宣传。

第二十六条 交通信号灯由红灯、绿灯、黄灯组成。红灯表示禁止通行，绿灯表示准许通行，黄灯表示警示。

第二十七条 铁路与道路平面交叉的道口，应当设置警示灯、警示标志或者安全防护设施。无人看守的铁路道口，应当在距道口一定距离处设置警示标志。

第二十八条 任何单位和个人不得擅自设置、移动、占用、损毁交通信号灯、交通标志、交通标线。

道路两侧及隔离带上种植的树木或者其他植物，设置的广告牌、管线等，应当与交通设施保持必要的距离，不得遮挡路灯、交通信号灯、交通标志，不得妨碍安全视距，不得影响通行。

第二十九条 道路、停车场和道路配套设施的规划、设计、建设，应当符合道路交通安全、畅通的要求，并根据交通需求及时调整。

公安机关交通管理部门发现已经投入使用的道路存在交通事故频发路段，或者停车场、道路配套设施存在交通安全严重隐患的，应当及时向当地人民政府报告，并提出防范交通事故、消除隐患的建议，当地人民政府应当及时做出处理决定。

第三十条 道路出现坍塌、坑槽、水毁、隆起等损毁或者交通信号灯、交通标志、交通标线等交通设施损毁、灭失的，道路、交通设施的养护部门或者管理部门应当设置警示标志并及时修复。

公安机关交通管理部门发现前款情形，危及交通安全，尚未设置警示标志的，应当及时采取安全措施，疏导交通，并通知道路、交通设施的养护部门或者管理部门。

第三十一条 未经许可，任何单位和个人不得占用道路从事非交通活动。

第三十二条 因工程建设需要占用、挖掘道路，或者跨越、穿越道路架设、增设管线设施，应当事先征得道路主管部门的同意；影响交通安全的，还应当征得公安机关交通管理部门的同意。

施工作业单位应当在经批准的路段和时间内施工作业，并在距离施工作业地点来车方向安全距离处设置明显的安全警示标志，采取防护措施；施工作业完毕，应当迅速清除道路上的障碍物，消除安全隐患，经道路主管部门和公安机关交通管理部门验收合格，符合通行要求后，方可恢复通行。

对未中断交通的施工作业道路，公安机关交通管理部门应当加强交通安全监督检查，维护道路交通秩序。

第三十三条 新建、改建、扩建的公共建筑、商业街区、居住区、大（中）型建筑等，应当配建、增建停车场；停车泊位不足的，应当及时改建或者扩建；投入使用的停车场不得擅自停止使用或者改作他用。

在城市道路范围内，在不影响行人、车辆通行的情况下，政府有关部门可以施划停车泊位。

第三十四条 学校、幼儿园、医院、养老院门前的道路没有行人过街设施的，应当施画人行横道线，设置提示标志。

城市主要道路的人行道，应当按照规划设置盲道。盲道的设置应当符合国家标准。

四、道路通行规定

● 一般规定

第三十五条 机动车、非机动车实行右侧通行。

第三十六条 根据道路条件和通行需要，道路划分为机动车道、非机动车道和人行道的，机动车、非机动车、行人实行分道通行。没有划分机动车道、非机动车道和人行道的，机动车在道路中间通行，非机动车和行人在道路两侧通行。

第三十七条 道路划设专用车道的，在专用车道内，只准许规定的车辆通行，其他车辆不得进入专用车道内行驶。

第三十八条 车辆、行人应当按照交通信号通行；遇有交通警察现场指挥时，应当按照交通警察的指挥通行；在没有交通信号的道路上，应当在确保安全、畅通的原则下通行。

第三十九条 公安机关交通管理部门根据道路和交通流量的具体情况，可以对机动车、非机动车、行人采取疏导、限制通行、禁止通行等措施。遇有大型群众性活动、大范围施工等情况，需要采取限制交通的措施，或者做出与公众的道路交通活动直接有关的决定，应当提前向社会公告。

第四十条 遇有自然灾害、恶劣气象条件或者重大交通事故等严重影响交通安全的情形，采取其他措施难以保证交通安全时，公安机关交通管理部门可以实行交通管制。

第四十一条 有关道路通行的其他具体规定，由国务院规定。

● 机动车通行规定

第四十二条 机动车上道路行驶，不得超过限速标志标明的最高时速。在没有限速标志的路段，应当保持安全车速。

夜间行驶或者在容易发生危险的路段行驶，以及遇有沙尘、冰雹、雨、雪、雾、结冰等气象条件时，应当降低行驶速度。

第四十三条 同车道行驶的机动车，后车应当与前车保持足以采取紧急制动措施的安全距离。有下列情形之一的，不得超车：

（一）前车正在左转弯、掉头、超车的；

（二）与对面来车有会车可能的；

（三）前车为执行紧急任务的警车、消防车、救护车、工程救险车的；

（四）行经铁路道口、交叉路口、窄桥、弯道、陡坡、隧道、人行横道、市区交通流量大的路段等没有超车条件的。

第四十四条 机动车通过交叉路口，应当按照交通信号灯、交通标志、交通标线或者交通警察的指挥通过；通过没有交通信号灯、交通标志、交通标线或者交通警察指挥的交叉路口时，应当减速慢行，并让行人和优先通行的车辆先行。

第四十五条 机动车遇有前方车辆停车排队等候或者缓慢行驶时，不得借道超车或者占用对面车道，不得穿插等候的车辆。

在车道减少的路段、路口，或者在没有交通信号灯、交通标志、交通标线或者交通警察指挥的交叉路口遇到停车排队等候或者缓慢行驶时，机动车应当依次交替通行。

第四十六条 机动车通过铁路道口时，应当按照交通信号或者管理人员的指挥通行；没有交通信号或者管理人员的，应当减速或者停车，在确认安全后通过。

第四十七条 机动车行经人行横道时，应当减速行驶；遇行人正在通过人行横道，应当停车让行。

机动车行经没有交通信号的道路时，遇行人横过道路，应当避让。

第四十八条 机动车载物应当符合核定的载质量，严禁超载；载物的长、宽、高不得违反装载要求，不得遗洒、飘散载运物。

机动车运载超限的不可解体的物品，影响交通安全的，应当按照公安机关交通管理部门指定的时间、路线、速度行驶，悬挂明显标志。在公路上运载超限的不可解体的物品，并应当依照公路法的规定执行。

机动车载运爆炸物品、易燃易爆化学物品以及剧毒、放射性等危险物品，应当经公安机关批准后，按指定的时间、路线、速度行驶，悬挂警示标志并采取必要的安全措施。

第四十九条 机动车载人不得超过核定的人数，客运机动车不得违反规定载货。

第五十条 禁止货运机动车载客。

货运机动车需要附载作业人员的，应当设置保护作业人员的安全措施。

第五十一条 机动车行驶时，驾驶人、乘坐人员应当按规定使用安全带，摩托车驾驶人及乘坐人员应当按规定戴安全头盔。

第五十二条 机动车在道路上发生故障，需要停车排除故障时，驾驶人应当立即开启危险报警闪光灯，将机动车移至不妨碍交通的地方停放；难以移动的，应当持续开启危险报警闪光灯，并在来车方向设置警告标志等措施扩大示警距离，必要时迅速报警。

第五十三条 警车、消防车、救护车、工程救险车执行紧急任务时，可以使用警报器、标志灯具；在确保安全的前提下，不受行驶路线、行驶方向、行驶速度和信号灯的限制，其他车辆和行人应当让行。

警车、消防车、救护车、工程救险车非执行紧急任务时，不得使用警报器、标志灯具，不享有前款规定的道路优先通行权。

第五十四条 道路养护车辆、工程作业车进行作业时，在不影响过往车辆通行的前提下，其行驶路线和方向不受交通标志、标线限制，过往车辆和人员应当注意避让。

洒水车、清扫车等机动车应当按照安全作业标准作业；在不影响其他车辆通行的情况下，可以不受车辆分道行驶的限制，但是不得逆向行驶。

第五十五条 高速公路、大中城市中心城区内的道路，禁止拖拉机通行。其他禁止拖拉机通行的道路，由省、自治区、直辖市人民政府根据当地实际情况规定。

在允许拖拉机通行的道路上，拖拉机可以从事货运，但是不得用于载人。

第五十六条 机动车应当在规定地点停放。禁止在人行道上停放机动车，但依照本法第三十三条规定施划的停车泊位除外。

在道路上临时停车的，不得妨碍其他车辆和行人通行。

- 非机动车通行规定

第五十七条 驾驶非机动车在道路上行驶应当遵守有关交通安全的规定。非机动车应当在非机动车道内行驶；在没有非机动车道的道路上，应当靠车行道的右侧行驶。

第五十八条 残疾人机动轮椅车、电动自行车在非机动车道内行驶时，最高时速不得超过 15 千米。

第五十九条 非机动车应当在规定地点停放。未设停放地点的，非机动车停放不得妨碍其他车辆和行人通行。

第六十条 驾驭畜力车，应当使用驯服的牲畜；驾驭畜力车横过道路时，驾驭人应当下车牵引牲畜；驾驭人离开车辆时，应当拴系牲畜。

- 行人和乘车人通行规定

第六十一条 行人应当在人行道内行走，没有人行道的靠路边行走。

第六十二条 行人通过路口或者横过道路，应当走人行横道或者过街设施；通过有交通信号灯的人行横道，应当按照交通信号灯指示通行；通过没有交通信号灯、人行横道的路口，或者在没有过街设施的路段横过道路，应当在确认安全后通过。

第六十三条 行人不得跨越、倚坐道路隔离设施，不得扒车、强行拦车或者实施妨碍道路交通安全的其他行为。

第六十四条 学龄前儿童以及不能辨认或者不能控制自己行为的精神疾病患者、智力障碍者在道路上通行，应当由其监护人、监护人委托的人或者对其负有管理、保护职责的人带领。

盲人在道路上通行，应当使用盲杖或者采取其他导盲手段，车辆应当避让盲人。

第六十五条 行人通过铁路道口时，应当按照交通信号或者管理人员的指挥通行；没有交通信号和管理人员的，应当在确认无火车驶临后，迅速通过。

第六十六条 乘车人不得携带易燃易爆等危险物品，不得向车外抛洒物品，不得有影响驾驶人安全驾驶的行为。

- 高速公路的特别规定

第六十七条 行人、非机动车、拖拉机、轮式专用机械车、铰接式客车、全挂拖斗车以及其他设计最高时速低于 70 千米的机动车，不得进入高速公路。高速公路限速标志标明的最高时速不得超过 120 千米。

第六十八条 机动车在高速公路上发生故障时，应当依照本法第五十二条的有关规定办理；但是，警告标志应当设置在故障车来车方向 150 米以外，车上人员应当迅速转移到右侧路肩上或者应急车道内，并且迅速报警。

机动车在高速公路上发生故障或者交通事故，无法正常行驶的，应当由救援车、清障车拖曳、牵引。

第六十九条 任何单位、个人不得在高速公路上拦截检查行驶的车辆，公安机关的人民警察依法执行紧急公务除外。

五、交通事故处理

第七十条 在道路上发生交通事故，车辆驾驶人应当立即停车，保护现场；造成人身伤亡的，车辆驾驶人应当立即抢救受伤人员，并迅速报告执勤的交通警察或者公安机关交通管理部门。因抢救受伤人员变动现场的，应当标明位置。乘车人、过往车辆驾驶人、过往行人应当予以协助。

在道路上发生交通事故，未造成人身伤亡，当事人对事实及成因无争议的，可以即行撤离现场，恢复交通，自行协商处理损害赔偿事宜；不即行撤离现场的，应当迅速报告执勤的交通警察或者公安机关交通管理部门。

在道路上发生交通事故，仅造成轻微财产损失，并且基本事实清楚的，当事人应当先撤离现场再进行协商处理。

第七十一条 车辆发生交通事故后逃逸的，事故现场目击人员和其他知情人员应当向公安机关交通管理部门或者交通警察举报。举报属实的，公安机关交通管理部门应当给予奖励。

第七十二条 公安机关交通管理部门接到交通事故报警后，应当立即派交通警察赶赴现场，先组织抢救受伤人员，并采取措施，尽快恢复交通。

交通警察应当对交通事故现场进行勘验、检查，收集证据；因收集证据的需要，可以扣留事故车辆，但是应当妥善保管，以备核查。

对当事人的生理、精神状况等专业性较强的检验，公安机关交通管理部门应当委托专门机构进行鉴定。鉴定结论应当由鉴定人签名。

第七十三条 公安机关交通管理部门应当根据交通事故现场勘验、检查、调查情况和有关的检验、鉴定结论，及时制作交通事故认定书，作为处理交通事故的证据。交通事故认定书应当载明交通事故的基本事实、成因和当事人的责任，并送达当事人。

第七十四条 对交通事故损害赔偿的争议，当事人可以请求公安机关交通管理部门调解，也可以直接向人民法院提起民事诉讼。

经公安机关交通管理部门调解，当事人未达成协议或者调解书生效后不履行的，当事人可以向人民法院提起民事诉讼。

第七十五条 医疗机构对交通事故中的受伤人员应当及时抢救，不得因抢救费用未及时支付而拖延救治。肇事车辆参加机动车第三者责任强制保险的，由保险公司在责任限额范围内支付抢救费用；抢救费用超过责任限额的，未参加机动车第三者责任强制保险或者肇事后逃逸的，由道路交通事故社会救助基金先行垫付部分或者全部抢救费用，道路交通事故社会救助基金管理机构有权向交通事故责任人追偿。

第七十六条　机动车发生交通事故造成人身伤亡、财产损失的，由保险公司在机动车第三者责任强制保险责任限额范围内予以赔偿。超过责任限额的部分，按照下列方式承担赔偿责任：

（一）机动车之间发生交通事故的，由有过错的一方承担责任；双方都有过错的，按照各自过错的比例分担责任。

（二）机动车与非机动车驾驶人、行人之间发生交通事故的，由机动车一方承担责任；但是，有证据证明非机动车驾驶人、行人违反道路交通安全法律、法规，机动车驾驶人已经采取必要处置措施的，减轻机动车一方的责任。

交通事故的损失是由非机动车驾驶人、行人故意造成的，机动车一方不承担责任。

第七十七条　车辆在道路以外通行时发生的事故，公安机关交通管理部门接到报案的，参照本法有关规定办理。

六、执法监督

第七十八条　公安机关交通管理部门应当加强对交通警察的管理，提高交通警察的素质和管理道路交通的水平。

公安机关交通管理部门应当对交通警察进行法制和交通安全管理业务培训、考核。交通警察经考核不合格的，不得上岗执行职务。

第七十九条　公安机关交通管理部门及其交通警察实施道路交通安全管理，应当依据法定的职权和程序，简化办事手续，做到公正、严格、文明、高效。

第八十条　交通警察执行职务时，应当按照规定着装，佩戴人民警察标志，持有人民警察证件，保持警容严整，举止端庄，指挥规范。

第八十一条　依照本法发放牌证等收取工本费，应当严格执行国务院价格主管部门核定的收费标准，并全部上缴国库。

第八十二条　公安机关交通管理部门依法实施罚款的行政处罚，应当依照有关法律、行政法规的规定，实施罚款决定与罚款收缴分离；收缴的罚款以及依法没收的违法所得，应当全部上缴国库。

第八十三条　交通警察调查处理道路交通安全违法行为和交通事故，有下列情形之一的，应当回避：

（一）是本案的当事人或者当事人的近亲属；

（二）本人或者其近亲属与本案有利害关系；

（三）与本案当事人有其他关系，可能影响案件的公正处理。

第八十四条　公安机关交通管理部门及其交通警察的行政执法活动，应当接受行政监察机关依法实施的监督。

公安机关督察部门应当对公安机关交通管理部门及其交通警察执行法律、法规和遵守纪律的情况依法进行监督。

上级公安机关交通管理部门应当对下级公安机关交通管理部门的执法活动进行监督。

第八十五条　公安机关交通管理部门及其交通警察执行职务，应当自觉接受社会和公民的监督。

任何单位和个人都有权对公安机关交通管理部门及其交通警察不严格执法以及违法违

纪行为进行检举、控告。收到检举、控告的机关，应当依据职责及时查处。

第八十六条　任何单位不得给公安机关交通管理部门下达或者变相下达罚款指标；公安机关交通管理部门不得以罚款数额作为考核交通警察的标准。

公安机关交通管理部门及其交通警察对超越法律、法规规定的指令，有权拒绝执行，并同时向上级机关报告。

七、法律责任

第八十七条　公安机关交通管理部门及其交通警察对道路交通安全违法行为，应当及时纠正。

公安机关交通管理部门及其交通警察应当依据事实和本法的有关规定对道路交通安全违法行为予以处罚。对于情节轻微，未影响道路通行的，指出违法行为，给予口头警告后放行。

第八十八条　对道路交通安全违法行为的处罚种类包括：警告、罚款、暂扣或者吊销机动车驾驶证、拘留。

第八十九条　行人、乘车人、非机动车驾驶人违反道路交通安全法律、法规关于道路通行规定的，处警告或者五元以上五十元以下罚款；非机动车驾驶人拒绝接受罚款处罚的，可以扣留其非机动车。

第九十条　机动车驾驶人违反道路交通安全法律、法规关于道路通行规定的，处警告或者二十元以上二百元以下罚款。本法另有规定的，依照规定处罚。

第九十一条　饮酒后驾驶机动车的，处暂扣六个月机动车驾驶证，并处一千元以上二千元以下罚款。因饮酒后驾驶机动车被处罚，再次饮酒后驾驶机动车的，处十日以下拘留，并处一千元以上二千元以下罚款，吊销机动车驾驶证。

醉酒后驾驶机动车的，由公安机关交通管理部门约束至酒醒，吊销机动车驾驶证，依法追究刑事责任，五年内不得重新取得机动车驾驶证。

饮酒后驾驶营运机动车的，处十五日拘留，并处五千元罚款，吊销机动车驾驶证，五年内不得重新取得机动车驾驶证。

醉酒驾驶营运机动车的，由公安机关交通管理部门约束至酒醒，吊销机动车驾驶证，依法追究刑事责任；十年内不得重新取得机动车驾驶证，重新取得机动车驾驶证后，不得驾驶营运机动车。

饮酒后或者醉酒驾驶机动车发生重大交通事故，构成犯罪的，依法追究刑事责任，并由公安机关交通管理部门吊销机动车驾驶证，终生不得重新取得机动车驾驶证。

第九十二条　公路客运车辆载客超过额定乘员的，处二百元以上五百元以下罚款；超过额定乘员百分之二十或者违反规定载货的，处五百元以上二千元以下罚款。

货运机动车超过核定载质量的，处二百元以上五百元以下罚款；超过核定载质量百分之三十或者违反规定载客的，处五百元以上二千元以下罚款。

有前两款行为的，由公安机关交通管理部门扣留机动车至违法状态消除。

运输单位的车辆有本条第一款、第二款规定的情形，经处罚不改的，对直接负责的主管人员处二千元以上五千元以下罚款。

第九十三条　对违反道路交通安全法律、法规关于机动车停放、临时停车规定的，可以指出违法行为，并予以口头警告，令其立即驶离。

机动车驾驶人不在现场或者虽在现场但拒绝立即驶离，妨碍其他车辆、行人通行的，处二十元以上二百元以下罚款，并可以将该机动车拖移至不妨碍交通的地点或者公安机关交通管理部门指定的地点停放。公安机关交通管理部门拖车不得向当事人收取费用，并应当及时告知当事人停放地点。

因采取不正确的方法拖车造成机动车损坏的，应当依法承担补偿责任。

第九十四条 机动车安全技术检验机构实施机动车安全技术检验超过国务院价格主管部门核定的收费标准收取费用的，退还多收取的费用，并由价格主管部门依照《中华人民共和国价格法》的有关规定给予处罚。

机动车安全技术检验机构不按照机动车国家安全技术标准进行检验，出具虚假检验结果的，由公安机关交通管理部门处所收检验费用五倍以上十倍以下罚款，并依法撤销其检验资格；构成犯罪的，依法追究刑事责任。

第九十五条 上道路行驶的机动车未悬挂机动车号牌，未放置检验合格标志、保险标志，或者未随车携带行驶证、驾驶证的，公安机关交通管理部门应当扣留机动车，通知当事人提供相应的牌证、标志或者补办相应手续，并可以依照本法第九十条的规定予以处罚。当事人提供相应的牌证、标志或者补办相应手续的，应当及时退还机动车。

故意遮挡、污损或者不按规定安装机动车号牌的，依照本法第九十条的规定予以处罚。

第九十六条 伪造、变造或者使用伪造、变造的机动车登记证书、号牌、行驶证、驾驶证的，由公安机关交通管理部门予以收缴，扣留该机动车，处十五日以下拘留，并处二千元以上五千元以下罚款；构成犯罪的，依法追究刑事责任。

伪造、变造或者使用伪造、变造的检验合格标志、保险标志的，由公安机关交通管理部门予以收缴，扣留该机动车，处十日以下拘留，并处一千元以上三千元以下罚款；构成犯罪的，依法追究刑事责任。

使用其他车辆的机动车登记证书、号牌、行驶证、检验合格标志、保险标志的，由公安机关交通管理部门予以收缴，扣留该机动车，处二千元以上五千元以下罚款。

当事人提供相应的合法证明或者补办相应手续的，应当及时退还机动车。

第九十七条 非法安装警报器、标志灯具的，由公安机关交通管理部门强制拆除，予以收缴，并处二百元以上二千元以下罚款。

第九十八条 机动车所有人、管理人未按照国家规定投保机动车第三者责任强制保险的，由公安机关交通管理部门扣留车辆至依照规定投保后，并处依照规定投保最低责任限额应缴纳的保险费的二倍罚款。

依照前款缴纳的罚款全部纳入道路交通事故社会救助基金。具体办法由国务院规定。

第九十九条 有下列行为之一的，由公安机关交通管理部门处二百元以上二千元以下罚款：

（一）未取得机动车驾驶证、机动车驾驶证被吊销或者机动车驾驶证被暂扣期间驾驶机动车的；

（二）将机动车交由未取得机动车驾驶证或者机动车驾驶证被吊销、暂扣的人驾驶的；

（三）造成交通事故后逃逸，尚不构成犯罪的；

（四）机动车行驶超过规定时速百分之五十的；

（五）强迫机动车驾驶人违反道路交通安全法律、法规和机动车安全驾驶要求驾驶机动车，造成交通事故，尚不构成犯罪的；

（六）违反交通管制的规定强行通行，不听劝阻的；

（七）故意损毁、移动、涂改交通设施，造成危害后果，尚不构成犯罪的；

（八）非法拦截、扣留机动车辆，不听劝阻，造成交通严重阻塞或者较大财产损失的。

行为人有前款第二项、第四项情形之一的，可以并处吊销机动车驾驶证；有第一项、第三项、第五项至第八项情形之一的，可以并处十五日以下拘留。

第一百条 驾驶拼装的机动车或者已达到报废标准的机动车上道路行驶的，公安机关交通管理部门应当予以收缴，强制报废。

对驾驶前款所列机动车上道路行驶的驾驶人，处二百元以上二千元以下罚款，并吊销机动车驾驶证。

出售已达到报废标准的机动车的，没收违法所得，处销售金额等额的罚款，对该机动车依照本条第一款的规定处理。

第一百零一条 违反道路交通安全法律、法规的规定，发生重大交通事故，构成犯罪的，依法追究刑事责任，并由公安机关交通管理部门吊销机动车驾驶证。

造成交通事故后逃逸的，由公安机关交通管理部门吊销机动车驾驶证，且终生不得重新取得机动车驾驶证。

第一百零二条 对六个月内发生二次以上特大交通事故负有主要责任或者全部责任的专业运输单位，由公安机关交通管理部门责令消除安全隐患，未消除安全隐患的机动车，禁止上道路行驶。

第一百零三条 国家机动车产品主管部门未按照机动车国家安全技术标准严格审查，许可不合格机动车型投入生产的，对负有责任的主管人员和其他直接责任人员给予降级或者撤职的行政处分。

机动车生产企业经国家机动车产品主管部门许可生产的机动车型，不执行机动车国家安全技术标准或者不严格进行机动车成品质量检验，致使质量不合格的机动车出厂销售的，由质量技术监督部门依照《中华人民共和国产品质量法》的有关规定给予处罚。

擅自生产、销售未经国家机动车产品主管部门许可生产的机动车型的，没收非法生产、销售的机动车成品及配件，可以并处非法产品价值三倍以上五倍以下罚款；有营业执照的，由工商行政管理部门吊销营业执照，没有营业执照的，予以查封。

生产、销售拼装的机动车或者生产、销售擅自改装的机动车的，依照本条第三款的规定处罚。

有本条第二款、第三款、第四款所列违法行为，生产或者销售不符合机动车国家安全技术标准的机动车，构成犯罪的，依法追究刑事责任。

第一百零四条 未经批准，擅自挖掘道路、占用道路施工或者从事其他影响道路交通安全活动的，由道路主管部门责令停止违法行为，并恢复原状，可以依法给予罚款；致使通行的人员、车辆及其他财产遭受损失的，依法承担赔偿责任。

有前款行为，影响道路交通安全活动的，公安机关交通管理部门可以责令停止违法行为，迅速恢复交通。

第一百零五条 道路施工作业或者道路出现损毁,未及时设置警示标志、未采取防护措施,或者应当设置交通信号灯、交通标志、交通标线而没有设置或者应当及时变更交通信号灯、交通标志、交通标线而没有及时变更,致使通行的人员、车辆及其他财产遭受损失的,负有相关职责的单位应当依法承担赔偿责任。

第一百零六条 在道路两侧及隔离带上种植树木、其他植物或者设置广告牌、管线等,遮挡路灯、交通信号灯、交通标志,妨碍安全视距的,由公安机关交通管理部门责令行为人排除妨碍;拒不执行的,处二百元以上二千元以下罚款,并强制排除妨碍,所需费用由行为人负担。

第一百零七条 对道路交通违法行为人予以警告、二百元以下罚款,交通警察可以当场做出行政处罚决定,并出具行政处罚决定书。

行政处罚决定书应当载明当事人的违法事实、行政处罚的依据、处罚内容、时间、地点以及处罚机关名称,并由执法人员签名或者盖章。

第一百零八条 当事人应当自收到罚款的行政处罚决定书之日起十五日内,到指定的银行缴纳罚款。

对行人、乘车人和非机动车驾驶人的罚款,当事人无异议的,可以当场予以收缴。

罚款应当开具省、自治区、直辖市财政部门统一制发的罚款收据;不出具财政部门统一制发的罚款收据的,当事人有权拒绝缴纳罚款。

第一百零九条 当事人逾期不履行行政处罚决定的,做出行政处罚决定的行政机关可以采取下列措施:

(一)到期不缴纳罚款的,每日按罚款数额的百分之三加处罚款;

(二)申请人民法院强制执行。

第一百一十条 执行职务的交通警察认为应当对道路交通违法行为人给予暂扣或者吊销机动车驾驶证处罚的,可以先予扣留机动车驾驶证,并在二十四小时内将案件移交公安机关交通管理部门处理。

道路交通违法行为人应当在十五日内到公安机关交通管理部门接受处理。无正当理由逾期未接受处理的,吊销机动车驾驶证。

公安机关交通管理部门暂扣或者吊销机动车驾驶证的,应当出具行政处罚决定书。

第一百一十一条 对违反本法规定予以拘留的行政处罚,由县、市公安局、公安分局或者相当于县一级的公安机关裁决。

第一百一十二条 公安机关交通管理部门扣留机动车、非机动车,应当当场出具凭证,并告知当事人在规定期限内到公安机关交通管理部门接受处理。

公安机关交通管理部门对被扣留的车辆应当妥善保管,不得使用。

逾期不来接受处理,并且经公告三个月仍不来接受处理的,对扣留的车辆依法处理。

第一百一十三条 暂扣机动车驾驶证的期限从处罚决定生效之日起计算;处罚决定生效前先予扣留机动车驾驶证的,扣留一日折抵暂扣期限一日。

吊销机动车驾驶证后重新申请领取机动车驾驶证的期限,按照机动车驾驶证管理规定办理。

第一百一十四条 公安机关交通管理部门根据交通技术监控记录资料,可以对违法的机动车所有人或者管理人依法予以处罚。对能够确定驾驶人的,可以依照本法的规定依法予以处罚。

第一百一十五条　交通警察有下列行为之一的，依法给予行政处分：

（一）为不符合法定条件的机动车发放机动车登记证书、号牌、行驶证、检验合格标志的；

（二）批准不符合法定条件的机动车安装、使用警车、消防车、救护车、工程救险车的警报器、标志灯具，喷涂标志图案的；

（三）为不符合驾驶许可条件、未经考试或者考试不合格人员发放机动车驾驶证的；

（四）不执行罚款决定与罚款收缴分离制度或者不按规定将依法收取的费用、收缴的罚款及没收的违法所得全部上缴国库的；

（五）举办或者参与举办驾驶学校或者驾驶培训班、机动车修理厂或者收费停车场等经营活动的；

（六）利用职务上的便利收受他人财物或者谋取其他利益的；

（七）违法扣留车辆、机动车行驶证、驾驶证、车辆号牌的；

（八）使用依法扣留的车辆的；

（九）当场收取罚款不开具罚款收据或者不如实填写罚款额的；

（十）徇私舞弊，不公正处理交通事故的；

（十一）故意刁难，拖延办理机动车牌证的；

（十二）非执行紧急任务时使用警报器、标志灯具的；

（十三）违反规定拦截、检查正常行驶的车辆的；

（十四）非执行紧急公务时拦截搭乘机动车的；

（十五）不履行法定职责的。

公安机关交通管理部门有前款所列行为之一的，对直接负责的主管人员和其他直接责任人员给予相应的行政处分。

第一百一十六条　依照本法第一百一十五条的规定，给予交通警察行政处分的，在做出行政处分决定前，可以停止其执行职务；必要时，可以予以禁闭。

依照本法第一百一十五条的规定，交通警察受到降级或者撤职行政处分的，可以予以辞退。

交通警察受到开除处分或者被辞退的，应当取消警衔；受到撤职以下行政处分的交通警察，应当降低警衔。

第一百一十七条　交通警察利用职权非法占有公共财物，索取、收受贿赂，或者滥用职权、玩忽职守，构成犯罪的，依法追究刑事责任。

第一百一十八条　公安机关交通管理部门及其交通警察有本法第一百一十五条所列行为之一，给当事人造成损失的，应当依法承担赔偿责任。

八、附则

第一百一十九条　本法中下列用语的含义：

（一）"道路"，是指公路、城市道路和虽在单位管辖范围但允许社会机动车通行的地方，包括广场、公共停车场等用于公众通行的场所。

（二）"车辆"，是指机动车和非机动车。

（三）"机动车"，是指以动力装置驱动或者牵引，上道路行驶的供人员乘用或者用于运送物品以及进行工程专项作业的轮式车辆。

（四）"非机动车"，是指以人力或者畜力驱动，上道路行驶的交通工具，以及虽有动力装置驱动但设计最高时速、空车质量、外形尺寸符合有关国家标准的残疾人机动轮椅车、电动自行车等交通工具。

（五）"交通事故"，是指车辆在道路上因过错或者意外造成的人身伤亡或者财产损失的事件。

第一百二十条　中国人民解放军和中国人民武装警察部队在编机动车牌证、在编机动车检验以及机动车驾驶人考核工作，由中国人民解放军、中国人民武装警察部队有关部门负责。

第一百二十一条　对上道路行驶的拖拉机，由农业（农业机械）主管部门行使本法第八条、第九条、第十三条、第十九条、第二十三条规定的公安机关交通管理部门的管理职权。

农业（农业机械）主管部门依照前款规定行使职权，应当遵守本法有关规定，并接受公安机关交通管理部门的监督；对违反规定的，依照本法有关规定追究法律责任。

本法施行前由农业（农业机械）主管部门发放的机动车牌证，在本法施行后继续有效。

第一百二十二条　国家对入境的境外机动车的道路交通安全实施统一管理。

第一百二十三条　省、自治区、直辖市人民代表大会常务委员会可以根据本地区的实际情况，在本法规定的罚款幅度内，规定具体的执行标准。

第一百二十四条　本法自 2004 年 5 月 1 日起施行。

第二节　车辆技术状况与交通安全

汽车良好的技术状况是安全行车的前提和必要条件，车辆技术状况不良和道路状况不良可以说是引起交通事故的重要原因。据国内外交通统计资料表明，由于车辆本身因素所造成的交通事故，在工业发达国家占 5% 左右，在发展中国家占 10% 左右。在交通事故中，由于车辆造成的事故，主要是由车辆的机械故障造成的，包括制动失灵或不合格；转向失灵或不合格；轮胎脱出或爆裂；灯具损坏、灯光眩目、连接失效等。近年来因车况不良而造成的交通事故大幅上升，因此车辆技术状况的好坏是预防、预控交通事故发生的主要对象。

在汽车技术状况对行车安全的影响中，转向装置和制动装置影响最大，其次如轮胎、灯光、喇叭、雨刮器以及行驶装置等对交通安全也有着很大的影响。

一、车辆技术状况对行车安全影响的特点

车辆是交通过程中的载体，车辆的技术状况是驾驶员行车安全的物质基础，直接影响行车的安全性。具体而言，表现在以下几方面：

1. 可避免性

可避免性是车辆技术状况影响行车安全的一个明显的特点。无论道路的技术状况多么

好，交通管理手段多么科学，设备多么先进，每年都会发生相当数量的交通事故。由驾驶员因素、道路环境因素和车流密度因素等导致的交通事故是不可避免的；因车辆的技术状况不良而导致的交通事故是完全可以避免的，关键在于我们是否能随时使车辆保持良好的技术状况，是否能严格按规程操作使用。

2. 恶劣性

通过对大量的交通事故分析可知，因车辆的技术状况不良（尤其是底盘部分）而导致的交通事故一般都为恶性事故。常见的有因刹车不灵导致追尾、方向不灵至使转向不及时撞车等。这类事故的发生一般都在车辆高速运行状态下，由于机件失灵或工作不良，使得驾驶员不能根据自己的意愿控制车辆，或是驾驶员根据经验采取一定的措施控制车辆，但车辆的"实际行动"与驾驶员操行的目的相悖不能达到驾驶员操作的目的而造成的。

3. 隐蔽性

汽车上的所有零件都有一个使用寿命，各零部件的工作性能也有一个由好到坏的转变过程。车辆的技术状况好坏也正是随各零部件的工作性能好坏而变化的。各零部件的工况转变都是量变积累而最终导致质的变化的，其变化的隐蔽性很强。这就导致了车辆的技术状况转变也有很强的隐蔽性。当车辆的技术状况开始变坏时，它不会马上通过交通事故的形式表现出来，有时甚至到了行车安全无技术保障的程度。如果驾驶员技术熟练，谨慎驾驶，它也可能不会表现出来。例如，某车的制动迟钝，如果驾驶员技术过硬，在行车过程中常用油门处理情况而不用制动，那么他就很难发现故障。再有，如果车辆制动轻微跑偏，在晴天驾驶时也许就发现不了这一故障，这样的车如果在雨天行驶，其危险性就可想而知了。隐蔽性这一特点要求驾驶员在平时保养车辆时一定要心细。

4. 突然性

车辆的技术状况下降具有很强的隐蔽性，由该特性又可派生出车辆技术状况影响行车安全的突然性。一旦车辆的技术状况下降到一定程度而又没有引起驾驶员足够认识和重视，那么这台车辆就像一颗定时炸弹，在某个偶然的时机，一旦条件成熟，便会突然以交通事故的形式表现出来。这一特性在平时的交通事故当中比较常见。

二、影响行车安全的几种主要车辆技术状况

影响行车安全的车辆技术状况涉及转向系、制动系、传动系、行驶系、照明和信号装置等，范围非常广，技术性非常强。下面就影响行车安全的主要方面加以分析。

1. 转向装置的技术状况对安全行车的影响

汽车的转向装置是直接关系到车辆操作性能的关键机构，要求工作绝对可靠。因为它对行车安全影响最大，尤其是在高速行车、山区行车和带有挂车行驶时，转向系统的工作更为重要。随着汽车使用时间延长，转向装置机件的磨损也会愈大，以致丧失原来正确的几何尺寸和配合间隙，使其技术状况变坏，影响到汽车的操纵性和稳定性。

该机构常见的技术问题有：转向松旷、转向沉重和行驶跑偏。

（1）转向松旷。转向松旷（转向不稳）是指汽车在平坦的道路上行驶时，前轮出现绕转向节销持续转动摇摆的现象，俗称行驶摆头。驾驶这样的车辆时前轮有腾空的感觉，行驶发飘，使得驾驶员不能准确地把握打转方向的时机和打转方向的量，造成行驶的安全性下降。前钢板簧松动或方向盘的游动间隙过大，均易造成上述现象出现。

(2) 转向沉重。GB 7258—2012《机动车运行安全技术条件》规定：机动车在平坦、硬实、干燥和清洁的道路上（水泥或沥青）以 10km/h 的速度在 5s 内沿螺旋线从直线行驶过渡到直径为 24m 的圆周行驶，施加于转向盘边缘的切向力不得大于 245N。凡是大于 245N 的均为转向沉重。造成转向沉重的主要因素有：主销轴承润滑不良或进水生锈；转向机、转向节主销、横直拉杆的间隙过小；轴承紧和前束失准。

(3) 行驶跑偏。汽车的自身设计能保证汽车在良好、平坦的路面上稳定直线行驶。但是，车辆在长期的使用过程中，如不注意保养，导致转向系和行驶系的技术状况下降，会出现在直线行驶时，汽车自动偏向一边；或前轮不能自动回正；或车辆不能保持直线行驶，稍有外力作用就向一边偏离。这样驾驶员就必须时刻牢握方向盘，不停地修正方向，增加了驾驶员的劳动强度，同时也容易造成驾驶疲劳，影响安全。

2. 制动装置的技术状况对安全行车的影响

汽车的制动性直接影响到交通安全，是汽车安全行驶的重要保证。制动器摩擦片与制动鼓有磨损、油污或卡滞，液压制动系统中有空气，制动液渗漏及总泵内制动液不足，气压制动系控制阀或制动气室密封不良，空气压缩机皮带松弛等，均会引起制动作用迟缓，制动力不足，使制动距离加大。如果左右轮制动器制动力不等，汽车又没有安装制动器压力调节装置和自动防抱死装置，则汽车在紧急制动中就容易出现制动跑偏和侧滑现象，从而使汽车失去控制，离开原来的行驶方向，甚至发生驶入对方车辆行驶车道、下沟及滑下山坡等危险情况。

下面从制动间隙、制动蹄片与制动鼓的接触面积、制动蹄片摩擦系数、制动压力几个方面分析制动装置的技术状况对安全行车的影响。

(1) 制动间隙的大小与行车安全。制动器使用过程中，由于蹄片与制动鼓的磨损，制动间隙会逐渐增大，制动间隙的增大与汽车的行驶里程近似成直线关系。制动间隙大则制动的时间延长，进而造成制动迟缓或制动不足，使制动的距离延长，制动效能降低。实验证明：在 30km/h 的初速时采用制动，当制动间隙由 0.5mm 增至 1mm 时，制动距离增加 20%；增至 2mm 时，制动距离增加 40%。

(2) 制动蹄片与制动鼓接触面积的大小与行车安全。制动器所产生的摩擦力的大小，在很大程度上取决于蹄片与制动鼓的接触面积，接触面积大则制动力增长的时间短，制动效果就好，制动距离就相应缩短。在正常情况下，当产生较大的摩擦力时，蹄片的接触面积在 80% 以上。如果达不到这一要求，应及时检查和分析，采取相应的措施排除故障，从而保证行车的安全。

(3) 制动蹄片摩擦系数的稳定性与行车安全。制动时由于蹄片与制动鼓的摩擦而产生大量的热，使轮鼓、蹄片的温度剧增（一般不超过 200℃）。石棉蹄片的摩擦系数在 0.3～0.4 之间，如果制动次数过多，热量不能及时散失，最高可达 500℃ 以上，如果超过了允许的温度，将使石棉材料中的有机聚合物发生分解，摩擦系数将出现大幅度下降，产生的热衰退现象降低了制动力，其制动力矩只有正常时的 26%～30%，从而延长了制动距离。温度剧增的主要原因与车速和制动次数的频率有关，当车速过高时，一遇有情况就需要采取制动措施，致使温度升高。在同样制动力和车轮不打滑的情况下，如果制动的初速度不同，则制动距离也不一样。实验证明：初速度为 40km/h 和 70km/h 时，以同等的制动力使汽车完全停止，所测得的距离，后者比前者增加了 1.5 倍。由此可见，初速度越高，其热衰退就越严重，制动距离就越长，不安全因素就越大。

（4）制动压力的高低与行车安全。制动压力（气压或液压）的足与不足，也是影响制动效能的重要因素。当制动的压力降低时，由于制动的时间增长及制动力不足而造成制动距离的增加，严重影响了行车安全。

3. 车轮及轮胎的技术状况对安全行车的影响

为了保证车辆行驶的安全，必须经常检查车轮及轮胎的状况。如果在行车时轮胎爆裂，就会急剧偏行，车速越高，其危险性越大。轮胎爆裂的原因很多，气压不足可使轮胎侧壁弯曲折断，气压过高可从轮胎缺陷处（如以前损伤处或处理不当的部位）发生爆胎，尤其是气候炎热、行驶时间过长和气压过高时，更容易发生爆胎。还有的爆胎是因为锋利的石头、折断的树枝或其他东西划伤轮胎而引起的。前轮不平衡，行车时就会发生摆动现象，车速越高越明显。轮胎的气压不足或几个轮胎的气压不均匀，汽车行驶中滚动阻力就会增大，影响操纵性和稳定性。有时行车中，轮胎轮毂螺柱折断造成车轮跑掉，更容易出现翻车，所以车轮及轮胎的技术状况对安全行车有着直接的影响。

4. 灯光和喇叭的技术状况对安全行车的影响

汽车照明装置的功用：一是在夜间或者是在能见度较低的条件下，用灯光给行驶车辆照亮前进的道路；二是用发光的标志和信号达到联络和保障行车安全的目的。灯光的故障有灯光不亮、灯光束弱、光束不对等。汽车灯光无论是起照明作用，还是起标志信号作用，一旦不亮就不能行车。光束不对，也对行车有着一定的影响。例如，灯光照射方向调整得不正确，就不能照亮前进的道路，使驾驶员在行车中看不清前方路面；如果光束向外斜射，就会使对面会车的驾驶员眩目，就有可能发生碰车。

喇叭的功用是以声音告诉行人或其他车辆，以保证行车安全。喇叭不响或声音过低，在行车中也很危险，尤其是在行人、车辆较多的城市更为明显。喇叭声音也不要过分尖锐刺耳，以免惊吓行人或牲畜，发生事故。灯光、喇叭的工作情况在汽车低速时，是与蓄电池的工作情况分不开的，如果蓄电池的能量降低，则喇叭的声响也降低，灯光变弱，这样给行车带来困难，甚至还会因此而发生事故。特别是在行人较多或道路不良的情况下，非常需要良好的灯光和喇叭。然而这时汽车行驶速度又低，容量小的蓄电池就不能满足要求，因此保持蓄电池的正常蓄电量也是行车安全的必要条件。

5. 行驶装置及其他部位的技术状况对安全行车的影响

行驶装置由车轮、车桥、车架和悬挂机构组成。它承受着汽车的全部重量，并传递牵引、制动等力或力矩，还承受路面对汽车的冲击，是汽车的基架。前桥在使用中因磨损可引起机件损坏，有时还出现弯曲变形或个别部位的断裂现象。前桥零件的变形和磨损，常常会影响到前轮定位，从而使汽车的操纵性变差。转向节在行驶中突然折断，也会造成严重的事故。车架在长期使用中，往往发生弯曲、变形、铆钉松动甚至断裂的情况。由于车架是整个汽车的基体骨架，所有的部件都直接或间接地安装在车架上，一旦出现不正常现象，就要改变各部件的相对位置，使汽车的正常工作遭到破坏，对行车安全带来一定影响。在行车中对车架影响最大的是高速、超载和装载不均匀，汽车紧急制动时车架受力很大，如果发生撞车或翻车事故，则对车架的破坏性就更严重。钢板弹簧在使用时常出现折断、弹性减弱、拱度变小和窜动等现象，所以钢板弹簧的故障往往使车身向一面偏斜。前钢板弹簧发生折断或窜动，汽车在行驶中容易跑偏，这是很不安全的因素。钢板弹簧的损坏经常出现，多数是因为行车中超载、高速、紧急制动或急转弯，使之受力过大，另外还有润滑不良或安装不当等因素的影响。

汽车保险杠、拖挂钩、车厢板连接销、门销都必须符合要求。汽车传动的各种连接和支承部位脱节也是很危险的。挡风玻璃损坏会影响驾驶员对道路情况的观察。在严寒地区冬季行车，玻璃易结冰，使视线受到影响，不利于安全行驶，因此前挡风玻璃一定要完好，经常清除玻璃上的雨滴、雪花或灰尘，必须使雨刮器保持完好状态。

第三节　汽车装载与行车安全

汽车的装载既与生产效率有关，同样也与交通安全有关，不能顾此失彼。驾驶员对装载与行车安全有较为深入的了解对安全行车是非常有益的，也是必需的。

一、国家法律法规对车辆装载的规定

（一）《中华人民共和国道路交通安全法》对车辆装载的规定

(1) 机动车载物应当符合核定的载质量，严禁超载；载物的长、宽、高不得违反装载要求，不得遗洒、飘散载运物。

机动车运载超限的不可解体的物品，影响交通安全的，应当按照公安机关交通管理部门指定的时间、路线、速度行驶，悬挂明显标志。在公路上运载超限的不可解体的物品，应当依照公路法的规定执行。

机动车载运爆炸物品、易燃易爆化学物品以及剧毒、放射性等危险物品，应当经公安机关批准后，按指定的时间、路线、速度行驶，悬挂警示标志并采取必要的安全措施。

(2) 机动车载人不得超过核定的人数，客运机动车不得违反规定载货。

(3) 禁止货运机动车载客。货运机动车需要附载作业人员的，应当设置保护作业人员的安全措施。

（二）《中华人民共和国道路交通安全法实施条例》中有关装载的规定

1. 机动车载物的规定

(1) 不准超过行驶证上核定的载质量。

(2) 装载须均衡平稳，捆扎牢固。装载容易散落、飞扬、流漏的物品，须封盖严密。

(3) 大型货运汽车载物，高度从地面起不准超过4m，宽度不准超出车厢，长度前端不准超出车身，后端不超出车厢2m，超出部分不准触地。

(4) 大型货运汽车挂车和大型拖拉机挂车载物，高度从地面起不准超过3m，宽度不准超出车厢，长度前端不准超出车厢，后端不准超出车厢1m。

(5) 载质量在1 000kg以上的小型货运汽车载物，高度从地面起不准超过2.5m，宽度不准超出车厢，长度前端不准超出车身，后端不准超出车厢1m。

(6) 载质量不满1 000kg的小型货运汽车、小型拖拉机挂车、后三轮摩托车载物，高度从地面起不准超过2m，宽度不准超出车厢，长度前端不准超出车厢，后端不准超出车厢50cm。

(7) 二轮摩托车、轻便摩托车载物，高度从地面起不准超过1.5m，宽度左右各不准超出车把15cm，长度不准超出车身20cm。

(8) 载物长度未超出车厢后栏板时，不准将栏板平放或放下；超出时，货物栏板不准遮挡号牌、转向灯、制动灯、尾灯。

2. 非机动车载物的规定（在大、中城市市区或交通流量大的道路上）

(1) 自行车载物，长度前端不准超出车轮，后端不准超出车身 30cm。

(2) 三轮车、人力车载物，高度从地面起不准超过 2m，宽度左右各不准超出车身 10cm，长度前后共不准超出车身 1m。

(3) 畜力车载物，高度从地面起不准超过 2.5m，宽度左右各不准超出车身 10cm，长度前端不准超出车辕，后端不准超出车身 1m。

3. 机动车载人的规定：

(1) 不准超过行驶证上核定的载人数。

(2) 货运机动车不准人、货混载。但大型货运汽车在短途运输时，车厢内可以附载押运或装卸人员 1～5 人，并须留有安全乘坐位置。载物高度超过车厢栏板时，货物上不准乘人。

(3) 货运汽车挂车、拖拉机挂车、半挂车、平板车、起重车、自动倾卸车、罐车不准载人。但拖拉机挂车和设有安全保险或乘车装置的半挂车、平板车、起重车、自动倾卸车，经车辆管理机关核准，可以附载押运或装卸人员 1～5 人。

(4) 货运汽车车厢内载人超过 6 人时，车辆和驾驶员须经车辆管理机关核准，方准行驶。

(5) 机动车除驾驶室和车厢外，其他任何部位都不准载人。

(6) 二轮、侧三轮摩托车后座不准附载不满 12 岁的儿童。轻便摩托车不准载人。

二、汽车的装载

1. 核载能力

现代汽车的核载能力，在当今世界汽车制造中分为重型、中型和小型载重货车，都有着严格的核定的载质量规定。

一是根据汽车设计各部件的最大负荷承受能力；二是根据载质量与设计最高时速确定刹车的安全距离，如果汽车的装载质量超出车辆核载规定或超出交通法规的规定数值时，极易发生交通事故，造成人员伤亡和财产损失。

2. 装载高度

大中型载重汽车的载装高度须遵循我国现行颁布的《中华人民共和国道路交通安全法实施条例》的有关装载高度规定，各类装载高度，从地面计算高度不得超过 4m，如超出 4m 规定，车辆在通过限高立交桥梁时极易发生事故。超离部分不能发生刮擦动力电线、电话线、电缆等。更为严重的是，由于装载超高，严重影响了汽车行驶稳定性，使肇事概率增加。

3. 装载宽度

关于汽车装载宽度，交通法规规定：左右不得超出汽车车厢的宽度。新的规定主要考虑到汽车会车和超车时两车横向安全距离相近所发生的剐蹭，会导致交通事故。

三、装载与制动的关系

汽车出厂时，核定载质量在车辆规定的行驶速度中，载质量不同的相同车辆在同一速度级下的紧急制动距离是不同的。例如，两台同向行驶的 5t EQ-140 大货车在行驶速度 40km/h 左右时，载质量为 5t 时刹车距离为 12.5m，而载质量达到 7t 时刹车距离为 18.6m，后者由于超载延长刹车距离，从而增加了肇事概率。

四、装载与重心位置

车辆在满载时的轴荷分配应大致按一定比例，这样才能保证行驶稳定和有足够的驱动力。这在装载时就要特别注意。如果重心偏左或偏右，会造成车身倾斜，行驶制动跑偏，左右两侧轮胎、钢板弹簧等偏磨和折断；如果重心偏前，则在泥泞路上转向沉重，不能保证后驱动轮有足够的附着力；如果重心偏后，在上坡路滑时前轮易失去方向稳定性；如果重心偏高，则易导致侧滑甚至翻车，在弯道上车速快时更是如此。不管是客车还是货车，载人都要求乘客不要站立，这就是为了降低汽车重心，保证足够的稳定系数。需要注意的是，货车载人时由于转弯时的离心力作用，乘客会向车厢栏板倾倒，如果栏板不坚固，乘客将被摔出而发生严重事故。

五、超载的危害

车辆超载对安全行车或运输造成了极大的危害，严重危及国家和人民的生命和财产安全，诱发了大量的道路交通事故。据统计，70%的道路交通事故是车辆超载引发的，50%的群死群伤事故、重大道路交通事故与超限超载有直接关系。其危害主要有：

（1）严重破坏公路基础设施；
（2）致使制动距离加长，引起爆胎、影响转向性能等问题而导致事故；
（3）增加驾驶人心理负担和思想压力，容易出现操作错误，造成交通事故；
（4）无法达到正常速度行驶，长时间占用车道，直接影响着道路的畅通。

第四节 行驶速度与行车安全

近几年来，根据机动车交通事故分析，因驾驶员不遵守交通法规、违章操作造成的事故约占总事故的 70%左右，而在这些责任事故中，由于车速选择不当，行车速度过快导致发生的事故又占其中的 50%以上。很显然，行车安全的关键是车速问题。

一、国家法规对车辆行驶速度的规定

《中华人民共和国道路交通安全法》第四十二条规定机动车上道路行驶，不得超过限速标志标明的最高时速。在没有限速标志的路段，应当保持安全车速。

夜间行驶或者在容易发生危险的路段行驶，以及遇有沙尘、冰雹、雨、雪、雾、结冰等气象条件时，应当降低行驶速度。

二、行驶速度对行车安全的影响

1. 行驶速度对汽车操纵性和稳定性的影响

所谓汽车的操纵性,就是车辆沿着驾驶员操纵方向行驶的能力。稳定性是车辆抵抗翻车和侧滑的能力。车速过快、车辆转向时的离心力增加等,都会使车辆所受的横向力加大。影响车辆离心力的因素很多,但车速的影响是主要的。离心力与车速的平方成正比,即车速增加2倍,离心力就增加4倍。由此可见,车速越高,车辆承受的横向力也越大,致使车辆离开正常的行驶路线,从而就有可能导致翻车。据了解,在翻车事故中,有95%的事故是属于超速行驶或车速过快,使车辆失去操纵稳定性而造成的。

2. 行驶速度对道路状况的影响

车辆行驶速度过快导致车辆在行驶中形成冲突点和交织点的机会增加,容易造成车辆挤撞事故。现代化的标志之一,就是讲究工作效率,反映在公路交通上,就是提高车速,减少行程的耽搁。同时,车辆流量增大,需要更多的道路空间。如果超速行驶,就会经常地超越正常行驶的车辆。如在交通流量较大的一段公路上,超速行驶势必会形成经常处于跟车和加速超车的状态,同时也会增加让车和会车的次数,每超越一辆同方向行驶的车辆,就要增加一个交织点,在超越一辆车后,一般都要占据中心行驶一段距离,超越的车辆越多,占据中心线的机会越多,与交会车辆形成的冲突点就越多,造成车辆碰撞的机会也越多,发生事故的潜在因素也相应地增加。

3. 行驶速度对制动性能的影响

行驶速度过快扩大了制动的非安全区。由于超速行驶或车速过快,驾驶员观察道路上情况的时间缩短,对一些情况判断的准确程度明显降低,造成对安全的不利条件,因此,必须有可靠的制动性能作保证。因为制动距离与车速的平方成正比,车速越快,制动距离就越大,从而制动停车的非安全区就要扩大,行车的安全性就会大大降低。

4. 行驶速度对驾驶员的影响

从驾驶员的视觉特性看,人在静止时的视觉通常在视线的正前方1 200~1 400m的偏角范围内,左右各350m以内的各种颜色尚感清晰,超过此范围,有些颜色逐渐难以辨认。此外,驾驶员的视野随着车速的提高而减小,当车速由40km/h提高至90km/h时,驾驶员的视野相应地由950m左右降到450m左右,而其注意力集中点则由前方180m处移向540m处。这就说明,车速越高,驾驶员越注视前方,视野越窄,越看不清近处的景物,致使交通信息收集量减少,影响大脑判断的正确性,使得意外事故容易发生。

三、车辆超速的危害

车辆超速的危害主要有:

(1) 超速使车辆交会频繁,驾驶人的反应时间减少,发生碰撞事故的概率增加;

(2) 超速使车辆离心力增大,一旦附着力小于离心力,就会导致翻车;

(3) 超速使驾驶人长时间紧张,容易出现疲劳,操作失误,酿成事故;

(4) 超速使驾驶人视野狭窄,对速度、路况的判断力减弱,造成注意力转移困难;

(5) 超速使制动停车距离加长,冲击力加大,发生事故的危害性增大。

第五节　防御性驾驶

防御性驾驶是将相关的驾驶技能和驾驶习惯进行系统的总结和归纳，形成一套简单明了、科学合理的安全驾驶体系，它能帮助驾驶员更清楚地了解人类的"生理缺陷"、更全面地观察并了解驾驶环境、更准确地预测不确定的潜在危险因素、更及时地采取预防措施避免交通事故。

一、什么是防御性驾驶

防御性驾驶技术始于20世纪50年代，应用流行于英、美等国家，现广为世界各国所采用，成效显著。它不是一套教人开车的技术，而是一套技巧，系统地令驾驶者在路上面对不同环境，具备判断路上危机的能力，使自己处于一个安全有利的位置。通俗地说，就是将不可能发生的事当作有可能发生，提前预防。有预见性，提前采取安全措施，在开车时就能给自己留下空间，避免意外情况的发生。

二、防御性驾驶的守则

防御性驾驶技术的五大要领，也称防御性驾驶的守则，分别为：观望远方、洞悉四周、视线灵活、留有余地、引人注意。

（1）观望远方。行车过程中，我们需要搜索前方至少车行15m范围以外的交通情况，如图1-3-1所示，以便提前分析和判断可能出现的、影响我们安全驾驶的各种情形，为我们采取下一步行动预留更多的时间和空间。为什么要将目光引导到距离15m远的地方呢？根据有关实验表明，正常行驶中，从获得视觉线索，到判断是否有潜在危险，再到决定如何处置，这一"感知—分析—决定"的过程，一般需要6~8s，而从决定到操控实现，还需要6~8s。那么，如何判断15s的距离呢？我们可以采取"乘四法则"进行计算：距离＝时速数值（km/h）×4。比如，以100km/h的速度行驶，那么，我们至少需要看到400m远的地方。前面提到的预估风险是针对可预见的风险，比如今天下雨，就一定会遇

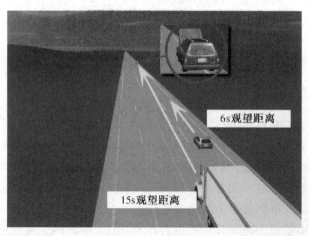

图1-3-1　观望远方

到路面积水,因此必须减速慢行。而这里的放眼远方是针对不可预见的风险,比如通行环境良好的路面,是否会出现其他车辆、行人、散落的物品而形成路障,这些路障哪些是危险源,哪些不是危险源,是远是近,是运动还是静止,等等。放眼远方,用目光搜索到15s范围以外的交通状况,往往可以让我们提前发现情况,从容应对,避免事故发生。

(2)洞悉四周。行车时每5~8s扫视侧、后视镜以洞悉四周情况,如图1-3-2所示,留意相关和不相关的物体。注意"盲区"位置,轻度地左右摆头观察。四轮汽车的死角很多,单靠后视镜判断安全是不够的,还应该轻度地摆头用眼睛直接确认安全。在查看盲区安全时要迅速确认,任何时候都要保持合适的跟车距离;倒车时若察觉到潜在危险,应下车查看,必要时要请人指挥倒车;恶劣天气、夜间驾驶时更要增大横、纵向安全距离。

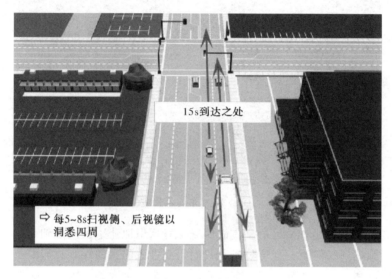

图 1-3-2　洞悉四周

(3)视线灵活。开车时注意力要高度集中,避免发呆和专注凝视;不能紧盯同一目标超过2s,如图1-3-3所示;不能被路边景物、车内事物、身体状况、精神状况所分心。

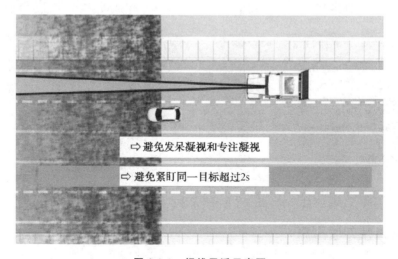

图 1-3-3　视线灵活示意图

(4) 留有余地。驾驶时，车辆往往是在流动变化的车阵中前行，这就需要让我们的车辆与周围的任何车辆时刻保持足够的安全空间，以便从容地应对各种危险的出现。比如，在车阵中（图1-3-4），经常会遇到正常行驶的前车突然减速、左右车道的车辆突然进入我们所在的车道，甚至这些情况同时出现。这就需要我们的车辆要与前车保持至少4s的安全距离。同时，应避免与两边的车辆并排行驶，使我们的前方和左右至少一侧始终留有足够的空间作为我们的逃生路线。那么，怎么知道4s是多远的距离呢？在道路前方选择一个固定的位置或者参照物，当前车车尾超过参照物时开始数数，1、2、3、4，如果还没有数到4就到了参照物的位置，这就说明离前车太近了。

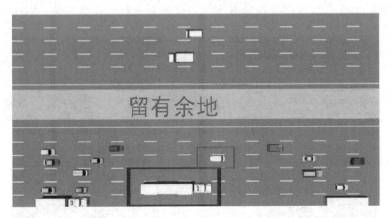

图1-3-4 车阵示意图

(5) 引人注意。在驾驶过程中，我们要经常有意识地让别人注意到我们。特别是在他人的行为可能影响到我们的安全驾驶或者我们需要别人的帮助时，我们要及时传递出我们的意图，并确认别人是否理解我们、支持我们。否则，别人的行为往往会使我们被动地涉及交通事故。比如，在低能见度条件下，别人看不清我们；在我们进入车辆盲区内时，别人看不见我们；在我们变更车道转弯前，别人不知道我们；在我们需要别人让行时，别人不理解我们；等等。面对这些情形，我们就需要通过灯光、喇叭，甚至手势（图1-3-5），让别人注意我们、理解我们、支持我们。

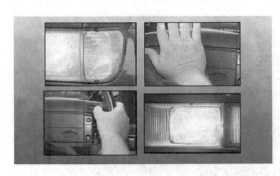 

图1-3-5 引人注意的方法

三、防御性驾驶措施

(1) 突然横穿公路的方法。提前多鸣喇叭；提前减速；尽可能拉开安全距离加强观察，随时准备停车。

（2）保持安全车距"两秒法则"。保持适当的安全车距能够预防追尾碰撞事故的发生。采用"两秒法则"可判断前车和后车距离。在跟前车行进当中，前车与后车经过路边某一同一参照物的时间间隔为 2s 以上时，说明车距合适。当遇到雨天路滑等恶劣天气时，应预留更长的安全车距，跟车距离应为"三秒"或"四秒"。

（3）交叉道路口防御性驾驶。车辆通过交叉路口时，如图 1-3-6 所示，坚持走自己的车道，不要贴边压线，不要超车，做到"一看、二慢、三通过"；注意交叉路口是否有行人，并注意观察行人、自行车和非机动车的动向，且必须保持安全的间距；通过交叉路口时要注意鸣号，会车、换道、转弯时，要提前发出示意信号，并按有关规定选择正确的路线或车道行驶；由支线驶入干线的车辆若出现视野死角，要在驶入干线前小心观察，在确保绝对安全时方可将车辆驶入干线，并要鸣笛以引起对方注意；行经路口时，遇有车辆抢道现象，必须提前做好减速或停车的准备；在跟车时保持足够的安全距离，行人或非机动车可能会突然绕过前车向道路中央移动，应注意避让；交叉路口转弯时应减速或停车，让直行的行人、非机动车、机动车先行。

图 1-3-6　交叉道路口防御行驶

（4）雨天防御性驾驶。雨天行车时必须减速慢行，与前车保持必要的安全距离。雨中行人手撑雨伞，骑车人头戴雨帽，视线和听觉受到限制，因此要注意纵向、横向安全距离，小心避让；起步时油门不能过大，离合器应平稳接触，遇事尽量提前处理，不要猛踩急刹车，以防车辆侧滑倾覆；视线不清时应降低车速，多鸣笛，打开雨刮器、防雾灯，夜间、下大雨或暴雨时，要开启雾灯；为防侧滑，必须严格控制车速，严禁高速急转弯或急刹车；会车时应加大侧向间距；涉水时若低洼路段有积水，应先下车试探查看，确认无危险时方可低速缓慢通过；转弯时应坚守自己车道，更不可因前车慢行而加油超越前车，过弯道时打方向盘应慢打慢回，防止汽车出现侧滑的现象；在高速公路上更不可超速驾驶；行车中应随时注意选择路面，切莫太靠近路边行驶和停车，特别是在乡村道路、堤坝道路、低等级桥梁上行车时，更应小心谨慎，尽量不超车；在窄道上会车时，应注意选择安全地段，以防路肩或路基松塌导致翻车。

(5) 转弯与弯道防御性驾驶。提早开启转向灯,减速过中心线后才可转弯;注意内轮差,弯道切勿超车;预防对面车辆超越中心线。

(6) 会车预防。未分车道的路况应靠右行驶;减速并注意对面来车的速度及占用路面的宽度,避免突然让道操作;雨天会车时要注意路面积水情况,并预测会车点,使用近光灯;狭路相逢前要多看看两旁的情况。

四、防御性驾驶的好处

(1) 降低卷入交通事故的概率。
(2) 降低油耗及车辆日常维修费用。
(3) 减少保险索赔,降低保费支出。
(4) 减少驾驶带来的焦虑和疲劳。
(5) 提高工作效率和车辆利用率。
(6) 树立良好的驾驶形象。

第四章 驾驶员职业道德

一个合格的职业驾驶员,必须具有良好的职业道德。本章将介绍职业道德的基本概念及驾驶员职业道德的主要内涵。

第一节 职业道德的基本概念

职业道德的基本概念包括了道德的概念、职业的概念、职业与职业道德之间的关系,以及社会主义职业道德的地位和作用。

一、道德的概念

道德是依靠人们的内心信念、传统习惯和社会舆论来调整个人与个人之间以及个人与社会之间关系的行为准则和规范的总和。首先,它是人们的一种行为准则和规范;其次,它对人们起作用的方式与其他行为规范不同,它是通过人们的内心信念、传统习惯和社会舆论对人起作用的;第三,它作为一种特有的行为规范,具有与其他行为规范相同的社会作用,即调整个人与个人之间以及个人与社会之间的关系。

(一) 道德与其他行为准则和规范的关系

人们的行为准则和规范很多,法律、规章制度、道德等都是人们的行为准则和规范。道德与法律、规章制度有共同之处,它们都是调整个人与个人之间的关系以及个人与社会之间关系的行为准则和规范。道德与它们又有不同之处。法律、规章制度等作为人们的行为准则和规范,对人们来说都是一种外在约束。人们常常是迫于法律、规章制度的威严而不去违犯法律、规章制度,因而人们在法律、规章制度面前相对于道德来说是被动的和不自由的。道德对人们来说是一种内在约束,而且这种约束完全是建立在自觉自愿、没有外在压力的基础上的。如果说道德也有外在压力的话，那么这种压力就是社会舆论，而它对人起作用不是直接的，而是以对人的良心谴责方式来最终对人起作用的。对于一个良心丧尽的人来说，社会舆论对他也无可奈何。

（二）道德的特点

为了进一步说明道德的特点，现把法律与道德做如下比较：

1. 从产生的方式看

法律是由国家权力机关制定的，而且是严格按照法定的程序制定出来的；而道德则不是这样，它不是某个人或某个部门制定的，而是人们在日常生活中自然而形成的，即约定俗成的。

2. 从起作用的方式来看

法律是靠国家强制力来保证执行的；而道德对人起作用却是建立在自我内在道德信念、良心和外在社会舆论基础上的，并最终通过人的内心信念和良心对人起作用。

3. 从起作用的范围来看

任何法律都有其特定的适用范围，而道德却是无时不在、无处不有的。从社会历史角度来看，道德起作用的时间跨度十分巨大：在国家、法律产生之前的原始社会，道德是维系社会的唯一力量，也就是说个人与个人之间、个人与社会之间关系的调整完全靠的是道德准则和规范；将来的共产主义社会，国家、法律消亡了，而道德不会消亡，维系社会的唯一力量仍然是道德。也就是说，人类存在一天，道德就会存在一天，道德与人类社会相始终。

从现实的情况看，道德是其他行为规范起作用的基础。法律作为人们的一种行为规范对人的约束是外在的，而道德作为一种行为规范却是内在的。任何外在的东西如不转化为内在的，它就不可能对人从根本上起作用。一个人可以迫于法律的威严不敢去犯法，但却不能从根本上保证他不犯法。一个道德高尚的人会自觉维护法律的尊严，自觉遵守法律。

4. 从存在的方式看

法律是诉诸文字的，措辞严谨，无懈可击；而道德则诉诸人们口头语言和行为模仿，历代流传，以传统、风俗、习惯的方式存在着。

5. 从心理倾向来看

法律偏重于客观分析，而道德则偏重于主观情感。

（三）道德的社会功能

道德和其他社会意识一样，一经产生，就会积极地以自己特有的方式作用于社会经济基础。道德对于经济基础的反作用，有革命或进步、保守或反动的区别。当道德所代表的生产关系适合生产力发展的需要时，它对社会的发展起着积极的促进作用，否则，就对社会发展起阻碍作用。道德对社会的能动作用，主要表现在三个方面：

1. 道德的认识作用

道德作为一种社会意识，以原则、规范的形式反映现实生活，是人类认识世界的一种方式。道德的认识作用主要表现在道德不仅能够使人们正确地认识自己和他人、集体、国家之间的关系，以及自己应承担的社会责任和义务，而且还能帮助人们提高觉悟，正确地选择自己的行为方式和人生道路。

2. 道德的调节作用

在社会生活中，人们之间形成多种多样的交际关系和多种多样的利益关系，道德就发挥着调节这些关系的社会功能，以维护社会生活的正常进行。道德的这些调节作用，除了表现在协调各种人际关系之外，最主要表现在协调个人和社会、个人与个人之间的利益关系，尤其是个人、集体、国家之间的利益关系。

3. 道德的教育作用

思想道德素质作为人类整体素质的一个重要组成部分，其形成、发展过程的本身，就对人有一种特殊教育作用。一个人经历了家庭、学校、社会（主要是职业）等各种途径的道德教育后，有了一定的道德意识、道德情感、道德意志、道德信念，从而逐步形成自己的道德人格特征。

二、职业与职业道德

（一）职业

职业是指人们在不同的社会生活中对社会所承担一定职责和从事的专门业务。职业是每一个社会成员对社会所承担的一种职责和工作，具有一定的社会责任性。职业产生于社会分工，并随着生产力的发展，不断产生新的职业。在现实生活中，人们习惯于把每个人在社会中所从事的并作为主要生活来源的工作称为职业。

（二）职业道德

职业道德是指从事一定职业的人们在职业活动中应遵循的职业行为道德规范，即道德观念、行为规范和风俗习惯的总和。由于社会上有很多行业，因而，职业道德也有很多种类，可以说各个行业都有自己具有行业特征的职业道德。其共同特点是：对职业充满情感、信念与责任感。职业道德使人产生爱业、敬业乃至殉业精神；职业的信念能形成求生存、谋发展、争创一流的决心与行动；职业责任感能使人刻苦钻研业务，诚实高效地完成各项任务。管理学认为：人的知识不如人的智力，人的智力不如人的觉悟。这里的"觉悟"指的正是一种热爱本职工作的敬业精神，是一种甘愿为企业做出牺牲的奉献意识。在我们国家，无论从事什么职业，只要为国家的富强、为人民的需要做出了贡献，都会受到国家和人民的尊重。因此，人人应当看得起自己的工作，热爱自己的岗位，树立职业的责任感和荣誉感，这种高尚的职业道德情操，是社会主义道德的重要内容。

为人民服务是社会主义各种职业活动的出发点，各行各业都应当把为人民服务落实到为自己的工作对象服务中去，生产者为消费者服务，医务工作者为病人服务，商业工作者为顾客服务，教育工作者为学生服务，汽车维修人员为托修方服务，等等。职业道德要求各行各业都树立为工作对象服务的思想，而决不损害他们的利益。职业道德的力量能促使管理者以人为本，处处尊重职工的人格、理解职工的要求、爱护职工的劳动积极性，以其恪尽职守、公正廉洁创造出一个人尽其才、物尽其用、人人心情舒畅的环境。职业道德的力量能促使职工摆脱雇佣劳动思想，与企业生死与共，结成命运共同体。天时不如地利，地利不如人和，职业道德的力量能使管理者和职工产生高度认同感、归属感和凝聚力，足以使企业所有人员用集体主义精神去搏击市场风云，创造辉煌未来。

三、社会主义职业道德及其地位和作用

（一）社会主义职业道德

社会主义职业道德是人类社会崭新的职业道德，它批判地继承了人类社会各个历史时期的优秀成果，与以往建立在私有制基础上的职业道德有着本质的区别。

1. 社会主义职业道德是一种新型职业道德

社会主义职业道德是建立在社会主义经济基础上的，以共产主义道德为指导的新型职业道德。为人民服务是社会主义道德的集中体现，也是"爱岗敬业、诚实守信、办事公道、服务群众、奉献社会"的社会主义职业道德的核心内容。社会主义职业道德的这些特点，不仅从道德领域反映了中国特色社会主义制度的优越性，而且又成为调整社会主义社会职业与职业以及职业内部三者利益关系的调节器，成为激励从业人员提高职业认识、培养职业感情、锻炼职业意志、树立职业理想、遵守职业纪律，做好本职工作的强大精神力量。

2. 社会主义职业道德体现公民权利与义务相统一的精神

在社会主义社会中，无论从事哪一种职业都是为人民服务。各种职业的从业人员处在共同理想指导下建立起平等、互助、团结、友爱的关系。在社会主义社会里，人人都是服务对象，人人又都为他人服务。这种崭新的职业关系体现了公民权利与义务相统一的精神和"我为人人，人人为我"的原则，因而易于被职工接受和实践，激发自觉履行义务的情感，从而有效地发挥职业道德的作用。

3. 社会主义职业道德是整个社会主义道德结构中的一个重要组成部分

社会主义的一切职业规范的形成，都贯穿着社会主义、共产主义道德的原则和要求。所以，用社会主义职业道德规范约束从业者的职业生活和职业行为，就为人们进行社会主义的道德实践活动提供了极大的可能性和现实性。

（二）社会主义职业道德的地位和作用

社会主义职业道德的上述特征，使得它能够在社会主义物质文明和精神文明建设中发挥出越来越重要的作用。

1. 社会主义职业道德影响社会道德风貌

职业活动是人们主要的社会活动，用于调节职业活动中各种关系的职业道德是社会道德的主体部分，是反映社会道德的显著标志。如果各行各业的职业道德建设逐步完善，广大职工的职业道德意识不断增强，那么，社会道德面貌就会产生显著的变化。所以，职业道德必然成为面向社会实现自身价值的重要标准，起着对外树立行业形象，对内培养和考评人员素质，协调和统一群体风格的作用。因此可以说，在现代社会，职业道德是一种高度社会化的角色道德，在社会道德体系中具有重要地位和作用。

2. 社会主义职业道德能产生强大的精神动力

我们搞现代化建设，离不开强大的精神动力。社会主义职业道德教育紧紧围绕经济建设和改革开放展开，它具有鲜明的职业特点和生动具体的道德要求，它比一般思想政治工作更容易渗透到本职工作的全过程中，对培育适应社会主义市场经济需要的职工队伍起着明显的促进作用。

3. 社会主义职业道德有利于端正行业和社会风气

一个社会的风气，是各行各业道德水平的综合反映。如果行业风气都端正了，整个社会也就会出现崭新的面貌。因此，纠正不正之风，树立社会新风，就是要使各行各业的全体成员都从我做起，严格履行自己的职业义务，正确行使自己的职业权利，自觉遵守职业道德，这必将净化行业风气，从而使整个社会的道德面貌和社会风气日益好转和进步。

第二节 驾驶员职业道德的主要内涵

汽车驾驶员职业道德规范是指汽车驾驶人员在汽车驾驶工作中必须遵循的职业道德准则和行为规范。

汽车驾驶员肩负着安全运输和保障道路畅通的重任，良好的职业道德必然带来行车安全和较高的经济效益。驾驶员的职业道德具体体现在道路驾驶活动中的职业行为规范和准则等方面。

一、汽车驾驶员职业行为要求

（1）持有效的行驶证、道路运输证、驾驶证和从业资格证驾驶道路运输车辆。
（2）遵章守法，规范操作。
（3）文明行车，依法经营；自觉加强职业道德修养，不断提高操作技术水平。
（4）遵守车辆维护和检测制度，认真做好车辆日常维护工作，确保车辆行车安全和技术状况良好。
（5）按规定完成相应的运输工作。

二、驾驶员职业道德的主要内涵

1. 遵纪守法，安全行车

交通法规是用无数人的鲜血写成的，字里行间凝聚着一代又一代交通参与者的血和泪。谁不遵守它，谁就将被它碰得头破血流。自觉遵守交通法规是每个交通参与者，特别是机动车驾驶员应尽的义务。只有遵守交通法规，才能做到安全行车。我们每个驾驶员都要树立遵章守纪光荣，违章肇事可耻的思想。驾驶员不但要遵守交通法规，还要遵守国家的其他法律、法规。

2. 文明驾驶，礼貌待人

中华民族是一个具有五千年文明史的国家，驾驶员作为祖国大家庭的一员，作为传播社会主义精神文明的使者，更应该讲文明、讲礼貌。驾驶员坐上驾驶室那一刻起，首先应想到如何把旅客和货物安全、准时地送达目的地，而文明驾驶则是安全行车的前提和基础。

文明驾驶首先表现在驾驶员的遵章守纪上。机动车辆驾驶员要做到"十不"：（1）不闯红灯；（2）不闯单、禁行线；（3）不酒后开车；（4）不违章超车；（5）不超速行驶；（6）不违章超载；（7）不违章鸣号；（8）不违章掉头；（9）不乱停放车辆；（10）不违章占道行车。

其次表现在驾驶员的道德行为上。驾驶员中常见的不良道德行为有：（1）长距离超车超不上，产生报复心理；（2）夜间会车不关闭远光灯；（3）雨天开快车，泥水溅行人。驾驶员要坚决摒弃上述这些不道德行为。

3. 尊客爱货，优质服务

把旅客和货物安全、准时地送达目的地，是我们每个驾驶员应尽的责任。在市场经济条件下，对搞运输的驾驶员来说，旅客和货主是上帝。因此，我们要树立旅客至上、货主至上的美德，答应别人什么时候送，什么时候送到，就要准时完成。但是有些驾驶员不尊重旅客，不尊重货主，不爱惜货物，不按照事先约定的价格，任意抬高价码，更有甚者，个别驾驶员利欲熏心，对旅客和货主进行敲诈勒索。这些都是我们坚决反对的。

尊客爱货，优质服务，主要表现在以下几个方面：

（1）不欺客斩客；

（2）不对旅客或货主敲诈勒索；

（3）不对旅客或货主吃、拿、卡、要。

4. 救死扶伤，弘扬正气

救死扶伤是我们中华民族的传统美德，是每个公民应尽的义务。机动车驾驶员作为掌握一定交通工具（汽车、摩托车、拖拉机）的人，无论出车前遇到突发性的伤病员，还是行车途中遇到交通事故中的伤员，或遇到路边挥手要求搭车抢救的伤病员，都应该立即停车，将伤病员送至就近的医院进行抢救治疗，这个条件是其他职业无法比拟的，必须十分珍惜。

5. 严格保守职务秘密

驾驶员的信誉除了来自自觉遵章守纪和安全行车外，很重要的一个因素是能严格保守职务秘密。驾驶员对经济信息、政治信息、科技信息相当灵敏，这是由驾驶员的工作特性决定的，因为一个小小的驾驶室或车厢也是社会生活的一个组成部分，它不亚于一间会议室或办公室。而对于眼观六路、耳听八方的驾驶员来说，他的信息储存量是非常之大的，大可以涉及国家的机密，中可了解到单位的经济、科技、商业、人事和经营管理方面的秘密，小可探听到个人隐私。因此，作为一名驾驶员，能否严格保守职务秘密，是衡量其驾驶职业道德一个重要的方面，也是树立其良好信誉的前提条件之一。

其次，驾驶员给单位开车，为货主送货是一种合同关系，而这种合同关系的基础就是一种相互信赖。如果驾驶员在接受委托后不能保守委托人的各种秘密，那么委托人就会对驾驶员产生某种程序上的不信任感，合同存在的基础也就为之动摇，也就是说下一次委托人可能不找你了。因此，保守职务秘密对驾驶员尤其显得重要。在现实生活中，有些驾驶员不遵守自己的职业道德，把不该公开的职务秘密传播到社会或有关人员，从而给国家、单位、货主和个人带来巨大的经济损失和痛苦，自己也落得招人唾骂的下场。

6. 互相尊重，公平竞争

互相尊重是驾驶员应该具备的职业道德修养，是与同行建立正常关系的基础。互相尊重，就是以同行为友，互相尊重，互相学习，真诚对待，通力协作，取长补短，共同提高技术水平。互相尊重不能停留在口头和文字上，要把这个原则贯彻到实际工作中去。这就要求驾驶员在业务活动中，不得在抬高和标榜自己的同时，故意贬损和诋毁其他驾驶员，更不得采取不正当手段损害与自己有业务竞争的驾驶员的名誉。在与同行的交谈中，应注意维护同行驾驶员的名誉，禁止对同行使用"资历浅""技术差"等不利于驾驶员正常交往的言辞。相互尊重，要求驾驶员之间在任何时候、任何场合都应谦虚谨慎，不能盛气凌人，自视高人一等。

驾驶员之间要讲究礼貌、礼节，与人为善，加强团结协作。特别要强调的是，在对待外籍驾驶员方面，更是要给予方便和照顾，使之感到驾驶员群体这个大家庭的温暖。

竞争是市场经济的必然产物，有市场经济必然就有竞争。随着我国社会主义市场经济的建立，驾驶员之间的竞争也就必然会越来越激烈。由于市场经济的需要，我们的大部分驾驶员从事个体运输和个人承包经营，实行独立核算，自收自支，自负盈亏，因此，驾驶员之间为了各自的利益就必须产生竞争。

另一方面，由于驾驶员队伍的迅速发展和增加，本身也增加了竞争因素。驾驶员之间的竞争有其正面价值，它既能推动驾驶业务的发展，又有助于驾驶员自身素质的提高。因为存在着竞争，面临着挑战，驾驶员必须努力搞好自己的业务，否则就会被市场经济的大潮所淘汰。而想搞好自己的业务就必须提高自己的素质，否则根本没有竞争能力，这就在客观上促进了驾驶员队伍素质的提高。

竞争有公平竞争与不正当竞争之分。公平竞争是指驾驶员在开展业务中自觉遵守职业道德规范，遵守诚信原则而进行的公平、平等的竞争。根据其职业特点，多表现在服务效率、服务质量、服务态度和社会信誉等方面的竞争。而不正当竞争多表现为拉货源、降低运价等方面的竞争。我们应该承认，在市场经济中驾驶员面临着竞争，我们提倡公开、平等的竞争，通过这种竞争促进驾驶员队伍素质的提高，坚决反对贬低同行、抬高自己，金钱至上、损人利己，弄虚作假、互相拆台的不正当竞争。

7. 廉洁自律，注重自身修养

在市场经济的大潮中，我们的驾驶员队伍同样会受到金钱观念的冲击，特别是在国家机关内从事驾驶工作的人。因此我们要提倡从业清廉，注重自身修养，维护驾驶员群体的良好形象。从业清廉、不受贿赂，是驾驶员最起码的职业道德品质。由于种种主、客观因素的综合影响，从业清廉的职业道德品质不断受到各方面的冲击。首先是拜金主义影响。改革开放之后，市场繁荣，物质丰富，人们从一个贫穷的社会走到了一个相对富裕的社会，但是拜金主义思想也流行开来，认为只要有钱，什么都好做。面对各种腐败现象，驾驶员要防微杜渐，自觉抵制不正之风的侵袭，洁身自爱，廉洁奉公，不徇私情，不谋私利。应该说大部分驾驶员在从业清廉这个问题上表现是好的，但也有为数不少的驾驶员表现不佳，主要存在以下几个方面的问题：

（1）拜金主义思想严重，干什么事都以经济利益为出发点。有的单位驾驶员专挑有油水的业务跑，无利可图的业务却借口不干。有的驾驶员公车私用，外出赚钱。有的单位驾驶员虚开修理费发票或虚报油票，以获取非法利益。

（2）收受财物，中饱私囊。个别驾驶员凭借给领导开小车与领导关系密切，以领导的名义向下级单位或企业索要财物；凭借与领导的关系，私自开具发票向下级单位或有关企业报销，以中饱私囊，严重败坏领导在群众当中的威望。

（3）大吃大喝，讲究排场，铺张浪费。有的单位驾驶员错误地认为，为单位或货主开车，吃吃喝喝是情理之中的事，谈不上清廉的问题，因此是有请必到；有的驾驶员还借外出跑运输之机游山玩水等。这些做法不仅违反财务纪律规定，给单位或货主增加了许多不合理的费用，而且严重败坏了驾驶员在公众心目中的整体形象。驾驶员必须十分注意自身修养。首先要求语言文明，力戒粗鲁。文明礼貌的语言（如"请上车""请下车""对不起"等）会给旅客和货主及其他人带来舒适感，即使你有不足的地方，他们也会给予原谅和理解。其次是举止端庄，仪表整洁大方。这样会留给客户良好的印象。

8. 勤于学习，努力提高服务水平

随着我国改革开放的不断深入，特别是我国社会主义市场经济的建立，国家的政策、法律和法规将不断完善。如果我们的驾驶员不认真学习、勤于思考，将会跟不上时代前进的步伐，适应不了交通运输业迅速发展的需要。

首先要加强交通法规的学习。交通法规是广大驾驶员的行动准则，不学习就不会懂，不懂交通法规，那么遵守交通法规就无从谈起，而不遵守交通法规的后果是可想而知的。因此，要加强《中华人民共和国道路交通安全法》《中华人民共和国道路交通安全法实施条例》和《道路交通事故处理程序规定》的学习。要运用法律的武器来保护自己。

其次是要了解相关知识：

（1）要掌握一定的卫生救护常识，一旦自己发生意外或他人发生意外，都能采取现场急救措施。

（2）要了解一些保险知识。驾驶员发生交通事故后的保险索赔工作也很重要。如果没有一定的保险知识，自己的正当利益就有可能得不到保障。

（3）根据岗位不同，有选择地学习一些相关知识。如果在三资企业开车，经常与"老外"接触，应该学一点外语，具有一定的外语交流能力；如果驾驶出租车、旅游车，那么应该学一些导游方面的知识。在市场经济的条件下，我们的广大驾驶员将接受市场的考验，面临市场的竞争。实践证明，那些知识面广、技术精湛、遵章守纪、安全行车的驾驶员，显示出强大的竞争力，普遍受到用人单位的欢迎。而那些知识面狭窄、技术素质差、经常违章肇事的驾驶员，将会在竞争中落败，甚至被淘汰。

第五章　汽车道路运输知识

《中华人民共和国道路运输条例》中指出，道路运输经营包括道路旅客运输经营（以下简称客运经营）和道路货物运输经营（以下简称货运经营），道路运输相关业务包括站（场）经营、机动车维修经营、机动车驾驶员培训。本章将简要介绍道路客货运输的一些基本知识。

第一节　道路旅客运输基本知识

道路旅客运输简称客运，依据《中华人民共和国道路运输条例》及《道路旅客运输及客运站管理规定》等国家相关法律、法规的规定，将道路旅客运输基本知识介绍如下。

一、客运的定义

道路客运经营，是指用客车运送旅客、为社会公众提供服务、具有商业性质的道路客运活动。

二、客运的类型

依据《中华人民共和国道路运输条例》将客运分为班车（加班车）客运、包车客运、旅游客运。

（一）班车客运

是指营运客车在城乡道路上按照固定的线路、时间、站点、班次运行的一种客运方式，包括直达班车客运和普通班车客运。加班车客运是班车客运的一种补充形式，是指在客运班车不能满足需要或者无法正常营运时，临时增加或者调配客车按客运班车的线路、站点运行的方式。

班车客运的线路根据经营区域和营运线路长度分为以下四种类型：

(1) 一类客运班线：地区所在地与地区所在地之间的客运班线或者营运线路长度在800km以上的客运班线。

(2) 二类客运班线：地区所在地与县之间的客运班线。

(3) 三类客运班线：非毗邻县之间的客运班线。

(4) 四类客运班线：毗邻县之间的客运班线或者县境内的客运班线。

（二）包车客运

是指以运送团体旅客为目的，将客车包租给用户安排使用，提供驾驶劳务，按照约定的起始地、目的地和路线行驶，按行驶里程或者包用时间计费并统一支付费用的一种客运方式。

包车客运按照其经营区域分为省际包车客运和省内包车客运，省内包车客运分为市际包车客运、县际包车客运和县内包车客运

（三）旅游客运

是指以运送旅游观光的旅客为目的，在旅游景区内营运或者其线路至少有一端在旅游景区（点）的一种客运方式。

旅游客运按照营运方式分为定线旅游客运和非定线旅游客运。定线旅游客运按照班车客运管理，非定线旅游客运按照包车客运管理。

三、道路客运经营

对于申请从事道路客运经营的车辆和人员的要求。

（一）有与其经营业务相适应并经检测合格的客车

1. 客车技术要求

(1) 技术性能符合国家标准《道路运输车辆综合性能要求和检验方法》（GB 18565—2016）的要求。

(2) 外廓尺寸、轴荷及质量符合国家标准《汽车、挂车及汽车列车外廓尺寸、轴荷及质量限值》（GB1589—2011）。

(3) 从事高速公路客运或者营运线路长度在800km以上的客运车辆，其技术等级应当达到行业标准《营运车辆技术等级划分和评定要求》（JT/T 198—2016）规定的一级技术等级；营运线路长度在400km以上的客运车辆，其技术等级应当达到二级以上；其他

客运车辆的技术等级应当达到三级以上。

2. 客车类型等级要求

从事高速公路客运、旅游客运和营运线路长度在 800km 以上的客运车辆，其车辆类型等级应当达到行业标准《营运客车类型划分及等级评定》（JT/T 325—2018）规定的中级以上。

3. 客车数量要求

（1）经营一类客运班线的班车客运经营者应当自有营运客车 100 辆以上、客位 3 000 个以上，其中高级客车在 30 辆以上、客位 900 个以上；或者自有高级营运客车 40 辆以上、客位 1 200 个以上。

（2）经营二类客运班线的班车客运经营者应当自有营运客车 50 辆以上、客位 1 500 个以上，其中中高级客车在 15 辆以上、客位 450 个以上；或者自有高级营运客车 20 辆以上、客位 600 个以上。

（3）经营三类客运班线的班车客运经营者应当自有营运客车 10 辆以上、客位 200 个以上。

（4）经营四类客运班线的班车客运经营者应当自有营运客车 1 辆以上。

（5）经营省际包车客运的经营者，应当自有中、高级营运客车 20 辆以上、客位 600 个以上。

（6）经营省内包车客运的经营者，应当自有营运客车 5 辆以上、客位 100 个以上。

（二）从事客运经营的驾驶人员应当符合的条件

（1）取得相应的机动车驾驶证。

（2）年龄不超过 60 周岁。

（3）3 年内无重大以上交通责任事故记录。

（4）经设区的市级道路运输管理机构对有关客运法规、机动车维修和旅客急救基本知识考试合格而取得相应从业资格证。

四、客运车辆管理

（1）客运经营者应当依据国家有关技术规范对客运车辆进行定期维护，确保客运车辆技术状况良好。

客运车辆的维护作业项目和程序应当按照国家标准《汽车维护、检测、诊断技术规范》（GB/T18344—2016）等有关技术标准的规定执行。

严禁任何单位和个人为客运经营者指定车辆维护企业；车辆二级维护执行情况不得作为道路运输管理机构的路检路查项目。

（2）客运经营者应当定期进行客运车辆检测，车辆检测结合车辆定期审验的频率一并进行。

客运经营者在规定时间内，到符合国家相关标准的机动车综合性能检测机构进行检测。机动车综合性能检测机构按照国家标准《道路运输车辆综合性能要求和检验方法》（GB 18565—2016）和《汽车、挂车及汽车列车外廓尺寸、轴荷及质量限值》（GB 1589—2016）的规定进行检测，出具全国统一式样的检测报告，并依据检测结果，对照行业标准《营运车辆技术等级划分和评定要求》（JT/T 198—2016）进行车辆技术等级评定。客运车辆技术等级分为一级、二级和三级。

车籍所在地县级以上道路运输管理机构应当将车辆技术等级在"道路运输证"上标明。

（3）机动车综合性能检测机构应当使用符合国家和行业标准的设施、设备，严格按照国家和行业有关营运车辆技术检测标准对客运车辆进行检测，如实出具车辆检测报告，并建立车辆检测档案。

（4）县级以上道路运输管理机构应当定期对客运车辆进行审验，每年审验一次。审验内容包括：

① 车辆违章记录；

② 车辆技术档案；

③ 车辆结构、尺寸变动情况；

④ 按规定安装、使用符合国家标准的行车记录仪情况；

⑤ 客运经营者为客运车辆投保承运人责任险情况。

审验符合要求的，道路运输管理机构在"道路运输证"审验记录栏中注明；不符合要求的，应当责令限期改正或者办理变更手续。

（5）鼓励使用配置下置行李舱的客车从事道路客运。没有下置行李舱或者行李舱容积不能满足需求的客运车辆，可在客车车厢内设立专门的行李堆放区，但行李堆放区和乘客区必须隔离，并采取相应的安全措施。严禁行李堆放区内载客。

（6）营运客车类型等级评定由县级以上道路运输管理机构依据行业标准《营运客车类型划分及等级评定》（JT/T 325—2018）和交通部颁布的《营运客车类型划分及等级评定规则》的要求实施。

（7）禁止使用报废的、擅自改装的、拼装的、检测不合格的客车，以及其他不符合国家规定的车辆从事道路客运经营。

（8）客运经营者和县级以上道路运输管理机构应当分别建立客运车辆技术档案和管理档案，并妥善保管。对相关内容的记载应当及时、完整和准确，不得随意更改。

客运经营者车辆技术档案主要内容应当包括：车辆基本情况、主要部件更换情况、修理和二级维护记录（含出厂合格证）、技术等级评定记录、类型及等级评定记录、车辆变更记录、行驶里程记录、交通事故记录等。

道路运输管理机构车辆管理档案主要内容应当包括：车辆基本情况、二级维护和检测记录、技术等级评定记录、类型及等级评定记录、车辆变更记录、交通事故记录等。

（9）客运车辆办理过户变更手续时，客运经营者应当将车辆技术档案完整移交。县级以上道路运输管理机构应当对经营者车辆技术档案的建立情况实施监督管理。

（10）客运经营者对达到国家规定的报废标准或者经检测不符合国家强制性标准要求的客运车辆，应当及时交回"道路运输证"，不得继续从事客运经营。

五、监督检查

（1）道路运输管理机构应当加强对道路客运和客运站经营活动的监督检查。道路运输管理机构工作人员应当严格按照法定职责权限和程序进行监督检查。

（2）道路运输管理机构及其工作人员应当重点在客运站、旅客集散地对道路客运、客运站经营活动实施监督检查。此外，根据管理需要，可以在公路路口实施监督检查，但不得随意拦截正常行驶的道路运输车辆，不得双向拦截车辆进行检查。

（3）道路运输管理机构的工作人员实施监督检查时，应当有2名以上人员参加，并向当事人出示交通部统一制式的交通行政执法证件。

（4）道路运输管理机构的工作人员可以向被检查单位和个人了解情况，查阅和复制有关材料。但应当保守被调查单位和个人的商业秘密。

被监督检查的单位和个人应当接受道路运输管理机构及其工作人员依法实施的监督检查，如实提供有关资料或者说明情况。

（5）道路运输管理机构的工作人员在实施道路运输监督检查过程中，发现客运车辆有超载行为的，应当立即予以制止，并采取相应措施安排旅客改乘。

（6）客运经营者在许可的道路运输管理机构管辖区域外违法从事经营活动的，违法行为发生地的道路运输管理机构应当依法将当事人的违法事实、处罚结果记录到"道路运输证"上，并抄告相关的道路运输管理机构。

（7）客运经营者违反本规定后拒不接受处罚的，县级以上道路运输管理机构可以暂扣其"道路运输证"等道路运输管理机构颁发的相关证件，签发代理证，待接受处罚后交还。

（8）道路运输管理机构的工作人员在实施道路运输监督检查过程中，对没有"道路运输证"又无法当场提供其他有效证明的客运车辆可以予以暂扣，并出具"道路运输车辆暂扣凭证"。对暂扣车辆应当妥善保管，不得使用，不得收取或者变相收取保管费用。

违法当事人应当在暂扣凭证规定的时间内到指定地点接受处理。逾期不接受处理的，道路运输管理机构可依法做出处罚决定，并将处罚决定书送达当事人。当事人无正当理由逾期不履行处罚决定的，道路运输管理机构可申请人民法院强制执行。

六、其他附则

（1）出租汽车客运、城市公共汽车客运管理根据国务院的有关规定执行。

（2）客运经营者从事国际道路旅客运输经营活动的，除一般行为规范适用外，有关从业条件等特殊要求应当适用交通运输部制定的国际道路运输管理规定。

第二节 道路货物运输基本知识

道路货物运输简称货运，依据《中华人民共和国道路运输条例》及《道路货物运输及站场管理规定》等国家相关法律法规的规定将道路货物运输基本知识介绍如下。

一、货运的定义

道路货物运输经营，是指为社会提供公共服务、具有商业性质的道路货物运输活动。

二、货运的分类

（一）按运输货物的类型分

（1）道路普通货运。

（2）道路货物专用运输。

(3) 道路大型物件运输。
(4) 道路危险货物运输。

（二）按货物运输的区域及运送距离分

(1) 城市辖区的城市运输。
(2) 长途干线外的短途运输。
(3) 跨省、市、自治区甚至国际的长途干线运输。

（三）按运输车辆隶属关系可分

(1) 交通运输部门所设专业运输。
(2) 将铁路、公路、水路联合起来的联合运输。
(3) 由多部个体车辆松散联合的联合体运输。
(4) 由个体或合伙经营个体户组织的运输。
(5) 工矿、团体、企业为满足本单位需要的自用运输。

三、货运基本知识

（一）货物的性能、分类、包装与标志

1. 货物的一般性能

运输部门承运的物品，均称为货物。运输部门应掌握货物的一般性能，包括货物的耐温性、脆弱性、互抵性、易腐性、易燃性、爆炸性、毒性、放射性等。

2. 货物分类

货物的种类繁多，按运输的条件可分为一般货物，如粮食、煤炭、建材等；特种货物，如超长货物、超重货物、超高货物、剧毒货物、易燃易爆性货物。按货物的物理属性分类，可分为固体、液体、气体货物。按装卸方法分类，可分为件装、散装、集装箱箱装货物。按托运货物运量分类，可分为整批与零担货物。

按照交通部《公路运输统计指标及计算方法规定》，汽车运输的货物可分为：煤炭、石油、金属矿石、钢铁、建材、水泥、木材、非金属矿石、化肥及农药、盐、日用工业品、粮食和其他。

3. 货物的包装

为了保护货物在运输过程中不受损害，便于储存和装卸，将货物放在容器内或用其他方法加固，统称为货物的包装。

4. 货物的标志

在运输过程中，为了防止货物混淆以及储运与装卸不当引起货物损坏，包装货物必须有各种标志。所谓标志就是将文字或彩色图案印在货物包皮上的各种符号。国家标准《包装储运图示标志》《危险货物包装标志》对货物标志名称、标打位置及方法有详细规定。

（二）货物运输的装卸方法

汽车运输货物装卸工作包括装车、拆垛、搬运等作业。为减少货损货差，加速车辆周转，降低运输成本，对货物装卸的要求有：

(1) 货物在货箱内应分布均匀。
(2) 装散装货物时，应掌握其密度，防止超载或不满载。

（3）箱装货物一般怕压、怕撞击、怕雨淋，装车时箱与箱应挤紧，防止车辆运行时货箱晃动。对于易吸收水分或污染的货物，装前应清扫车厢底板，并加垫塑料膜及苫布。

（4）危险物品装卸时，禁止背负、肩扛、怀抱，不得振动，不得拖、拉、翻滚或摔打货物。绝对禁止将易爆、有毒、自燃、易燃和其他货物混装。

（5）装卸超限笨重货物时，首先要核对货物的质量，确定货物的重心和吊装部位，要检查包装及装卸机具是否良好。

（6）装车高度、宽度、长度应严格遵守规定。

（7）零担货物拼装运输时，为了途中装卸方便，应依停站的顺序配装。

（8）装卸时应注意安全，严防事故。

（三）货物运输的营调工作

1. 货物的托运和承运

货主托运需办理托运手续，填写托运单。托运单包括起运地、到达地、收货人以及货物名称、数量、质量等内容。

承运方受理货主托运手续后，托运方和承运方即建立了具有法律效力的经济合同。承运方应对承运货物履行经济责任运输。在接收货物时，有关人员除应仔细审查托运单各个项目是否填写准确外，还应对承运的货物及其包装认真检查。汽车运输企业应将承运货物完整无损、准确及时地在规定期限内按规定的品种、数量、规格送至收货地点，交给指定的收货人。装（卸）车、运送、保管、交付过程中发生的货损货差称为货运事故。凡由于承运方造成的货运损失，由承运方承担责任。

2. 收取运费

托运方在承运方接受委托并验明货物后，应及时交付运费。因托运方责任造成延误装卸车辆或超过装卸规定时间，或因托运方责任造成装货落空往返空驶，应按照交通部《公路汽车货物运输规则》收取车辆延滞费或车辆空驶损失费。

3. 货物的发送和交付

货物发送是指将要运输的货物移交给承运的汽车驾驶员。货物交付收货方是整个货运的终结。货物交付时应与收货方共同验收货物，发现货损货差应追究责任。验收无误时，应向收货方索回提货单，并在路单上签字，以示责任完毕。

四、特种货物运输

（一）公路特种货物运输的含义和种类

1. 公路特种货物运输的含义

是指货物在运输、配送、保管及装卸作业过程中，需要采用特殊措施和方法的公路货物运输。

2. 公路特种货物运输的种类

特种货物一般分为四大类，即危险货物、大件（长大笨重）货物、鲜活货物和贵重货物。

（二）公路特种货物运输的要求

1. 危险货物运输

（1）含义和种类。危险货物是指具有爆炸、易燃、毒害、腐蚀、放射性等性质，在运输、装卸和贮存保管过程中，容易造成人身伤亡和财产损失而需要特别防护的货物。

我国的国家标准 GB 12268—2012 将危险货物分成九类，其分类序列和名称依次为：第 1 类：爆炸品；第 2 类：气体；第 3 类：易燃液体；第 4 类：易燃固体等；第 5 类：氧化性物质和有机过氧化物；第 6 类：毒性物质和感染性物质；第 7 类：放射性物质；第 8 类：腐蚀性物质；第 9 类：杂项危险物质和物品，包括危害环境物质。

（2）危险货物的运输条件。《中华人民共和国道路运输条例》第二十三条：申请从事危险货物的运输经营的，还应当具备以下条件：

① 有 5 辆以上经检测合格的危险货物运输专用车辆、设备。

② 有经所在地区的市级人民政府交通主管部门考试合格，取得上岗资格证的驾驶人员、装卸管理人员、押运人员。

③ 危险货物运输专用车辆配有必要的通信工具。

④ 有健全的安全生产管理制度。

（3）危险品运输的组织。

① 受理托运。

a. 在受理前必须对货物名称、性能、防范方法、形态、包装、单件重量等情况进行详细了解并注明。

b. 问清包装、规格和标志是否符合国家要求，必要时要下现场进行了解。

c. 新产品应检查随附的"技术鉴定书"是否有效。

d. 按规定需要的"准运证件"是否齐全。

e. 做好运输前的准备工作，装卸现场、环境要符合安全运输条件，必要时应到现场勘察。

f. 到达车站、码头的爆炸品、剧毒品、一级氧化剂、放射性物品，在受理前应到现场检查包装情况，对不符合运输安全要求的，应请托运人改善后再受理。

② 货物运送。

a. 详细审核托运单内容，发现问题要及时弄清情况，再安排运行作业。

b. 必须按照货物的性质和托运人的要求安排车辆、车次，如无法按要求安排作业时，应及时与托运人联系进行协商处理。

c. 要注意气象预报，掌握雨雪和气温的变化。

d. 装运危险货物的车辆，必须配备相应消防器材和捆绑、防水等用具，必须按国家标准悬挂标志。

e. 危险货物在装卸时，应根据货物性质采取相应的遮阳、控温、防爆、防火、防震、防水、防冻、防粉尘飞扬、防撒漏等措施。

f. 遇到大批爆炸物品与剧毒物品跨省运输时，应安排有关负责人带队，指导装卸和运行，确保安全生产。

③ 交接保管。

a. 自货物交付承运时起到运达停止，承运人单位及驾驶、装卸人应负保管责任，托运人派有押运人的应明确各自应负的责任。

b. 验货时发现包装不良或不符合安全要求，应拒绝装运，待改善后再运；卸货时发生货损货差，收货人不得拒收，装卸完毕后，应及时汇报，及时处理。

c. 严格货物交接，危险货物必须点收点交，签证手续完善。

d. 因故不能及时卸货，在待卸期间行车人员应负责所运危险货物的看管，同时应及时与托运人取得联系，恰当处理。

e. 如所装货物危及安全时，承运人应立即报请当地运管部门会同有关部门进行处理。

2. 大件货物运输

（1）大件货物的概念和类型。大件货物包括长大货物和笨重货物。

长大货物：凡整件货物长度在 6m 以上，宽度超过 2.5m，高度超过 2.7m 时，称为长大货物，如大型钢梁、起吊设备等。

笨重货物：货物单件质量在 4t 以上（不含 4t），称为笨重货物，如锅炉、大型变压器等。

笨重货物又可分为均重货物与集重货物。均重货物是指货物的质量能均匀或近乎均匀地分布于装载底板上；而集重货物是指货物的质量集中于装载车辆底板的某一部分，装载集重货物，需要铺垫一些垫木，使质量能够比较均匀地分布于底板。

（2）大件货物运输的基本技术条件。运输长大或笨重货物时，一般都要采用相应的技术措施和组织措施：

① 使用适宜的装卸机械，装车时应使货物的全部支承面均匀地、平稳地放置在车辆底板上，以免损坏车辆。

② 使用相应的大型平板车等专用车辆，严格按有关规定装载。

③ 对于集重货物，为使其质量能均匀地分布在车辆底板上，必须将货物安置在纵横垫木上或相当于起垫木作用的设备上。

④ 货物重心应尽量置于车底板纵横中心交叉点的垂直线上，严格控制横移位和纵向移位。

⑤ 货物重心高度应控制在规定限制内，若重心偏高，除应认真进行加载加固以外，还要采取配重措施，以降低其重心高度。

3. 鲜活、易腐货物运输

（1）鲜活、易腐货物的含义。鲜活、易腐货物是指在运输过程中需要采取一定措施，以防止死亡和腐烂变质的货物。公路运输的鲜活、易腐货物主要有：鲜鱼虾、鲜肉、瓜果、蔬菜、牲畜、观赏野生动物、花木秧苗、蜜蜂等。

（2）鲜活、易腐货物的运输方法。鲜活、易腐货物在运输途中容易发生腐烂变质，采用冷藏方法能有效地抑制微生物的滋长，减缓货物呼吸，达到延长鲜活、易腐货物保存时间的目的，被广泛采用。冷藏的优点是：能很好地保持食品原有的品质，包括色、味、香、营养物质和维生素，保存的时间长，能进行大量的保存及运输。

4. 贵重货物的运输

（1）贵重货物的含义。贵重货物是指价格昂贵、运输责任重大的货物。主要包括：黄金、白金、铱、铑、钯等稀有贵重金属及其制品；各类宝石、玉器、钻石、珍珠及其制品；珍贵文物（包括书、画、古玩等）；贵重药品；高级精密机械及仪表；高级光学玻璃及其制品；现钞、有价证券以及毛重每千克价值在人民币 2 000 元以上的物品。

（2）贵重货物的运输组织。贵重货物价格昂贵，运输责任重大，因此装车时应进行清查。清查内容包括：包装是否完整；货物的品名、质量、件数和货单是否相等。装卸搬运时怕震的贵重货物，要轻拿轻放，不要挤压；贵重货物运输对驾驶员素质也有较高的要求，并要由托运方委派专门押运人员跟车。交付贵重货物要做到交接手续齐全，责任明确。

第二单元 汽车技术基础知识

第一章 汽车材料基础知识

第一节 金属材料

金属材料是目前汽车上应用最广泛的工程材料。工业上，通常把金属材料分为两大类：黑色金属和有色金属。黑色金属是指钢铁材料；有色金属是指除钢铁材料以外的其他所有金属材料，如铝、铜、镁及其合金。

除常用金属材料外，在工业中还出现了许多新型高性能的特种金属材料。其中有通过快速冷凝工艺获得的非晶态金属材料，以及准晶、微晶、纳米晶金属材料等，还有隐身、抗氢、超导、形状记忆、耐磨、减振阻尼等特殊功能合金，以及金属基复合材料等。

钢铁材料在我国汽车工业中仍占主流地位。汽车用钢铁材料有结构钢、特殊用途钢、烧结合金、铸铁及部分复合材料等，主要用于制造车架、车轴、车身、齿轮、发动机曲轴、缸体、罩板、外壳等零件。

一、钢铁材料简介

钢铁材料是机械工程材料中应用最为广泛的金属材料，它通过冶炼和轧制等生产方法获得。自然界中的铁矿石经高炉冶炼得到生铁，它是炼钢和铸造的原材料。图 2-1-1 为钢铁材料生产过程示意图。

钢铁是铁和碳的合金。工业纯铁虽然塑性好，但强度低，所以很少用它来制造机械零件。在工业上应用最广的是铁碳合金。所谓铁碳合金就是以铁为基体，有不同碳含量的合金。

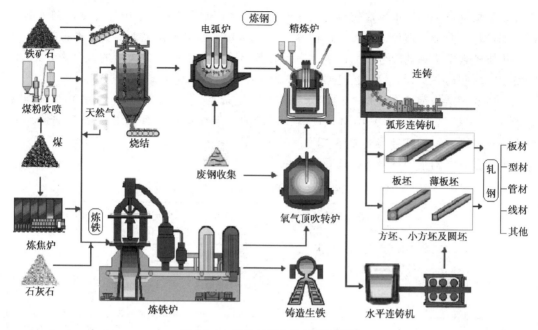

图 2-1-1　钢铁材料生产过程示意图

二、碳素钢

碳素钢（简称碳钢）是指含碳量小于 2.11% 的铁碳合金。碳钢中除了含有铁和碳元素之外，还含有少量的杂质元素，如硅、锰、硫、磷等元素，它们对钢的性能都有一定的影响。

1. 碳素钢的分类

按含碳量分为低碳钢（$w_C \leqslant 0.25\%$）、中碳钢（$w_C = 0.25\% \sim 0.6\%$）和高碳钢（$w_C > 0.60\%$）。

按质量分类（主要根据有害杂质硫、磷在钢中的含量），分为普通碳素钢（$w_s \leqslant 0.05\%$，$w_p \leqslant 0.045\%$）、优质碳素钢（$w_s \leqslant 0.035\%$，$w_p \leqslant 0.035\%$）；高级优质碳素钢（$w_s \leqslant 0.02\%$，$w_p \leqslant 0.03\%$）。

按用途分为碳素结构钢和碳素工具钢。

2. 碳素钢的牌号、性能及主要用途

（1）碳素结构钢。这一类钢碳含量较低，而硫、磷等有害杂质的含量较高，故强度不高，但塑性、韧性较好，焊接性能好，价格低廉。通常为热轧钢板、钢带、钢棒和型钢。可用于制造焊、铆、螺栓连接的一般工程构件和不重要的机械零件，如发动机支架、后视镜支杆等。

碳素结构钢牌号的表示方法，由代表屈服点的字母"Q"、屈服点值（σ_s，单位 MPa）、质量等级符号（A、B、C、D）及脱氧方法符号（F—沸腾钢，B—半镇静钢，Z—镇静钢，一般不标注）按顺序排列组成。其中 A 级的硫、磷等杂质的含量最高，D 级的硫、磷等杂质的含量最低。例如，Q235A 表示最低屈服强度是 235MPa，质量为 A 级的碳素结构钢。

碳素结构钢的规定牌号有：Q195、Q215、Q235、Q255、Q275 五类。

（2）优质碳素结构钢。优质碳素结构钢中含有害杂质比碳素结构钢少，其力学性能优于碳素结构钢,主要用来制造较重要的零件。其中 45 钢常用来制造中等强度、韧性的零件,如齿轮、曲轴、螺栓、螺母、连杆等;65 钢常用来制造直径小于 12mm 的弹簧。

优质碳素结构钢的牌号用两位数字表示,数字表示钢中平均含碳量的万分数,例如,20 钢、45 钢分别表示钢中平均含碳量为 0.20% 和 0.45% 的优质碳素结构钢。

优质碳素结构钢按含锰量不同,分为普通含锰量($w_{Mn}=0.25\%\sim0.8\%$)和较高含锰量($w_{Mn}=0.7\%\sim1.2\%$)两组。较高含锰量的一组在牌号后面加注"Mn"符号。若为沸腾钢,则在钢的牌号尾部加注"F"。例如,15Mn、30Mn、08F、10F 等。

常用碳素结构钢的钢号、性能及用途见表 2-1-1 所示。

表 2-1-1 常用碳素结构钢的钢号、性能及用途

类别	钢号	抗拉强度(σ_b/MPa)	布氏硬度(HBS)	工艺性	淬火硬度范围(HRC)	汽车中应用举例
普通碳素钢	Q235A	235	—	焊接性好,切削加工性不好,良好的韧性和锻造性	—	车厢板件、制动器底板、拉杆、销、键、法兰轴、螺钉等
优质碳素钢	08	327	131	焊接性好,切削加工性差,良好的韧性和冷冲性	56~62(渗碳)	驾驶室、油箱、离合器等
	15	372	143			离合器分离杠杆、风扇叶片、驻车制动杆等
	35	529	187	切削加工性好	30~40 45~55	凸轮轴、曲轴、转向节主销等
	45	597	197			

(3)碳素工具钢。这类钢常用于制造刃具、量具、模具等。碳素工具钢牌号在"T"后标出平均含碳量的千分数。如 T12 表示含碳量是 1.2% 的碳素工具钢。

(4)铸造碳钢(简称铸钢)。铸钢常用来制造一些形状复杂,难以进行锻造加工且要求有较高强度和塑性的零件。但铸钢的铸造性差,故近几年来有以球墨铸铁代替的趋势。

铸造碳钢的牌号是由铸钢两字的汉语拼音首写字母"ZG"和两组数字组成的,第一组数字代表屈服强度,单位为 MPa;第二组数字代表抗拉强度,单位为 MPa。如 ZG270—500 用途广泛,常用于做轧钢机机架、轴承座、连杆、箱体、曲拐、缸体等。

三、合金钢

碳钢虽然能满足生产的一般需求,但是对于一些重要工作场合的零件,或有耐热、耐蚀、高磁性或无磁性、高耐磨性等特殊要求的零件,这时就无法满足需要。

为了改善钢的性能,炼钢时有目的地加入一些合金元素所形成的钢称为合金钢。合金钢通过热处理能获得优良的力学性能及一些特殊的物理、化学性能。常加入的合金元素有:钛(Ti)、钒(V)、铌(Nb)、钨(W)、钼(Mo)、铬(Cr)、锰(Mn)、铝(Al)、钴(Co)、硅(Si)、硼(B)、氮(N)及稀土元素。但是合金钢的冶炼、加工困难,价格较贵,所以应合理选用。

1. 合金钢分类

合金钢的种类繁多，分类方法有多种，常见的分类方法有：

(1) 按用途分类。

合金结构钢：合金结构钢用于制造各种机械零件和工程结构件。

合金工具钢：合金工具钢用于制造各种工具。

特殊性能钢：特殊性能钢是指具有一些特殊性能的钢。

(2) 按合金元素总含量分类。

低合金钢：低合金钢的合金元素总含量 $w_{Me}<5\%$。

中合金钢：中合金钢的合金元素总含量 $w_{Me}=5\%\sim10\%$。

高合金钢：高合金钢的合金元素总含量 $w_{Me}>10\%$。

2. 合金结构钢

合金结构钢按成分及用途不同分为低合金高强度结构钢、合金渗碳钢、合金调质钢和合金弹簧钢等。

(1) 低合金高强度结构钢。低合金高强度结构钢亦称"普低钢"，强度比普通碳素钢高 30%~50%。低合金高强度结构钢是在碳素结构钢的基础上，加入了少量的合金元素。它与含碳量相同的碳素结构钢相比较，强度和韧性高于碳钢。

低合金高强度结构钢的牌号用代表屈服强度的汉语字母"Q"、屈服强度值（单位 MPa）、质量等级符号（A、B、C、D、E）三个部分按顺序排列组成。低合金高强度结构钢被广泛用于桥梁、船舶、汽车纵横梁、建筑、锅炉、高压容器，输油输气管道、井架等。其中 Q345 各种性能配合较好，故应用最广泛，用于各种大型钢结构、桥梁、船舶、锅炉、压力容器、重型机械、电站设备等。

(2) 合金渗碳钢。渗碳钢指的是经过渗碳、淬火、低温回火后使用的钢。合金渗碳钢平均含碳量在 0.1%~0.25% 之间，添加合金元素 Mn、Cr、Ni、Mo、V、Ti、B 等，其目的是提高钢的淬透性，形成合金碳化物，细化晶粒，使得零件在渗碳淬火以后表面和中心部都能得到强化，达到外硬内韧的性能。

合金渗碳钢有以下几个常见品种：

① 低淬透性合金渗碳钢。如 20Cr、20CrV、20MnV 等；用于制造承受载荷不大的小型耐磨零件，如齿轮、活塞销、凸轮、气门挺杆、齿轮轴、滑块等。

② 中淬透性合金渗碳钢。如 20CrNi3、20CrTi、20MnVB、20CrMnTi 等；常用于制造承受中等载荷的耐磨零件，如汽车用齿轮、转向轴、调整螺栓、汽车后桥主动齿轮、花键轴套、万向节、十字轴、行星齿轮等。

③ 高淬透性渗碳钢。如 20Cr2Ni4、18Cr2NiWA 等；可用于制造承受重载荷及强烈磨损的重要大型零件，如大截面的齿轮、曲轴、凸轮轴、连杆螺栓等。

(3) 合金调质钢。调质钢通常是指经调质后使用的钢，一般为优质中碳结构钢与中碳合金结构钢。主要用来制造承受多种载荷、受力复杂的零件，如机床主轴、汽车半轴、连杆、曲轴和重要螺栓等。

合金调质钢含碳量在 0.25%~0.5% 之间，主要添加元素有 Ti、Mn、Mo、Cr、Ni、B、W、V 等。合金调质钢具有良好的淬透性、热处理工艺性及良好的综合力学性能。

合金调质钢有以下几个常见品种：

① 低淬透性合金调质钢。如 40Cr、40Mn2、40MnB、40MnVB 等；主要用于中等截面的重要零件，如进气门、前轴、曲轴、曲轴齿轮、缸盖螺栓、齿轮、半轴、转向轴、活塞杆、连杆、螺栓等。

② 中淬透性合金调质钢。如 30CrMo、40CrMo、30CrMnSi、40CrNi、38CrMoAl 等；主要用于截面大、承受较重载荷的重要零件，如主轴、曲轴、齿轮轴、锤杆、减速器主动齿轮、大动齿轮等。

③ 高淬透性合金调质钢。如 40CrNiMo、40CrMnMo、30CrNi3、25Cr2Ni4WA 等；主要用于大截面、重载荷的重要零件，如汽轮机叶片、曲轴、齿轮、齿轮轴、连杆、后桥半轴等。

(4) 合金弹簧钢。弹簧钢是指用来制造各种弹簧和弹性元件的钢。弹簧钢根据弹簧尺寸、成形方法不同，其热处理方法也不同。

常见的牌号有 55Si2Mn、60Si2Mn、55SiVB 等，广泛用于制造汽车、拖拉机、机车车辆用螺旋弹簧和板弹簧及其他重要弹簧等。50CrVA、30W4Cr2VA 等用于制造如气门弹簧、阀门弹簧等重要弹性零件。

(5) 滚动轴承钢。滚动轴承钢是用来制造滚动轴承的滚动体（滚珠、滚柱、滚针）、内外套圈的专用钢。

常见的牌号有 GCr9、GCr9SiMn、GCr15、GCr15SiMn 等，广泛应用于汽车、拖拉机、内燃机的滚动轴承。

3. 合金工具钢

合金工具钢按主要用途分为刃具钢、模具钢和量具钢三大类。

(1) 刃具钢分为低合金刃具钢和高速钢两类，主要用来制造刀具，如车刀、铣刀、钻头、丝锥、铰刀等。高速钢除广泛用于高速切削刀具外，也可用于柴油机供油系统中的偶合零件。常用高速钢牌号中应用最多的是 W18Cr4V、W6Mo5Cr4V2 和 W9Mo3Cr4V 三种。

(2) 模具钢分为冷作模具钢和热作模具钢。冷作模具钢用于制造使金属在冷态下产生变形的模具，如冷冲模、冷挤压模、冷镦模、拉丝模等。冷作模具钢有 CrWMn、9Mn2V、9SiCr、T10A 等。

热作模具钢用于制造在受热状态下对金属进行变形加工的模具，如热锻模、热挤压模、压铸模等。制作热锻模具的典型钢有 5CrMnMo 和 5CrNiMo 钢；制作热压模具的典型钢是 3Cr2W8V。

(3) 量具钢用来制造测量和检验零件尺寸的量具（工具），如千分尺、量块、样板、量规等。量具钢没有专用钢种。形状简单、尺寸小、精度要求不高的量具，用碳素工具钢（如 T10A、T12A）制造；也可用渗碳钢（如 20、15Cr）制造，并经渗碳处理；也可用中碳钢制造（50、60 钢等），并经高频表面淬火处理。精度要求高或形状复杂的量具，一般用合金工具钢或滚动轴承钢制造（如 9SiCr、CrWMn、GCr15 等）。

4. 特殊性能钢

特殊性能钢是指具有特殊物理、化学或力学性能的合金钢。在工业中使用较多的有不锈钢、耐热钢和耐磨钢。

(1) 不锈钢。在空气中和某些侵蚀性介质中，耐腐蚀、不易生锈的钢，称为不锈钢。

常用不锈钢按化学成分可分为铬不锈钢和铬镍不锈钢两种；按金相组织可分为马氏体不锈钢、奥氏体不锈钢和铁素体不锈钢三种。

铬不锈钢（Cr13型）牌号有1Cr13、2Cr13、3Cr13、4Cr13等。这类钢由于淬火后为马氏体组织，故又称为马氏体不锈钢。常用于弱腐蚀性介质，如空气、水汽等场合工作的零件，能耐30℃以下的海水腐蚀。其中1Cr13和2Cr13经淬火加高温回火后，具有良好的综合机械性能，宜制造要求塑性较好与受冲击载荷作用的零件，如汽轮机叶片、水压机阀，在高温下工作的螺钉、螺帽，日常生活用具等。3Cr13和4Cr13经淬火和低温回火后，得到回火马氏体组织，硬度可达到50HRC左右，适用于需高硬度的耐蚀零件和器件，如柱塞、弹簧、滚动轴承配件、医疗器械等。

铬镍不锈钢（18-8型铬镍不锈钢）钢号有0Cr18Ni9、1Cr18Ni9、1Cr18Ni9Ti等。其强度和硬度较低，塑性和韧性较好，无磁性。铬镍不锈钢常用于制造耐硝酸、有机酸、盐、碱等溶液腐蚀的设备及抗磁仪表、医疗器械、日常生活器具等。

（2）耐热钢。金属材料的耐热性包含高温抗氧化性和高温强度两方面的性能。具有抗高温介质腐蚀能力的钢称为抗氧化钢，在高温下仍具有足够机械性能的钢称为热强钢。耐热钢是抗氧化钢和热强钢的总称。

耐热钢按照组织类型分为珠光体耐热钢、铁素体耐热钢、奥氏体耐热钢和马氏体耐热钢。

珠光体耐热钢主要用于工作温度小于600℃且承受载荷不大的耐热零件，如汽轮机转子、锅炉钢管等。常用钢号有15CrMo、12CrMoV、35CrMoV等。

铁素体耐热钢抗氧化性好，但高温强度仍较低，焊接性能差。主要用于制造工作温度较小，受力不大的零件，如喷嘴、热交换器等。常用钢号有0Cr13Al、2Cr25N等。

马氏体耐热钢抗氧化性、热强性均高，并具有良好的硬度、耐磨性和淬透性。主要用于制造工作温度在650℃以下，承受较大载荷，并要求耐磨的零件，如内燃机排气门、汽轮机叶片。常用钢号有1Cr13Mo、4Cr9Si2、1Cr12WMoV等。

奥氏体耐热钢耐热温度高（700℃以下），并具有很好的冷塑性变形能力和焊接性能，塑性和韧性也较好，但切削性能差。主要用于工作温度高，并具有一定强度要求的零件，如内燃机排气门、汽轮机叶片、轴、加热炉管等。常用钢号有0Cr18Ni11Ti、4Cr14Ni14W2Mo等。

（3）耐磨钢。耐磨钢是指在巨大压力和强烈冲击作用下产生硬化，从而具有良好耐磨性的钢。最常用的耐磨钢是高锰钢，牌号为ZGMn13。

耐磨钢主要用于制造在严重磨损和强烈冲击条件下工作的零件，如坦克、拖拉机用履带、破碎机上锷板、挖掘机上的铲齿、铁路上的道岔、防弹钢板、保险箱等。常用钢号有ZGMn13。

四、铸铁

含碳量为2.11%~6.69%的铁碳合金称为铸铁。有时为了进一步提高铸铁的力学性能或得到某些特殊性能，常加入Cr、Mo、Cu、V、Al等合金元素或提高硅、锰、磷等元素的质量分数，这种铸铁称为合金铸铁。

铸铁的强度、塑性等力学性能不如钢材，但它具有良好的铸造性能、切削加工性能、耐磨性、减振性，且价格低廉。因此，铸铁仍然是工业生产中最重要的金属材料之一，广泛应用于汽车制造业。一些力学性能要求不高、形状复杂、锻造困难的零件，如发动机缸体、缸盖、活塞环、飞轮、后桥壳等都是由铸铁制造的。特别是经过球化和孕育处理后，铸铁的力学性能已接近于结构钢，可取代碳钢、合金钢制造一些重要的结构零件，如曲轴、连杆、齿轮等。

根据碳在铸铁中存在形式和形态不同，铸铁主要分为：白口铸铁、灰铸铁、球墨铸铁、蠕墨铸铁、可锻铸铁。

1. 灰铸铁

灰铸铁牌号用"HT"（即"灰铁"两字的汉语拼音首写字母）及后面三位数字组成。后面三位数字表示为单铸直径为30mm试棒的最小抗拉强度σ_b值（MPa）。表2-1-2所示为灰铸铁的牌号、力学性能及用途。

由表中可见灰铸铁的力学性能和铸件壁厚有关，在同一牌号中，随铸件壁厚增加，其力学性能将会降低。

表2-1-2 灰铸铁的牌号、力学性能及用途

牌号	铸铁类别	铸件壁厚（mm）	铸件最小抗拉强度（σ_b/MPa）	适用范围及举例
HT100	铁素体灰铸铁	2.5～10	130	低载荷和不重要的零件，如端盖、外罩、油盘、手轮、支架、重锤外罩、小手柄等
		10～20	100	
		20～30	90	
		30～50	80	
HT150	珠光体+铁素体灰铸铁	2.5～10	175	承受中等应力（抗弯应力≤100MPa）的零件，如机座、床身、曲轴、带轮、轴承座、飞轮、进排气歧管、缸盖、变速器壳、制动盘、法兰等
		10～20	145	
		20～30	130	
		30～50	120	
HT200	珠光体灰铸铁	2.5～10	220	承受较大应力（抗弯应力≤300MPa）和较重要的零件，如汽缸体、缸盖、齿轮、齿轮箱、机座、飞轮、床身、缸套、活塞、刹车轮、联轴器、飞轮、轴承座、阀体、液压缸等
		10～20	195	
		20～30	170	
		30～50	160	
HT250		4.0～10	270	
		10～20	240	
		20～30	220	
		30～50	200	
HT300	孕育铸铁	10～20	290	承受高弯曲应力（≤500MPa）及抗拉应力的重要零件，如齿轮、凸轮、车床卡盘、剪床和压力机的机身、床身高压液压缸、滑阀壳体、大型发动机曲轴、缸体、缸盖、缸套、阀体、凸轮、齿轮、高压液压缸、机座、机架等
		20～30	250	
		30～50	230	
HT350		10～20	340	
		20～30	290	
		30～50	260	

2. 球墨铸铁

球墨铸铁是指一定成分的铁水在浇注前，经过球化处理，获得具有球状石墨的铸铁。这种铸铁不仅具有灰铸铁的某些优良性能，而且力学性能也比较高。

表 2-1-3 为我国部分球墨铸铁的牌号、组织、性能和用途。牌号中"QT"是"球铁"两字汉语拼音首写字母，后边数字分别代表单铸试件的抗拉强度和延伸率。

表 2-1-3　部分球墨铸铁的牌号、组织、性能和用途

牌号	σ_b（MPa）	$\sigma_{0.2}$（MPa）	δ（%）	HBS	主要基体组织	用途举例
	不小于					
QT400－18	400	250	18	130～180	铁素体	汽车和拖拉机底盘零件、轮毂、电动机壳、闸瓦、联轴器、泵、阀体、法兰等
QT400－15	400	250	15	130～180	铁素体	
QT450－10	450	310	10	160～210	铁素体	
QT500－7	500	320	7	170～230	铁素体＋珠光体	电动机架、传动轴、直齿轮、链轮、罩壳、托架、连杆、摇臂、曲柄、离合器片等
QT600－3	600	370	3	190～270	珠光体＋铁素体	
QT700－2	700	420	2	225～305	珠光体	汽车、拖拉机传动齿轮、曲轴、凸轮轴、缸体、缸套、转向节、汽车后桥弧齿锥齿轮、传动轴等
QT800－2	800	480	2	245～335	珠光体或回火组织	
QT900－2	900	600	2	280～360	贝氏体或回火马氏体	

球墨铸铁其力学性能接近于钢，铸造性能和其他性能优于钢。因此，球墨铸铁在机械制造业中已得到广泛应用，部分场合代替了铸钢和锻钢，用来制造一些受力较大、受冲击和耐磨的铸件，如内燃机曲轴、凸轮轴、汽车驱动桥壳等。

3. 蠕墨铸铁

蠕墨铸铁是在一定成分的铁水中加入孕育剂和蠕化剂进行孕育处理和蠕化处理，获得具有蠕虫状石墨的铸铁。它是近几十年发展起来的新型材料。

蠕墨铸铁组织中特有的石墨状态，其力学性能介于相同基体组织的灰铸铁和球墨铸铁之间。其强度、韧性、抗疲劳强度、耐磨性高于灰铸铁，但小于球墨铸铁；铸造性能、减振性、导热性、切削加工性都优于球墨铸铁，接近于灰铸铁。因而蠕墨铸铁已开始在生产中广泛应用，主要用来制造复杂大型铸件，如 RuT380、RuT420 主要用于制造汽车刹车鼓、活塞环、气缸套、制动盘等，RuT340 可用于制造汽车刹车鼓、飞轮、气缸盖等，RuT260 可制造汽车、拖拉机的某些底盘零件等。蠕墨铸铁在某些情况下也可代替高强度灰铸铁。

表 2-1-4 为我国蠕墨铸铁的牌号、基体组织、机械性能和用途。牌号中的"RuT"代表蠕墨铸铁，数字表示蠕墨铸铁单铸试件的抗拉强度值。

表 2-1-4　蠕墨铸铁的牌号、基体组织、机械性能和用途

基体组织	机械性能				用途举例
	σ_b (MPa)	$\sigma_{0.2}$ (MPa)	δ (%)	HBS	
P	420	335	0.75	200～280	适于制造要求强度或耐磨性高的零件，如活塞环、制动盘、钢珠研磨盘、吸淤泵体等
P	380	300	0.75	193～274	
P+F	340	270	1.00	170～249	适于制造要求较高强度、刚度和耐磨性的零件，如重型机床件、大型齿轮箱体、盖、座、飞轮等
F+P	300	240	1.50	140～217	适于制造要求较高强度及承受热疲劳的零件，如排气管、气缸盖、液压件、钢锭模等
F	260	195	3.00	121～197	适于制造承受冲击负荷及热疲劳的零件，如汽车的底盘零件、增压器废气进气壳体等

4. 可锻铸铁

可锻铸铁是由白口铸铁通过退火处理得到的一种石墨呈絮状的铸铁，它具有较高强度、塑性和韧性。值得注意的是，可锻铸铁实际上不可锻造。

可锻铸铁的力学性能优于灰铸铁，并接近于同类基体的球墨铸铁。与球墨铸铁相比，可锻铸铁具有铁水处理简单、质量稳定、废品率低的优点。

表 2-1-5 是黑心可锻铸铁和珠光体可锻铸铁的牌号、力学性能和用途。牌号中"KT"是"可铁"的汉语拼音首写字母，其后"H"表示黑心可锻铸铁，"Z"表示珠光体可锻铸铁。符号后面两组数据分别代表可锻铸铁最小抗拉强度（单位：MPa）和拉伸率。

表 2-1-5　黑心可锻铸铁和珠光体可锻铸铁的牌号、力学性能和用途

类别	牌号	基体组织	σ_b (MPa)	$\sigma_{0.2}$ (MPa)	δ (%)	HBS	应用举例
			不小于				
黑心可锻铸铁	KTH300—6 KTH330—8 KTH350—10 KTH370—12	F	300 330 350 370	— — 200 —	6 8 10 12	≤150	汽车、拖拉机零件，如前后桥壳、减速器壳、制运器、支架等；机床附件，如钩形扳手、螺丝扳手等；农机具零件，如犁刀、梨柱等；纺织、建筑零件及各种管接头、中低压阀门等
珠光体可锻铸铁	KTZ450—6 KTZ550—4 KTZ650—2 KYZ700—2	P	450 550 650 700	270 340 430 530	6 4 2 2	150～200 180～230 210～260 240～290	曲轴、凸轮轴、连杆、齿轮、摇臂、活塞环、轴套、万向接头、棘轮、传动链条等

可锻铸铁常用于薄壁、形状复杂、承受冲击和振动载荷的零件，如汽车、拖拉机驱动桥壳、管接头、低压阀门等。但由于生产周期长，需要连续退火设备，因此在使用上受到一定限制，有些可锻铸铁已由球墨铸铁代替。

五、有色金属及其合金

有色金属与钢铁比较，产量低、价格高，但有色金属具有某些特殊的优越性能。例如，铝合金材料具有密度低、强度高和耐蚀性好的特性，在轿车的轻量化中占举足轻重的地位。据统计，近10年来，轿车上的铝及其合金用量已从占汽车总量的5%左右上升至10%左右。此外，采用新型镁合金制造的凸轮轴盖、制动器等零部件，可以减轻重量和降低噪声。在轿车制造行业，采用铝、镁、钛等轻金属替代钢铁材料可减轻自重，这是轿车轻量化的一个重要手段。

1. 铝及铝合金

工业纯铝的主要用途是代替铜制作导线，配制不同的铝合金，制作强度不高的器皿。在汽车上，纯铝主要用于制作空气压缩机垫圈、排气阀垫片、汽车铭牌等。

纯铝强度很低，不适于制造机器零件。在纯铝中加入 Si、Cu、Mg、Zn、Mn 等合金元素形成铝合金，可使其力学性能提高，而且仍保持其密度小、耐腐蚀的优点。

其中锻造铝合金适用于锻造，故称之为锻铝。主要用作各种形状复杂、强度要求比较高、可在高温下工作的锻件，如发动机风扇叶片、内燃机活塞、汽缸盖、压气机叶轮等。

铸造铝硅合金的特点是液流动性好、收缩小、不易产生裂纹、适宜进行铸造，适于制造形状复杂的零件。其简单铝硅合金常用于浇铸或压铸重量轻、有一定强度和复杂形状的中小型零件，尤其是薄壁零件，如仪器仪表零件、活塞、发动机机壳、气缸体，以及工作温度在200℃以下、要求气密性好的承载零件。复杂铝硅合金的强度比简单铝硅合金高，一般用作形状复杂、强度要求高、可在高温下工作的机器零件，如内燃机汽缸体、汽缸盖、活塞等。

2. 铜及铜合金

铜有优良的导电导热性，良好的化学稳定性，很高的塑性变形能力，可采用挤压、压延和拉拔等压力加工方法制成各种型材，在工业上得到广泛应用，特别是用作导电器材，其使用量占铜总用量的一半以上。在汽车工业所用有色金属材料中，铜合金用量仅次于铝合金。汽车上各类热交换器、散热器、耐磨减摩零件、电器元件、油管等，均选用了铜合金材料。

纯铜具有良好的塑性、导电性和耐蚀性，特别是导电性仅次于银而位居第二。它不宜制作结构零件，广泛用于制造电线、电缆、铜管以及配制铜合金。

我国工业纯铜常用的有 T1、T2、T3、T4 四种。代号中数字越大，表示杂质含量越高，导电性、塑性越差。如 T1、T2，主要用作导电材料或配制高纯度的铜合金。

按化学成分铜合金可分为黄铜、青铜和白铜三类。

普通黄铜是铜锌二元合金，其牌号用"H"+数字表示，数字表示铜含量的质量分数；常用来制造形状复杂且要求耐热、耐腐蚀的零件，如汽车散热器、垫片、油管、螺钉等；常用型号有 H80、H70、H68、H62 等，其中 H80 呈金黄色，又称金色黄铜。

青铜是指除黄铜和白铜以外的其他铜合金。青铜分为压力加工青铜和铸造青铜。压力加工青铜牌号用"Q"+主添加合金元素符号+数字（依次表示所添加元素的质量分数）。如 QSn6.5-0.4，表示压力加工锡青铜，其含锡量为6.5%，其他合金元素（P）含量为0.4%。铸造青铜的牌号表示方法为：Z+Cu+主添加合金元素符号及质量分数+其他元素及其质量分数。如 ZCuAl10Fe3 表示含铝量为 10%，含铁量为 3% 的铸造铝青铜。

白铜是以镍为主要添加元素的铜合金。仅由铜、镍组成二元合金，称为普通白铜；含有锰的铜镍合金称为锰白铜。根据含锰量不同，工业上将锰白铜分为锰铜、康铜和考铜。锰白铜具有极高的电阻率、非常小的温度系数，是制造电工仪器、变阻器、热电耦合器等的良好材料。

3. 滑动轴承合金

用来制造滑动轴承轴瓦或内衬的合金称为滑动轴承合金。

因滑动轴承承压面积大、噪声小、工作平稳，故常用于高速重载的场合，如汽车发动机的连杆轴承和曲轴轴承等。

常用的轴承合金有锡基轴承合金、铅基轴承合金、铜基轴承合金和铝基轴承合金等。

锡基和铅基轴承合金牌号表示方法为"Z"＋基本元素符号＋主加元素符号及质量分数＋辅加元素符号及质量分数。如 ZPbSb15Sn5 为铸造铅基轴承合金，主加元素锑质量分数为 15%，辅加元素锡质量分数为 5%，余量为铅。

铜基轴承合金主要有锡青铜和铅青铜。常用的锡青铜有 ZCuSn10Pb1 和 ZCuSn5Pb5Zn5 等。广泛用于中速重载荷轴承，如电动机、泵、金属切削机床及汽车转向轴承等。锡青铜轴承合金可直接制成轴瓦。常用铅青铜是 ZCuPb30，广泛用于高速、重载轴承，如航空发动机、高速柴油机及其他高速机器。

4. 其他有色金属

有色金属在汽车上的应用日益增多，钛、镁、锌等合金的应用也越来越受到重视。

如镁合金是最有发展前景的汽车轻量化材料之一，用镁合金替代铝合金制造汽车零部件可以减轻汽车自重，在当前的世界汽车生产中已逐步得到应用。可以用镁合金制造操纵杆托架、离合器壳和变速器壳等。

美国及欧洲车采用镁合金的零件有离合器壳、制动器、离合器踏板支架、内饰罩板、分电器膜片箱、转向柱锁壳、摇臂罩、空滤器壳、格栅、变速手柄、变速器壳、发电机托架、贮油槽、贮油槽底板、车轮、节气联杆、手制动联杆等。英国的杰戈娃（Jaguar）4.0L 6缸机使用了新型镁合金凸轮轴盖，与铝相比，可提高质量和降低噪声。

镁合金根据加工方法分为变形镁合金（压力加工镁合金）和铸造镁合金两类，代号分别以"MB"和"ZM"加序号表示。例如，MB2 称为二号镁合金，ZM6 称为六号铸造镁合金等。

常用的变形镁合金有 MB1、MB2、MB8、MB15。其中应用较多的是 MB15。常用铸造镁合金有 ZM1、ZM2、ZM5，它们具有较高的常温强度和良好的铸造工艺性，但耐热性较差，工作温度不超过 150℃。

六、典型汽车零件金属用材

据统计，一部汽车大约有三万个零件，用材以金属为主，表 2-1-6 和 2-1-7 总结了典型汽车零件的金属用材。

表 2-1-6 汽车发动机主要零件的金属用材情况

代表零件	材料种类及牌号	使用性能要求	热处理及其他
缸体、缸盖、飞轮、正时齿轮	灰口铸铁 HT200	强度、刚度、尺寸稳定性	不处理或去应力退火,也可用 ZL104 制作缸体、缸盖
缸套、排气门座等	合金铸铁	耐磨性、耐热性	铸造状态
曲轴等	球墨铸铁 QT600—2	刚度、强度、耐磨性、抗疲劳性	调质、表面淬火、圆角滚压、氮化,也用锻钢件(45,38CrMoAlA)
活塞销等	渗碳钢 20,20Cr,18CrMnTi,12Cr2Ni4	强度、冲击韧性、耐磨性	渗碳、淬火、回火
曲轴、连杆、连杆螺栓等	调质钢 45,40Cr,40MnB	强度、抗疲劳性、冲击韧性	调质、探伤
各种轴承、轴瓦	轴承钢和轴承合金(高锡铝基)	抗疲劳性、耐磨性	
排气门	高铬耐热钢 4Cr10Si2Mo,4Cr14Ni14W2Mo	耐热性、耐磨性	淬火、回火
气门弹簧	弹簧钢 65Mn,50CrVA	抗疲劳性	淬火、中温回火
活塞	高硅铝合金 ZL108,ZL110	耐热强度	固溶处理及时效
支架、盖、罩、挡板、油底壳等	钢板 Q235,16Mn	刚度、强度	不热处理

表 2-1-7 汽车底盘主要零件的金属用材情况

代表零件	材料种类及牌号	使用性能要求	热处理及其他
纵横梁、传动轴(4000r/min)、保险杠、钢圈等	16Mn 钢板等	强度、刚度、韧性	用冲压工艺性能好的钢板
前桥(前轴)转向节臂、半轴等	调质钢 45,40Cr,40MnB	强度、抗疲劳性、韧性	模锻成型、调质处理、圆角滚压、无损探伤
变速箱齿轮、后桥齿轮等	渗碳钢 20CrMnTi,30CrMnTi,20MnTiB,12Cr2Ni4	强度、耐磨性、接触疲劳抗力、断裂抗力	渗碳(0.8mm以上)淬火、回火,表面硬度 58~62HRC
半轴、变速箱轴	40Cr,40MnB,40CrMnMo,42CrMo,20CrMnTi	强度、抗疲劳性、韧性	调质处理、轴颈表面淬火
变速器壳、离合器壳	灰口铸铁 HT200	一定强度、刚度、尺寸稳定性	去应力退火
后桥壳等	可锻铸铁 KT350—10、球墨铸铁 QT400—10	一定强度、刚度、尺寸稳定性	还可用优质钢板冲压后焊成或用铸钢

续表

代表零件	材料种类及牌号	使用性能要求	热处理及其他
钢板弹簧等	弹簧钢 65Mn、60Si2Mn、50CrMn、55SiMnVB	耐疲劳、冲击和腐蚀	淬火、中温回火、喷丸强化
驾驶室、车厢、罩等	钢板 08、20	刚度、尺寸稳定性	冲压成型
分泵活塞、油管	有色金属、铝合金、紫铜	强度、耐磨性	

随着能源和原材料供应的日趋短缺,人们对汽车节能降耗的要求越来越高。而减轻自重可提高汽车的重量利用系数,减少材料消耗和燃油消耗,这在资源、能源的节约和经济价值方面具有非常重要的意义。

减轻自重所选用的材料,比传统的用材应该更轻且能保证使用性能。比如,用铝合金或镁合金代替铸铁,重量可减轻至原来的 1/3~1/4,但并不影响其使用性能;采用新型的双相钢板材代替普通的低碳钢板材生产汽车的冲压件,可以使用比较薄的板材,减轻自重,但一点不降低构件的强度;在车身和某些不太重要的结构件中,采用塑料或纤维增强复合材料代替钢材,也可以降低自重,减少能耗。

第二节 非金属材料

非金属有许多金属材料不具备的特点,因此已成为现代工业中必不可少的材料,在汽车中的应用逐年提高。

非金属材料是指除金属材料以外的其他材料,其种类繁多,在这里主要介绍有机高分子材料、陶瓷材料、复合材料。

1. 高分子材料

高分子材料是相对分子质量在 5 000 以上的有机化合物的总称。高分子化合物的相对分子质量很大,如橡胶为 10 万,聚乙烯在几万到几百万。

在汽车中高分子材料的应用十分广泛。据统计,现代轿车中高分子材料用量占自重的 12%~16%。高分子材料的缺点是强度、刚度不够大,易老化,一般不适于做承重量大的结构件。

高分子材料按热性能及成型特点分为热固性和热塑性;按用途分为塑料、合成橡胶、胶黏剂等。这里主要介绍汽车中常用的高分子材料,如塑料、橡胶。

(1)塑料。塑料是应用最广泛的高分子材料。塑料的密度小、价格低。采用塑料代替部分钢铁件,既可减轻车辆自重又可降低成本。例如,近年来用高密度聚乙烯制造轿车汽油箱,可使油箱减重 30%之多。而轿车内部构件也采用塑料来制造。

汽车塑料制品根据其应用部位,可分为内装件、外装件、功能件。目前世界各国的汽车内饰件已基本塑料化,今后主要是发展车身覆盖件、外装件及功能件。常用工程塑料种类很多,表 2-1-8 列举了部分汽车常用塑料的名称、符号及用途。

表 2-1-8　汽车常用塑料的名称、符号及用途

名称	符号	用途举例
聚乙烯	PE	车厢内饰件、油箱、挡泥板、转向盘、发动机罩、空气导管
聚氯乙烯	PVC	方向盘、坐垫套、车门内板、仪表板、操纵杆盖板等，占车用塑料总量的 20%～30%
聚丙烯	PP	接线板、转向盘、保险杠、风扇罩、散热器栅格、灯罩、电线覆皮
聚氨酯树脂	PU	主要为内饰材料：仪表板、方向盘、车门扶手、遮阳板、密封条、头枕
ABS 树脂	ABS	仪表盘、控制箱、灯壳、挡泥板、变速杆、散热器护栅
有机玻璃	PMMA	灯罩、油杯、镜片、遮阳板、标牌、油标
聚酰胺（尼龙）	PA	冷却风扇、滤网、把手、钢板弹簧销衬套、散热器副油箱
聚甲醛	POM	各种阀门、转向器衬套、万向节轴承、各种手柄及门销
酚醛塑料	PF	制动衬片、离合器摩擦片、分电器盖
聚碳酸酯	PC	保险杠、刻度板、壳体、水泵叶轮

（2）橡胶。橡胶是一种具有极高弹性的高分子材料，其弹性变形量可达 100%～1 000%，而且回弹性好。同时，橡胶还有一定的耐磨、吸振、绝缘、隔音特性。它是常用的弹性、密封、减振防振和传动材料。橡胶的主要缺点是易老化，耐油性差。

根据橡胶的应用范围，橡胶可分为通用橡胶和特种橡胶。汽车常用橡胶的种类、代号、性能及用途见表 2-1-9。

表 2-1-9　汽车常用橡胶的种类、代号、性能及用途

类别	品种、代号	性　能	用　途
通用橡胶	天然（NR）	耐磨性好	轮胎、胶带、胶管
	丁苯（SBR）	耐磨、耐油、耐老化、耐热	轮胎、通用制品、胶版、胶布
	顺丁（BR）	弹性、耐磨性、耐寒性好	电线包皮、减振器、内胎、橡胶弹簧
	氯丁（CR）	物理机械性能好	胶管、胶带、汽车门窗嵌条、密封件
	异戊（IR）	绝缘性好、吸水性低	胶管、胶带
	丁基（JIR）	气密性好、耐酸碱、吸振	内胎、防振件、防水胎
特种橡胶	聚氨酯（UR）	耐磨、耐油性好，强度高	耐油胶管、垫圈、实心轮胎、耐磨制品
	硅橡胶（Q）	绝缘、耐高、低温（−100℃～300℃）	耐高、低温件、绝缘件
	氟橡胶（FPM）	耐高温、耐蚀、耐辐射、高真空性	耐蚀件、高真空件、高密封件
	丙烯酸酯（ACM）	耐油、耐老化	油封、皮碗、火花塞护套

（3）胶黏剂。工程上常借助一种材料在固体表面产生黏合力，将材料牢固地连接在一起的方法叫胶结，所用的材料称为胶黏剂（又称黏合剂）。胶接的特点是：接头处应力分布均匀，接头的密封性、绝缘性及耐蚀性好，适用性强，而且操作简单、成本低。因此，胶黏剂在工业中得到广泛使用。

汽车修理中常用的胶黏剂有环氧树脂和酚醛树脂胶黏剂，用来粘接离合器摩擦片、修补缸体、蓄电池等。

2. 陶瓷材料

陶瓷原指硅酸盐材料。目前，陶瓷的概念广义化了，为所有无机非金属材料的简称，主要指陶瓷、玻璃，还包括搪瓷、石膏、水泥、石英等。金属、工程塑料和陶瓷是现代工业三大支柱材料。

（1）陶瓷。陶瓷在汽车工业中的典型用途为火花塞绝缘体，汽车的排气净化器、发动机缸盖底板、缸套、活塞顶等也用到了陶瓷材料。

（2）玻璃。玻璃是一种非晶态固体，它是以石英砂、纯碱、长石、石灰石等为主要原料，并加入某些金属氧化物等辅料在 1 550℃～1 600℃高温下熔融后经拉制或压制而成的。经过特殊工艺处理，还可制成具有各种不同特殊性能的特殊玻璃。

在汽车上，主要用作挡风玻璃和车身玻璃等。钢化玻璃是普通玻璃经过高温淬火处理（钢化处理）的特种玻璃。钢化玻璃在受到冲击破碎后，碎片小而无棱角，不会造成人体伤害。但这种玻璃在破碎前会产生很多裂纹，由于光线的漫射作用，玻璃会变得模糊不清，所以，钢化玻璃仅作为汽车后窗玻璃和侧窗玻璃。各国规定汽车前挡风玻璃必须使用夹层玻璃。夹层玻璃是将两片或两片以上的平板透明玻璃或钢化玻璃用聚乙烯醇缩丁醛塑料衬片黏合在一起而成。这种玻璃强度高，即使被击碎，由于中间有塑料衬片的黏合作用，仅产生辐射状的裂纹而玻璃不致脱落伤人，并且不产生折光现象，透明度仍然良好。

3. 复合材料

在汽车轻量化的进程中，要求其使用的结构材料同时具有高弹性模量、高强度、小密度、高可靠性等特点。普通金属、非金属材料已无法同时满足这些要求。

复合材料是指由两种或两种以上物理和化学性质不同的物质组合起来而得到的一种多相固体材料。例如，现代汽车中的玻璃纤维挡泥板，就是由脆性玻璃和韧性聚合物相复合而成的。复合材料不仅综合了各组成材料的优点，而且获得了单一材料无法达到的优良综合机械性能，甚至某些性能超过了各组成材料性能的总和。

高分子基复合材料（FRP）是汽车轻量化的最重要的材料。FRP 主要由三部分组成：纤维、树脂、填充料。

FRP 早在 20 世纪 50 年代就开始在汽车上使用，现在已得到广泛应用。由于 FRP 的大量应用，轿车的平均重量大为降低。目前，利用 FRP 制作的汽车部件有：车身车顶壳体、发动机部件、仪表盘、阻流板、车灯、前隔栅、夹层板、后闸板等。

FRP 中较典型的有：玻璃纤维增强塑料，通常又称为玻璃钢。由于它具有高强度、价格低、来源丰富、工艺性能好等特点，比普通塑料有更高的强度（包括抗拉、抗弯、抗压）和冲击韧度，热膨胀系数减小，尺寸稳定性增加，在汽车行业有广泛的应用。玻璃纤维增强尼龙的强度超过了铝合金而接近于镁合金，可以用来替代这些金属。在汽车发动机、气缸盖等部位若采用玻璃纤维强化热塑性树脂（GFRTP），比用铸铁制造质量可减轻45%；汽车底盘若采用玻璃纤维增强树脂（GFRP），其质量可以比钢铁材料减轻80%。从 20 世纪 80 年代起，玻璃纤维增强塑料已被世界各大汽车公司采用，是汽车上应用最广的复合材料。

碳纤维增强塑料将是汽车工业大量使用的增强材料。因为汽车要求具备油耗小、轻量化、发动机高效化、车型阻力小等特点,都迫切希望有一种质轻和一材多用的轻型结构材料,而碳纤维增强塑料是最理想的选择。它主要的应用有:发动机系统中的推杆、连杆、摇杆、水泵叶轮,传动系统中的传动轴、离合器片、加速装置及其罩等,底盘系统中的悬置件、弹簧片、框架、散热器等,车体上的车顶内外衬、地板、侧门等。

金属基复合材料除了强度大、刚性好、耐热耐磨性好之外,还具有优良的导热性和导电性。因此,如果零件要求兼有以上的综合性能时,可采用这类材料,如汽车中的活塞、活塞销、气门摇臂、连杆、汽缸体、挺柱等。但由于制造问题,目前金属基复合材料未能得到广泛使用。

陶瓷基复合材料具有高强度、高模量、低密度、耐高温、高耐磨性和良好的韧性等特点,目前已应用在高速切削工具和内燃机部件上。汽车工业的研究重点是使用陶瓷材料替代金属制造发动机的零部件。这样可以大大提高热效率,也无须水冷,而且比硬质合金的质量轻得多。

第三节　汽车运行材料及其使用

一、车用燃油的合理选用

目前汽车的燃料仍然以汽油和柴油为主。

1. 车用汽油的选用

车用汽油是汽油发动机的主要燃料,车用汽油是从石油中提炼出来的,由碳、氢元素组成的烃类化合物。

(1) 车用汽油的使用性能:① 适宜的蒸发性;② 良好的抗爆性;③ 良好的氧化安定性;④ 对机件无腐蚀性;⑤ 对环境无害性;⑥ 油本身的清洁性。

(2) 车用汽油标号、规格。汽油标号表示的是该汽油的辛烷值表征汽油的抗爆性能。它是实际汽油抗爆性与标准汽油抗爆性的比值。

汽油的质量水平主要体现在辛烷值、铅含量、硫含量、苯含量、蒸气压及烯烃、芳烃含量等各种指标上,其中铅、硫及烯烃含量是最重要的指标。为适应汽车技术水平的发展和环保标准的要求,2016 年 12 月 23 日,我国颁布《车用汽油》国家标准 GB 17930—2016,将我国车用汽油的规格按研究法辛烷值(RON)分为 89 号、92 号、95 号和 98 号 4 个牌号。

(3) 汽油的选用。车用汽油的选择应遵循以下原则:

① 按汽车的使用说明书规定或国家相关权威部门的推荐选用汽油牌号。压缩比越大,使用的汽油牌号也越高。压缩比在 8.5~9.5 之间的中档轿车一般使用 92 号汽油;压缩比大于 9.5 的轿车一般使用 95 号汽油。

② 可以用牌号相近的汽油暂时代用,但必须对汽油机进行适当的调整。用辛烷值较低的汽油代替辛烷值较高的汽油时,应适当推迟点火提前角;用辛烷值较高的汽油代替辛烷值较低的汽油时,应适当提前点火提前角。

③ 装有三元催化转化器和氧传感器的汽车尽量选择含铅量低的汽油。

④ 推广使用加入有效的汽油清净剂的汽油。

⑤ 注意外界条件改变对汽油选择的影响。如冬季应选择蒸气压较大的汽油,夏季应

选择蒸气压较小的汽油；高原地区应选择蒸气压较小的汽油，平原地区应选择蒸气压稍大的汽油。

2. 轻柴油的选用

柴油可分为轻柴油、重柴油等品种。轻柴油用于高速柴油机，重柴油用于中、低速柴油机。汽车用柴油机属高速柴油机，所用柴油为轻柴油。

(1) 车用轻柴油的使用性能：① 良好的低温流动性；② 良好的雾化和蒸发性；③ 良好的燃烧性；④ 良好的安定性；⑤ 对机件等无腐蚀性；⑥ 柴油本身的清洁性。

(2) 车用柴油牌号、规格。从 2016 年 12 月 23 日起执行《车用柴油》国家标准 GB19147—2016，将车用柴油按凝点分为 5 号、0 号、－10 号、－20 号、－35 号、－50 号六个牌号。

(3) 车用柴油的选用。车用柴油牌号的选择一般应使最低使用温度等于或略高于车用柴油的冷凝点。

5 号车用柴油：适合于风险率为 10% 的最低气温在 8℃ 以上的地区使用；

0 号车用柴油：适合于风险率为 10% 的最低气温在 4℃ 以上的地区使用；

－10 号车用柴油：适合于风险率为 10% 的最低气温在 －5℃ 以上的地区使用；

－20 号车用柴油：适合于风险率为 10% 的最低气温在 －14℃ 以上的地区使用；

－35 号车用柴油：适合于风险率为 10% 的最低气温在 －29℃ 以上的地区使用；

－50 号车用柴油：适合于风险率为 10% 的最低气温在 －44℃ 以上的地区使用。

二、发动机润滑油的合理选用

1. 发动机润滑油的使用性能

发动机润滑油的工作条件很恶劣，因此对其使用性能也有很高的要求，具体如下：

(1) 润滑性：在各种条件下，发动机润滑油均具有良好的润滑性，即能降低摩擦、减缓磨损和防止金属烧结。黏度是评定润滑性的重要指标。

(2) 低温操作性：发动机润滑油应具有良好的低温操作性，即能够保证发动机在低温条件下易启动和可靠供油的性能。

(3) 黏温性：温度对油品黏度的影响很大，温度升高，黏度降低；温度降低，黏度升高。发动机润滑油的黏度随温度的变化程度要小，即应具有良好的黏温性。

(4) 清净分散性：发动机润滑油应具有良好的清净分散性，即润滑油具有良好的抑制积炭、漆膜和油泥生成或将这些沉积物清除的性能。

(5) 抗氧性：发动机润滑油应具有良好的抗氧性。

(6) 抗腐蚀性：发动机润滑油抵抗腐蚀性物质对金属腐蚀的能力。发动机润滑油抗腐蚀性的评定指标是中和值。

(7) 抗泡沫性：发动机润滑油消除泡沫的性质，评定指标是泡沫性。

2. 发动机润滑油的分类、规格和牌号

发动机润滑油的分类包括使用性能分类和黏度分类两个方面。

API 使用性能分类是根据产品特性、使用场合和使用对象确定的。机油牌号中第一个字母 S 表示汽油机油；C 表示柴油机油，并根据使用特性和使用场合分别设有若干个等级，如 SC、SD、SE、CC、CD、CE 等。如表 2-1-10 和表 2-1-11 所示分别为 API 汽车机油与 API 柴油机油的使用性能分类。

表 2-1-10 API 汽油机油的使用性能分类

标号	美国石油学会（API）油品使用范围介绍	美国材料试验学会（ASTM）油品性能介绍
SA	供汽油机和柴油机使用。用于运行条件非常温和的老式发动机。除汽车制造厂特别推荐外，已不再使用	油品内除降凝剂及抗泡剂外不含其他类型的添加剂
SB	供负荷很低的汽油机使用。用于运行条件温和的老式汽油机。除汽车制造厂特别推荐外，已不再使用	该油品具有一定程度的抗氧化和抗磨损性能
SC	用于 1964—1967 年型小轿车和卡车的汽油机。此种油品能控制汽油高低温沉积物、防磨损、锈蚀和腐蚀	该油品具有防止沉淀物和锈蚀的性能
SD	用于 1968—1971 年生产的小轿车和部分卡车的汽油机，适用于国产的解放、东风等汽油发动机。此种油品能控制汽油高低温沉积物、防磨损、锈蚀和腐蚀的性能优于 SC 级油，并可以用来替代 SC 级油	油品符合车制造厂 1968—1971 年的要求，具有抗低温油泥和抗锈蚀的性能
SE	用于 1972 年以后和某些 1971 年型小轿车及一些卡车的汽油机。适用于标致、桑塔纳、夏利及早期的丰田、日产、本田等轿车。此种油品的抗氧化性和对汽油高温沉积物、磨损、锈蚀和腐蚀的防护性能优于 SC 或 SD 级油，并可以用来代替 SC 或 SD 级油	油品符合汽车制造厂 1972—1979 年的要求，主要用于小轿车，具有高温抗氧化性能和防止低温油泥及锈蚀的性能
SF	用于汽车制造厂推荐的维护方法运行的 1980 年以后的小轿车和一些卡车的汽油机，如奥迪、切诺基等车型。此种油品的抗氧化性能和抗磨损性能优于 SE 级油，可以用来代替 SE、SD 或 SC 级油	油品符合汽车制造厂 1980 年的要求，主要用于各种操作条件苛刻的车型，具有抗油泥、抗漆膜、抗锈蚀、抗磨损和抗高温增稠的性能
SG	具有比 SF 更高的清净性、高温氧化稳定性、耐磨性。适用于所有国产和进口新型六缸以上的宝马、美洲虎、凯迪拉克、雷克萨斯、林肯等高级轿车，同时可以满足各类汽油发动机的中型客车使用	有比 SF 级更好的高温抗氧清净性和抗磨性
SH	具有比 SG 更高的性能，高温时的清净性特别好。适用于林肯、凯迪拉克、奔驰、宝马、本田等最新型的进口轿车	有比 SG 级更好的高温抗氧清净性和抗磨性

表 2-1-11 API 柴油机油的使用性能分类

标号	美国石油学会（API）油品使用范围介绍	美国材料试验学会（ASTM）油品性能介绍
CA	供轻负荷柴油机使用。用于使用优质燃料，在轻到中等负荷下运行的柴油机，有时也用于条件温和的汽油机。但除汽车制造厂特别推荐外，现已不再使用	用于汽油机和以低硫燃料运行的非增压柴油机
CB	供中负荷柴油机使用。用于在轻到中负荷下运行的柴油机。对发动机磨损和沉积物有较高的防护性能。有时可用于运行条件温和的汽油机。对于使用高硫燃料的非增压柴油机具有防止轴承腐蚀和高温沉积物的性能	用于汽油机和非增压柴油机

续表

标号	美国石油学会（API）油品使用范围介绍	美国材料试验学会（ASTM）油品性能介绍
CC	供中负荷柴油机和汽油机使用。用于中到重负荷下运行的低增压柴油机并包括一些重负荷汽油机。对于低增压柴油机，此种油品能防止高温沉积物；对于汽油机，能防止锈蚀、腐蚀和低温沉积物	具有低温防止油泥和锈蚀的性能，并且有适应低增压柴油机需要的性能
CD	供重负荷柴油机使用。用于需要非常有效地控制磨损及沉积物的高速、大功率增压柴油机。对增压柴油机使用优、劣质燃料，该油品都能有效地防止轴承腐蚀和高温沉积物	具有适应中增压柴油机需要的使用性能
CE	供重负荷增压中冷柴油机使用。用于需要非常有效地控制磨损及沉积物的新型高速、大功率增压中冷柴油机	具有适应重负荷增压中冷柴油机需要的使用性能

发动机润滑油 SAE 黏度分类目前执行的是 SAE J300—1987《发动机油黏度分类》（见表 2-1-12）。该分类标准采用含字母 W 和不含字母 W 两组黏度系列。黏度等级号的划分，前者以最大低温黏度、最高边界泵送温度以及 100℃时的最小运动黏度划分，后者仅以 100℃时运动黏度划分。黏度等级以 6 个含 W 的低温黏度级号（0W、5W、10W、15W、20W、25W）和 5 个不含 W 的 100℃运动黏度级号（20、30、40、50、60）表示。

表 2-1-12 发动机油 SAE 黏度分级法

SAE 黏度等级	最大低温黏度		最高边界泵送温度/℃	最大稳定倾点/℃	100℃运动黏度/(mm^2·s^{-1})	
	MPa·s	℃			最小	最大
0W	3 250	−30	−35		3.8	
5W	3 500	−25	−30	−35	3.8	
10W	3 500	−20	−25	−30	4.1	
15W	3 500	−15	−20		5.6	
20W	4 500	−10	−15		5.6	
25W	6 000	−5	−10		9.3	
20					5.6	<9.3
30					9.3	<12.5
40					12.5	<16.3
50					16.3	<21.9
60					21.9	<26.1

3. 发动机润滑油的选择

发动机润滑油的选择应兼顾使用性能级别选择和黏度级别选择两个方面。

（1）汽油机润滑油的选择。汽油机润滑油主要依据发动机的结构特点、使用条件、气候条件等选择润滑油的质量等级和黏度级别。有汽车使用说明书的用户，依据说明书要求选取；无使用说明书时，汽油车可以按照发动机设计年代、发动机的压缩比、曲轴箱是否安装强制通风装置（PCV）、是否安装废气循环装置（EGR）和催化转化器等因素选取润滑油。

（2）柴油机润滑油的选择。有汽车使用说明书的用户，依据说明书要求选取；在没有使用说明书时，也可根据柴油机的强化系数确定柴油机润滑油的质量等级，然后根据汽车使用地区的气候确定润滑油的黏度级别。强化系数在30~50之间的柴油机，选择CC级柴油润滑油；强化系数大于50的柴油机，选择CD级柴油润滑油。

三、车用特种液的合理选用

1. 车辆齿轮油的选用

汽车齿轮油用于机械式变速器、驱动桥和转向器的齿轮、轴承等零件的润滑，起到润滑、冷却、防锈和缓冲的作用。由于汽车齿轮工作条件复杂，接触压力大（2.5~4.0GPa），圆周速度快（5~10m/s），滑动速度高（2~10m/s），油温高（65℃~180℃），故对齿轮油的要求较高。其中双曲线齿轮传动的工作条件更苛刻，对汽车齿轮油使用性能要求更高，使用中如果不能正确选用合适的齿轮油，就不能保证齿轮的正常润滑，容易导致齿轮的早期磨损和擦伤，甚至会造成大的车辆事故。

（1）汽车齿轮油的分类。目前国内汽车齿轮油分类也有两种，一种按黏度分类，其分类标准参照SAE黏度分类（SAE J306）执行，具体如表2-1-13所列；另一种是按使用性能分类，执行标准为GB/T 7631.7—1995的附录B。

表2-1-13 我国汽车齿轮油的黏度分类

黏度牌号	达到150Pa·s的最高温度/℃	100℃时运动黏度/mm²·s⁻¹	
		最低	最高
70W	-55	4.1	—
75W	-40	4.1	—
80W	-26	7.0	—
85W	-12	11.0	—
90	—	13.5	24.0
140	—	24.0	41.0
250	—	41.0	—

（2）车辆齿轮油的性能。

① 润滑性和低温操作性。为使车辆齿轮油的润滑性和低温操作性良好，齿轮油应具有适当的黏度和良好的黏温性。规定了倾点、成沟点、黏度指数、表观黏度达150Pa·s时的温度等评价指标。

② 极压抗磨性。车辆齿轮油的极压抗磨性是指油中的极压抗腐剂在高压、高速、高温的苛刻的工作条件下，能在齿轮齿面上与金属发生化学反应生成反应膜，防止齿面擦伤或烧结的性质。

③ 热氧化安定性。车辆齿轮油抵抗高温条件下氧化作用的能力，叫作热氧化安定性。

④ 抗腐性和防锈性。齿轮油在车辆齿轮传动装置的工作条件下防止齿轮、轴承腐蚀和生锈的能力，叫作抗腐性和防锈性。齿轮油应该选择适当的极压抗磨剂和加入抗腐剂及防锈剂。

（3）车辆齿轮油的选用。

① 黏度级别的选用。选用汽车齿轮油的黏度级别主要根据使用环境的最低气温和最

高气温，推荐参数列于表 2-1-14。汽车齿轮油的黏度应既能保证低温条件下的车辆起步，又能满足油温升高后的润滑要求，并考虑汽车齿轮油换油周期长短因素。GL-3 的换油周期为 45 000km，GL-4、GL-5 的换油周期为 50 000～60 000km。

表 2-1-14 车辆齿轮油黏度级别选用表

环境温度/℃	车辆齿轮油黏度级别
−57～10	75W
−25～49	80W/90
−15～49	85W/90
−7～49	140

② 使用性能级别的选用。主要根据齿面压力、滑移速度和油温等工作条件，而这些条件又取决于传动装置的类型，所以可按齿轮类型和传动装置的功能来选择使用性能的级别。一般来说，驱动桥主传动器工作条件苛刻，而双曲线齿轮主传动器更为苛刻，所以对齿轮油的使用性能要求更高，应选用更高级别的齿轮油。

通常情况下，为保证齿轮的正常润滑，引进车型及进口汽车的驱动桥必须使用重负荷车辆齿轮油 GL-5，机械变速器用中负荷车辆齿轮油 GL-4。采用双曲线齿轮驱动桥的国产汽车，可以用 GL-4 或 GL-5 齿轮油，机械变速器用 GL-4 齿轮油。采用螺旋锥齿轮和圆柱齿轮驱动桥的国产汽车可以用 GL-3 普通车辆齿轮油或 GL-4 齿轮油，机械变速器用 GL-3 齿轮油。

2. 汽车润滑脂的选用

（1）润滑脂的组成。润滑脂俗称黄油，是一种稠化了的润滑油。润滑脂由基础油（润滑液体）、稠化剂和添加物（添加剂和填料）三部分组成。润滑脂广泛用于润滑汽车各部分轴承、衬套和钢板弹簧等。

（2）润滑脂的使用特点。

① 有较高的承受负荷能力和较好的阻尼性。

② 润滑脂的蒸发损失小，高温、高速下的润滑性好。

③ 有良好的附着性能。

④ 可在较宽温度范围和较长时间内起到润滑作用。

⑤ 轴承润滑中可起到密封作用。

（3）润滑脂的使用。我国大部分车辆使用 2 号、3 号钙基润滑脂，这在一般使用条件下能满足要求。但 2 号钙基润滑脂的最高使用温度低于 3 号钙基润滑脂 5℃左右，因此在南方的夏季或山区行驶，在轴承温度较高的情况下，宜使用 3 号钙基润滑脂。

钙基润滑脂的最大问题是耐温性差，它的使用温度不能超过 70℃～80℃，否则，便会软化流失。在南方夏季，尤其是下长坡时，轴承温度可能超过 100℃，此时最好使用锂基润滑脂；否则，将使润滑脂软化流失，这样不仅浪费润滑脂，而且使轴承提前损坏。

钢板弹簧润滑一定用石墨润滑脂，如果用钙基润滑脂，会造成钢板弹簧容易损坏。特别是在工地、山地及道路差的路况下行驶时，车辆颠簸大，钢板弹簧所承受的冲击负荷大，更易损坏。由于在石墨润滑脂中加有石墨，因此填充了钢板间的粗糙面，提高了钢板弹簧耐压、耐冲击负荷的能力。

3. 汽车制动液

制动液（也叫刹车油）是汽车液压制动系中传递压力的工作介质，其性能对汽车的行驶安全性有很大的影响。

(1) 国产制动液的品种、牌号和规格。制动液按原料的不同可分为醇型、合成型和矿油型三种。

① 醇型制动液。用精制的蓖麻油与醇类按一定的比例调和，经沉淀和过滤而制得的制动液，外观为浅绿或浅黄色透明体。该类制动液适用的温度条件较低、易分层，性能不稳定，故将逐步被合成型制动液所取代。

② 合成型制动液。以合成油为基础油，加入润滑剂和抗氧、防腐、防锈等添加剂制成的制动液。该类制动液具有性能稳定的特点，适合高速、重负荷的汽车使用。

③ 矿油型制动液。以精制的轻柴油馏分为原料，经深度精制后加入黏度指数改进剂、抗氧剂、防锈剂等调和制成，具有良好的润滑性，对金属无腐蚀作用，但对天然橡胶有较强的溶胀作用，使用时必须换用耐矿物油的丁腈橡胶。

(2) 国外制动液的规格、牌号及选用。常用的进口制动液有 DOT3、DOT4 两种。DOT 是美国汽车安全标准规定标称，其数字越大，级别越高。DOT3 与 DOT4 的不同之处主要在于沸点不同，DOT4 比 DOT3 更耐高温。制动液的性能指标见表 2-1-15。

表 2-1-15　制动液的性能指标

沸点 （平衡环流沸点）	工作情况	DOT3	DOT4
	干	205℃以上	230℃以上
	湿	140℃以上	155℃以上

DOT3 和 DOT4 级制动液是非矿物油系，是以聚二醇为基础和乙二醇及乙二醇衍生物为主的醇醚型合成制动液，再加润滑剂、稀释剂、防锈剂、橡胶抑制剂等调和而成，也是各国汽车所用最普遍的一种制动液。

制动液吸湿性较强。制动系统虽然进不了水分，但制动液使用一段时间以后会吸收相当的水分。制动液中水分越多，沸点越低。为了保证行车安全，制动液应定期更换（一般 2 年需更换一次）。

4. 发动机冷却液

现代水冷发动机均使用冷却液，用以防止发动机在严寒季节发生缸体、散热器和冷却系管道的冻裂。

(1) 冷却液的类型。冷却液的种类主要有酒精—水型、甘油—水型及乙二醇—水型等。冷却液的冷却效果主要与酒精、甘油及乙二醇的性质和配制比例有关。

(2) 冷却液的选用原则：选用冷却液的凝点要比车辆运行地区的最低气温低 10℃左右。

注意要点：

① 加注冷却液前应对发动机冷却系进行清洗，最简单的方法是打开散热器放水阀，用自来水从加水口冲洗。

② 冲洗后，加注冷却液，并检查冷却液的密度。

③ 乙二醇—水型冷却液在使用中蒸发的一般是水，应及时添加适量的水。每年入冬前应检查冷却液的密度，如密度变小，则说明乙二醇含量不足，冰点高，应及时加充冷却

液（或浓缩型冷却液）。

④ 注意乙二醇有毒，切勿用口吸。

⑤ 由于使用过程中要消耗冷却液中的添加剂，冷却液一般规定使用1～2年应更换，或按照冷却液使用说明执行。

⑥ 不同牌号冷却液不可混用。

第二章　机械识图

第一节　制图的基本知识和基本规定

图样是工程技术界的共同语言，为了便于指导生产和对外进行技术交流，国家标准对图样上的有关内容做出了统一的规定，每个从事技术工作的人员都必须掌握并遵守。国家标准（简称"国标"）的代号为"GB"。

一、图纸幅面和格式（GB/T 14689—2008）

为了便于图样的绘制、使用和保管，图样均应画在规定幅面和格式的图纸上。图纸上限定绘图区域的线框称为图框，其格式分为留装订边和不留装订边两种，如图 2-2-1 所示。同一产品的图样只能采用一种图框格式。

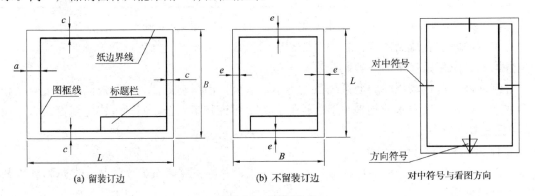

图 2-2-1　图框格式

绘制技术图样时，应优先选用基本幅面（表 2-2-1）。

表 2-2-1　图纸幅面尺寸　　　　　　　　　　　　　　　　　　　　mm

幅面代号	A0	A1	A2	A3	A4
$B \times L$	841×1189	594×841	420×594	297×420	210×297
a	25				
c	10			5	
e	20			10	

【提示】 每张图纸上都必须画出标题栏。标题栏的位置一般在图框的右下角。看图的方向应与标题栏的方向一致。标题栏格式如图 2-2-2 所示。

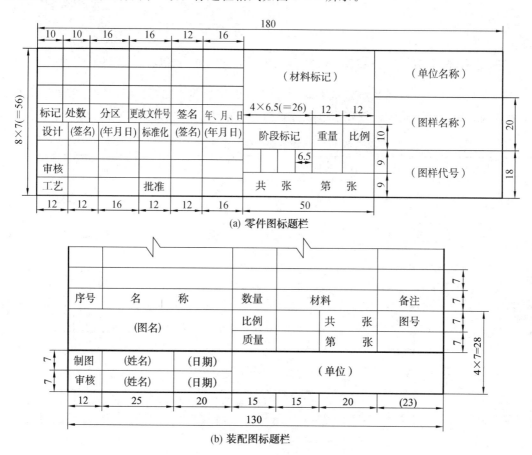

图 2-2-2　标题栏格式

二、比例（GB/T 14690—1993）

比例是指图中图形与其实物相应要素的线性尺寸之比。比例分三种：原值比例、放大比例和缩小比例。无论采用何种比例，图中所标注的尺寸必须是机件的实际尺寸，它与所选用的比例无关，如图 2-2-3 所示。

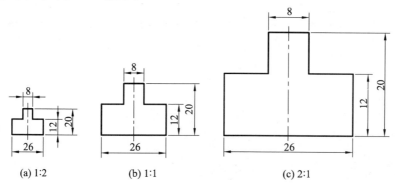

图 2-2-3　以不同比例画出的图形

比例一般应标注在标题栏中的比例栏内。必要时，可在视图名称的下方或右侧标注比例，如：

$$\frac{I}{2:1} \quad \frac{A 向}{1:10} \quad \frac{B-B}{2.5:1}$$

三、图线（GB/T 17450—1998、GB/T 4457.4—2002）

国家标准《机械制图》规定的九种线型和主要用途见表 2-2-2 所示。为了叙述方便，本书将细虚线、细点画线、细双点画线分别简称为虚线、点画线、双点画线。

表 2-2-2　图线的种类和主要用途

名　称	图线形式	宽度	主要用途及规定画法	
粗实线	——————	d	可见轮廓线（d：0.5mm 或 0.7mm）	
细实线	——————	$d/2$	尺寸线、尺寸界线、指引线、剖面线、重合断面的轮廓线、过渡线、螺纹牙底线	
细虚线	- - - - - -	$d/2$	不可见轮廓线	2~6　≈1
细点画线	— · — · —	$d/2$	轴线、对称中心线	≈20　≈3
粗点画线	— · — · —	d	限定范围表示线	≈15　≈3
细双点画线	— ·· — ·· —	$d/2$	相邻辅助零件的轮廓线、可动零件的极限位置的轮廓线	≈20　≈5
波浪线	～～～	$d/2$	断裂处边界线、视图与剖视图的分界线	
双折线	～/～	$d/2$	断裂处边界线、视图与剖视图的分界线	≈4　30°
粗虚线	- - - - - -	d	允许表面处理的表示线	

【提示】　同一张图样中，同类图线的宽度应基本一致。虚线、点画线和双点画线的线段长短和间隔应各自大致相等。

图线的应用如图 2-2-4 所示。

图 2-2-5　以不同比例画出的图形

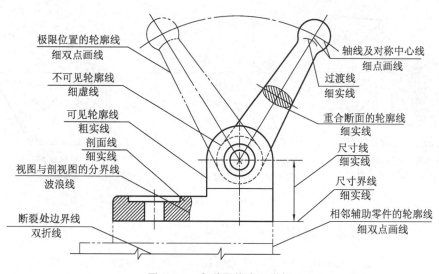

图 2-2-4　各种图线应用举例

第二节　投影基础及三视图

一、投影的基本知识

在投影理论中，把承受影子的面（一般为平面）叫作投影面。

把经过形体与投影面相交的光线叫作投射线。

把按照投影法通过形体的投射线与投影面相交得到的图形，称为该形体在投影面上的投影。国家标准《机械制图》中规定"机件的图形按正投影法绘制"，如图 2-2-5 所示。正投影的基本特性如表 2-2-3 所示。

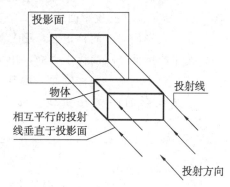

图 2-2-5　正投影法

表 2-2-3　正投影的基本特性

正投影的基本特性	说　明	示　例
① 真实性	当直线或平面与投影面平行时，则直线的投影反映实长、平面的投影反映实形的性质	图 2-2-6（a）
② 积聚性	当直线或平面与投影面垂直时，则直线的投影积聚成一点、平面的投影积聚成一条直线的性质	图 2-2-6（b）
③ 类似性	当直线或平面与投影面倾斜时，其直线的投影长度变短、平面的投影面积变小，但投影的形状仍与原来的形状相类似的性质	图 2-2-6（c）

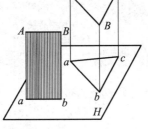
(a) 直线、平面平行于投影面，具有真实性

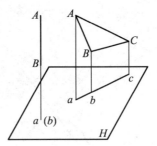
(b) 直线、平面垂直于投影面，具有积聚性

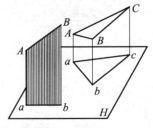
(c) 直线、平面倾斜于投影面，具有类似性

图 2-2-6　正投影的特性

二、三视图的形成及投影规律

用正投影法绘制出的物体的图形，称为视图。工程上一般需用多面视图表示物体的形状，常用的是三面视图，简称三视图。

1. 三视图的形成

三投影面体系由三个互相垂直的投影面所组成，如图 2-2-7 所示。在三投影面体系中，三个投影面分别为：

正立投影面——简称正面，用 V 表示；

水平投影面——简称水平面，用 H 表示；

侧立投影面——简称侧面，用 W 表示。

三个投影面的相互交线，称为投影轴。它们分别是：

OX 轴——是 V 面和 H 面的交线，它代表长度方向；

OY 轴——是 H 面和 W 面的交线，它代表宽度方向；

OZ 轴——是 V 面和 W 面的交线，它代表高度方向。

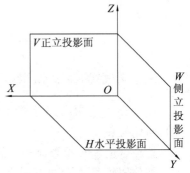
图 2-2-7　三投影面体系

将物体放在三投影面体系中，用正投影法分别向三个投影面投影，得到物体的三个视图，即：

主视图——从前向后投射，在正立投影面（V 面）上所得到的视图；

俯视图——从上向下投射，在水平投影面（H 面）上所得到的视图；

左视图——从左向右投射，在侧立投影面（W 面）上所得到的视图。

在实际作图中，为了画图方便，需要将三个互相垂直的空间投影面在一个平面（纸面）上表示出来，展开方法是：V 面不动，H 面绕 OX 轴向下旋转 $90°$，W 面绕 OZ 轴向右旋转 $90°$，这样就得到了在同一平面上的三视图，如图 2-2-8 所示。

【注意】　三投影面体系展开时，OY 轴旋转后出现了两个位置，因为 OY 是 H 面和 W 面的交线，也就是两投影面的共有线，OY 轴随着 H 面旋转的称为 YH 轴，随着 W 面旋转的称为 YW 轴。为了作图简便，在三视图中可不画投影面，如图 2-2-8（c）所示。实际画三视图时投影轴也可以省略，如图 2-2-8（d）所示。

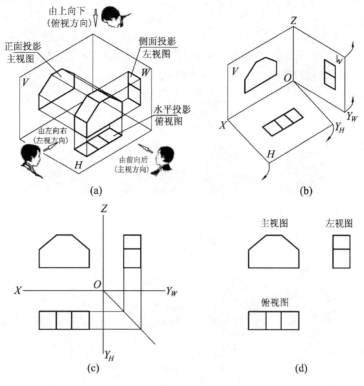

图 2-2-8 三视图的形成过程

2. 三视图的投影规律

不难想象，物体需要长、宽、高三个方向的尺寸确定其大小形状。从图 2-2-9 可以看出，一个视图只能反映两个方向的尺寸，主视图反映物体的长度和高度，俯视图反映物体的长度和宽度，左视图反映物体的宽度和高度。由此可以归纳出三视图的投影规律（三等关系）：

主、俯视图"长对正"（即等长）；

主、左视图"高平齐"（即等高）；

俯、左视图"宽相等"（即等宽）。

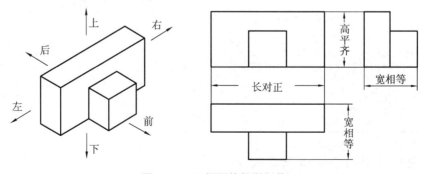

图 2-2-9 三视图的投影规律

三、立体的投影

基本几何体可分为平面立体和曲面立体两大类,平面立体有棱柱、棱锥等;曲面立体有圆柱、圆锥、圆球和圆环等,如图 2-2-10 所示。

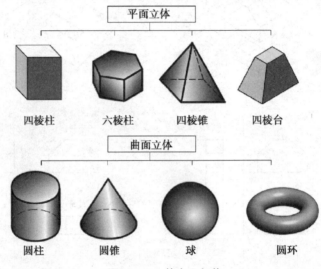

图 2-2-10　基本几何体

在机械零件中,很少看到有基本几何体单独构成的零件,绝大多数都是由一些简单的基本体经过叠加、切割或打孔等方式组合而成的。这种由两个或两个以上的基本体组合构成的物体称为组合体。

一般情况下,组合体可分为叠加类组合体、切割类组合体和综合类组合体三种(表 2-2-4)。

表 2-2-4　组合体的类型

类型	叠加类组合体	切割类组合体	综合类组合体
概念	由几个基本几何体叠加而成的组合体	在一个基本几何体上切割去某些形体而形成的组合体	既有叠加,又有切割的组合体
示例			

四、组合体表面的连接关系

组合体表面的连接关系有以下几种(表 2-2-5):

表 2-2-5　组合体表面的连接关系

1. 共面	2. 相错	3. 相切	4. 相交
上下长方体"共面"	上下长方体"异面"	平面和圆柱面"相切"（切点，不画线）	平面和圆柱面"相交"
两立体表面处于同一平面内，两相邻表面之间无分界线	两表面不在同一平面内，两相邻表面之间有分界线	相邻两表面光滑过渡，在相切处不画轮廓线	相邻两表面之间在相交处产生交线（截交线或相贯线）

五、相贯体与相贯线

两回转体相交的交线称为相贯线。相贯线是两个回转体上共有的线，通常为封闭的空间曲线，特殊情况下可以是平面曲线或直线。表 2-2-6 列举了常见相贯线类型。

表 2-2-6　相贯线的类型示例

两圆柱正交时相贯线的变化			
尺寸变化	$\phi < \phi_1$	$\phi = \phi_1$	$\phi > \phi_1$
轴测图			
三视图			

续表

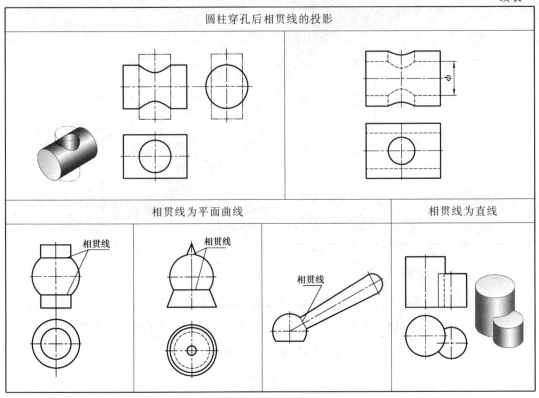

六、组合体的尺寸标注

1. 基本要求

在组合体的视图上标注尺寸，应做到正确、完整、清晰。

(1) 正确：尺寸标注必须符合国家标准的规定。

(2) 完整：所注各类尺寸应齐全，做到不遗漏、不多余。

(3) 清晰：尺寸布置要整齐清晰，便于看图。

2. 尺寸种类

组合体是由若干几何体按一定的位置和方式组合而成的，因此在视图上除了要表明各几何体的大小外，还需要表示它们之间的相对位置和组合体本身的总体尺寸。通常，组合体的尺寸包括下列三种：

(1) 定形尺寸：表示各几何体大小（长、宽、高）的尺寸。

(2) 定位尺寸：表示各几何体之间相对位置（上下、左右、前后）的尺寸。

(3) 总体尺寸：表示组合体总长、总宽、总高的尺寸。

3. 尺寸基准

组合体具有长、宽、高三个方向的尺寸，标注每一个方向的尺寸都应先选择好基准。通常选择组合体的底面、端面、对称面、轴心线、对称中心线等作为基准，每个方向上必须有一个主要基准，有时还有一个或几个辅助基准。

4. 尺寸标注示例

以图 2-2-11 所示的支座为例讲解组合体的尺寸标注。如图 2-2-12 所示，支座长度方向以对称面为主要基准，宽度方向以后端面为主要基准，高度方向以底面为主要基准，分别标注底板、支架和三个圆孔的定形、定位和总体尺寸。

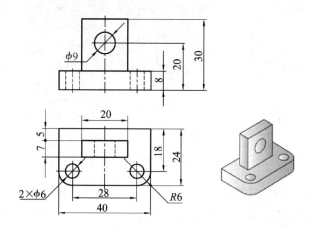

图 2-2-11 支座尺寸标注示例

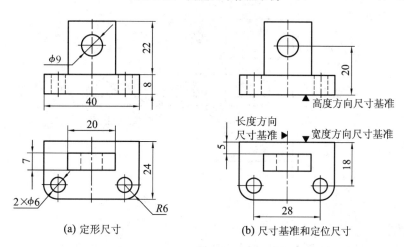

(a) 定形尺寸　　　　(b) 尺寸基准和定位尺寸

图 2-2-12 基准及定形、定位尺寸

第三节　机件的表达方法

在生产实际中，当机件的形状、结构比较复杂时，仅用三视图的方法难以将机件表达清楚。因此，国家标准规定了各种画法，如视图、剖视图、断面图等。

一、视图

机件向投影面投射所得的图形称为视图。视图可分为基本视图、向视图、斜视图和局部视图四种。

1. 基本视图

国家标准规定：图样画法用正六面体的六个面作为基本投影面（图 2-2-13），展开得到六个基本视图，如图 2-2-14 所示。

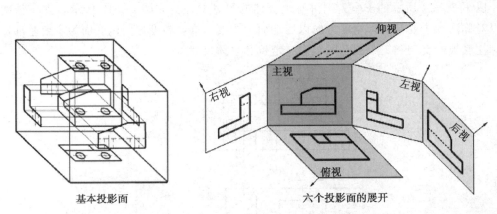

图 2-2-13　六个基本投影面

从六个基本视图的形成可知，基本视图实际上是在三面视图的基础上发展形成的，它们也必然符合三视图间的"投影对应关系"和"方位关系"。在同一张图纸内，如果按图 2-2-14 所示配置视图时，一律不标注视图的名称。

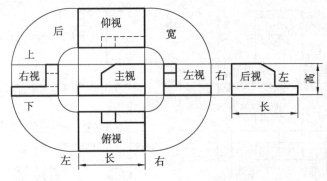

图 2-2-14　六个基本视图

2. 向视图

当基本视图不能按规定位置配置时，可画成向视图。画成向视图时，应在视图上方用拉丁字母标出视图的名称"×"，同时在相应的视图附近用箭头指明投射方向，并注上相同的字母，如图 2-2-15 所示。

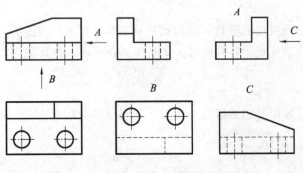

图 2-2-15　向视图

3. 局部视图

将机件的某一部分（即局部）向基本投影面投射所得的视图称为局部视图。可按基本视图的形式配置，也可按向视图的配置形式配置并标注。如图 2-2-16 中 A 向视图主要表达机件左端的局部结构，机件的其他部分可用波浪线断开。当局部视图表达的部分结构是完整的，其图形的外形轮廓线呈封闭时，波浪线可省略不画，如图 2-2-16 中的 B 向视图。

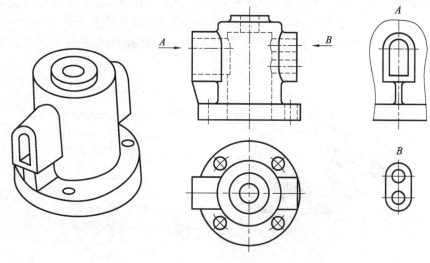

图 2-2-16　局部视图

4. 斜视图

机件向不平行于基本投影面的平面投射所得的视图，称为斜视图。

如图 2-2-17 所示，当机件某部分的倾斜结构不平行于任何基本投影面时，在基本视图中不能反映该部分的实形。这时，可选择一个新的辅助投影面（H_1），使它与机件上倾斜部分平行，且垂直于某一个基本投影面（V）。然后将机件上的倾斜部分向新的辅助投影面投射，再将新投影面按箭头所指方向，旋转到与其垂直的基本投影面重合的位置，就可得到该部分实形的视图，即斜视图，如图 2-2-17 中的 A 视图（C 视图和另一图形均为局部视图）。

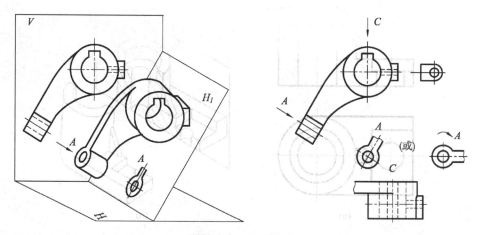

图 2-2-17　斜视图

斜视图通常按向视图的配置形式配置并标注，其断裂边界可用波浪线（或双折线）表示，必要时，允许将斜视图旋转配置，但需画出旋转符号。

二、剖视图

用视图表达机件形状时，对于机件上看不到的内部结构，如孔、槽等用虚线表示。如果内部结构比较复杂，则图上会出现较多的虚线，再加上虚线交叉、重叠，就会给绘图和看图带来不便。为了清楚地反映机件的内部结构，可以用剖视图来表示。

假想用剖切面剖开机件，将处在观察者和剖切面之间的部分移去，而将其余部分向投影面投射所得的图形，称为剖视图，简称剖视（图 2-2-18）。

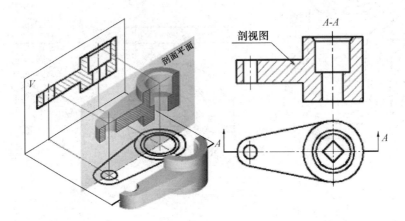

图 2-2-18　剖视图

1. 剖视图的种类

采用不同剖切面剖开机件时，得到的剖视图有全剖视图（旋转剖、阶梯剖、斜剖等）、半剖视图和局部剖视图三种。

（1）全剖视图。用剖切平面（一个或几个）完全地剖开机件所得的剖视图称为全剖视图（图 2-2-19）。

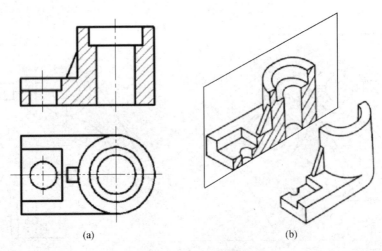

图 2-2-19　全剖视图

（2）半剖视图。当机件具有对称平面时，向垂直于对称平面的投影面上投射所得的图形，以对称中心线为界，一半画成剖视图，另一半画成视图，这种组合的图形称为半剖视图（图 2-2-20）。

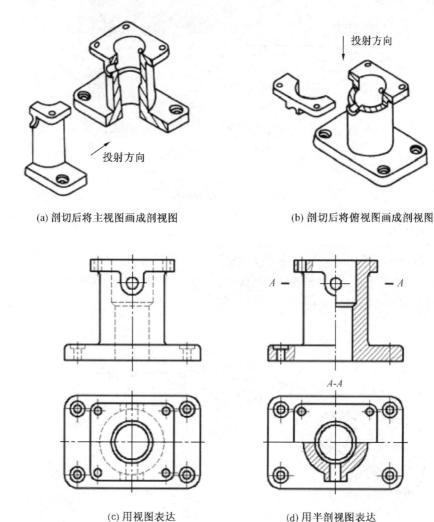

图 2-2-20　半剖视图

（3）局部剖视图。用剖切面局部地剖开机件所得的剖视图，称为局部剖视图（图 2-2-21）。

局部剖视图具有同时表达机件内、外结构的优点，且不受机件是否对称的限制，在什么位置剖切、剖切范围多大，均可根据需要而定，所以应用比较灵活。如图 2-2-21 所示的机件，虽然左右、前后都对称，但由于主视图中的轮廓线与对称线重合，所以不宜采用半剖视图，而采用了局部剖视图，这样既表达了中间通孔，又表达了机件的外形。

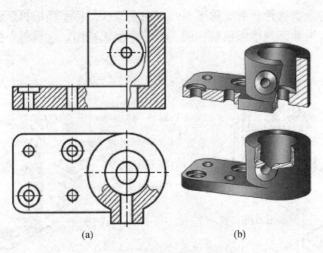

图 2-2-21 局部剖视图

三、断面图

假想用剖切面将物体的某处切断，仅画出该剖切面与物体接触部分的图形，称为断面图，简称断面（图 2-2-22）。按断面图的摆放位置不同，断面图分为移出断面图（图 2-2-23）和重合断面图（图 2-2-24）两种。

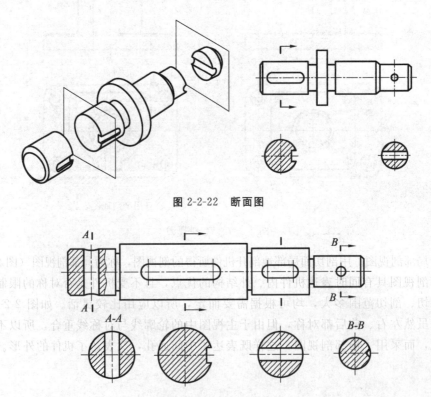

图 2-2-22 断面图

图 2-2-23 移出断面图

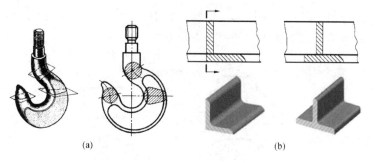

图 2-2-24 重合断面图

四、其他表达方式

1. 局部放大图

将机件的部分结构，用大于原图形所采用的比例画出的图形称为局部放大图。它用于机件上较小结构的形状表达和尺寸标注。

局部放大图可以画成视图、剖视图、断面图的形式，与被放大部位的表达形式无关。图形所用的放大比例应根据结构需要而选定，与原图形所采用的比例无关，如图 2-2-25 所示。

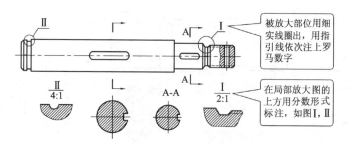

图 2-2-25 局部放大图

2. 简化画法

（1）对于机件的肋、轮辐、薄壁等实心圆杆状及板状结构，如按纵向剖切（即剖切平面与肋、轮辐或薄壁厚度方向的对称平面重合或平行），这些结构不画剖面符号，而用粗实线将它与其邻近部分分开，如图 2-2-26 所示。

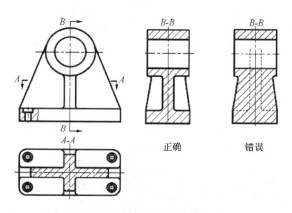

图 2-2-26 简化画法示例（1）

(2) 当机件上均匀分布在一个圆周上的肋、轮辐、孔等结构不处于剖切平面上时，可将这些结构旋转到剖切平面上画出，如图 2-2-27 所示。

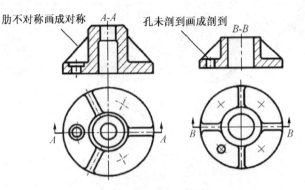

图 2-2-27　简化画法示例（2）

(3) 平面及网纹画法。当图形不能充分表示平面时，可用平面符号（相交细实线）表示，如图 2-2-28（a）所示。机件上的滚花部分，可在轮廓线附近用细实线示意画出，如图 2-2-28（b）所示。

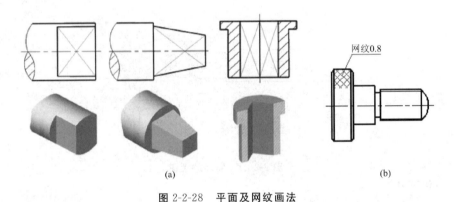

图 2-2-28　平面及网纹画法

第四节　机械图样的表达与识读

为了便于生产、管理和交流，机械图样必须根据统一的标准绘制，设计者和加工者不用见面，即可通过机械图样进行交流。在汽车零件的生产制造和机械修理过程中被称为标准机械图样。

一、机件的图样分类

(1) 结构简图 [图 2-2-29（a）]：这类图主要用于产品的装卸、调试、维修与改装更新，不能用于产品的直接加工和尺寸检验。

(2) 三维效果图 [图 2-2-29（b）]：这类图主要用于产品销售、产品性能和外观宣传介绍。

(3) 装配图（图 2-2-31）：表达机器或部件的图样，主要用来表示机器、部件的工作原理，各零件间的相对位置、连接方式和装配关系。

（4）零件图（图2-2-32）：表达零件的形状结构、尺寸和技术要求的图样。主要用于指导零件的生产、加工和检验。

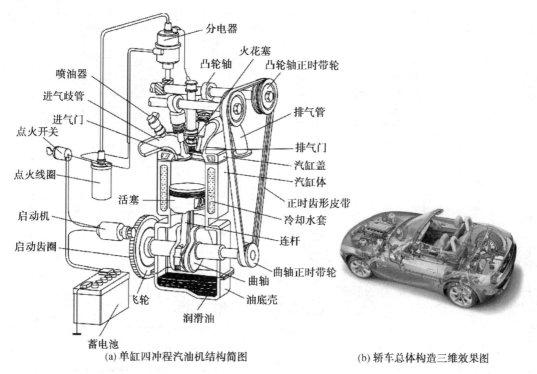

(a) 单缸四冲程汽油机结构简图　　　　(b) 轿车总体构造三维效果图

图 2-2-29　图样分类

我们所说的机械图样指的是装配图和零件图。设计时，先根据使用要求画出装配图，再根据装配图拆画零件图。

如图2-2-30所示为机用虎钳轴测图及分解图，图2-2-31为其装配图，图2-2-32为机用虎钳的其中一幅零件图。

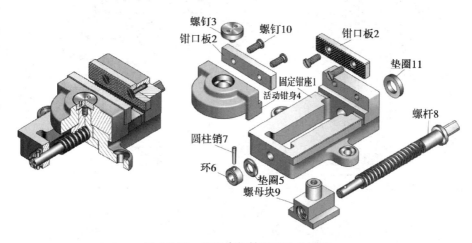

图 2-2-30　机用虎钳轴测图及分解图

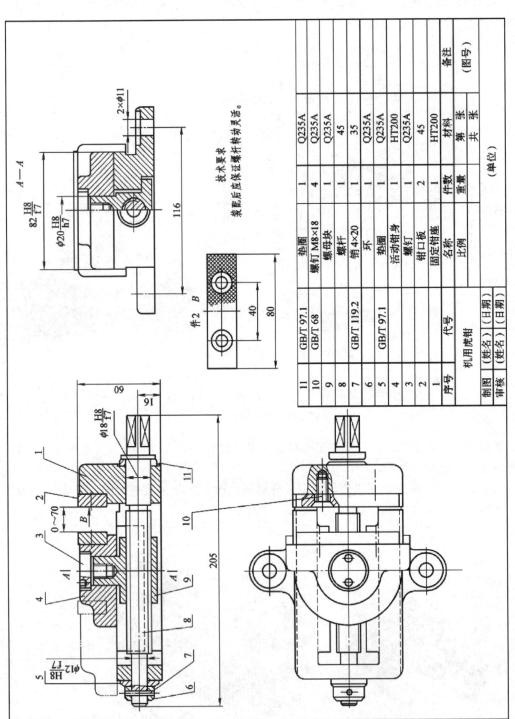

图 2-2-31 机用虎钳装配图

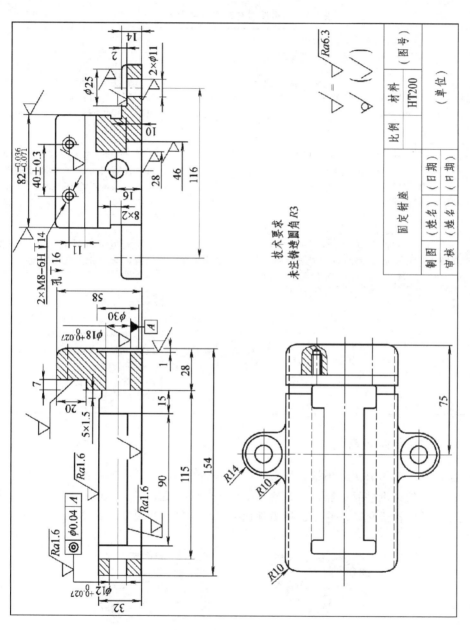

图 2-2-32 机用虎钳固定钳座零件图

二、零件图与装配图的内容

表 2-2-7 列出了零件图与装配图的内容。

表 2-2-7　零件图与装配图的内容

零件图的内容		装配图的内容	
① 一组视图	一组能够正确、完整、清晰地表达零件各部分的结构和内外形状的视图	① 一组视图	从整体出发，运用视图和必要的表达方法，表示机器或部件的工作原理、零件之间的相互位置和装配连接关系，兼顾主要零件的基本结构形状
② 完整尺寸	正确、完整、清晰、合理地标注零件制造、检验时所需的全部尺寸。尺寸类型包括定形尺寸和定位尺寸	② 必要尺寸	包括表达机器或部件必要的规格、性能尺寸；各零件间的配合尺寸；装配的总体外形尺寸及安装尺寸等
③ 技术要求	用规定的代号、符号或文字说明零件在制造、检验和装配过程中应达到的各项技术要求，如表面结构、尺寸公差、几何公差、热处理等各项要求	③ 技术要求	指明机器或部件在装配、调试、检验、安装和使用中应遵守的技术条件和要求
④ 标题栏	填写零件的名称、材料、数量、图号、比例以及图样的责任者签字等	④ 零件序号、明细栏和标题栏	为便于看图、管理图样和组织生产，装配图中对每种零件都编写序号；同时在标题栏上方编制相应的明细栏，按零件序号逐一列出零件名称、材料、数量、图号或标准代号等

三、认识标准件与常用件

实际生产中，国家对于需用量大且使用广泛的零件制定了专门的标准，此类零件统称为标准件。常见的标准件有：螺钉、螺栓、螺母、垫圈、键、销等。还有一些零件的部分结构和参数实行了标准化，这些零件称为常用件，如齿轮、弹簧等，如图 2-2-33 所示。

(a) 标准件　　　　　　　　　(b) 常用件

图 2-2-33　标准件及常用件示例

1. 螺纹连接

表 2-2-8 中列举了一些常用螺纹紧固件的标记与画法。

表 2-2-8 常用螺纹紧固件的标记与画法

名称	结构	视图	标记示例
六角头螺栓			螺栓 GB/T 5780 M12×50 表示：六角头螺栓，规格尺寸（螺纹大径 d）12mm，公称长度 l=50mm
双头螺柱			螺柱 GB/T 899 M12×50 表示：双头螺柱，规格尺寸（螺纹大径 d）12mm，公称长度 l=50mm
开槽圆柱头螺钉			螺钉 GB/T 65 M12×50 表示：开槽圆柱头螺钉，规格尺寸（螺纹大径 d）12mm，公称长度 l=50mm
十字槽沉头螺钉			螺钉 GB/T 819.1 M6×20 表示：十字槽沉头螺钉，规格尺寸（螺纹大径 d）6mm，公称长度 l=20mm
内六角圆柱头螺钉			螺钉 GB/T 70.1 M10×35 表示：内六角圆柱头螺钉，规格尺寸（螺纹大径 d）10mm，公称长度 l=35mm
开槽锥端紧定螺钉			螺钉 GB/T 71 M6×15 表示：开槽锥端紧定螺钉，规格尺寸（螺纹大径 d）6mm，公称长度 l=15mm
六角螺母			螺母 GB/T 6170 M12 表示：A级Ⅰ型六角螺母，规格尺寸（螺纹大径 d）12mm
六角开槽螺母			螺母 GB/T 6179 M16 表示：C级Ⅰ型六角开槽螺母，规格尺寸（螺纹大径 d）16mm
平垫圈			垫圈 GB/T 95 10 表示：平垫圈C级，公称尺寸（与其配套使用的螺栓或螺母的螺纹大径 d）10mm

续表

名称	结构	视图	标记示例
弹簧垫圈			垫圈 GB/T 93 10 表示：标准型弹簧垫圈，公称尺寸 10mm

2. 齿轮

齿轮是用于机器中传递动力、改变旋向和改变转速的传动件。根据两啮合齿轮轴线在空间的相对位置不同，齿轮传动可分为下列三种形式，如图 2-2-34 所示。

图 2-2-34　常见齿轮的传动形式

（1）单个直齿圆柱齿轮画法（图 2-2-35）。

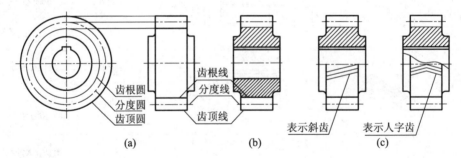

图 2-2-35　单个圆柱齿轮画法

齿顶圆和齿顶线用粗实线绘制；分度圆和分度线用细点画线绘制；齿根圆和外形图中的齿根线用细实线绘制，也可省略不画；剖视图中的齿根线用粗实线绘制。

（2）两个直齿圆柱齿轮啮合图的画法（图 2-2-36）。

投影为圆的视图上，分度圆相切，啮合区内齿顶圆画粗实线，也可省略。反映轴线的视图上，啮合区内，一个齿轮的轮齿画粗实线，另一个齿轮的轮齿被遮挡部分画细虚线或省略。

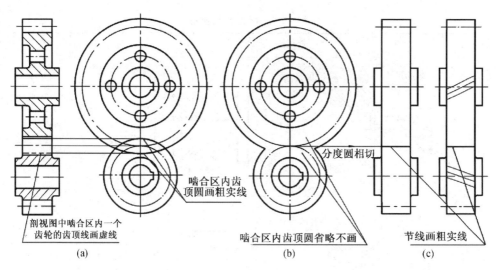

图 2-2-36 啮合圆柱齿轮画法

3. 销连接

销主要用于零件间的连接、定位或防松，销和销孔之间是配合关系，在装配图中的画法应遵循装配图画法的有关规定。常见销的种类如图 2-2-37 所示，销连接的画法如图 2-2-38 所示。

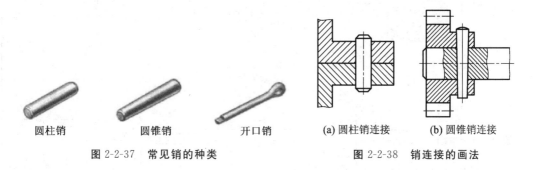

图 2-2-37 常见销的种类　　　　　　　图 2-2-38 销连接的画法

四、识读尺寸公差与配合

在实际生产中，所加工的零件尺寸总是存在着一定的误差，人们通过实践证明，设计者根据公差与配合标准，确定零件合理的配合要求和尺寸极限，将尺寸的加工误差控制在一定的范围内，就能够实现使零件达到互换的目的。

根据使用要求不同，孔与轴的配合有松有紧，国家标准将配合分为三类，并规定了两种配合制，如表 2-2-9 所示。

表 2-2-9 配合及配合制

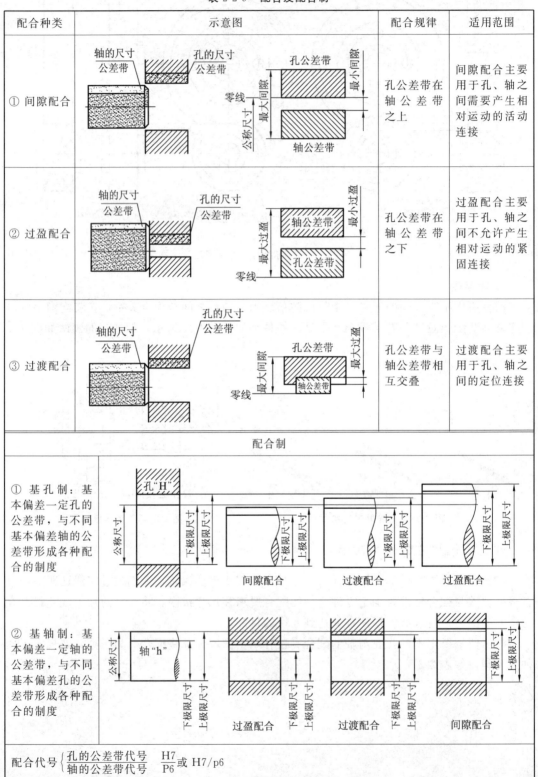

五、零件图上的尺寸标注

零件图的尺寸是加工和检验零件的重要依据，除满足正确、完整、清晰的要求外，还必须使标注的尺寸合理，符合设计、加工、检验和装配的要求。

零件图尺寸的标注经常用到一些符号和缩写词，常见零件图上标注尺寸的符号及缩写词见表 2-2-10。零件上常见结构的尺寸标注见表 2-2-11。

表 2-2-10 标注尺寸的符号及缩写词

序号	符号及缩写词		序号	符号及缩写词	
	含义	符号标注		含义	符号标注
1	直径	φ	9	深度	↧
2	半径	R	10	沉孔或锪平	⊔
3	球直径	Sφ	11	埋头孔	∨
4	球半径	SR	12	弧长	⌒
5	厚度	t	13	斜度	∠
6	均布	EQS	14	锥度	◁
7	45°倒角	C	15	展开长	⌒
8	正方形	□			

表 2-2-11 零件上常见结构的尺寸标注

序号	类型		简化注法（旁注法）		普通注法
1	光孔	一般孔	4×φ4↧10	4×φ4↧10	4×φ4
2	光孔	精加工孔	4×φ4H7↧10 孔↧12	4×φ4H7↧10 孔↧12	4×φ4H7
3	螺孔	通孔	3×M6-7H	3×M6-7H	3×M6-7H
4	螺孔	不通孔	3×M6-7H↧10 孔↧12	3×M6-7H↧10 孔↧12	3×M6-7H

续表

序号	类型		简化注法（旁注法）	普通注法
6	沉孔	锥形沉孔	6×φ7 φ13×90°	90° φ13 6×φ7
7		柱形沉孔	4×φ6.4 φ12↧4.5	φ12 4.5 4×φ6.4
8		锪平面	4×φ9 φ20	φ20锪平 4×φ9

六、零件图上的技术要求

零件图的技术要求一般包括尺寸公差、表面粗糙度、形状和位置公差、热处理及表面处理等。这些技术要求，有的用规定的符号和代号直接标注在视图上，有的则以简明的文字注写在标题栏的上方或左侧。

1. 尺寸公差

在零件图中，线性尺寸的公差有三种标注形式，如图 2-2-39 所示。

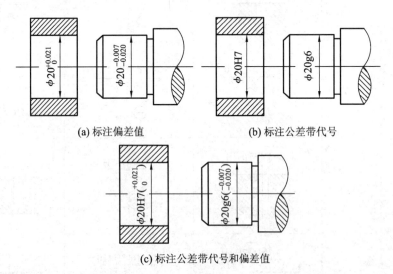

(a) 标注偏差值　　(b) 标注公差带代号

(c) 标注公差带代号和偏差值

图 2-2-39　尺寸公差的标注

2. 几何公差

几何公差指零件的实际形状和实际位置相对于理想形状和理想位置所允许的最大变动量。

国家标准中规定了14项几何公差，其特征名称和符号如表2-2-12所示。

表 2-2-12　几何公差项目、符号

公差类型		几何特征	符　号	有或无基准要求
形状公差	形　状	直线度	—	无
		平面度	▱	无
		圆度	○	无
		圆柱度	⌭	无
形状或位置公差	轮　廓	线轮廓度	⌒	有或无
		面轮廓度	⌓	有或无
位置公差	定　向	平行度	∥	有
		垂直度	⊥	有
		倾斜度	∠	有
	定　位	同轴（同心）度	◎	有
		对称度	≡	有
		位置度	⊕	有或无
	跳　动	圆跳动	↗	有
		全跳动	⌮	有

几何公差标注时，一般涉及公差框格、指引线和基准等。几何公差的框格由两格或多格组成，第一格填写几何特征符号；第二格填写公差值及有关符号；第三、四、五格填写代表基准的字母及有关符号，如图2-2-40所示。框格指引线标注时可由公差框格的一端引出，并与框格端线垂直，箭头指向被测要素。与被测要素相关的基准用一个大写字母表示。字母标注在基准方格内，与一个涂黑的或空白的三角形相连以表示基准，如图2-2-41所示。

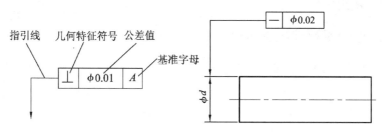

图 2-2-40　几何公差标注

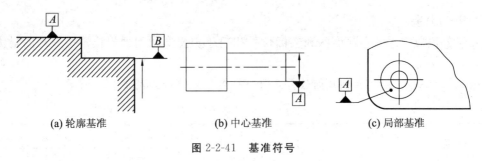

(a) 轮廓基准　　　　(b) 中心基准　　　　(c) 局部基准

图 2-2-41　基准符号

【提示】　可参照以下技巧来识读几何公差（以图 2-2-42 所示几何公差为例）：

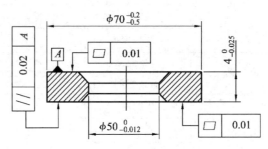

图 2-2-42　几何公差识读

① 形状公差识读：被测要素的形状公差项目的公差值为　?　。
如识读 □ 0.01：表示上端面和下端面的平面度公差值均为 0.01mm。
② 位置公差识读：被测要素对基准要素的位置公差项目公差值为　?　。
如识读 ∥ 0.02 A：表示下端面对上端面的平行度公差值为 0.02mm。

3. 表面粗糙度

表面粗糙度是评定零件表面质量的重要指标之一，根据评定测量的方法不同，国家标准表面粗糙度评定参数主要有：轮廓的算术平均偏差 Ra（推荐优先选用）、轮廓的最大高度 Rz。

机器设备对零件各个表面的要求不一样，如配合性质、耐磨性、抗腐蚀性、密封性、外观要求等，因此，对零件表面粗糙度的要求也各有不同。一般说来，表面质量要求越高，Ra 值越小，加工越困难，加工成本也越高。因此，应在满足零件表面功能的前提下，合理选用表面粗糙度参数。

七、识读零件图和装配图示例

例 1　识读齿轮轴的零件图（图 2-2-43）。

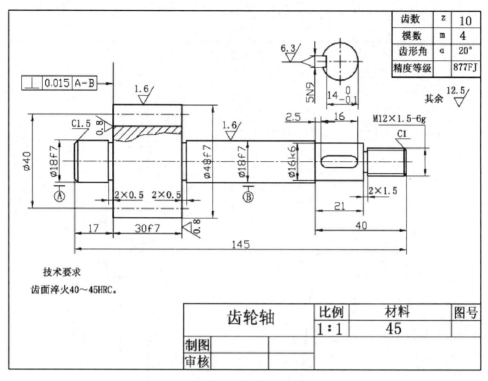

图 2-2-43　齿轮轴零件图

（1）概括了解。由标题栏可知，该零件的名称为齿轮轴，是齿轮泵中的主要零件之一。材料牌号为 45 钢，比例为 1∶1，属轴套类零件。

（2）视图表达与结构分析。齿轮轴主要在车床上切削加工，因此主视图安放采用了加工位置原则。由于轴套类零件基本上对轴线径向对称，所以采用一个基本视图加上一系列直径尺寸，就能表达清楚其主要形状。对于其细部结构，如轴上的键槽，一般采用移出断面表达。其他一些较小结构，如砂轮越程槽和螺纹退刀槽，根据需要可采用局部放大图表达。

（3）分析尺寸。以水平位置的轴线作为径向尺寸基准，注出 $\phi 48f7$，$\phi 18f7$，以及 $M12\times1.5-6g$ 等。以齿轮的左端面为长度方向的主要基准，注出 30f7。长度方向第一辅助基准是轴的左端面，注出总长 145 以及主要基准与辅助基准之间的联系尺寸 17。长度第二辅助基准是轴的右端面，通过尺寸 40 得出第三辅助基准，轴 $\phi 16$ 的右轴肩，由此注出键的定位尺寸 2.5 和键槽的长度 16。键槽深度尺寸 $14_{-0.1}^{0}$，在 $A-A$ 断面图中注出，它是以轴上最后一条素线为宽度方向的辅助基准注出的。

（4）了解技术要求。齿轮轴的径向尺寸为 $\phi 48f7$，$\phi 18f$，$\phi 16k6$，均标注尺寸公差带代号，这几轴段均与油泵中的相关零件有配合关系，所以表面粗糙度有严格的要求，R_a 值分别为 $1.6\mu m$，$1.6\mu m$，$3.2\mu m$。齿轮轴的齿轮左端面与轴线 $A-B$ 有垂直度要求，R_a 值为 $0.8\mu m$。

例 2 识读支架的零件图（图 2-2-44）。

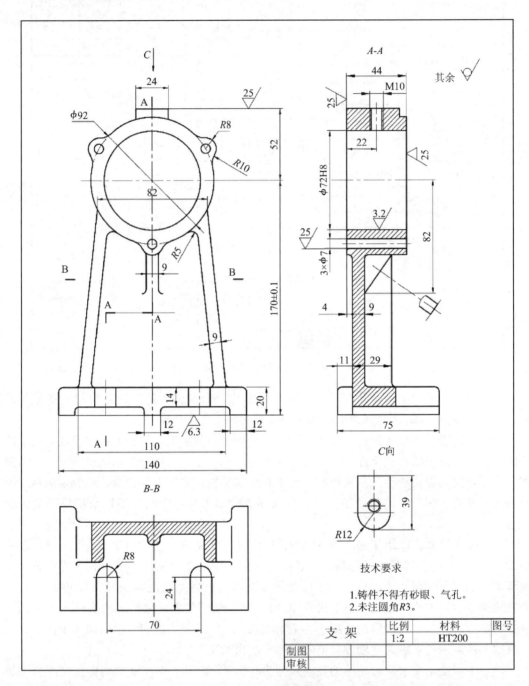

图 2-2-44 支架零件图

看图的具体方法步骤如下：

(1) 概括了解。由标题栏可知，该零件的名称为支架，是用来支承滚动轴承和轴的，材料为灰口铸铁（HT200），绘图比例为 1∶2，属叉架类零件。

图中共有五个图形：三个基本视图，一个按向视图形式配置的局部视图 C 和一个移出断面图。主视图表达了支架的主要外形结构；俯视图是全剖视图，是用水平面剖切的；左视图也是全剖视图，是用两个平行的侧平面剖切的；局部视图是移位配置的；断面则表示肋板剖面形状。

(2) 视图表达和结构形状分析。从主视图可以看出上部圆筒、凸台，中部支撑板、肋板，下部底板的主要结构形状和它们之间的相对位置；从俯视图可以看出底板、安装孔（槽）的形状和相对位置，以及槽形支撑板、肋板间的位置关系；局部视图 C 反映出带有螺孔的凸台形状。

综上所述，再配合全剖的左视图，则支架由圆筒、支撑板、肋板、底板及油孔凸台的组成情况就很清楚了，整个支架的形状如图 2-2-45 所示。

图 2-2-45　支架轴测图

(3) 分析尺寸。分析尺寸时，先分析零件长、宽、高三个方向上尺寸的主要基准；然后从基准出发，找出各组成部分的定位尺寸和定形尺寸，搞清哪些是主要尺寸。

从图 2-2-44 中可以看出，其长度方向以对称面为基准，宽度方向以圆筒后端面为基准，高度方向以底板底面为主要基准。而顶部凸台和中间的三角形肋板高度方向的定位尺寸是从轴承孔轴线出发标注的，所以轴承孔轴线是高度方向上的辅助基准。支架的中心高 170 是影响工作性能的定位尺寸，轴承孔径 $\phi 72$ 是配合尺寸，它们是支架的主要尺寸。各组成部分的定形、定位尺寸可自行分析。

(4) 了解技术要求。对零件图上标注的各项技术要求，如表面粗糙度、极限偏差、热处理等要逐项识读。例如，支架的轴承孔径 $\phi 72$ 和中心高 170 注出了带或极限偏差。从所注表面粗糙度代号看出，轴承孔和底面分别属于配合面和安装面，要求较高，Ra 的上限值分别为 $3.2\mu m$ 和 $6.3\mu m$；而前、后端面和顶部凸台面及 3 个 $\phi 7$ 孔均为一般加工面，所以 Ra 的上限值为 $25\mu m$；其余表面由于不与其他零件表面相接触，属于自由表面，所以均保持铸造毛坯面。

例 3　识读装配图（图 2-2-46）。

下面以球心阀为例，来具体说明识读装配图的方法和步骤。

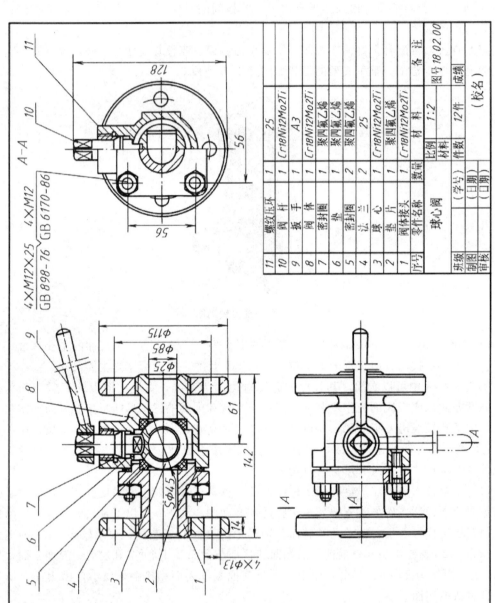

图 2-2-46 球心阀的装配图

(1) 概括了解。从标题栏、明细栏中可以看出，该球心阀共有 11 种零件，其中标准件为 2 种，其余为非标准件。从球心阀这个名称可以得知，该部件用于化工管道系统中控制液体流量的大小，起开、关控制作用。

该装配体共用了三个基本视图来表示：

主视图——通过阀的两条装配干线做了全剖视，这样绝大多数零件的位置及装配关系就基本上表达清楚了。

左视图——采用了 A-A 阶梯剖视，左视图的左半部分表示了阀体接头中部断面形状及阀体接头与阀体的连接方式（四个双头螺柱连接）和连接部分的方形外形；左视图的右半部分表示出了阀体 8 的断面形状及阀体与球心、阀杆的装配情况；左视图中还可见阀体 8 右端法兰的圆形外形及法兰上安装孔的位置。

俯视图——表示出了整个球心阀俯视情况 A-A 阶梯剖的具体剖切位置、阀体与阀体接头的连接方式及阀的开启与关闭时扳手的两个极限位置（图中扳手画粗实线的为关闭状态，画双点画线的为开启状态）。

(2) 详细分析。以阀体 8、球心 3 和阀体接头 1 构成该部件的主体，其中 $\phi 25$ 孔轴线方向为主要装配干线。阀体 8 上部铅垂直孔内安装了阀杆 10、密封圈 7、螺纹压环 11 等零件，阀杆 10 上部装有扳手 9，阀杆下端嵌在球心 3 的凹槽内。球心及阀杆周围装有密封件。阀杆轴线方向为另一重要装配干线。

由图中可以看出，该装配体的主要零件为阀体接头 1、球心 3、密封圈 5、阀体 8、阀杆 10；其余零件，或为标准件，或为形状结构比较简单的零件。只要将三个视图稍加观察，即可将其形状结构和作用分析出来。因此，下面只将几个主要零件进行一些分析：

阀体接头 1——结合主、左视图即可分析出该零件的结构形状及其作用为：左端外部为台阶圆柱结构，外部有与法兰 4 相连接用的螺纹；右端为方板结构，其上有四个螺柱过孔，最右端有一小圆柱凸台，与阀体 8 左端台阶孔配合，起径向定位作用，右端的内台阶孔起密封圈 5 的径向定位作用；零件中心为 25 的通孔，是流体的通路。

球心 3——从其名称和主视图中的标注，即可知该零件为直径 45mm 的球体，从主、左视图可分析出球心 3 上加工有一直径为 25m 的通孔，球心上方有一弧状方槽，与阀杆 10 的下端相结合。工作时球心的位置受阀杆位置控制，从而控制流体的流量。

密封圈 5——根据装配体的结构，不难分析出，其为一截面如主视图中所示的环形零件。从明细栏中可知材料为聚四氟乙烯，该材料耐磨耐腐蚀，是良好的密封材料。

阀体 8——其作用除了具有阀体接头 1 的作用外，还具有容纳球心、密封圈、阀杆、垫、螺纹压环等零件的重要作用。

阀杆 10——三个视图联系分析，即可得出该零件为台阶轴类零件。上端为四棱柱状结构，用来安装扳手；最下端为平行扁状结构，插入球心上方槽内，转动阀杆即可控制球心的位置。

由图 2-2-46 可知，球心阀的装配图标注了如下几类尺寸：

规格尺寸——$\phi 25$；

装配尺寸——61，56，$\phi 45$；

安装尺寸——$\phi 85$，$4 \times \phi 13$，14，$\phi 115$；

外形尺寸——142，$\phi 115$，128。

（3）归纳总结。球心阀的安装及工作原理：通过球心阀左右两端法兰上的孔，用螺栓即可将球心阀安装固定在管路上。在如图 2-2-46 所示情况下，球心内孔的轴线与阀体及阀体接头内孔的轴线呈垂直相交状态。此时液体通路被球心阻塞，呈关闭断流状态。若转动扳手 9，通过扳手左端的方孔带动阀杆旋转，同时阀杆带动球心旋转，球心内孔与阀体内孔、阀体接头内孔逐渐接通。其接通程度处在变化之中，液体流量随之发生变化。当扳手旋转至 90°时，球心内孔轴线与阀体内孔、阀体接头内孔轴线重合。此时液体的阻力最小，流过阀的流量为最大。

球心阀的装配结构：球心阀的零件间的连接方式均为可拆连接。因该部件工作时不需要高速运转，故不需要润滑。由于液体容易泄漏，因此需要密封，球心处和阀杆处都进行了密封。

球心阀的拆装顺序：拆卸时，可先拆下扳手 9、螺纹压环 11、阀杆 10 及密封件 6 和 7；然后拆下四个螺母 M12，即可将球心阀解体。装配时和上述顺序相反。

通过上面的读图分析，不难得出球心阀的整体和全面印象。其轴测图如图 2-2-47 所示。

图 2-2-47 球心阀轴测图

第三章 电工电子学知识

第一节 电工学基础

一、电路

1. 电路的定义与作用

电路就是电流通过的路径。它是由一些电气设备和元器件按照一定方式连接而成的闭合回路。电路的作用有两个方面：一是实现能量的转换、传输和分配（如电力系统电路），即电力电路；二是实现电信号的处理与传递（如广播电视系统），即信号电路。

2. 基本电路的组成

图 2-3-1 所示的简易手电筒电路即可以反映电路的组成共性，即电路是由电源、负载、导线和控制装置四个基本部分组成的。电路的形式多种多样，有的简单，有的复杂，但不管具体结构如何，都可归结为这四类电路元器件。

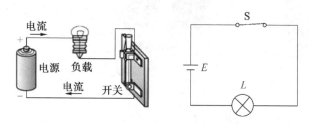

图 2-3-1　电路及其组成

（1）电源。把其他形式的能转化为电能的装置，它是电路中电能的提供者。图 2-3-2 中的干电池、蓄电池、直流发电机、锂电池等都是常见的电源。

(a) 干电池　　　(b) 蓄电池　　　(c) 直流发电机　　　(d) 锂电池

图 2-3-2　各种电源

（2）负载。把电能转变成其他形式能量的装置，常称为电源负载，它是电路中电能的使用者和消耗者。图 2-3-3 中的电灯、电动机、扬声器等都是负载。

(a) 电动机　　　　　　(b) 电灯　　　　　　(c) 扬声器

图 2-3-3　负载

（3）导线。连接电源与负载的金属线，起输送电能、分配电能、保护或传递信号的作用，如图 2-3-4 所示。

(a) 单芯硬导线　　　　　　(b) 电缆线

图 2-3-4　导线

(4) 控制装置。诸如开关或继电器等装置，通过在电路中的某个特定点接通或切断电流，使得一个电路更具有使用性，如图 2-3-5 所示。

(a) 开关

(b) 继电器

(c) 空气开关

图 2-3-5　控制装置

3. 电路图

按照国家规定，各种电气元件都可以用特定的图形符号和文字符号表示（表 2-3-1 为我国国家标准中规定的一些元器件电气图形符号）。将实际电路中各个元件用其图形符号来表示的图形称为电路原理图。

表 2-3-1　部分常见元器件的图形符号

图形符号	名称	图形符号	名称	图形符号	名称
 ─/─	开关	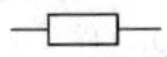 ─▭─	电阻器	 ⊥	接机壳
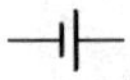 ─┤├─	电池	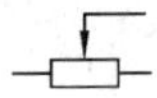 ─▨─	电位器	 ⏚	接地
 Ⓖ	发电机	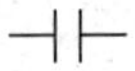 ─┤├─	电容器	○	端子
 ⌇	线圈	 Ⓐ	电流表	 ─●─	连接导线 不连接导线
⌇	铁心线圈	 Ⓥ	电压表	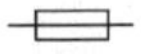 ─▭─	熔断器
 ⌇	抽头线圈	 ◁	扬声器	 ⊗	灯

表 2-3-2 中列举了一些汽车电路基础元件的实物示例、图形符号及其作用。

表 2-3-2　基础元件实物示例

序号	元件名称	符号	作用	实物图
1	易熔线	 ∽	易熔线是一种截面一定、可长时间通过额定电流的合金导线，用于保护总体线路或较重要的电路	
2	熔断器	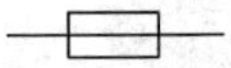 ─▭─	熔断器原称保险丝，在电路中起保护作用。当电路中流过超过规定的电流时，熔断器的熔丝自身发热而熔断，切断电路，防止烧坏电路连接导线和用电设备，并把故障限制在最小范围内	

续表

序号	元件名称	符号	作用	实物图
3	继电器	触点常开 触点常闭	一般情况下，汽车上使用的操纵开关的触点容量较小，不能直接控制工作电流较大的用电设备，常采用继电器来控制它的接通与断开	
4	开关	动合(常开)触点 动断(常闭)触点 按钮开关 旋钮开关 钥匙开关 点火开关	汽车上各种电气控制系统的工作均受控于开关。开关的状态决定汽车各种电气系统能否正常工作。汽车电气开关有组合开关和单体开关，现代小汽车多采用电气系统，用于提高汽车的性能和乘坐舒适性，若采用较多的单体开关，汽车内部布置会很乱，因此，现代汽车将很多功能相近的控制系统的开关组合在一起，如灯光系统组合开关、音响组合开关、空调组合开关、组合开关等	灯光系统组合开关 司机位组合开关 座椅组合开关 点火开关
5	插接器	插头和插座 多极插头和插座（示出的为三极）	插接器就是通常说的插头和插座，用于线束与线束或导线与导线间的相互连接	
6	低压导线	导线的连接 导线的交叉连接	普通低压导线为铜质多丝导线，导线的截面主要根据用电设备的电流进行选择。但截面太小，机械强度差，易折断。一般汽车电气导线截面不小于 $0.5mm^2$。随着汽车电气设备的增多，导线数量也不断增加，为了便于区分，低压导线常以不同颜色制作。导线的颜色大都以英文字母表示，但也有部分国产汽车直接用中文表示	

二、汽车电路的特点

1. 单线制

所谓单线制，就是利用汽车发动机和底盘、车身等金属机件作为各种用电设备的公用连线（俗称搭铁或接地），因而用电设备到电源只需要另设一根导线。任何一个电路中的电流都是从电源的正极出发，经导线流入用电设备后，通过金属车架流回电源负极而形成回路的。

采用单线制可以节省材料（铜导线），使电路简化，便于安装和检修，降低故障率。但在一些不能形成可靠的电气回路或需要精确电子信号的回路，采用双线。

2. 负极搭铁

采用单线制时，将蓄电池的一个电极用导线连接到发动机或底盘等金属车架上，即搭铁，用符号"⊥"表示。若蓄电池的负极连接到金属车体，称为负极搭铁；反之，称为正极搭铁。由于负极搭铁对无线电干扰较小，所以包括我国在内的大多数国家生产的汽车均采用负极搭铁。

3. 两个电源

所谓两个电源，是指蓄电池和发电机两个供电电源，蓄电池是辅助电源，在汽车未运转时向有关用电设备供电；发电机是主电源，当发动机运转到一定转速后，发电机转速达到规定的发电转速，开始向有关用电设备供电，同时对蓄电池进行充电。两者互补可以有效地使用电设备在不同的情况下都能正常地工作，同时也延长了蓄电池的供电时间。

4. 用电设备并联

所谓用电设备并联，就是指汽车上的各种用电设备都采用并联方式与电源连接，每个用电设备都由各自串联在其之路中的专用开关控制，互不产生干扰。

5. 低压直流供电

汽车电气设备采用低压直流（DC）供电，柴油车大多采用 24V 直流电压供电，汽油车大都采用 12V 直流电压供电。

三、电路的基本物理量

1. 电流

电路中带电粒子在电源作用下做有规则的定向移动形成电流。习惯上，规定以正电荷移动的方向作为电流的方向，自由电子、负离子移动的方向与电流的方向相反。

电流的强弱称为电流强度（简称电流），用符号 I 表示。电流强度用每秒钟通过导线某一截面的电荷量（电量）的多少来衡量。用符号 Q 表示通过导线某一截面的电量，用 t 表示通过电量 Q 所用的时间，则

$$I=\frac{Q}{t}。$$

电流 I 的单位是安培（简称安），用符号 A 表示；电量 Q 的单位是库仑，用符号 C 表示；时间 t 的单位是秒，用 s 表示。

1 安培（A）＝1 库仑（C）/1 秒（s），

即当每秒钟有 1 库仑的电量通过导线的某一截面，这时的电流就为 1 安培。

电流很小时其单位常用毫安（mA）或微安（μA）表示，电流很大时其单位常用千安（kA）表示，电流单位之间的换算关系是：

$$1 \text{安培}（A）=10^3 \text{毫安}（mA）=10^6 \text{微安}（\mu A）=10^{-3} \text{千安}（kA）。$$

在进行电路分析计算时，当某段电路难以确定电流的实际方向时，可先假设一个电流方向，称为电流的参考方向，并在相关电路中用箭头标出。如果计算结果电流的值为正值，则实际电流方向与参考电流方向一致；如果计算结果电流的值为负值，则实际电流方向与参考电流方向相反，如图 2-3-6 所示。

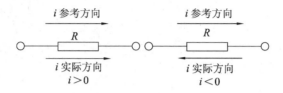

图 2-3-6　电流的参考方向

电流的大小和方向都不随时间改变的电流叫直流电流（DC），用大写字母 I 表示；电流的大小和方向都随时间改变的电流叫交流电流（AC），用小写字母 i 表示。

2. 电压

电压又称电位差，如图 2-3-7 所示，在电场中若电场力将点电荷 Q 从 A 点移到 B 点，所做的功为 W_{AB}，则功与电荷 Q 的比值就称为该两点之间的电压。数学表达式为：

$$U_{AB}=\frac{W_{AB}}{Q}。$$

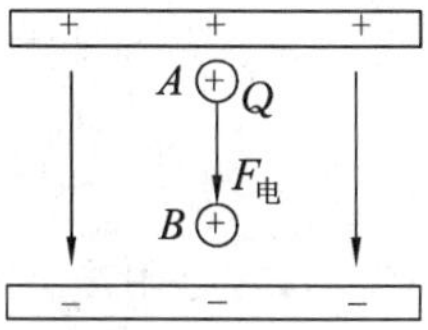

U_{AB} 表示 A 点和 B 点之间的电压，单位为伏特（简称伏），符号表示为 V。

图 2-3-7　电场力与电压

W_{AB} 表示电场力将正电荷从 A 点移动到 B 点所做的功，单位为焦耳，符号表示为 J。

电压很小时其单位常用毫伏（mV）或微伏（μV）表示，电压很大时其单位常用千伏（kV）表示，电压单位之间的换算关系是：

$$1 \text{伏特}（V）=10^3 \text{毫伏}（mV）=10^6 \text{微伏}（\mu V）=10^{-3} \text{千伏}（kV）。$$

电位是指电路中某点与参考点之间的电压，符号用带下标的字母 U（或者 V）表示，单位也是伏特（V）。通常把参考点的电位规定为零，又称零电位。一般选大地为参考点，即视大地为零电位。在电子仪器和设备中又常把金属外壳或电路的公共接点的电位规定为零。

需要注意，参考点的选择是任意的。在电场中，当选择不同的参考点时，各点的电位是不同的，但任意两点之间的电压不会因参考点的不同而发生变化。

3. 电动势

电源内部有一种能推动电荷移动的作用力叫电源力。电动势就是电源力将单位正电荷从电源负极移到正极所做的功。电动势用 E 表示，单位是伏特（V），表示为：

$$E=\frac{W_{ba}}{Q},$$

式中：W_{ba} 表示电源力将电荷从负极 b 移动到正极 a 所做的功，单位为焦耳，符号表示为

J；Q 表示电荷，单位为库仑，符号表示为 C。电动势的方向规定：在电源内部由负极指向正极。

端电压是指电路两个端的电压。

对于一个电源，既有电动势，又有端电压。电动势存在于电源内部，而端电压则是电源加在外电路两端的电压。在电源中，电动势的方向与电压的方向是相反的。一般情况下，电源的端电压总是低于电源内部的电动势，只有当电源开路时，电源的端电压才与电源的电动势相等。

4. 电阻

电流通过导体时受到的阻碍作用叫导体的电阻。电阻用符号 R 表示。衡量电阻大小的单位是欧姆，简称欧，单位符号为 Ω。如果在导体两端加上 1V 的电压，通过导体的电流是 1A，那么这个导体的电阻就是 1Ω。即

$$1\Omega = \frac{1V}{1A}。$$

电阻的其他常用单位有千欧（$k\Omega$）、兆欧（$M\Omega$）：

$$1k\Omega = 10^3\Omega，1M\Omega = 10^6\Omega。$$

实验表明，对于同一导体，无论电压、电流如何变化，两者比值不变，电阻是跟导体本身有关的量。电阻定律告诉我们：在温度不变时，导体的电阻 R 与它的长度 l（m）成正比，与它的横截面积 S（m^2）成反比，并与导体材料的性质有关。即

$$R = \rho \frac{l}{S}，$$

式中：ρ 为电阻率，单位是欧米（$\Omega \cdot m$）。

电阻率的大小反映了各种材料导电性能的好坏。电阻率小，导电性能好。根据电阻率的不同，材料可分为超导体、导体、半导体、绝缘体。纯金属的电阻率很小，绝缘体的电阻率很大。银是最好的导体，但价格昂贵而很少采用，目前电气设备中常采用导电性能良好的铜、铝作导线。

汽车上常用的特殊电阻器为热敏电阻，它是一种电阻值随温度改变而变化的电子元件，分为正温度系数和负温度系数两种，多用于温度传感器上。

5. 电功与电功率

电流经过负载时，负载将电能转换成其他形式的能量，称为电流做功，简称电功，用字母 W 表示。

电流做的功等于负载两端的电压 U、流过负载的电流 I 和通电时间 t 的乘积，即

$$W = IUt = I^2Rt = \frac{U^2 t}{R}，$$

式中：W—电功，单位：焦耳，符号表示为 J；

U—加在负载上的电压，单位：伏特，符号表示为 V；

I—流过负载的电流，单位：安培，符号表示为 A；

t—时间，单位：秒，符号表示为 s。

电流做功的过程就是能量转换的过程。如有电流通过时，电灯会光，电动机会转动等。在实际应用中常以千瓦时（$kW \cdot h$），也称"度"作为电功的单位。

$$1 度 = 1kW \cdot h = 3.6 \times 10^6 J。$$

电功率表示电流在单位时间内所做的功,用 P 表示,单位为瓦(W)。
电功率的单位还有千瓦(kW),$1\text{kW}=1\,000\text{W}=10^3\text{W}$。

$$P=\frac{W}{t}=IU,$$

式中:P—电功率,单位:瓦,符号表示为 W;

W—电功,单位:焦耳,符号表示为 J;

t—时间,单位:秒,符号表示为 s。

当电流流过导体时,导体的温度会逐渐升高,电能转化为热能。这种由电能转化为热能的现象叫电流的热效应。

焦耳定律:电流通过导体时所产生的热量和电流的平方、导体本身的电阻值及电流通过的时间成正比。公式表示为:

$$Q=I^2Rt。$$

电流的热效应有时被人们利用,如电炉、电烙铁等电热设备就是利用电流的热效应这种性能来产生所需热量。但有时会对设备造成损坏,在如电机、变压器等电气设备中,电流通过绕组时所产生的热量是不利的,应采取方法进行冷却散热。

四、欧姆定律

19 世纪德国科学家欧姆通过实验得出:电阻元件两端电压与通过电阻元件的电流成正比,称为欧姆定律。用符号 U 表示电压、用 I 表示电流、用 R 表示电阻,欧姆定律可用一个简单的公式表示:

$$I=\frac{U}{R}。$$

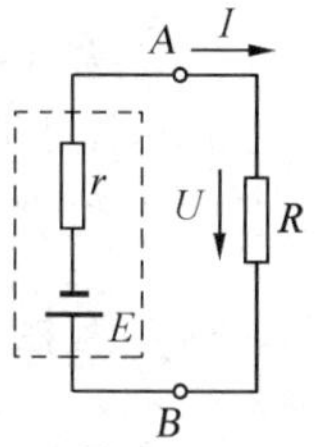

图 2-3-8 全电路

含有电源的闭合电路称为全电路,如图 2-3-8 所示。图中的框内表示电源的内部电路,称为内电路。电源的内部也是有电阻的,这个电阻称为内电阻,用小写字母 r 表示。内电阻可以不单独画出,而在电源符号旁边注明电阻的数值。

全电路欧姆定律是这样描述的:在全电路中,电流与电源的电动势成正比,与整个电路的内、外电阻之和成反比。其表达式为

$$I=\frac{E}{R+r} \text{或} E=IR+Ir=U+U_r,$$

式中:E—电源的电动势,单位为 V;

R—外电路电阻,单位为 Ω;

r—内电路电阻,单位为 Ω;

I—电路中的电流,单位为 A;

U_r—电源内阻的压降;

U—外电路的电压。

五、电路的状态

电路通常有三种状态:通路、断路(开路)和短路。

1. 通路状态

通路就是电源与负载接成闭合回路,负载中有电流通过。图

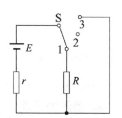

图 2-3-9 电路的三种状态

2-3-9 中开关接在"1"位置为通路状态。电路中的电流为

$$I=\frac{E}{R+r},$$

端电压为 $U=E-U_0=E-Ir$。

2. 短路状态

短路就是电源未经负载而直接由导线接通成闭合回路。图 2-3-9 中开关接在"3"位置为短路状态。电路中的电流为

$$I=\frac{E}{r},$$

端电压为 $U=E-U_0=E-Ir=0$。

由于电路中的内阻一般都很小，短路状态下电路中的电流 I 很大，如果电源短路状态不迅速排除，很大的短路电流将会烧毁电源、导线以及短路回路中接有的电流表、开关等，甚至会引起火灾。所以电源短路是一种严重事故，应严加防止。为了避免短路事故引起严重后果，通常在电路中接入熔断器（保险丝）或自动断路器，以便在发生短路时能迅速将故障电源自动切断。

3. 开路（断路）状态

开路就是电源与负载没有接通成闭合回路，电路中没有电流通过。如图 2-3-9 中开关接在"2"位置为开路状态。电路中的电流为 $I=0$，端电压为 $U=E-U_0=E-Ir=E$。

六、电阻的连接方法

1. 电阻的串联

电阻的串联是：在电路中把两个或两个以上的电阻依次连接起来，中间没有分支，流过各电阻的是同一电流，如图 2-3-10 所示。

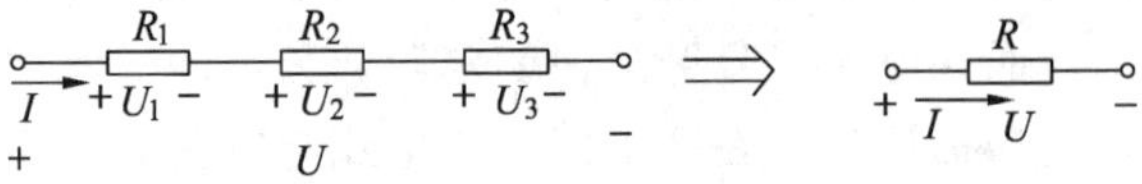

图 2-3-10 电阻的串联

电阻串联电路的特点是：

① 电路中的电流相等，即 $I_1=I_2=I_3=\cdots=I_n$。

② 电路两端的总电压等于各部分的电压之和，即 $U=U_1+U_2+U_3+\cdots+U_n$。

③ 串联电路的总电阻等于各电阻之和，即 $R=R_1+R_2+R_3+\cdots+R_n$。

当电路中只有两个电阻串联时，因：

$$I_1=\frac{U_1}{R_1},\ I_2=\frac{U_2}{R_2},\ I=\frac{U}{R},\ I=I_1=I_2,\ R=R_1+R_2,$$

所以可得 $U_1=I_1R_1=\frac{U}{R}R_1=\frac{U}{R_1+R_2}R_1$，$U_2=I_2R_2=\frac{U}{R}R_2=\frac{U}{R_1+R_2}R_2$。

以上就是两个电阻串联时的分压公式。

2. 电阻的并联

电阻的并联是：在电路中把两个或两个以上的电阻两端分别连接在两个结点上，就构

成了并联电阻电路（常用"//"表示并联符号），如图 2-3-11 所示。

电阻并联电路的特点是：

① 电路中的各电阻两端的电压相等，即 $U_1=U_2=U_3=\cdots=U_n$。

② 电路中的总电流等于流过各电阻的电流之和，即 $I=I_1+I_2+I_3+\cdots+I_n$。

③ 并联电路的总电阻的倒数等于各电阻倒数之和，即 $\frac{1}{R}=\frac{1}{R_1}+\frac{1}{R_2}+\frac{1}{R_3}+\cdots+\frac{1}{R_n}$。

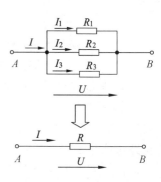

图 2-3-11　电阻的并联

当两个电阻并联时，因 $I_1=\frac{U_1}{R_1}$，$I_2=\frac{U_2}{R_2}$，$U_1=U_2=IR$，$R=\frac{R_1R_2}{R_1+R_2}$。

可得 $I_1=\frac{U_1}{R_1}=\frac{IR}{R_1}=\frac{R_2}{R_1+R_2}I$，$I_2=\frac{U_2}{R_2}=\frac{IR}{R_2}=\frac{R_1}{R_1+R_2}I$。

以上就是两个电阻并联时的分流公式。

3. 电阻的混联

电路中电阻既有互相串联又有互相并联的连接方式称为电阻的混联。

混联电路的形式有很多，如果经过串联和并联简化后，可以用一个等效电阻来代替，则称为简单电路；若不能简化成一个等效电阻，则称为复杂电路。

七、基尔霍夫定律

以图 2-3-12 所示电路为例说明常用电路名词。

支路：由一个或几个元件首尾相接构成的无分支电路。电路中的 EGD、AHB、FC 均为支路，该电路的支路数目为 $b=3$。

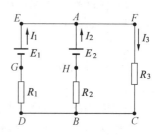

图 2-3-12　电路基本概念举例

节点：电路中三条或三条以上支路的连接点。电路中的节点有 A、B 两点，该电路的节点数目为 $n=2$。

回路：电路中任一闭合的路径。电路中的 $AFCBHA$、$EAHBDGE$、$CBDGEAFC$ 路径均为回路，该电路的回路数目为 $l=3$。

网孔：不含有分支的闭合回路。电路中的 $AFCBHA$、$EAHBDGE$ 回路均为网孔，该电路的网孔数目为 $m=2$。

1. 基尔霍夫第一定律（节点电流定律）

【定理内容】　节点电流定律的第一种表述：在任何时刻，电路中流入任一节点中的电流之和，恒等于从该节点流出的电流之和，即 $\sum I_{流入}=\sum I_{流出}$。

如图 2-3-13 所示，在节点 A 处：$I_1+I_3=I_2+I_4+I_5$。

节点电流定律的第二种表述：在任何时刻，电路中任一节点上的各支路电流代数和恒等于零，即 $\sum I=0$。

一般可在流入节点的电流前面取"+"号，在流出节点的电流前面取"-"号，反之亦可。图 2-3-13 中，由 A 节点

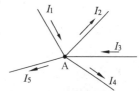

图 2-3-13　节点电流定律的举例

处得：$I_1+I_3-I_2-I_4-I_5=0$。

节点电流定律不仅适用于节点，也可以推广到包围部分电路的任一假设的封闭面。

2. 基尔霍夫第二定律（回路电压定律）

【定理内容】 在任何时刻，沿着电路中的任一回路绕行方向，回路中各段电压的代数和恒等于零。以图 2-3-14 电路说明基尔霍夫电压定律：沿着回路 $AHBDGEA$ 绕行方向，有 $E_2-R_2I_2+R_1I_1-E_1=0$。

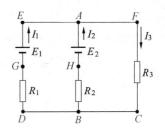

图 2-3-14 基尔霍夫电压定律举例

八、磁与电磁

1. 磁场与磁感线

人们把物体能够吸引铁、镍、钴等金属及其合金的性质叫作磁性，把具有磁性的物体叫作磁体（磁铁）。磁体两端的磁性最强，叫作磁极。磁极之间具有相互作用力。磁体分天然磁体和人造磁体两大类。天然磁体的磁性较弱，实际应用的都是人造磁体，一般做成条形、蹄形和针形。

实验证明，磁体具有以下性质：

(1) 磁体具有指向南北极的性质。指向南端的磁极叫南极，用 S 表示；指向北极的磁极叫北极，用 N 表示。

(2) 同性磁极相互排斥，异性磁极相互吸引。

(3) 任何磁体都必然同时具有 N 极和 S 极，无论将磁体怎样分割，磁体总保持有两个异性磁极。

互不接触的磁体之间具有相互作用力，说明磁体周围的空间中存在磁力的作用，称为磁场。作用力就是通过磁场这一特殊物质进行传递的。磁场同电场一样是具有方向的。规定在磁场中小磁针静止时北极所指的方向，就是该点的磁场方向。

在磁场中可以利用磁感线来形象地表示各点的磁场方向。所谓磁感线，就是在磁场中画出一些曲线，在这些曲线上，每一点的切线方向就是该点的磁场方向。磁感线是人们假想出来的线，图2-3-15所示为蹄形磁铁周围铁屑模拟的磁感线分布情况。

磁感线具有如下特点：

① 磁感线是互不交叉的闭合曲线。在磁体外部，磁感线的方向总是从 N 极出发回到 S 极；而在磁体内部，磁感线则是由 S 极到 N 极。

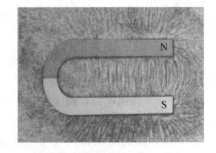

图 2-3-15 铁屑模拟的磁感线分布情况

② 磁感线上任意一点的切线方向就是该点的磁场方向，即小磁针 N 极的指向。

③ 磁感线越密，磁场越强；磁感线越疏，磁场越弱。

均匀磁场是磁感线均匀分布且相互平行的区域；否则为非均匀磁场。

2. 电流的磁场

磁体的周围存在着磁场，科学证明电流的周围也有磁场。通电直导线的磁场方向可用安培定则表示：右手握住导线，让伸直的拇指所指的方向与电流方向一致，弯曲的四指所指的方向就是磁场方向，如图 2-3-16 所示。

如果把通电直导线弯成线圈，通电线圈也将产生磁场，而线圈中的磁场方向要用右手螺旋定则（又称安培定则）来确定。右手螺旋定则的内容是：右手握住线圈，弯曲的四指指向线圈中的电流方向，则拇指所指方向就是线圈磁场的方向，如图 2-3-17 所示。

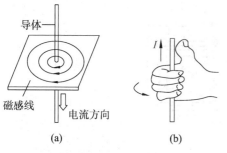

图 2-3-16　通电直导线的磁场

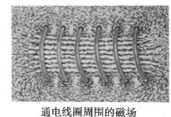
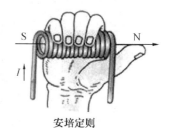

图 2-3-17　通电线圈产生的磁场

3. 磁场对通电导体的作用

如图 2-3-18 所示，在蹄形磁铁的两极中间悬挂一根直导体并使导体与磁感线方向垂直。当导体中有电流通过，导体就会运动，这说明磁场对通电导体有作用力，此力称为安培力，用 F 表示。实验表明，安培力 F 的大小为：

$$F = BIL\sin\alpha.$$

注：F—通电导体受到的安培力，单位：牛顿，符号表示为 N；

B—磁感应强度，单位：特斯拉，符号表示为 T；

I—导体中的电流强度，单位：安培，符号表示为 A；

L—导体在磁场中的长度，单位：米，符号表示为 m；

α—电流方向与磁感线的夹角。

当 $\alpha=90°$ 时，$\sin\alpha$ 最大（$\sin\alpha=1$），导体受到的安培力最大；当 $\alpha=0$ 时，$\sin\alpha$ 最小（$\sin\alpha=0$），导体受到的安培力最小，为零。

安培力 F 用左手定则判断。左手定则这样规定：平伸左手，拇指与其余四指垂直，让磁感线穿入掌心，四指指向电流方向，拇指所指向的方向为通电导体所受安培力的方向，如图 2-3-19 所示。

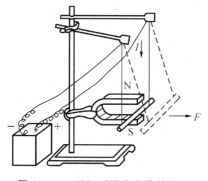
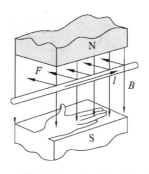

图 2-3-18　磁场对通电导体的作用　　　图 2-3-19　左手定则

4. 电磁感应

变动的磁场能够在导体中产生电动势的现象，叫作电磁感应现象。由电磁感应产生的电动势叫作感应电动势，感应电动势产生的电流叫作感应电流。图 2-3-20 为直导体切割磁感线产生的感应电动势。

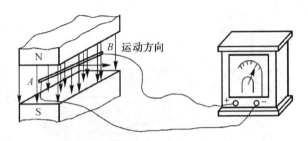

图 2-3-20　直导体电磁感应

流过线圈本身的电流发生变化（导致磁通量发生变化），引起的电磁感应现象叫作自感。一个线圈中的电流变化（导致磁通量发生变化）引起另一个线圈产生电磁感应的现象叫作互感。

直导体中产生的感应电动势的大小为 $e=BLv\sin\alpha$。

注：e—感应电动势，单位：伏特，符号表示为 V；

　　B—磁感应强度，单位：特斯拉，符号表示为 T；

　　L—导体在磁场中的有效长度，单位：米，符号表示为 m；

　　v—导体的运动速度，单位：米/秒，符号表示为 m/s；

　　α—速度方向与磁场方向的夹角。

图 2-3-21 为线圈中磁通量变化产生的感应电动势。将一个线圈和一个灵敏电流计接成一个闭合回路，然后把一条形磁铁插入线圈。当磁铁向线圈插入时，灵敏电流计的指针偏转，说明线圈中产生了感应电动势。实验现象发现，在线圈中磁通量增加和减少的两种情况下，线圈中就会有感应电动势产生，线圈回路中感应电流的流向相反。

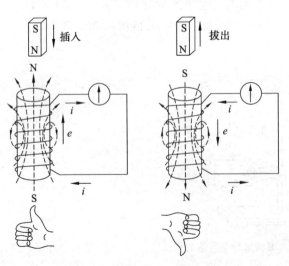

图 2-3-21　线圈中的感应电动势

楞次定律可确定线圈中的感应电动势的方向。其内容是：感应电流的磁场总是阻碍引起感应电流的磁通量的变化。也就是说，当线圈中的磁通量要增加时，感应电流就要产生新的磁通量阻止它的增加；当线圈中的磁通量要减小时，感应电流就要产生新的磁通量阻止它的减小；如果线圈中的磁通量不变，则感应电流为零。

九、汽车上常见的电磁元件

1. 变压器

变压器的主要作用是升高或降低电压。变压器的基本结构分为铁芯、绕组、外壳及绝缘结构四个部分，如图 2-3-22 所示。

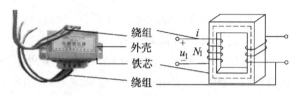

图 2-3-22 变压器结构

在汽车点火系统中所使用的点火线圈属于变压器的一种，如图 2-3-23 所示。图 2-3-24 中与电源相连的线圈称为初级绕组 N_1，和负载（火花塞）相连的线圈称为次级绕组 N_2。点火线圈为一输出装置，它可以将来自蓄电池的 12V 电压经初级线圈的自感后，产生远大于蓄电池电压（12V）的自感电压（约 300V），次级线圈互感出电压（20kV 以上），产生大电流使火花塞点火。

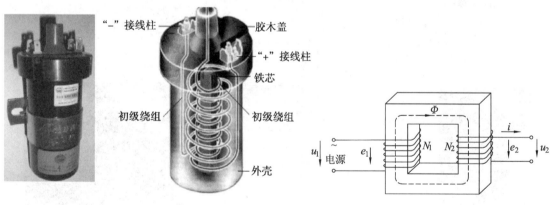

图 2-3-23 汽车点火线圈结构　　　　图 2-3-24 点火线圈电磁感应示意图

2. 继电器

继电器是一种利用电磁作为开关的电子控制器件。它可以通过手动方式和晶体管来切换。它是一种以小电流来控制大电流的装置，如图 2-3-25 所示。

继电器常被用于需要用小电流控制较大电流的电路中，并且此元件不需要做特别快速的切换（ON/OFF）动作，这是因为线圈本身反应时间不如晶体管那样迅速，所以，继电器不适合用在喷油嘴的控制电路上。但使用时间继电器可以使原件的切换时间延长到相当长时间（数秒到数分钟）。

 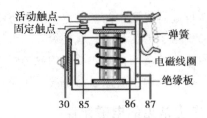

图 2-3-25　继电器及其内部结构示意图

3. 电磁阀

电磁阀属于一种电磁元件,工作原理与继电器相似,但电磁阀是利用一个可移动的铁芯来产生作用的。电磁阀所产生的机械动作可以用来控制电流、真空或液体,也可间接地通过连杆来操控如车门锁、行李舱盖及启动机拨叉等元件。经过精密的调校与配合,电磁阀还可以用来控制如阀门(气门)及离合器等元件。

如图 2-3-26 所示,活性炭罐电磁阀检测线圈应为导通,不同车型的炭罐电磁阀的阻值不同,大概在十几欧姆到几十欧姆。利用汽车专用示波器对炭罐电磁阀进行检测,图 2-3-26 中的右下图是炭罐电磁阀的正常检测波形。

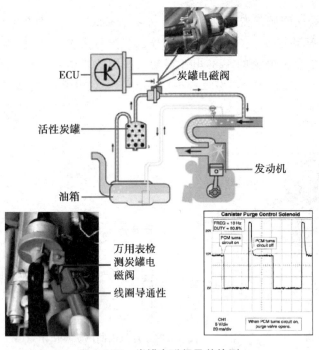 

图 2-3-26　炭罐电磁阀及其检测　　　　图 2-3-27　喷油器

喷油器是另一种运用电磁阀结构的原件,如图 2-3-27 所示。喷油器是执行喷油任务的最终元件,其向发动机提供一定量的经过雾化的燃油。它一般安装在进气歧管上,上方连接燃油管路,下方连接进气歧管,将燃油最终喷射在进气门前方。

第二节 电子学基础

一、半导体二极管

1. 半导体

半导体是导电能力介于导体和绝缘体之间的物质。常用半导体材料有：硅、锗、砷化镓以及大多数金属氧化物。

半导体的导电特性有：热敏性、光敏性、掺杂性。热敏性表现为：当环境温度变化时，半导体的导电能力明显发生改变（可做成温度敏感元件，如热敏电阻）。光敏性表现为：当受到光照时，导电能力明显增强；无光照时，导电能力明显减弱（可做成各种光敏元件，如光敏电阻、光敏二极管、光敏三极管等）。半导体的掺杂性则表现为：在纯净的半导体中掺入某些杂质（微量元素），使其变成杂质半导体，它的导电能力会发生极大的变化（可做成各种不同用途的半导体器件，如二极管、三极管和晶闸管等）。

半导体根据内部两种载流子数量的分布情况，可分为三种类型：

（1）纯净半导体（又叫本征半导体）：内部的自由电子和空穴数量相等，如硅、锗单晶体。

（2）P型半导体（又叫空穴型半导体）：内部的空穴数量多于自由电子数量，如硅、锗单晶体中加入3价的微量硼元素。

（3）N型半导体（又叫电子型半导体）：内部的自由电子数量多于空穴数量，如硅、锗单晶体中加入5价的微量磷元素。

2. PN结的单向导电性

利用特殊的工艺，将P型半导体和N型半导体进行有机的结合，会在两者的结合面形成一个薄层，这个薄层称为空间电荷区，也就是PN结，如图2-3-28所示。

当PN结的P区为高电位，N区为低电位时，即PN结加正向电压时，PN结变窄，正向电流较大，正向电阻较小，PN结处于导通状态，见图2-3-28（a）所示；反之，当PN结的P区为低电位，N区为高电位时，即PN结加反向电压时，PN结变宽，反向电流较小，几乎为零，反向电阻较大，PN结处于截止状态，见图2-3-28（b）所示。因此，PN结具有正向导通、反向截止的单向导电特性。

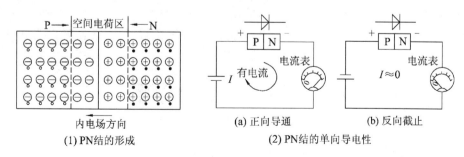

图 2-3-28 PN结

3. 半导体二极管

半导体二极管又称晶体二极管，简称二极管，是将一个PN结封装在密封的管壳内并引出两个电极构成的。其中，与 P 区相连的引线为正极（又称阳极 A），与 N 区相连的引线为负极（又称阴极 K），如图 2-3-29 所示。因此，二极管也同样具有正向导通、反向截止的单向导电特性。

晶体二极管的特性用伏安特性曲线表示。普通硅二极管的伏安特性曲线如图 2-3-30 所示，反映了流过二极管的电流随着外加电压变化的规律。

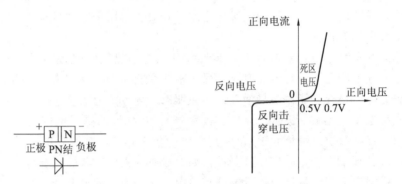

图 2-3-29　二极管的图形和符号　　　图 2-3-30　普通硅二极管的伏安特性曲线

二极管按材料可分为：锗二极管、硅二极管两大类。

两者性能的区别：锗管正向电压小于硅管（锗管为 0.2～0.4V，硅管为 0.5～0.8V）；锗管反向漏电流大于硅管（锗管约为几百毫安，硅管小于 1μA）；锗管 PN 结可承受的温度低于硅管（锗管约为 100℃，硅管约为 200℃）。

按用途可分为：普通二极管和特殊二极管两大类。普通二极管包括：整流二极管、检波二极管、开关二极管等；特殊二极管包括：稳压二极管、发光二极管、光电二极管、变容二极管、阻尼二极管等。部分图形符号如图 2-3-31 所示。

图 2-3-31　部分二极管图形符号

国标 GB/T 249—2017 规定了半导体分立器件型号命名方法。

4. 二极管的极性识别与检测判断

常见二极管的外壳上都印有型号和标记，使其正负极性从外表可以看出来，如图 2-3-32 所示。

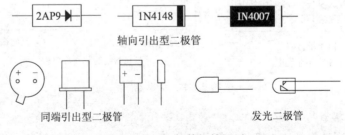

图 2-3-32　二极管极性识别

（1）对于轴向引出型二极管，有些把图形符号印在外壳上，图形符号中箭头所指方向为阴极；有些则在负极端印上色点或色环。

（2）对于同端引出型二极管，有的在负极处有明显标记；有的则带有定位标志，判断时观察者面对管底，从定位标志起按顺时针方向引出线依次为正极和负极；有些是塑料封装二极管，判别时观察者面对切角面，引出线向下从左往右依次为正极和负极。

（3）对于透明玻璃管封装的二极管，则可看到连接触丝的一端为正极。

（4）对于发光管、光敏管等同端引出二极管，既可通过透明封装看内部结构，还可从引出线的长短上判别：长正短负。

根据二极管正向电阻小、反向电阻大的特点，可以利用万用表检测其单向导电性，判断其极性及质量好坏。

二、半导体三极管

三极管是半导体基本元器件之一，具有电流放大作用，是电子电路的核心元件。三极管是在一块半导体基片上制作两个相距很近的PN结，两个PN结把半导体分成三部分，排列方式有PNP和NPN两种，结构如图2-3-33所示。中间部分称为基区，相连电极称为基极，用B或b表示；一侧称为发射区，相连电极称为发射极，用E或e表示；另一侧称为集电区和集电极，用C或c表示。e－b间的PN结称为发射结，c－b间的PN结称为集电结。

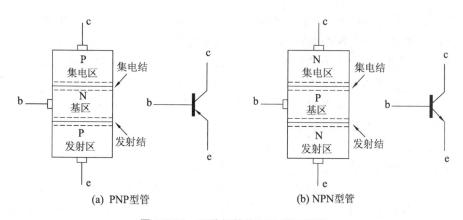

图2-3-33 两种极性的双极型三极管

三极管是电子技术中的核心元件之一，其主要功能是实现电流放大。三极管要起到放大作用（工作与放大状态），必须具备内部和外部两个条件。

从电位的角度看：NPN型管发射结正偏$V_b>V_e$，集电结反偏$V_c>V_b$；PNP型管发射结正偏$V_b<V_e$，集电结反偏$V_c<V_b$。

图2-3-34展示了三极管放大工作状态电源的接法：左图中V_1为NPN型管，右图中V_2为PNP型管，G_c为集电极电源，G_b为基极电源（偏置电源），R_b为基极偏置电阻，R_c为集电极电阻。

晶体三极管作为一种电流控制器件，主要特点是具有电流放大作用，放大时只要改变基极电流I_b就可以控制输出电流I_c。晶体三极管各级电流分配关系如图2-3-35所示。

$I_e=I_c+I_b$；$I_c \approx \beta \times I_b$，式中 β 为电流放大倍数。

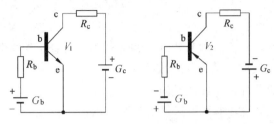

图 2-3-34　三极管放大状态电源的接法

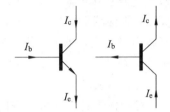

图 2-3-35　三极管电流分配及参考方向

晶体三极管可以构成放大器、振荡器等各种功能的电路。三极管在实际放大电路中有三种连接方式（组态），如图 2-3-36 所示。

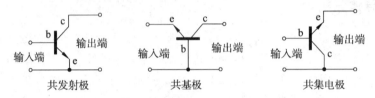

图 2-3-36　三极管在电路中的三种基本连接方式

三、发光管基础知识

发光二极管的英文名为 Light Emitting Diode，简称 LED，发明于 20 世纪 60 年代，几十年来，发光二极管在各种电路及嵌入式系统中得到了广泛的应用。

LED 发光二极管将电能转变成光能，可由Ⅲ～Ⅴ族半导体材料制成。当工作在正向偏置状态时，LED 发光二极管与普通的二极管极其相似，其同样具备单向导电特性，不同之处仅在于当加上反向偏置时，LED 发光二极管将向外发光，此时能量通过 PN 结的载流子过程从电能转换为光能。

LED 发光二极管具有亮度高、耗电小、体积小、重量轻、寿命长、可靠性高、价格便宜等优点，已经被广泛地应用到不同的产品中，作为电源指示灯、系统状态灯、信号灯等用途。在通常工作状态下，LED 发光二极管的使用寿命保守估计约为 10 万小时，部分甚至可以达到 100 万小时。如图 2-3-37 所示为不同种类、不同颜色、不同大小及不同封装形式的 LED 发光二极管。

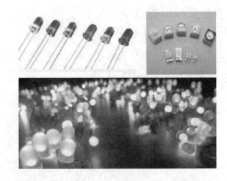

图 2-3-37　各种 LED 发光二极管

图 2-3-38　发光二极管的应用

以 LED 发光二极管为基础部件进行组合可以得到多种不同的产品应用,如图 2-3-38 所示,将 7 段 LED 发光二极管排列成数字形,即为 LED 数码管,在各种数字显示场合得到了成功的应用,如电子时钟、计时器等。

进入 21 世纪后,随着 LED 功率和亮度的提升,除了汽车前照灯外,LED 全面应用于汽车照明和信号系统中。

四、汽车常用电子电路

1. 汽车充电电路

汽车充电系统的基本部件中最主要的是发电机,其次是控制发电机输出的调节器,另外,还有指示充电系统是否正常的指示灯或电流表及其导线,如图 2-3-39 所示。

汽车充电电路中调节器多为 IC 调节器,它由晶体管、整流二极管及其多种半导体元件组成。

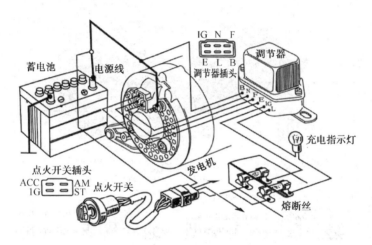

图 2-3-39 汽车充电系统基本构造

2. 汽车电子点火电路

当今汽车都用高性能的电子点火装置,广义上称为晶体管控制的点火系统,如图 2-3-40 所示。整个点火器是一个 IC 控制设备,体积很小,装于分电器中,使整个点火系统作用更可靠,减少维护困扰。

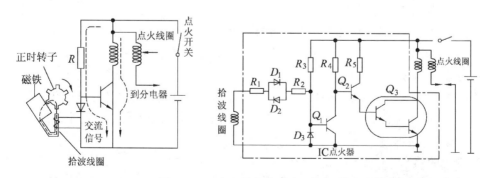

图 2-3-40 全晶体点火系统电路图

第三单元 汽车构造

现代汽车虽然有各种类型，但它们的基本构造是相同的，通常由发动机、底盘、车身、电气设备四个部分组成，如下图所示。本单元只对相关系统的结构、原理进行简单阐述，尽可能做到简洁明了，为初、中级汽车驾驶员提供一个通俗易懂的读本。

汽车总体构造

第一章 汽车类型、编号及基本组成

第一节 汽车类型及编号

一、国产汽车的分类

（一）乘用车

在设计和技术特性上主要用于载运乘客及其随身行李和（或）临时物品的汽车，包括驾驶员座位在内最多不超过9个座位。它也可以牵引1辆挂车。

1. 小型乘用车

封闭式车身，通常后部空间较小。固定式硬车顶，有的顶盖一部分可以开启。有至少1排，2个或2个以上的座位。有2个侧门，也可有1个后开启门。有2个或2个以上侧窗。如图3-1-1所示。

2. 普通乘用车

封闭式车身，侧窗中柱有或无。固定式硬车顶，有的顶盖一部分可以开启。有至少2排，4个或4个以上座位。有2个或4个侧门，或有1个后开启门。如图3-1-2所示。

图 3-1-1　小型乘用车　　　　　　　图 3-1-2　普通乘用车

3. 高级乘用车

封闭式车身，前后座之间可以设有隔板。固定式硬车顶，有的顶盖一部分可以开启。有至少 2 排，4 个或 4 个以上座位。后排座椅前可安装折叠式座椅。有 4 个或 6 个侧门，也可有 1 个后开启门。有 6 个或 6 个以上的车窗。如图 3-1-3 所示。

图 3-1-3　高级乘用车　　　　　　　图 3-1-4　多用途乘用车

4. 多用途乘用车

只有单一车室载运乘客及其行李或物品的乘用车。如图 3-1-4 所示。

【注意】 乘用车中，还有越野乘用车、专用乘用车、旅居车、防弹车等。

（二）商用车

在设计和技术特性上用于运送人员和货物的汽车，并且可以牵引挂车。乘用车不包括在内。

1. 客车

在设计和技术特性上用于载运乘客及其随身行李的商用车辆，包括驾驶员座位在内的座位数超过 9 座。有单层的或双层的，也可牵引一辆挂车。

（1）小型客车。用于载运乘客，除驾驶员座位外，座位数不超过 16 座的客车。如图 3-1-5 所示。

图 3-1-5　小型客车　　　　　　　图 3-1-6　城市客车

（2）城市客车。一种为城市内运输而设计和装备的客车，这种车辆设有座椅及站立乘客的位置，并有足够的空间供频繁停站时乘客上下车走动用。如图3-1-6所示。

（3）长途客车。一种为城市间运输而设计和装备的客车。这种车辆没有专供乘客站立的位置，但在其通道内可载运短途站立的乘客。如图3-1-7所示。

（4）旅游客车。一种为旅游而设计和装备的客车。这种车辆的布置要确保乘客的舒适性，不载运站立的乘客。如图3-1-8所示。

图3-1-7　长途客车

图3-1-8　旅游客车

【注意】　客车中，还有铰接客车、无轨电车、越野客车等。

2. 货车

货车是指主要为载运货物而设计和装备的商用车辆。

（1）普通货车。一种在敞开（平板式）或封闭（厢式）载货空间内载运货物的货车。如图3-1-9所示。

（2）多用途货车。在其设计和结构上主要用于载运货物，但在驾驶员座椅后带有固定或折叠式座椅，可运载3个以上的乘客的货车。如图3-1-10所示。

图3-1-9　普通货车

图3-1-10　多用途货车

（3）专用货车。在其设计和技术特性上用于运输特殊物品的货车，如罐式车、集装箱运输车等。如图3-1-11所示。

（4）专用作业车。在其实际和技术特性上用于特殊工作的货车如消防车、救险车、垃圾车、应急车、街道清洗车、扫雪车、清洁车、电视采访车、电力维修车等。如图3-1-12、3-1-13所示。

图3-1-11　专用货车

图 3-1-12 扫雪车

图 3-1-13 消防车

【注意】 货车中,还有全挂牵引车、越野货车等。

3. 其他车辆

除上述车型外,还有挂车、汽车列车等。如图 3-1-14 所示。

图 3-1-14 挂车

二、国产汽车的编号

汽车产品型号由生产企业名称或企业所在地区代号、车辆类别代号、主参数代号、产品序号等组成,必要时还可附加企业自定代号,并按如图 3-1-15 所示序列编排。

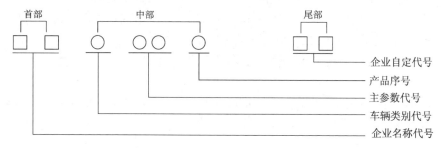
图 3-1-15 国产汽车型号编排规则

专用汽车产品型号的构成如图 3-1-16 所示。

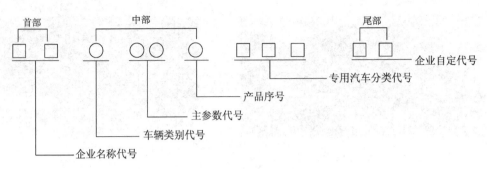

图 3-1-16 专用汽车产品型号

（一）企业名称代号

企业名称代号位于产品型号的首位，用代表企业名称或企业所在地地名的两个（或三个）汉语拼音字母表示。如北京、南京、济南、上海等地汽车厂分别用地名汉语拼音的第一个字母的大写表示，第二汽车制造厂用 EQ 表示，长春第一汽车制造厂用 CA 表示（20 世纪 50 年代选定沿用至今，作为特例使用）。

（二）车辆类别代号

车辆类别代号位于产品型号第二部分，用一个阿拉伯数字表示，规定见表 3-1-1。

表 3-1-1 车辆类别代号

车辆类别代号	车辆种类	车辆类别代号	车辆种类	车辆类别代号	车辆种类
1	载货汽车	4	牵引汽车	7	轿车
2	越野汽车	5	专用汽车	8	—
3	自卸汽车	6	客车	9	半挂车及专用半挂车

（三）主参数代号

主参数代号位于产品型号的第三部分，用两个阿拉伯数字表示。

（1）载货汽车、越野汽车、自卸汽车、专用汽车与半挂汽车的参数代号用车辆的总质量（t）表示。总质量在 100t 以上时允许用三位数字表示。

（2）客车的主要参数代号用车辆长度表示，当车辆长度小于 10m 时，以 1/10m 为单位来表示。

（3）轿车的主参数代号用发动机排量值，并以 1/10L 为单位来表示。按上述规定选取的主参数不足规定位数时，在参数前以"0"占位。

（四）产品序号

产品序号位于产品型号的第四部分，可依次选取阿拉伯数字 0，1，2，…来表示。

（五）专用汽车分类代号

专用汽车还应在"产品序号"之后增加专用汽车分类代号。专用汽车分类代号用以反映汽车结构和用途特征的三个汉语拼音字母表示，其中，结构特征代号为：X 表示厢式汽车、G 表示罐式汽车、Z 表示专用自卸汽车、T 表示特种结构汽车、J 表示起重举升汽车、C 表示仓栅式汽车。用途特征代号按中国汽车联合协会行业管理标准规定执行。

（六）企业自定代号

企业自定代号位于产品型号的最后部分，可用汉语拼音字母或数字来表示，位数由企业自定。基本型汽车的编号一般没有尾部企业自定代号，其变型车（例如，改用不同发动机、加长轴距、双排座驾驶室等）为了与基本型区别，常在尾部增加企业自定代号，表示同一种汽车但结构略有变化而需要区别时使用。

第二节　汽车的基本组成

一、汽车的基本组成

（一）发动机

发动机的作用是使供入其中的燃料燃烧而产生动力。大多数汽车都采用往复活塞式内燃机，它一般是由机体、曲柄连杆机构、配气机构、供给系、冷却系、润滑系、点火系（汽油发动机采用）、启动系等部分组成，如图 3-1-17 所示。

（二）底盘

底盘接受发动机的动力，使汽车产生运动，并保证汽车按照驾驶员的操纵正常行驶。底盘由下列部分组成，如图 3-1-18 所示。

图 3-1-17　汽车发动机

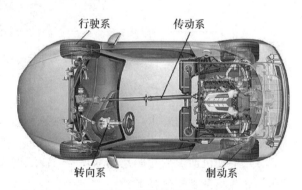

图 3-1-18　汽车底盘结构组成

传动系——将发动机的动力传给驱动车轮。传动系包括离合器、变速器、传动轴、驱动桥等部件。

行驶系——将汽车各总成及部件连成一个整体并对全车起支承作用，以保证汽车正常行驶。行驶系包括车架、前轴、驱动桥的壳体、车轮（转向车轮和驱动车轮）、悬架（前悬架和后悬架）等部件。

转向系——保证汽车能按照驾驶员选择的方向行驶，由带转向盘的转向器及转向传动装置组成。

制动系——使汽车减速或停车，并保证驾驶员离去后汽车能可靠地停驻。每辆汽车的制动装备都包括若干个相互独立的制动系统，每个制动系统都由供能装置、控制装置、传动装置和制动器组成。

(三) 车身

车身是驾驶员工作的场所，也是装载乘客和货物的场所。车身应为驾驶员提供方便的操作条件，以及为乘客提供舒适安全的环境或保证货物完好无损。典型的货车车身包括车前钣制件、驾驶室、车厢等部件。

(四) 电气设备

电气设备由电源系、发动机启动系和点火系、汽车照明和信号装置等组成。此外，在现代汽车上越来越多地装用各种电子设备：微处理机、中央计算机系统，以及各种人工智能装置等，显著地提高了汽车的性能。图 3-1-19 为奥迪轿车全车控制单元安装位置。

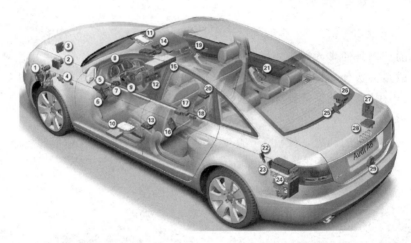

图 3-1-19　奥迪轿车全车控制单元安装略图

二、汽车的布置形式

为满足不同使用要求，汽车的总体构造和布置形式可以是不同的。按发动机和各个总成相对位置的不同，现代汽车的布置形式通常有如下几种：

(1) 发动机前置后轮驱动(FR)——传统的布置形式。国内外的大多数货车、部分轿车和部分客车都采用这种形式。

(2) 发动机前置前轮驱动(FF)——在轿车上逐渐盛行的布置形式，具有结构紧凑、减小轿车质量、降低地板高度、改善高速时的操纵稳定性等优点。

(3) 发动机后置后轮驱动(RR)——目前大、中型客车盛行的布置形式，具有降低室内噪声、有利于车身内部布置等优点。少数微型或普及型轿车也采用这种形式。

(4) 发动机中置后轮驱动(MR)——目前大多数运动型轿车和方程式赛车所采用的布置形式。由于这些车型都采用功率和尺寸很大的发动机，将发动机布置在驾驶员座椅之后和后桥之前，有利于获得最佳轴荷分配和提高汽车的性能。

此外，某些大、中型客车也采用这种布置形式，把配备的卧式发动机装在地板下面。

(5) 全轮驱动(nWD)——越野汽车特有的形式，通常发动机前置，在变速器后装有分动器以便将协力分别输送到全部车轮上。

三、技术参数

（一）汽车主要尺寸参数（单位：mm）

(1) 总长。车体纵向的最大尺寸（前后最外端间的距离）。

(2) 总宽。车体横向的最大尺寸。

(3) 总高。车体最高点到地面间的距离。

(4) 轴距。相邻两轴中心线之间的距离。

(5) 轮距。同一车桥左右轮胎面中心线（沿地面）间的距离。双胎结构则为双胎中心线间的距离。

(6) 前悬。汽车最前端至前轴中心线间的距离。

(7) 后悬。汽车最后端至后轴中心线间的距离。

(8) 最小离地间隙。满载状态下，底盘下部（车轮除外）最低点到地面间的距离。

(9) 接近角。车体前部凸出点向前轮引的切线与地面间的夹角。

(10) 离去角。车体后端凸出点向后轮引的切线与地面间的夹角。

上述主要尺寸参数如图 3-1-20 所示。

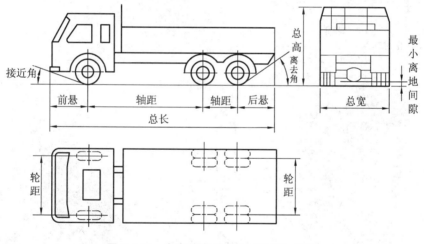

图 3-1-20　汽车的主要尺寸（结构）参数

（二）质量参数（单位：kg）

(1) 整车装备质量。车辆装备齐全，加足燃油、润滑油和冷却液，并带齐随车工具、备胎及其他规定应带的备品，符合正常行驶要求时的质量。

(2) 最大装载质量。设计允许的最大载货的质量。

(3) 最大总质量。汽车满载时的总质量，最大总质量＝整车装备质量＋最大装载质量。

(4) 最大轴载质量。汽车满载时各轴所承载的质量。

（三）性能参数

(1) 最高车速。汽车在平直良好的道路上行驶所能达到的最大车速（km/h）。

(2) 最大爬坡度。车辆满载时的最大爬坡能力（坡度度数）。

(3) 最小转弯半径。转向盘转至极限位置时，外侧转向轮中心平面的移动轨迹圆半径（m）。

(4) 平均燃油消耗量。汽车在公路上行驶时每百千米消耗的燃油量（L/100km）。

(5) 驱动方式。用车轮总数×驱动轮数，或车轴总数×驱动轴数来表示，如 4×2、4×4（双胎作一轮计）。

第二章　汽车发动机

发动机是汽车的动力装置。其作用：将燃料燃烧所产生的热能转变为机械能，并通过底盘驱动汽车行驶。

现代汽车发动机以四冲程汽油发动机和四冲程柴油发动机应用最为广泛，如图 3-2-1、3-2-2 所示。

汽油发动机一般由两大机构（曲柄连杆机构、配气机构）和五大系统（燃料供给系、润滑系、冷却系、启动系、点火系）组成。本章主要介绍目前汽车中最常用的四冲程水冷式汽油发动机总体构造。

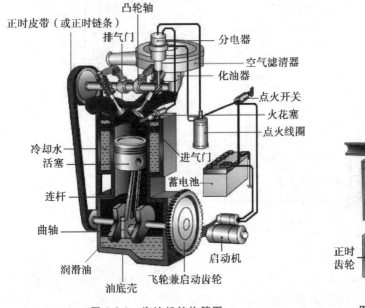

图 3-2-1　汽油机结构简图

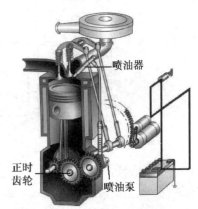

图 3-2-2　柴油机结构简图

第一节　发动机构造、分类及专业术语

一、发动机构造

（一）两大机构

1. 曲柄连杆机构

曲柄连杆机构包括机体组、活塞连杆组、曲轴飞轮组。该机构是发动机借以产生动

力，并将活塞的直线往复运动转变为曲轴的旋转运动而输出动力的机构，如图 3-2-3 所示。

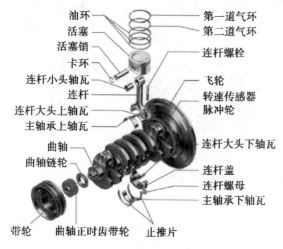

图 3-2-3　曲柄连杆机构

2. 配气机构

配气机构包括气门组和气门传动组。其作用是使可燃混合气及时进入气缸，并在燃烧后及时将废气从气缸中排出，如图 3-2-4 所示。

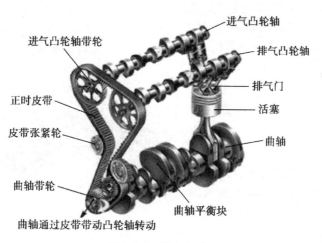

图 3-2-4　配气机构

（二）五大系统

1. 燃料供给系

汽油机的燃料供给系由汽油箱、汽油滤清器、汽油泵、节气门体、喷油器、供油管（燃油喷射式发动机）、空气滤清器和进气歧管等组成。其作用是向气缸内供给已配好的可燃混合气（缸内喷射式发动机为空气），并控制进入气缸内的可燃混合气的数量，以调节发动机的输出功率和转速，最后将燃烧后的废气排出气缸，如图 3-2-5 所示。

柴油机的燃料供给系由柴油箱、输油泵、喷油泵、柴油滤清器、喷油器、进排气管和排气消声器等组成。其作用是定时向气缸内喷入一定数量和一定压力的柴油，以调节发动机输出的功率和转速，最后将燃烧后的废气排出气缸。

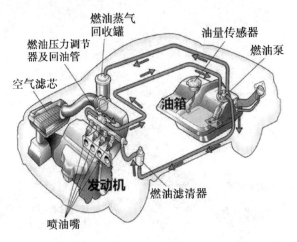

图 3-2-5 燃料供给系

2. 冷却系

冷却系有水冷和风冷两种，现代汽车一般都采用水冷式，由水泵、散热器、风扇、节温器、水套等组成。其作用是利用冷却水冷却高温零件，并通过散热器将热量散发到大气中去，从而保证发动机在最适宜的温度范围内工作。

3. 润滑系

润滑系由机油泵、集滤器、滤清器、油道、油底壳、调压阀和安全阀等组成。其作用是将润滑油分送至各个摩擦零件的摩擦面，以减小摩擦力，减缓机件磨损，并清洗、冷却摩擦表面，从而延长发动机使用寿命。

4. 启动系

由启动机及附属设备组成。其作用是带动飞轮旋转以获得必要的动能和启动转速，使静止的发动机启动并转入自行运转状态，如图 3-2-6 所示。

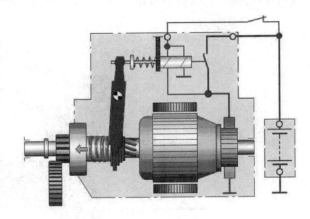

图 3-2-6 启动系

5. 点火系

汽油机传统点火系包括电源（蓄电池和发电机）、分电器、点火线圈和火花塞等。其作用是按一定时刻向气缸内提供电火花，以点燃缸内的可燃混合气。

二、四冲程汽油机的工作原理

1. 进气行程

活塞在曲轴的带动下由上止点移至下止点，此时排气门关闭，进气门开启。在活塞向下移动过程中，气缸容积逐渐增大，气缸内形成一定的真空度。空气和汽油的混合物通过进气门被吸入气缸，并在气缸内进一步混合形成可燃混合气，这一过程称为进气行程，如

图 3-2-7 所示。

因为进气系统有阻力，所以进气终了时气缸内的气体压力低于大气压力，为 0.08～0.09MPa。由于进气门、气缸壁、活塞等高温零件以及前一个循环残留在气缸内的高温废气对混合气的加热，致使进气终了时气缸内的气体温度高于大气温度，为 320～380K。

2. 压缩行程

为了使吸入气缸的可燃混合气能迅速燃烧，产生较大的压力，从而使发动机产生较大的功率，必须在燃烧前将可燃混合气压缩，使其体积缩小、密度加大、温度升高，即要有压缩行程。在压缩行程中，进、排气门全部关闭，活塞在曲轴带动下，由下止点向上止点运动，如图 3-2-8 所示。随着活塞的上移，活塞上方的空间容积不断减小，混合气被压缩，至活塞到达上止点时压缩行程结束。压缩终了时气缸内的气体压力为 0.8～1.5MPa，温度为 600～750K。

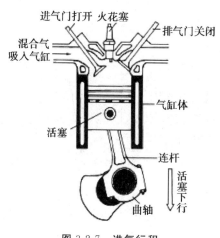
图 3-2-7　进气行程

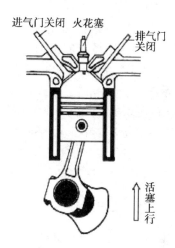
图 3-2-8　压缩行程

3. 做功行程

压缩行程结束时，安装在气缸盖上的火花塞产生电火花，将气缸内的可燃混合气点燃，火焰迅速传遍整个燃烧室，同时放出大量的热能。燃烧气体的体积急剧膨胀，压力和温度迅速升高。在气体压力的作用下，活塞由上止点移至下止点，并通过连杆推动曲轴旋转做功。这时，进、排气门关闭，如图 3-2-9 所示。

在做功行程中，燃烧气体的最大压力可达 3.0～6.5MPa，最高温度可达 2 200～2 800K。随着活塞向下止点移动，气缸容积不断增大，气体压力和温度逐渐降低。在做功行程结束时，压力为 0.35～0.5MPa，温度为 1 200～1 500K。

4. 排气行程

可燃混合气燃烧后生成的废气必须从气缸中排出，当做功行程结束时，在曲轴的带动下，活塞从下止点向上止点移动，此时进气门关闭，排气门开启，气缸内的废气在自身的残余压力和活塞上行的排挤压力作用下，从排气门、排气道排出气缸，至活塞到达上止点时，排气行程结束，如图 3-2-10 所示。

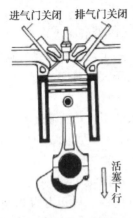

图 3-2-9 做功行程

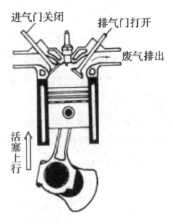

图 3-2-10 排气行程

排气行程终了时,气缸内还残留有少量废气,废气的压力也因为排气系统的阻力而略高于大气压力,为 0.105~0.12MPa,温度为 900~1 100K。

5. 示功图

四冲程发动机在一个工作循环里的气缸内的气体状态如图 3-2-11 所示。由示功图可以看出发动机一个工作循环里工作状态的变化,并由此检查、判断发动机性能的优劣。

三、发动机的分类

1. 按活塞的运动方式分类

按活塞运动方式的不同,活塞式发动机可分为往复活塞式和旋转活塞式两种。前者的活塞在气缸内做往复直线运动,后者的活塞在气缸内做旋转运动,如图 3-2-12 和图 3-2-13 所示。

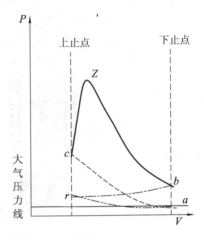

ra 为进气行程,ac 为压缩行程,czb 为做功行程,br 为压缩行程

图 3-2-11 发动机示功图

图 3-2-12 往复活塞式发动机

图 3-2-13 旋转活塞式发动机

2. 按所用燃料种类分类

根据所用燃料种类,活塞式发动机主要分为汽油机、柴油机和气体燃料发动机三类。

以汽油和柴油为燃料的活塞式发动机分别称作汽油机和柴油机。使用天然气、液化石油气和其他气体燃料的活塞式发动机称作气体燃料发动机。

3. 按冷却方式分类

根据冷却方式不同，发动机可分为水冷式和风冷式两种，如图 3-2-14 和图 3-2-15 所示。水冷式发动机以水或冷却液为冷却介质，而风冷式发动机以空气为冷却介质。汽车发动机多为水冷式。

图 3-2-14　水冷发动机

图 3-2-15　风冷发动机

4. 按气缸排列方式分类

按照气缸排列方式不同可以分为单列式和双列式。单列式发动机的各个气缸排成一列，一般是垂直布置的，但为了降低高度，有时也把气缸布置成倾斜的甚至水平的；双列式发动机把气缸排成两列，两列之间的夹角小于 180°（一般为 90°），称为 V 型发动机，若两列之间的夹角等于 180°，称为对置式发动机。将 V 型发动机两侧的气缸再进行小角度的错开，就是 W 型发动机。

5. 按进气系统是否采用增压方式分类

活塞式发动机还可分为增压和非增压两类。若进气是在接近大气状态下进行的，则为非增压发动机或自然吸气式发动机，如图 3-2-16 所示；若利用增压器将进气压力增高，进气密度增大，则为增压式发动机，如图 3-2-17 所示。增压式发动机可以提高发动机功率。除上述分类外，还可以根据发动机的某些结构特征进行分类，此处不再赘述。

图 3-2-16　自然吸气式发动机

图 3-2-17　增压式发动机

四、专业术语

发动机的基本专业术语如图 3-2-18 所示。

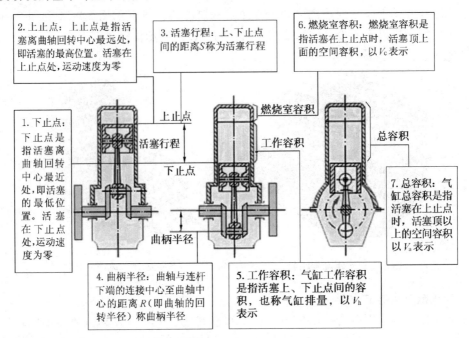

图 3-2-18 发动机的基本专业术语

1. 发动机工作容积

发动机工作容积是指各气缸工作容积的总和，也称发动机排量，以 V_L 表示。

$$V_L = V_h i = \frac{\pi D^2 S i}{4 \times 10^6} \text{ (L)},$$

式中：D—气缸直径（mm）；

S—活塞行程（mm）；

i—气缸数。

2. 压缩比

气缸总容积与燃烧室容积之比称为压缩比，以 ε 表示：

$$\varepsilon = \frac{V_a}{V_c} = \frac{V_h + V_c}{V_c} = 1 + \frac{V_h}{V_c}。$$

压缩比表示活塞由下止点移动到上止点时，气缸内气体被压缩的程度。压缩比越大，压缩终了时气缸内的压力和温度就越高。目前，一般车用汽油机的压缩比为 8~11，柴油机的压缩比一般为 16~22。

3. 工作循环

发动机将热能转变成机械能的过程，是通过进气、压缩、做功和排气四个连续过程组成的封闭过程来实现的。周而复始地进行这四个过程，发动机才能持续做功。

在发动机气缸内进行的每一次将燃料燃烧的热能转变成机械能的一系列连续过程（进气、压缩、做功、排气），称为发动机的一个工作循环。

第二节 曲柄连杆机构

发动机曲柄连杆机构主要是将燃料燃烧时产生的热能转变为活塞往复运动的机械能，再通过连杆将活塞的往复运动转变为曲轴的旋转运动而对外输出动力。曲柄连杆机构由机体组、活塞连杆组、曲轴飞轮组三部分组成。

一、机体组

机体是构成发动机的骨架，是发动机各机构和各系统的安装基础，其内外安装着发动机的所有主要零件和附件。机体组主要由气缸体、曲轴箱、气缸盖和气缸垫等零件组成。

（一）气缸体

1. 气缸体的结构

水冷发动机的气缸体和上曲轴箱常铸成一体，称为气缸体-曲轴箱，也可简称为气缸体。气缸体一般用灰铸铁铸成，气缸体上部的圆柱形空腔称为气缸，下半部为支承曲轴的曲轴箱，其内腔为曲轴运动的空间。在气缸体内部铸有许多加强筋、冷却水套和润滑油道等，如图 3-2-19 所示。

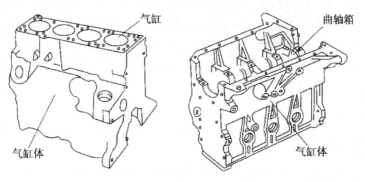

图 3-2-19 气缸体

2. 气缸体的形式

现代汽车上基本都采用水冷多缸发动机，对于多缸发动机，气缸的排列形式决定了发动机外形尺寸和结构特点，对发动机机体的刚度和强度也有影响，并关系到汽车的总体布置。按照气缸的排列方式不同，气缸体可以分成直列式、V 型和对置式三种，如图 3-2-20 所示。

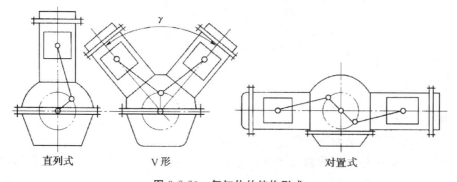

图 3-2-20 气缸体的结构形式

（二）气缸盖

气缸盖安装在气缸体的上面，从上部密封气缸并构成燃烧室。它经常与高温高压燃气相接触，因此承受很大的热负荷和机械负荷。水冷发动机的气缸盖内部制有冷却水套，缸盖下端面的冷却水孔与缸体的冷却水孔相通，利用循环水来冷却燃烧室等高温部分，如图 3-2-21 所示。

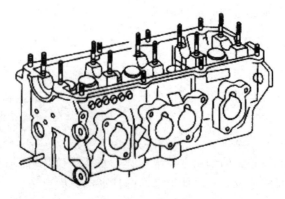

图 3-2-21 气缸盖

缸盖上还装有进、排气门座，气门导管孔，用于安装进、排气门，还有进气通道和排气通道等。汽油机的气缸盖上加工有安装火花塞的孔，而柴油机的气缸盖上加工有安装喷油器的孔。顶置凸轮轴式发动机的气缸盖上还加工有凸轮轴轴承孔，用以安装凸轮轴。

气缸盖一般采用灰铸铁或合金铸铁铸成。铝合金的导热性好，有利于提高压缩比，所以近年来铝合金气缸盖被采用得越来越多。

（三）气缸垫

气缸垫装在气缸盖和气缸体之间，其作用是保证气缸盖与气缸体接触面的密封，防止漏气、漏水和漏油，如图 3-2-22 所示。

气缸垫的材料要有一定的弹性，能补偿结合面的不平度，以确保密封，同时要有较好的耐热性和耐压性，在高温高压下不烧损、不变形。目前应用较多的是铜皮-石棉结构的气缸垫，由于铜皮-石棉气缸垫翻边处有三层铜皮，压紧时较石棉不易变形。

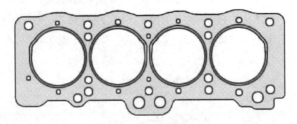

图 3-2-22 气缸垫

（四）油底壳

气缸体下部用来安装曲轴的部位称为曲轴箱，曲轴箱分上曲轴箱和下曲轴箱。上曲轴箱常与气缸体铸成一体，下曲轴箱用来贮存润滑油，并封闭上曲轴箱，故又称为油底壳。油底壳受力很小，一般采用薄钢板冲压而成，其形状取决于发动机的总体布置和机油的容量。油底壳内装有稳油挡板，以防止汽车颠动时油面波动过大。油底壳底部还装有放油螺塞，通常放油螺塞上装有永久磁铁，以吸附润滑油中的金属屑，减少发动机的磨损。在上下曲轴箱接合面之间装有衬垫，防止润滑油泄漏。油底壳结构如图 3-2-23 所示。

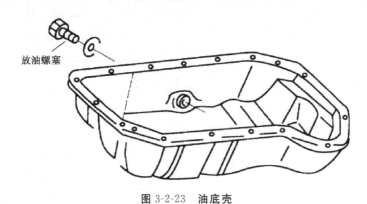

图 3-2-23　油底壳

二、活塞连杆组

活塞连杆组由活塞、活塞环、活塞销、连杆、连杆轴瓦等组成，如图 3-2-24 所示。

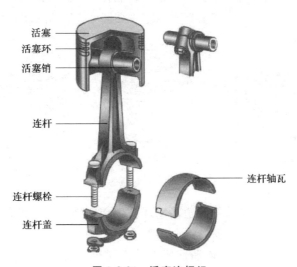

图 3-2-24　活塞连杆组

（一）活塞

1. 活塞的作用

活塞的作用是承受气体压力，并通过活塞销传给连杆驱使曲轴旋转，活塞顶部还是燃烧室的组成部分。

2. 活塞的结构

活塞可分为三部分：活塞顶部、活塞头部和活塞裙部，结构如图 3-2-25 所示。

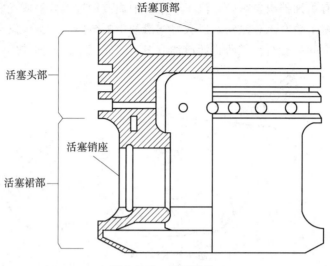

图 3-2-25 活塞结构

（1）活塞顶部。活塞顶部承受气体压力，它是燃烧室的组成部分，其形状、位置、大小都和燃烧室的具体形式有关，都是为满足可燃混合气形成和燃烧的要求，其顶部形状可分为三大类：平顶活塞、凸顶活塞、凹顶活塞，如图 3-2-26 所示。

图 3-2-26 活塞顶部形状

（2）活塞头部。活塞头部指第一道活塞环槽到活塞销孔以上的部分。它有数道环槽，用以安装活塞环，起密封作用，又称为防漏部。

（3）活塞裙部。活塞裙部指从油环槽下端面起至活塞最下端的部分，它包括装活塞销的销座孔。

（二）活塞环

活塞环是具有弹性的开口环，有气环和油环之分，如图 3-2-27 所示。气环保证了气缸与活塞间的密封性，防止漏气，并且要把活塞顶部吸收的大部分热量传给气缸壁，由冷却水带走。油环起布油和刮油的作用，下行时刮除气缸壁上多余的机油，上行时在气缸壁上铺涂一层均匀的油膜。油环还能起到封气的辅助作用。

1. 气环

气环开有切口，具有弹性，气环的断面形状很多，

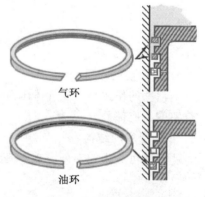

图 3-2-27 活塞环

最常见的有矩形环、扭曲环、锥形环、梯形环和桶面环，如图 3-2-28 所示。

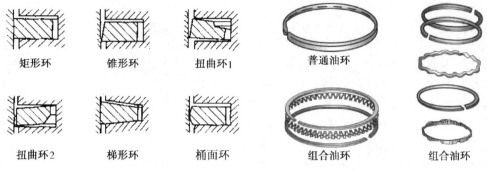

图 3-2-28　气环的断面形状　　　　　　　　图 3-2-29　油环

2. 油环

油环有普通油环和组合油环两种，如图 3-2-29 所示。

（三）活塞销

活塞销的作用是连接活塞和连杆小头，并把活塞承受的气体压力传给连杆。

活塞销一般都做成空心圆柱体，采用低碳钢和低碳合金钢制成，外表面经渗碳淬火处理以提高硬度，精加工后进行磨光，有较高的尺寸精度和表面光洁度。

活塞销的内孔有三种形状：圆柱形、两段截锥与一段圆柱组合、两段截锥形，如图 3-2-30 所示。

活塞销与活塞销座孔及连杆小头衬套孔的连接配合有两种方式："全浮式"安装和"半浮式"安装，如图 3-2-31 所示。

（1）"全浮式"安装。当发动机工作时，活塞销、连杆小头和活塞销座都有相对运动，这样，活塞销能在连杆衬套和活塞销座中自由摆动，使磨损均匀。这种安装方式应用较广泛。

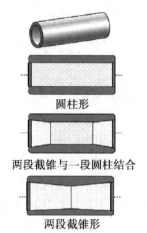

图 3-2-30　活塞销

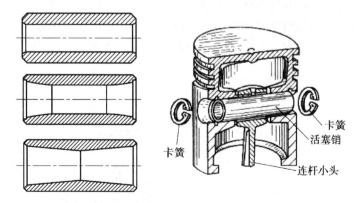

图 3-2-31　活塞销及其全浮式连接

（2）"半浮式"安装。其特点是活塞中部与连杆小头采用紧固螺栓连接，活塞销只能在两端销座内做自由摆动，而和连杆小头没有相对运动。活塞销不会做轴向窜动，不需要锁片。这种结构在小轿车上应用较多。

（四）连杆

连杆用于连接活塞与曲轴。连杆小头通过活塞销与活塞相连，连杆大头与曲轴的连杆轴颈相连。它把活塞承受的气体压力传给曲轴，使得活塞的往复运动转变成曲轴的旋转运动。

连杆一般都采用中碳钢或合金钢经模锻或辊锻而成，然后经机加工和热处理，连杆分为三个部分：连杆小头、连杆杆身和连杆大头（包括连杆盖），如图 3-2-32 所示。连杆小头与活塞销相连。

连杆杆身通常做成"I"字形断面，抗弯强度好，重量轻，大圆弧过渡，且上小下大。采用压力法润滑的连杆，杆身中部都制有连通大、小头的油道。

连杆大头与曲轴的连杆轴颈相连，大头有整体式和分开式两种。一般都采用分开式，分开式又分为平分和斜分两种，如图 3-2-33 所示。

把连杆大头分开可取下的部分叫连杆盖。连杆与连杆盖配对加工，加工后，在它们同一侧打上配对记号，安装时不得互相调换或变更方向。

连杆盖和连杆大头用连杆螺栓连在一起，连杆螺栓都采用优质合金钢，并经精加工和热处理特制而成。安装连杆盖拧紧连杆螺栓螺母时，要用扭力扳手分 2～3 次交替均匀地拧紧到规定的扭矩，拧紧后还应可靠地锁紧。连杆螺栓损坏后绝不能用其他螺栓来代替。

为了减小摩擦阻力和曲轴连杆轴颈的磨损，连杆大头孔内装有瓦片式滑动轴承，简称连杆轴瓦，如图 3-2-34 所示。轴瓦分上、下两个半片，目前多采用薄壁钢背轴瓦，在其内

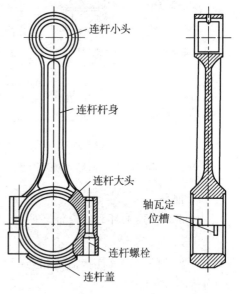

图 3-2-32　连杆

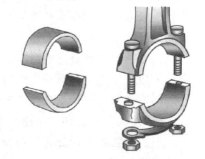

图 3-2-33　平分式连杆

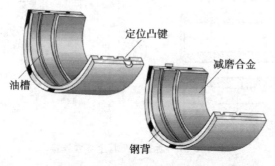

图 3-2-34　连杆轴瓦的结构

表面浇铸有耐磨合金层。耐磨合金层具有质软、容易保持油膜、磨合性好、摩擦阻力小、不易磨损等特点。

连杆轴瓦上制有定位凸键,供安装时嵌入连杆大头和连杆盖的定位槽中,以防轴瓦前后移动或转动,有的轴瓦上还制有油孔,安装时应与连杆上相应的油孔对齐。

三、曲轴飞轮组

曲轴飞轮组主要由曲轴、飞轮和一些附件组成,如图 3-2-35 所示。

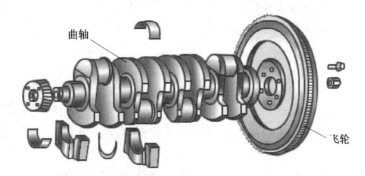

图 3-2-35　曲轴飞轮组

（一）曲轴

曲轴是发动机最重要的机件之一,如图 3-2-36 所示。

图 3-2-36　曲轴

1. 作用

它与连杆配合将作用在活塞上的气体压力转变为旋转的动力,传给底盘的传动机构,同时驱动配气机构和其他辅助装置,如风扇、水泵、发电机等。

曲轴一般用中碳钢或中碳合金钢模锻而成。为提高耐磨性和耐疲劳强度,轴颈表面经高频淬火或氮化处理,并经精磨加工,以达到较高的表面硬度和表面粗糙度的要求。

2. 组成

曲轴一般由主轴颈、连杆轴颈、曲柄、平衡块、前端和后端等组成。

(1) 主轴颈是曲轴的支承部分,通过主轴承支承在曲轴箱的主轴承座中。曲轴的支承方式一般有两种:一种是全支承曲轴,另一种是非全支承曲轴,如图 3-2-37 所示。

(2) 曲柄是主轴颈和连杆轴颈的连接部分,断面为椭圆形。为了平衡惯性力,曲柄处铸有(或紧固有)平衡重块,使曲轴旋转平稳。

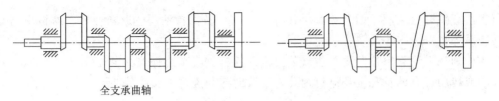

图 3-2-37　曲轴的支承形式

（3）曲轴前端装有正时齿轮，驱动风扇和水泵的皮带轮以及启动爪等。为了防止机油沿曲轴轴颈外漏，在曲轴前端装有一个甩油盘，在齿轮室盖上装有油封。曲轴的后端用来安装飞轮，在后轴颈与飞轮凸缘之间制成挡油凸缘与回油螺纹，以阻止机油向后窜漏。

（二）飞轮

飞轮的主要作用是用来贮存做功行程的能量，用于克服进气、压缩和排气行程的阻力和其他阻力，使曲轴能均匀地旋转。飞轮外缘压有的齿圈与启动机的驱动齿轮啮合，供启动发动机用。汽车离合器也装在飞轮上，利用飞轮后端面作为驱动件的摩擦面，用来对外传递动力。

飞轮是高速旋转件，如图 3-2-38 所示。因此，要进行精确地平衡校准，平衡性能要好，达到静平衡和动平衡。飞轮是一个很重的铸铁圆盘，用螺栓固定在曲轴后端的接盘上，具有很大的转动惯量。飞轮轮缘上镶有齿圈，齿圈与飞轮紧密配合，有一定的过盈量。

图 3-2-38　飞轮

在飞轮轮缘上做有记号（刻线或销孔），供找压缩上止点用。当飞轮上的记号与外壳上的记号对正时，正好是压缩上止点。

飞轮与曲轴在制造时一起进行过动平衡实验，在拆装时为了不破坏它们之间的平衡关系，飞轮与曲轴之间应有严格不变的相对位置。通常用定位销和不对称布置的螺栓来定位。

第三节　发动机配气机构

配气机构是进、排气管道的控制机构，它按照气缸的工作顺序和工作过程的要求，准时地开闭进、排气门，向气缸供给可燃混合气（汽油机）或新鲜空气（柴油机）并及时排出废气。

配气机构包括气门组和气门传动组，如图 3-2-39 所示。

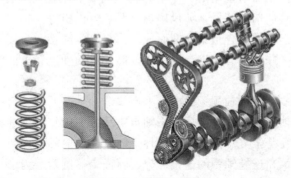

图 3-2-39　配气机构组成

一、气门组

包括：气门、气门座、气门导管、气门弹簧、锁片、卡簧，如图 3-2-40 所示。

（一）气门

(1) 作用：控制进、排气管的开闭。
(2) 构造：气门由头部、杆身和尾部组成，如图 3-2-41 所示。

图 3-2-40 气门组

图 3-2-41 气门

① 气门头部是一个具有圆锥斜面的圆盘，气门锥角一般为 45°，也有 30°，如图 3-2-42 所示。

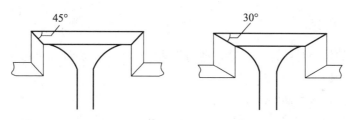

图 3-2-42 气门锥角

② 气门头顶部形状有平顶、球面顶和喇叭形顶等，如图 3-2-43 所示。

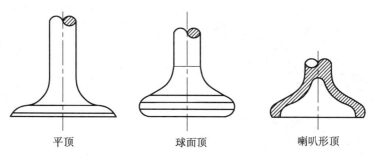

平顶　　　　　球面顶　　　　　喇叭形顶

图 3-2-43 头部形状

③ 杆身：杆身与头部制成一体，装在气门导管内起导向作用，杆身与头部采用圆滑过渡连接。

④ 尾部：制有凹槽（锥形槽或环形槽），用来安装锁紧件。

（二）气门导管

气门导管起导向作用，保证气门做直线往复运动；同时起导热作用，将气门头部传给杆身的热量，通过气缸盖传出去。

气门导管常用灰铸铁或球墨铸铁或铁基粉末冶金制造。导管内、外圆面加工后压入气缸盖的气门导管孔内，然后再精铰内孔，如图3-2-44所示。为了防止气门导管在使用过程中松脱，有的发动机对气门导管用卡环定位。

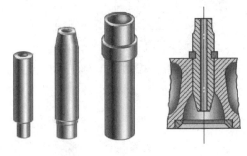

图 3-2-44　气门导管

（三）气门座

气门座与气门头部密封锥面配合用来密封气缸，气门头部的热量亦经过气门座外传。气门座可以在缸盖或缸体上直接镗出，也可以采用镶嵌式结构。镶嵌式结构的气门座都采用较好的材料（合金铸铁、奥氏体钢等）单独制作。

（四）气门弹簧

气门弹簧的作用是保证气门回位。气门弹簧多为圆柱形螺旋弹簧，它的一端支承在气缸盖上，另一端压靠在气门杆尾端的弹簧座上，弹簧座用锁片固定在气门杆的尾端，如图3-2-45所示。

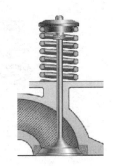

图 3-2-45　气门弹簧

二、气门传动组

气门传动组的作用是传递凸轮轴、气门之间的运动，主要包括凸轮轴、液压挺柱。

（一）凸轮轴

(1) 凸轮轴的形状如图3-2-46所示。

(2) 凸轮的轮廓。气门开启和关闭的持续时间必须符合配气相位的要求，这是由凸轮的轮廓来保证的，而且凸轮的轮廓还在很大程度上决定了气门的最大升程和升降过程的运动规律，如图3-2-47所示。

图 3-2-46　凸轮轴

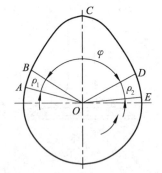

图 3-2-47　凸轮轴凸轮的轮廓

(3) 凸轮轴轴颈。凸轮轴各道轴颈的直径有的相等，但也有的从前往后逐道减小，以便于安装。有些凸轮轴轴颈上有些特殊形状的油槽或油孔。有的在轴承座孔处开泄油孔，以使经轴承间隙流到轴颈后端空腔中的润滑油泄回油底壳，防止空腔中产生油压压开油堵而漏油。有些发动机其摇臂轴的润滑靠凸轮轴轴承处通过缸体上的油道输送润滑油。

（4）凸轮轴轴承。凸轮轴轴承做成衬套压入整体式的座孔内，最后再经加工，与轴颈配合。其材料多与曲轴轴承类似，由低碳钢背内浇减磨合金制成，也有的用粉末冶金衬套或铜套。

（二）液压挺柱

液压挺柱的作用是自动补偿气门间隙，液压挺柱由挺柱体、液压缸、柱塞、止回球阀、止回阀弹簧、止回阀托架和柱塞回位弹簧等组成，如图3-2-48所示。

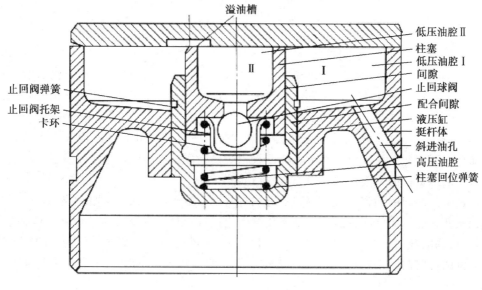

图 3-2-48　液压挺柱结构

液压挺柱的工作原理：

在凸轮轴的作用下，液压挺柱做上下往复运动，挺柱每往复运动一次，挺柱体上与斜油孔相通的环形油槽二次与气缸盖上的斜油孔相通，此时，来自气缸盖主油道的压力机油通过斜油孔进入气缸盖挺柱孔，再由挺柱体上的斜进油孔进入低压油腔，然后经过溢油槽进入低压油腔。

当凸轮的凸起部分转到离开液压挺柱顶面时，此时气门已关闭，挺柱不再受到凸轮作用力和气门弹簧力的作用，高压油腔内的压力油及柱塞回位弹簧一起推动柱塞向上运动，高压油腔内压力下降。当高压腔内的油压低于低压腔内的油压某一量值时，止回阀打开，压力油从低压腔进入高压腔，直到高压腔内的机油压力与止回阀弹簧力、低压腔内机油压力达到新的平衡为止。此时，液压挺柱的顶面因有柱塞回位弹簧的作用，仍与凸轮基缘接触，从而实现了自动补偿气门间隙的功能。

（三）气门间隙

（1）定义：气门间隙是指气门完全关闭（凸轮的凸起部分不顶挺柱）时，气门杆尾端与摇臂或挺柱之间的间隙。

（2）作用：给热膨胀留有余地以保证气门密封。

不同机型的气门间隙的大小不同，根据实验确定，一般冷态时，排气门间隙大于进气门间隙，进气门间隙为 0.25～0.3mm，排气门间隙为 0.3～0.35mm，如图 3-2-49 所示。

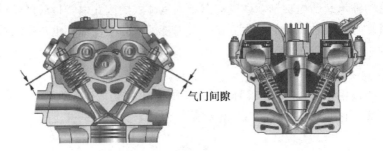

图 3-2-49　气门间隙

（3）气门间隙过大与过小的危害。

① 间隙过大：进、排气门晚开启后，缩短了进、排气的时间，降低了气门的开启高度，改变了正常的配气相位，使发动机因进气不足、排气不净而功率下降，此外，还使配气机构零件的撞击增加，磨损加快。

② 间隙过小：发动机工作后，零件受热膨胀，将气门推开，使气门关闭不严，造成漏气，功率下降，并使气门的密封表面严重积炭或烧坏，甚至气门撞击活塞。

采用液压挺柱的配气机构不需要留气门间隙。

（4）气门间隙的调整。气门调整的方法有两种：两次调整法和逐缸调整法。

两次调整法：第一次，当一缸处于压缩上止点时，对于六缸发动机来说（曲轴为左置式的），可调的气门是：一缸的进、排气门；二缸的进气门；三缸的排气门；四缸的进气门；五缸的排气门。第二次，将曲轴旋转一圈，使六缸处于压缩上止点，调剩下的六个气门。

逐缸调整法：将每个缸处于压缩上止点，调该缸的进、排气门。

第四节　汽油机燃料供给系

汽油机燃料供给系的作用是根据发动机各种不同工况的要求，配制出一定数量和浓度的可燃混合气，供入气缸，然后燃烧做功后，将废气排入大气中。目前，国内外生产的汽油发动机几乎都采用电子燃油喷射系统。

电子燃油喷射系统（简称 EFI 或 EGI 系统），以一个电子控制装置（又称电脑或 ECU）为控制中心，利用安装在发动机不同部位上的各种传感器，测得发动机的各种工作参数，按照在电脑中设定的控制程序，通过控制喷油器，精确地控制喷油量，使发动机在各种工况下都能获得最佳浓度的混合气。

电子燃油喷射系统由燃油供给系统、空气供给系统和电子控制系统三部分组成，如图 3-2-50 所示。

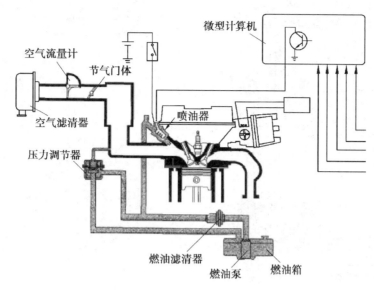

图 3-2-50 电子燃油喷射系统组成

一、燃油供给系统

燃油供给系统主要由燃油箱、燃油泵、燃油滤清器、燃油分配管、喷油器、燃油压力调节器、进油管等组成,如图 3-2-51 所示。

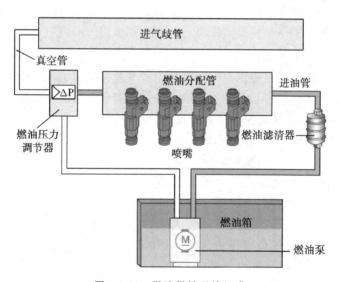

图 3-2-51 燃油供给系统组成

(一) 电动燃油泵

电动燃油泵由小型直流电动机驱动,其作用是提供燃油喷射所需的压力燃油。现在所有的电喷车都采用内装式叶片泵,有些老式电喷车也采用外装式滚柱泵。

叶片泵由电动机和泵体两大部分组成。它包括有:滤清器、叶轮、单向阀、减压阀等主要零部件,如图 3-2-52 所示。叶轮被电动机驱动运转时,转子周围小槽内的燃油跟随转子一同高速旋转。由于离心力的作用,使燃油出口处油压增高,同时在进口处产生一定的真空，从而使燃油从进口吸入并被泵向出口。

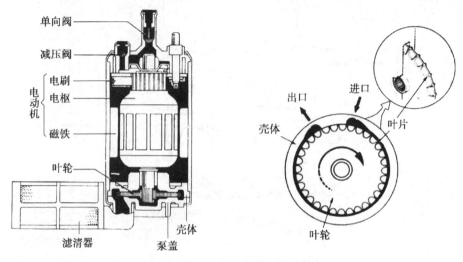

图 3-2-52　叶片式电动燃油泵

（二）燃油滤清器

燃油滤清器的作用是滤去燃油中的杂质，以防止污物堵塞喷油器针阀等精密机件。燃油滤清器装在电动燃油泵之后的输油管路中，由纸质滤芯再串联一个棉纤维过滤网制成。其外壳为密封式铝壳或铁壳，有一定的耐压能力。在正常使用情况下，这种燃油滤清器的使用寿命较长，视燃油清洁情况，汽车每行驶 3 万千米以上时需要更换。

（三）燃油压力调节器

燃油压力调节器的作用是根据进气歧管压力的变化来调节进入喷油器的燃油压力，使两者保持恒定的压力差，这样，从喷油器喷出的燃油量便只取决于喷油器的开启时间，使 ECU 能通过控制喷油时间的长短来精确地控制喷油量。

燃油压力调节器的膜片把金属壳体组成的内腔分为弹簧室和燃油室。弹簧室内有一根通气管与进气歧管相连，使供油系统中的油压不仅取决于弹簧力，而且还取决于进气歧管内的气体压力。怠速时，进气歧管压力低，输入的燃油压力高于弹簧力与进气歧管压力之和，燃油向左推动膜片压缩弹簧，回油阀开度较大，使部分燃油流回油箱，油路中的油压降低。全负荷时，进气歧管压力升高，输入的燃油压力与弹簧力和进气管压力达成平衡位置，膜片向右退回一些，回油阀开度减小，油压升高。这样，喷油压力随进气歧管的压力而变化，从而使喷油压力与进气歧管压力之差值保持不变。燃油压力调节器内部结构，如图 3-2-53 所示。

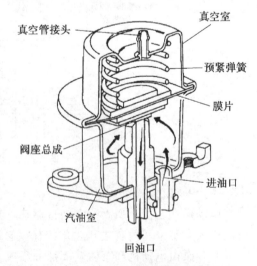

图 3-2-53　燃油压力调节器内部结构

(四) 喷油器

喷油器是根据 ECU 提供的电信号来控制燃油喷射的。近年生产的电喷发动机大多采用多点喷射系统，喷油器安装在进气歧管上。喷油器可分为轴针式、球阀式和片阀式三种。

轴针式喷油器主要由喷油器外壳、滤网、插座、电磁线圈、衔铁、阀针、轴针、上下密封圈组成，如图 3-2-54 所示。当喷油器的电磁线圈没有电流通过时，针阀在弹簧的作用下将喷油器的阀口关闭，喷油器不喷油。当电磁线圈通电时，线圈产生磁场，电磁吸力将衔铁吸起上移，与衔铁一体的阀针同时上移，喷油器的阀口被打开，燃油从精密的环形喷口以雾状喷出。喷油器用专门的 O 形密封圈安装，该密封圈为橡胶成型件，具有隔热作用，能防止喷油器中的燃油产生气泡，有助于提高发动机的高温启动性能。喷油器经燃油管，或使用带保险夹头的连接插座与燃油分配管连接。

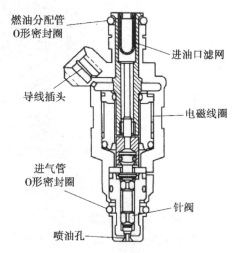

图 3-2-54 轴针式喷油器结构

二、空气供给系统

空气供给系统的作用是测量和控制汽油在发动机内燃烧时所需要的进气量。空气供给系统由空气滤清器、空气流量计/进气压力传感器、节气门位置传感器、怠速控制装置、进气总管、进气歧管和增压控制装置等组成。

(一) 空气滤清器

一般为干式纸质滤芯式，结构与普通发动机上相同。

(二) 空气流量计 (MAF)

空气流量计的作用是测量进入发动机的空气流量，将此信号输送给 ECU，ECU 根据此信号决定将要喷射的油量。空气流量计必须准确地测量每一瞬间吸入发动机的空气量，如果空气流量计出现问题，ECU 收不到准确的进气量信号，此时，喷油量就不能准确控制，将会造成混合比过大或过小，使发动机不能正常工作。目前常见的空气流量计有热线式和热膜式两种。

1. 热线式空气流量计

热线式空气流量计的基本构成是感知空气流量的白金热线、根据进气温度进行修正的温度补偿电阻（冷线）、控制热线电流并产生输出信号的控制线路板，以及空气流量计的壳体，如图 3-2-55 所示。而根据白金热线在壳体内安装的部位不同，可分为主流量测量方式和旁通测量方式两种。

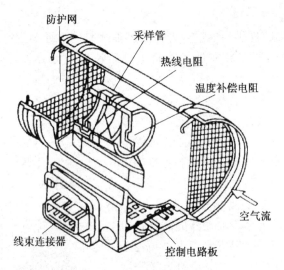

图 3-2-55 热线式空气流量计

2. 热膜式空气流量计

热膜式空气流量计由用铅片制成的热膜电阻、空气补偿电阻、精密金属膜电阻和电子回路等组成,如图 3-2-56 所示。热膜电阻、空气补偿电阻及其他精密电阻用厚膜工艺固定在以陶瓷为基片的树脂膜上,其工作原理和广泛使用的热线风速仪相同。在空气通路中放置一个发热体,由于热量被空气吸收,发热体本身会变冷,热膜的电阻值会变小。发热体周围通过的空气流量越多,被带走的热量也越多。热膜式空气流量计就是利用发热体与空气之间的这种热传递现象来进行空气流量测量的。

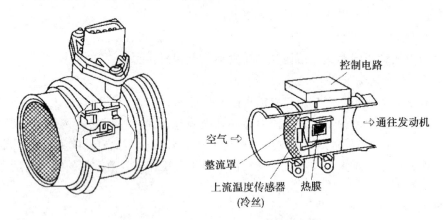

图 3-2-56 桑塔纳 AJR 热膜式空气流量计

(三) 进气压力传感器 (MAP)

进气压力传感器 (MAP) 是以检测进气歧管的负压变化来感知发动机的进气量大小,ECU 以此信号和其他传感器信号控制喷油器的喷油量。

最常用的进气压力传感器是半导体压敏电阻式,该传感器转换元件是利用半导体的压阻效应制成的硅膜片,硅膜片的一面是真空室,另一面导入进气管压力。进气歧管内绝对压力越高,硅膜片的变形越大,其变形量与压力成正比,附在硅膜片上的应变电阻阻值产生与变形量成正比的变化,利用这种原理把进气歧管内的压力变化转换成为电信号。因其具有尺寸小、精度高、成本低,以及响应性、再现性和抗震性较好等优点,现今得到了广泛的应用,如图3-2-57所示。

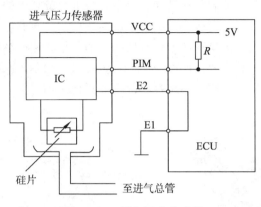

图 3-2-57　进气压力传感器

(四) 节气门位置传感器 (TPS)

节气门位置传感器的作用是检测节气门的开度及开度变化,此信号输入ECU,控制燃油喷射及其他辅助控制。节气门位置传感器常见有开关式、滑动电阻式、综合式。以下以综合式为例说明原理。

综合式节气门位置传感器采用一个怠速开关和一个线性可变电阻相结合的方式,怠速开关用来产生怠速信号,线性可变电阻用来反映节气门开度,如图3-2-58所示。

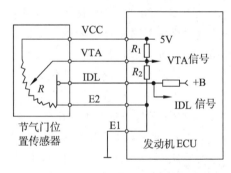

图 3-2-58　综合式节气门位置传感器

(五) 怠速控制系统

怠速是指发动机在无负荷(对外无功率输出)情况下的稳定运转状态。

怠速控制是指由微机对发动机的怠速进行控制。其内容包括：启动后的控制、暖机过程的控制、负荷变化的控制、减速时的控制等。

目前,怠速控制系统可分为节气门直动式、空气旁通式两种基本类型。这两种类型都是通过调节空气通路截面来控制气缸进气流量的。

1. 节气门直动式

在怠速工况下,通过控制节气门开启角度,调节空气通路的截面,达到控制充气量、实现怠速控制的目的。节气门直动式怠速控制机构具有较强的工作能力,控制位置稳定性好,目前应用较多。还有一种电子节气门,则取消了节气门拉线,节气门在整个开启范围内均依靠直流电机驱动,它不仅负责怠速控制,还可以作为牵引防滑系统、电子稳定系统、巡航控制的执行元件。

2. 空气旁通式

空气旁通式怠速控制系统可分为怠速步进电机、占空比电磁阀、旋转电磁阀等类型。

(1) 急速步进电机。微机控制步进电机式进气量调节：微机根据节气门开关信号（急速开关）、车速信号判断发动机是否处于急速状态；再由冷却液温度传感器、空调信号、动力转向信号、自动变速器挡位信号等负荷情况，通过存储器存储参考数据，确定相应的目标转速；将发动机实际转速和目标转速相比较，根据比较得出的差值确定相应目标转速控制量，去驱动步进电机；通过步进电机转子旋转改变阀门与阀座之间的距离，调节旁通空气道的空气流量，使发动机急速转速达到所要求的目标转速。结构如图 3-2-59 所示。

(2) 占空比电磁阀。它主要由电磁线圈、复位弹簧、阀芯、阀座、固定铁芯、活动铁芯、进气口和出气口等组成。阀芯固定在阀杆上，阀杆一端与固定铁芯连接，另一端设置有复位弹簧。

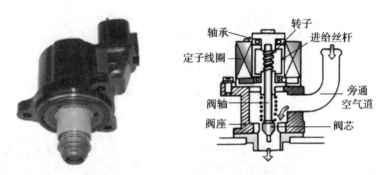

图 3-2-59　步进电机式急速控制阀

占空比电磁阀式急速控制原理：电磁线圈接通电流时就会产生电磁吸力。当线圈产生的电磁吸力超过复位弹簧的弹力时，活动铁芯在电磁吸力的作用下就会向固定铁芯方向移动，同时通过阀杆带动阀芯向右移动，使阀芯离开阀座将旁通空气道开启。当电磁线圈断电时，活动铁芯与阀芯在复位弹簧弹力的作用下左移复位，将旁通空气道关闭。

电磁阀占空比进气量调节：所谓占空比，是指一个脉冲循环中，电磁线圈通电时间（即阀口打开时间）所占的比值。在日产 ECCS 系统中，加在电磁线圈上的脉冲电压频率为 20Hz，即 1s 内，电磁阀阀口开闭 20 次，如果脉冲"ON"的时间占一个周期的 60%，即占空比等于 60%。占空比越大，阀口打开的时间相对增加，空气充气量越多。因此，微机只要控制电磁阀线圈的脉冲占空比，就能控制旁通空气道中的空气流量，也就能控制急速转速。由上可知，占空比越大，急速转速越高；反之，急速转速越低。结构如图 3-2-60所示。

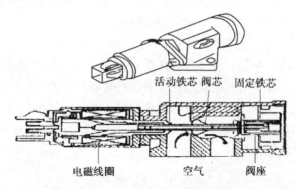

图 3-2-60　占空比电磁阀式急速控制阀

（3）旋转电磁阀。它主要由旁通空气阀和电动机组成。旁通空气阀固定在电动机的电枢轴上，在电动机的驱动下，可以在限定的90°转角范围内转动，通过改变旁通空气开启面积的大小来增减进气量。电动机的磁极用永久磁铁制成，电枢由电枢铁芯、两个线圈、换向器和电枢轴组成，如图3-2-61所示。

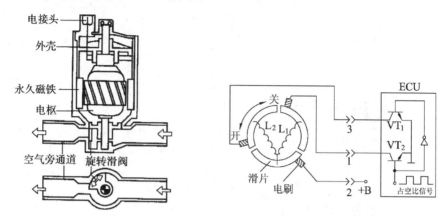

图 3-2-61　旋转电磁阀式怠速控制阀

三、电子控制系统

电控燃油喷射系统发动机的电子控制系统主要由传感器、执行器和电控单元组成，本节主要简单介绍相关传感器。在《汽车实习指导驾驶员（高级工、技师）培训教材》一书中，将详细介绍电子控制系统。

1. 发动机转速与曲轴位置传感器（CKP/TDC）

作用：检测发动机上止点、曲轴转角，将发动机转速信号送给ECU，以确认曲轴位置，用来控制喷油正时和点火正时。经常安装在发动机的曲轴端、凸轮轴端、飞轮上或分电器内。常见的有磁电式、光电式、霍尔式。

结构与原理：以磁电式为例。利用转子旋转使磁通量变化，从而在感应线圈里产生交变的感应电动势信号，将此信号放大后送入ECU，如图3-2-62所示。

2. 冷却液温度传感器（THW）

冷却液温度传感器安装在发动机缸体或缸盖的水套上，与冷却液直接接触，用于测量发动机的冷却液温

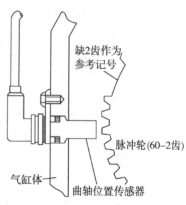

图 3-2-62　磁电式曲轴位置传感器

度。其内部装有负温度特性的热敏电阻（NTC），利用半导体的电阻随温度变化而变化的特性，温度愈低，电阻愈大，温度愈高，电阻愈小。ECU根据这一变化便可测得发动机冷却液的温度，进行喷油量修正。当冷车启动和暖机阶段供给较浓的混合气，冷却液升高后供给稍稀的混合气，如图3-2-63所示。

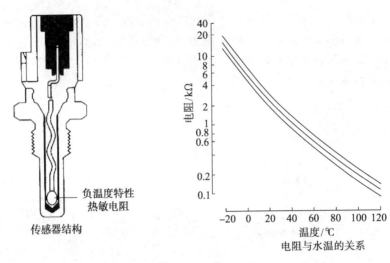

图 3-2-63 冷却液温度传感器

3. 进气温度传感器（THA）

ECU 根据发动机的进气温度和大气压力信号修正喷油量，使发动机自动适应外部环境温度（寒冷、高温）和大气压力（高原、平原）的变化。其结构和工作原理与冷却液温度传感器相同，进气温度传感器的温度与电阻值的关系与冷却液温度传感器一样。

4. 爆震传感器（KS）

爆震传感器的作用是检测发动机有无爆震现象，并将信号送入发动机微机控制装置。常用的爆震传感器是共振型压电式，此种型式的爆震传感器是利用产生爆震时的发动机振动频率，与传感器本身的固有频率相符合，而产生共振现象，用以检测爆震是否发生，如图 3-2-64 所示。

5. 氧传感器（O_2S）

汽车安装了三元催化转换器，空燃比一旦偏离理论空燃比，三元催化剂对 CO、HC 和 NO_x 的净化能力急剧下降。故在排气管中插入氧传感器，根据排气中的氧浓度测定空燃比，向微机控制装置发出反馈信号，控制空燃比接近于理论值。目前已实际应用的氧传感器有氧化锆式和氧化钛式两种氧传感器，正常情

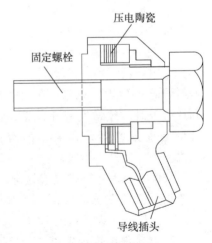

图 3-2-64 爆震传感器

况下，氧传感器输出电压应在 0.1～0.9V 之间，通常每 10s 内变化 8 次。一般来说，当输出电压为 0.5～0.9V 时说明混合气浓，当输出电压为 0.1～0.5V 时说明混合气稀。

第五节 发动机点火系

由于汽油自燃温度高，难以被压燃，因此汽油发动机设置了点火系，采用电火花点燃气缸内的可燃混合气。点火系的作用是将汽车电源供给的低压电转变为高压电，并按照发动机的做功顺序与点火时间的要求适时、准确地配送给各缸的火花塞，在其间隙处产生电

火花，点燃气缸内的可燃混合气。

点火系按其组成和产生高压电的方式不同可分为：

（1）传统点火系，目前已淘汰。

（2）普通电子点火系，是指初级电路的通断由晶体管控制的点火系，也称"晶体管点火系"或"半导体点火系"。现在也已经逐步淘汰。

（3）微机控制点火系，是指微机根据各种传感器输入的信号，经过数学运算和逻辑判断，控制初级电流通断的点火系。微机控制点火系是最先进的点火系，应用越来越广泛。

点火系主要由电源、点火开关、点火线圈、火花塞、高低压导线等组成，在有些车型里还有配电器（分火头和分电器盖），如图3-2-65所示。

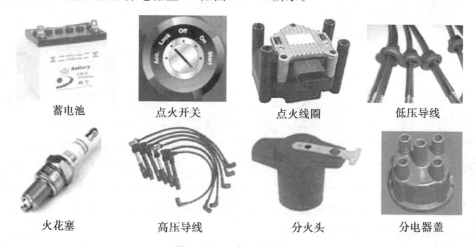

图 3-2-65　点火系的组成

一、点火线圈

点火线圈的作用是将电源提供的12V低压电转变成能击穿火花塞电极间隙的高压电。点火线圈是利用电磁感应原理制成的。

点火线圈里面有两组线圈，即初级线圈和次级线圈。初级线圈用较粗的漆包线，通常用0.5～1mm左右的漆包线绕200～500匝左右；次级线圈用较细的漆包线，通常用0.1mm左右的漆包线绕15 000～25 000匝左右。初级线圈一端与车上低压电源（＋）连接，另一端与开关装置连接。次级线圈一端与初级线圈连接，另一端与高压线输出端连接输出高压电。

当初级线圈接通电源时，随着电流的增长，四周产生一个很强的磁场，铁芯储存了磁场能；当开关装置使初级线圈电路断开时，初级线圈的磁场迅速衰减，次级线圈就会感应出很高的电压。初级线圈的磁场消失速度越快，电流断开瞬间的电流越大，两个线圈的匝比越大，则次级线圈感应出来的电压越高。

点火线圈按其磁路结构形式的不同，一般分为开磁路式和闭磁路式两种。

1. 开磁路点火线圈的结构、特点

点火线圈主要由铁芯初级绕组、次级绕组、胶木盖、瓷座、接线柱和外壳等组成。

开磁路点火线圈按冷却方式的不同分为沥青式和油浸式；按有无附加电阻分为带附加电阻和不带附加电阻式；按接线柱的多少分为两接线柱式和三接线柱式，如图3-2-66

所示。

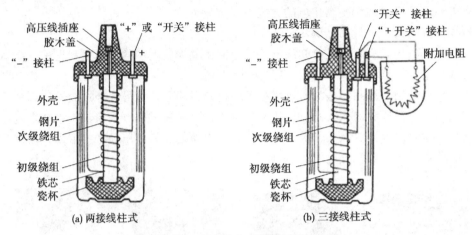

图 3-2-66　开磁路点火线圈结构示意图

点火线圈的胶木盖上装有与点火开关、分电器连接的低压接柱。两接柱点火线圈的低压接柱上分别标有"＋""－"标记。三接柱点火线圈的低压接柱上分别标有"开关""＋开关""－"标记，并在"开关"和"＋开关"接柱上接有附加电阻。胶木盖的中央是高压线插座，周围较高，以防高压电在接柱间放电。点火线圈的初级绕组两端分别接"＋"（或开关）和"－"接线柱，次极绕组的一端接初级绕组，另一端接高压插座。

开磁路点火线圈特点：产生高压电稳定，但磁路损失较大。

2. 闭磁路点火线圈的结构、特点

闭磁路点火线圈和开磁路点火线圈相比，其铁芯不是条形的，而是"日"字形或"口"字形。铁芯磁化后，其磁感应线经铁芯构成闭合磁路，如图 3-2-67 所示。

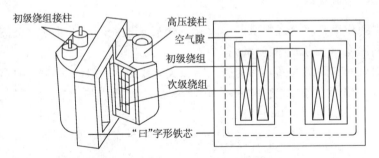

图 3-2-67　闭磁路点火线圈结构示意图

它由"日"字形的硅钢片叠成，绕组是绕在"日"字形钢片的中间的"一"上，初级绕组在里边，次级绕组在初级绕组的外面，外面用环氧树脂密封，取消了金属外壳，这样易于散热。

由于闭磁路点火线圈漏磁小，磁路的磁阻小，能量损失小，所以能量转换率高达75%，因此称高能点火线圈。而开磁路点火线圈的能量转换率只有60%。另外，由于闭磁路的铁芯导磁能力强，可在较小的磁动势下产生较强的磁场，因而能有效地减少线圈匝数，使点火线圈小型化。其体积小，可直接装在分电器上，不仅结构紧凑，并可有效地降低次级电容，故在电子点火系中广泛使用。

闭磁路点火线圈特点：形成闭合的磁路，减少磁通损失，提高次级电压。

二、火花塞

火花塞的功用是将点火线圈的脉冲高压电引入燃烧室，并在两个电极之间产生电火花，以点燃可燃混合气。

1. 火花塞的工作条件及对其要求

（1）受高压燃气冲击及发动机振动，故应有足够的机械强度。

（2）受冲击性高电压作用，故应有足够的绝缘强度。

（3）应能承受温度的剧烈变化。

（4）火花塞的电极应采用耐腐蚀材料。

（5）应有适当的电极间隙和安装位置，气密性要良好。

2. 火花塞的结构

火花塞的结构如图 3-2-68 所示。

高压电经接线螺柱、螺杆引到中心电极，中心电极与接线螺杆之间有导电密封玻璃，防止气体泄漏；侧电极接在火花塞外壳上搭铁，陶瓷绝缘体固定于其中，有紫铜垫圈以及密封垫圈防止气体泄漏；火花塞外壳与气缸盖之间有密封垫圈防止气体泄漏；火花塞绝缘体紫铜垫圈以下的锥形部分称为火花塞的绝缘体裙部，是吸热部分，所吸收的高温热量经与外壳接触的紫铜垫圈传递给气缸盖。

火花塞的电极间隙一般为 0.7~0.9mm。为适应发动机排气净化的要求，采用稀混合气燃烧，火花塞电极间隙有增大至 1.0~1.2mm 的趋势。

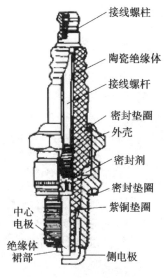

图 3-2-68　火花塞的结构

3. 火花塞的材料

一般汽车的火花塞，即普通火嘴，其电极材料由镍锰合金制成，一般在行驶 1 万千米或 1 年后都要进行检查或更换。现在奔驰、宝马一类高档轿车和部分丰田轿车原厂配用铂金火花塞，铂金火花塞则可实现 10 万千米内免检查更换，而近年来才出现的铱金属火花塞同样能达到这样的水平，使用寿命延长，但价格较高。

4. 火花塞的热特性

火花塞的工作温度较高，在 500℃~600℃以上，800℃~900℃以下，火花塞的散热能力显得非常重要。火花塞的热特性是指火花塞能够冷却其中心电极的能力。

火花塞绝缘体裙部工作温度达 500℃~600℃时，落在裙部的油粒能完全烧尽，此温度称为火花塞的自净温度；若低于此温度，则容易产生积炭，使火花塞裙部绝缘性能下降，使点火不可靠（裙部发黑）；当温度高达 800℃~900℃时，可能产生灼热表面点火（炽热点火，裙部发灰白色）。

5. 火花塞的类型

（1）按照电极材料来分，有镍合金、银合金和铂合金等。

（2）按照裙部长短来分，有冷型、中型和热型，如图 3-2-69 所示。

冷型火花塞裙部短，长 8mm，一般应用于压缩比高的发动机；中型火花塞裙部长

11mm 或 14mm，一般应用于转速较低的发动机；热型火花塞裙部长 16mm 或 20mm，散热慢，一般应用于功率比较小的发动机。

6. 火花塞的选用

火花塞选择的依据则是视发动机压缩比的高低。对高压缩比的高速发动机，燃烧气体温度高，为防止绝缘体裙部过热，应采用裙部较短的冷型火花塞；对低压缩比、长期在低速运转的发动机，为避免裙部积炭，影响点火性能，应采用裙部较长的热型火花塞。

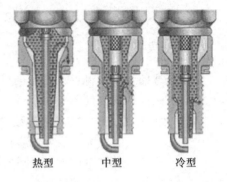

图 3-2-69　冷型、中型和热型火花塞

三、配电器

配电器由分火头和分电器盖组成，主要作用是将点火线圈产生的高压电通过高压导线分配至各缸火花塞，从而点燃汽缸内的可燃混合气，如图 3-2-70 所示。现在只有很少的车型在用，已趋于淘汰。

图 3-2-70　配电器

四、电子点火系的基本组成及基本原理

电子点火系由电源、点火开关、点火线圈、点火信号传感器（点火信号发生器）、点火模块（点火器）、配电装置、高低压导线等组成。

电子点火系用晶体三极管的导通和截止来控制点火线圈初级电流的通断。晶体三极管的导通和截止则是受点火信号传感器产生的电信号控制，如图 3-2-71 所示。

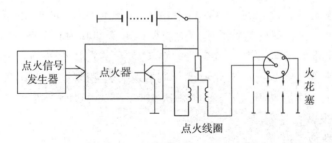

图 3-2-71　电子点火系的原理图

当发动机曲轴转动时，点火信号传感器产生了对应气缸压缩终了的正时点火脉冲信号。此脉冲信号经电子点火模块信号放大、波形整理、直流放大后，控制串联在点火线圈

初级回路的大功率三极管的导通和截止。三极管导通时,点火线圈初级电流形成回路,点火线圈贮存一定的磁场能;在三极管由导通转变为截止瞬间,点火线圈初级电流的骤然消失,使得次级线圈感应出 2 万到 2.5 万伏的高电压;高压电根据点火顺序分配给工作缸火花塞跳火,点燃气缸中的可燃混合气。

(一)点火信号传感器

点火信号传感器的作用是产生对应气缸压缩终了的正时点火脉冲信号。汽车上常用的点火信号传感器有磁感应式、霍尔式和光电式三种。

1. 磁感应式点火信号传感器

磁感应式点火信号传感器主要由转子、定子、感应线圈、永久磁铁等组成,如图 3-2-72 所示。

转子由曲轴或凸轮轴带动转动时,传感器转子与定子间空气间隙发生规律性的变化。空气间隙的变化使磁路的磁阻随之改变,使通过传感线圈的磁通量发生变化,因而在传感线圈内感应出交变电动势,输出信号为正弦波,如图 3-2-73 所示。

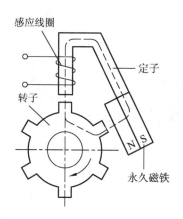

图 3-2-72 磁感应式点火信号传感器

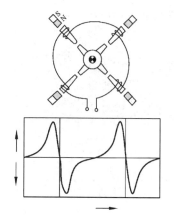

图 3-2-73 磁感应式点火信号传感器原理

点火信号电压的大小会随发动机转速的变化而变化。转速升高时,磁路磁阻变化速率升高,磁通量变化升高,信号电压升高,使点火的击穿电压提前到达,使点火相应提前,即能实现自动调节点火提前。转子凸齿与磁头间的气隙直接影响磁路的磁阻和传感线圈输出电压的高低,因此在使用中,转子凸齿与磁头间的气隙不能随意变动。气隙如有变化,必须按规定进行调整,气隙一般设计在 0.2~0.4mm 范围内。

2. 霍尔式点火信号传感器

所谓霍尔效应,是指当电流垂直于磁场方向通过导体时,在垂直于磁场和电流的导体的两个端面之间出现电势差的现象,该电势差称为霍尔电压,如图 3-2-74 所示。

霍尔式点火信号传感器主要由转子和定子(转子可在定子中旋转)两部分组成,如图 3-2-75 所示。

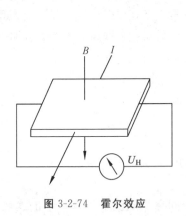

图 3-2-74 霍尔效应

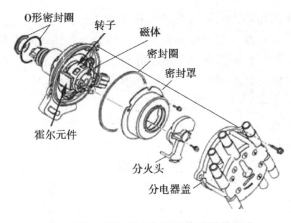

图 3-2-75 霍尔式点火信号传感器的组成

触发叶轮转动，当叶轮齿对准永久磁铁和霍尔基片时，磁感线被旁通，霍尔基片上的磁场消失，霍尔基片不产生感应电压；当气隙对准永久磁铁和霍尔基片时，磁感线通过霍尔基片，霍尔基片产生感应电压。霍尔式点火信号传感器的输出信号为方波，如图 3-2-76 所示。

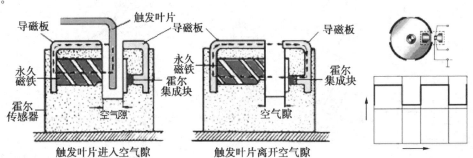

图 3-2-76 霍尔式点火信号传感器的工作原理

霍尔元件产生的霍尔电压为 mV 级，因此霍尔点火信号发生器输出的信号电压是把微弱的霍尔电压经放大、脉冲整形变换后以矩形脉冲电压的形式输出。放大及转换信号由霍尔集成电路来完成，如图 3-2-77 所示。

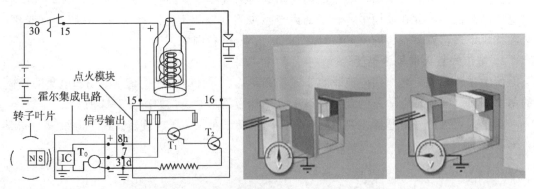

图 3-2-77 霍尔式点火信号传感器信号输出

当叶片处在永久磁铁与霍尔元件之间的气隙时，霍尔元件不产生霍尔电压，霍尔集成电路输出级的三极管 T_0 处于截止状态，其集电极电位高达 11.1~11.4V，并由信号输出线输出，此时，信号发生器输出的是高电位。当叶片转离气隙时，霍尔元件产生霍尔电压，霍尔集成电路输出级的三极管 T_0 处于导通状态，其集电极电位很低，为 0.3~0.4V，点火信号传感器则输出低电位。

高低电位的时间比由触发叶轮的叶片分配来决定，触发叶轮的叶片数等于发动机的气缸数。

3. 光电式点火信号传感器

光电式点火信号传感器利用光敏二极管的光敏效应制成；由信号发生器和带缝隙与光孔的信号盘组成，如图 3-2-78 所示。

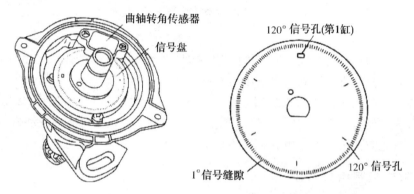

图 3-2-78　光电式点火信号传感器的组成

遮光盘位于发光二极管和光敏二极管之间。当遮光盘的转动挡住发光二极管的光线时，光敏二极管截止，控制电路输出低电平；当缝隙对准发光二极管和光敏二极管时，光线照到光敏二极管上，控制电路输出高电平，发光二极管持续发光；遮光盘的外侧缝隙用于测发动机转速，内侧缝隙用于测曲轴位置信号。工作原理如图 3-2-79 所示。

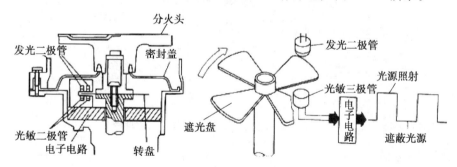

图 3-2-79　光电式点火信号传感器的工作原理

光电感应式传感器一般安装在分电器内（如日产公司）；对于"现代 SONATA"无分电器的汽车，传感器总成直接安装在凸轮轴前端左侧（从车前向后看），如图 3-2-80 所示。

光电式曲轴位置传感器设置在分电器内，它由信号发生器和带缝隙和光孔的信号盘组成。

(a) 安装在分电器内　　　　　　(b) 安装在凸轮轴前端

图 3-2-80　光电感应式传感器安装位置

（二）点火模块

点火模块的作用是接收点火信号传感器的信号，通过控制其内部的大功率三极管的导通和截止，从而控制点火线圈初级电流的通断，完成点火工作。

各种发动机的点火模块结构各不相同，有的点火模块除接通、切断初级电路的功能外，还有恒流控制、闭合角控制、气缸判别、点火监视等功能。也有的发动机不设点火模块，控制初级电路的大功率三极管设在控制器（ECU）内部。

五、微机控制点火系统

微机控制点火系统在设计和结构上，随着汽车生产厂家、生产年代不同都有所不同，但基本结构大同小异，它和发动机电控燃油喷射系统共用一个控制单元。它主要由传感器、电子控制器（ECU）、点火器、点火线圈等组成，如图 3-2-81 所示。

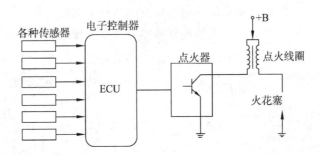

图 3-2-81　微机控制点火系统的组成与原理图

（一）传感器

传感器用来不断地检测与点火有关的发动机工作状况信息，并将检测结果输入电子控制器，作为运算和控制点火时刻的依据。各车型使用的传感器类型、数量、结构及安装位置不同，但其作用大同小异。微机控制的电子点火系统中所用的传感器主要有以下几种：

（1）曲轴位置传感器：用于检测发动机转速信号和基准缸活塞上止点位置信号（凸轮轴位置传感器），常见的有磁感应式、霍尔式和光电式三种。

（2）空气流量计（绝对压力传感器）：用于检测发动机进气量，是负荷信号。

（3）水温传感器：用于检测发动机水温信号。

（4）进气温度传感器：用于检测进气温度信号。

(5) 节气门位置传感器：用于检测节气门开度或全开、全闭及急加速信号。

(6) 车速传感器：用于检测车速信号。

(7) 氧传感器：用于检测空燃比浓稀信号。

(8) 爆震传感器：用于检测发动机爆震信号。

(9) 点火开关：用于检测点火开关接通及启动信号。

(10) 空调器开关：用于检测空调信号。

(11) 空挡开关：用于检测变速器空挡信号。

（二）电子控制器（电控单元 ECU）

它是点火控制系统和喷油控制系统的中枢，作用是接收上述各有关传感器信号，并按照特定的程序进行判断、运算后，给点火电子组件输出最佳点火提前角和初级电路导通时间的控制信号。在现代发动机集中控制系统中，点火系统仅是电子控制器的一个子系统。

电子控制器主要由输入回路、输出回路、A/D 转换器、微型计算机，以及电源电路、备用电路等组成。

（三）点火器

点火器是综合控制的执行器之一，点火器的作用是根据 ECU 的指令，通过内部的大功率三极管的导通和截止，控制初级电流的通断，完成点火工作。

（四）微机控制点火系统的工作原理

1. 最佳点火提前角的确定

火花塞点火时曲轴曲拐位置与活塞位于压缩上止点时曲轴曲拐位置之间的夹角称为点火提前角，即在压缩行程内从点火开始到活塞到达上止点时曲轴所转过的角度。

点火提前角主要随发动机转速和负荷（节气门开度表示）的变化而变化。当节气门开度一定时，发动机转速升高，燃烧过程所占曲轴转角增大，最佳点火提前角增大；否则，后燃损失增加，发动机功率和燃油经济性下降。当发动机转速一定时，随着节气门开度增大，最佳点火提前角应适当减小。因为节气门开度增大时，气缸内废气稀释现象减轻，混合气浓度增加，而且进入气缸内的可燃混合气增多，压缩终了时的压力和温度增高，均使发动机爆燃倾向增加，应适当推迟点火提前角，避免爆震现象的发生。

点火提前角还会随温度和汽油牌号等的变化而变化。

微机控制点火系的最佳点火提前角（即实际点火提前角）由三部分组成：初始点火提前角＋基本点火提前角＋修正点火提前角。

(1) 初始点火提前角。发动机启动或转速低于 400r/min 时的点火提前角为初始点火提前角。它由发动机的结构和曲轴位置传感器的安装位置决定，是未经 ECU 修正的点火提前角，通常为固定值，其大小随发动机形式而异。

(2) 基本点火提前角。是指由电子控制单元根据发动机的转速和负荷所确定的点火提前角。它是发动机运行过程中最为主要的点火提前角。发动机在正常运行期间，ECU 根据试验的发动机转速和负荷信号，在储存器数据表中选出相应的数据作为基本点火提前角。

(3) 修正点火提前角。是指由电子控制单元根据发动机的冷却水温、进气温度、电源电压等信号，对点火提前角进行修正的角度。它主要包括暖机修正、过热修正、空燃比反馈修正、急速稳定性修正和爆震修正等方面。

2. 系统工作原理

发动机工作过程中，各传感器不断地检测发动机的转速、负荷、冷却水温、进气温度等信号，并将检测信号经接口电路输入电子控制单元 ECU，ECU 根据这些信号参数进行查找、运算、修正，将计算结果转变为控制信号，向点火模块发出控制指令，接通点火线圈的初级电路；经过最佳的导通时间后，再发出控制指令，使点火模块切断点火线圈的初级电路；初级电流中断，在点火线圈次级绕组中产生高压电，经配电装置送到火花塞，点燃混合气。

发动机工作期间，电控单元还不断地检测爆震传感器输出的信号，分步骤将点火提前角减小，爆震消除后又分步骤将点火提前角移回到爆震前的状态，实现点火提前角的闭环控制。

（五）微机控制点火系统的分类

按照是否保留分电器分为非直接点火系统、直接点火系统。

1. 非直接点火系统

该系统仍然保留分电器，点火线圈产生的高压电是经过分电器中的配电器进行分配的，即由分火头和分电器盖组成的配电器，依照点火顺序适时地将高压电分配至各气缸，使各缸火花塞依次点火，如图 3-2-82 所示。

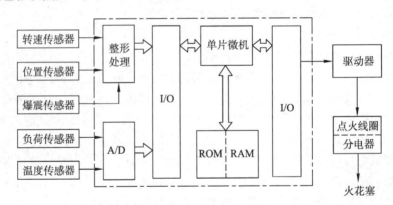

图 3-2-82　非直接点火系统

2. 直接点火系统（无分电器点火系统）

直接点火系统取消了分电器，该系统中点火线圈上的高压线直接与火花塞相连，工作时，点火线圈产生的高压电直接送至各火花塞，由微机根据各传感器输入的信息，依照发动机的点火顺序，适时地控制各缸火花塞点火。无分电器点火系统由于废除了分电器，因此不存在分火头和旁电极间跳火的问题，减小了能量损失，电磁干扰也小，节省了安装空间。

直接点火系统又可分为以下两类：

（1）同时点火方式。

同时点火方式是利用一个点火线圈对活塞接近压缩上止点和排气上止点的两个气缸同时进行点火的高压配电方法。其中，活塞接近压缩上止点的气缸点火后，混合气燃烧做功，该气缸火花塞产生的电火花是有效火花；活塞接近排气上止点的气缸，火花塞产生的电火花是无效火花。由于排气气缸内的压力远低于压缩气缸内的压力，排气气缸中火花塞的击穿电压也远低于压缩气缸中火花塞的击穿电压,因而绝大部分点火能量主要释放在压缩气缸的火花塞上。同时点火方式中,由于点火线圈仍然远离火花塞,所以点火线圈与火花塞仍然需要高压线连接。同时点火方式又分为点火线圈配电方式和二极管配电方式两种,如图 3-2-83 所示。

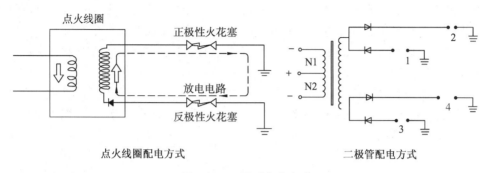

图 3-2-83 同时点火方式

点火线圈配电方式是一种直接用点火线圈分配高压电的同时点火方式。几个相互屏蔽的、结构独立的点火线圈组合成一体,称为点火线圈组件。点火控制器中有与点火线圈数量相等的功率三极管,各控制一个点火线圈的工作。点火控制器根据计算机提供的点火信号,由气缸判别电路按点火顺序轮流触发功率三极管,使其导通或截止,以此控制点火线圈初级绕组的通断,产生次级电压而点火。有些点火线圈分配式同时点火系统,在点火线圈的次级绕组中串联一个高压二极管,其作用是防止高速时初级绕组导通而产生的次级电压形成误点火。还有的无分电器点火线圈的次级绕组与火花塞之间的高压电路中留有3~4mm 的间隙,其作用与次级绕组中串联的高压二极管的作用一样,也是防止初级电路接通时的误点火。

二极管配电方式是利用二极管的单向导通特性,对点火线圈产生的高压电进行分配的同时点火方式。与二极管配电方式相配的点火线圈有两个初级绕组,一个次级绕组,相当于共用一个次级绕组的两个点火线圈的组件。次级绕组的两端通过两个高压二极管与火花塞构成回路,其中配对点火的两个气缸的活塞必须同时到达上止点,即一个处于压缩冲程上止点时,另一个处于排气行程上止点。计算机控制单元根据曲轴位置等传感器输入的信息,计算、处理并输出点火控制信号,通过点火控制器中的两个大功率三极管(VT1 和VT2),按点火顺序控制两个初级绕组的电路交替接通和断开。当1、4缸点火触发信号输入点火控制器时,大功率三极管 VT1 截止,初级绕组 N_1 断电,次级绕组产生高压电动势,此时1、4缸高压二极管正向导通而使火花塞跳火。当2、3缸点火触发信号输入点火控制器时,大功率三极管 VT2 截止,初级绕组 N_2 断电,次级绕组产生高压电动势,此时2、3缸高压二极管导通,故 2、3 缸火花塞跳火。二极管配电方式的主要特点是一个点火线圈组件为四个火花塞提供高压,因此特别适宜四缸或八缸发动机。

同时点火方式只能用于气缸数为偶数的发动机,而单独点火方式则可用于任意气缸数的发动机。

(2) 单独点火方式。

每个气缸的火花塞配一个点火线圈,单独对本缸点火。绝大部分无分电器点火系统均采用无高压线的直接点火方式,这也是目前点火系统发展的最高阶段。直接点火可使高压电能的传递损失和对无线电的干扰降到最低水平。

该点火系统的点火线圈次级绕组与火花塞之间的高压电路中留有3~4mm的间隙,其作用是防止初级电路接通时的误点火。

无分电器单独点火系统适合在四气门发动机上配用,该系统每个气缸的火花塞配用一个点火线圈,单独对本缸进行点火,并且可将点火线圈直接安装在火花塞顶上,这样不仅取消了分电器,而且也不用高压线,因此彻底消除了分电器和高压线所带来的缺陷,分火性能最好,但结构和点火控制系统较复杂。

单独点火系统有两种形式:

① 所有点火线圈共用一个点火器,如图3-2-84所示。图中6个点火线圈共用一个点火器。点火线圈的结构如图3-2-85所示。

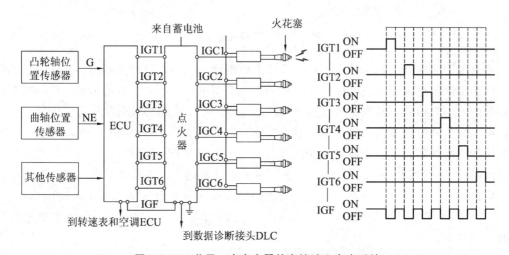

图3-2-84 共用一个点火器的电控独立点火系统

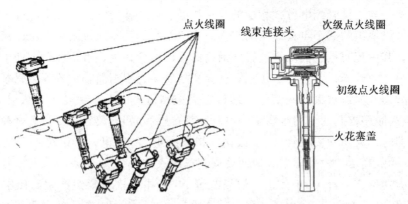

图3-2-85 共用一个点火器的点火线圈结构

② 每个点火线圈都有一个单独的点火器,该系统点火器和点火线圈集成一体,如图3-2-86所示。点火线圈结构如图3-2-87所示。

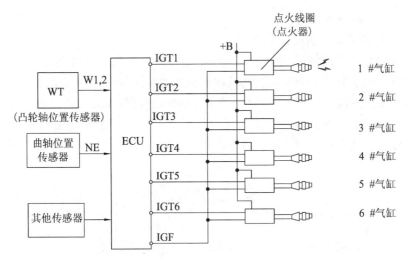

图 3-2-86 单独点火器的电控独立点火系统

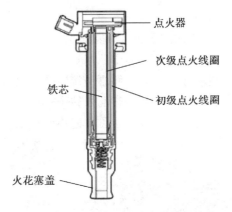

图 3-2-87 单独点火器的点火线圈结构

第六节 发动机润滑系

发动机工作时，零件表面必然要产生摩擦，加速磨损。因此，为了减轻磨损，减小摩擦阻力，延长使用寿命，发动机上都必须有润滑系。润滑系一般由机油泵、机油盘、润滑油管、润滑油道、机油滤清器、机油散热器、各种阀、传感器、机油压力表和温度表等组成，如图 3-2-88 所示。

一、机油泵

机油泵的作用是提高机油压力，保证机油在润滑系统内不断循环。目前发动机润滑系中广泛采用的是外啮合齿轮式机油

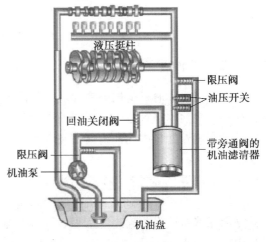

图 3-2-88 润滑系组成

泵和内啮合转子式机油泵两种。

1. 齿轮式机油泵的结构与工作原理

齿轮式机油泵由主动轴、主动齿轮、从动轴、从动齿轮、壳体等组成，如图 3-2-89 所示。工作时，主动齿轮带动从动齿轮反向旋转。两齿轮旋转时，充满在齿轮齿槽间的机油沿油泵壳壁由进油腔带到出油腔，在进油腔一侧由于齿轮脱开啮合以及机油被不断带出而产生真空，使油底壳内的机油在大气压力作用下经集滤器进入进油腔，而在出油腔一侧，由于齿轮进入啮合和机油被不断带入而产生挤压作用，机油以一定压力被泵出。

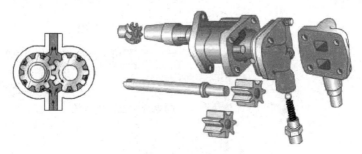

图 3-2-89　齿轮式机油泵

2. 转子式机油泵

转子式机油泵由壳体、内转子、外转子和泵盖等组成。内转子用键或销子固定在转子轴上，由曲轴齿轮直接或间接驱动，内转子带动外转子一起沿同一方向转动。内转子有 4 个凸齿，外转子有 5 个凹齿，这样内、外转子可同向不同步地旋转，如图 3-2-90 所示。

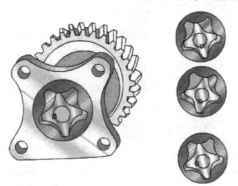

图 3-2-90　转子式机油泵

二、机油滤清器

发动机工作时，金属磨屑和大气中的尘埃，以及燃料燃烧不完全所产生的炭粒会渗入机油中，机油本身也因受热氧化而产生胶状沉淀物。机油中的这些杂质会成为磨料，加速零件的磨损，并且引起油道堵塞及活塞环、气门等零件胶结。因此必须在润滑系中配有机油滤清器。

一般润滑系中装有几个不同滤清能力的滤清器：集滤器、粗滤器和细滤器，分别串联和并联在主油道中。与主油道串联的滤清器称为全流式滤清器，一般为粗滤器；与主油道并联的滤清器称为分流式滤清器，一般为细滤器，流过油量为 10%～30%。机油集滤器如图 3-2-91 所示。

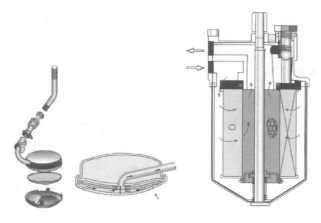

图 3-2-91　机油集滤器

三、机油散热器和冷却器

发动机运转时，由于机油黏度随温度的升高而变小，降低了润滑能力。因此，有些发动机装用了机油散热器或机油冷却器。其作用是降低机油温度，保持润滑油一定的黏度。

1. 机油散热器

机油散热器由散热管、限压阀、开关、进出水管等组成。其结构与冷却水散热器相似，如图 3-2-92 所示。

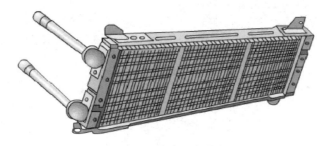

图 3-2-92　机油散热器

2. 机油冷却器

将机油冷却器置于冷却水路中，利用冷却水的温度来控制润滑油的温度。当润滑油温度高时，靠冷却水降温，发动机启动时，则从冷却水吸收热量使润滑油迅速提高温度。机油冷却器由铝合金铸成的壳体、前盖、后盖和铜芯管组成，如图 3-2-93 所示。为了加强冷

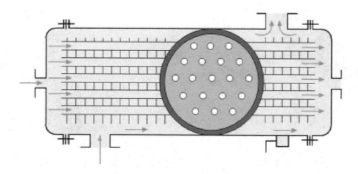

图 3-2-93　机油冷却器

却，管外又套装了散热片。冷却水在管外流动，润滑油在管内流动，两者进行热量交换。也有使油在管外流动，而水在管内流动的结构。

四、曲轴箱通风装置

发动机工作时，一部分可燃混合气和废气经活塞环泄漏到曲轴箱内。泄漏到曲轴箱内的汽油蒸气凝结后，将使润滑油变稀。同时，废气的高温和废气中的酸性物质及水蒸气将侵蚀零件，并使润滑油性能变坏。另外，由于混合气和废气进入曲轴箱，使曲轴箱内的压力增大，温度升高，易使机油从油封、衬垫等处向外渗漏。为此，一般汽车发动机都有曲轴箱通风装置。曲轴箱通风方式一般有两种：一种是自然通风，另一种是强制通风，如图 3-2-94 所示。

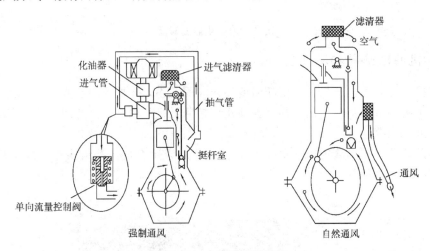

图 3-2-94　曲轴箱通风装置

第七节　发动机冷却系

冷却系的主要作用是把受热零件吸收的部分热量及时散发出去，保证发动机在最适宜的温度状态下工作。冷却系按照冷却介质不同可以分为风冷和水冷方式，如图 3-2-95 所示。目前汽车发动机上广泛采用的是水冷方式。冷却系一般由散热器、水泵、风扇、节温器及水管等组成。

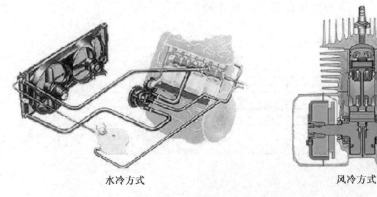

图 3-2-95　水冷和风冷方式

一、散热器

散热器又称为水箱,由上贮水室、散热器芯和下贮水室等组成,如图 3-2-96 所示。

散热器上水贮室顶部有加水口,冷却水由此注入整个冷却系并用散热器盖盖住。在散热器下贮水室的出水管上还有放水开关,必要时可将散热器内的冷却水放掉。

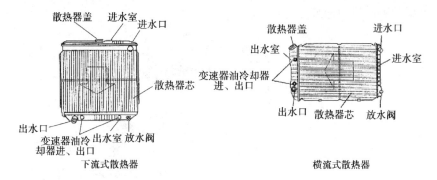

图 3-2-96 散热器结构形式

散热器芯由许多冷却水管和散热片组成,对于散热器芯应该有尽可能大的散热面积,采用散热片是为了增加散热器芯的散热面积。散热器芯的构造形式有多种,常用的有管片式和管带式两种,如图 3-2-97、3-2-98 所示。

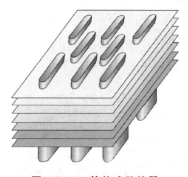

图 3-2-97 管片式散热器

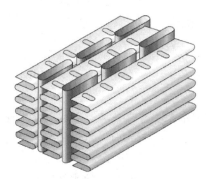

图 3-2-98 管带式散热器

对散热器的要求是:必须有足够的散热面积,而且所有材料的导热性能要好。因此,散热器一般用铜或铝制成。

对于加注防锈、防冻液的汽车发动机,为了减少冷却液的损失,保证冷却系的正常工作,采用散热器+副水箱结构。副水箱的上方用一根软管通大气,另一根软管与散热器的溢流管相连。当散热器内蒸汽压力升高到某一值时,其盖上的压力阀打开,冷却液通过压力阀由溢流管进入副水箱;当温度下降时,冷却液又从副水箱通过真空阀流回到散热器内部,这样可以防止冷却水损失。副水箱内部印有两条液面高度标记线,副水箱内的液面高度应位于这两条刻线之间,如图 3-2-99 所示。

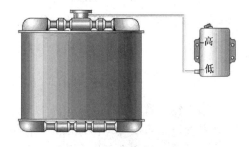

图 3-2-99 散热器和副水箱

二、风扇

为了提高通过散热器芯的空气流速,增加散热效果,加速水的冷却,风扇通常安排在散热器后面,并与水泵同轴,如图 3-2-100 所示。当风扇旋转时,对空气产生抽吸作用,使之沿轴向流动。空气流由前向后通过散热器芯,使流经散热器芯的冷却水加速冷却。风扇有机械风扇和电动风扇两种。

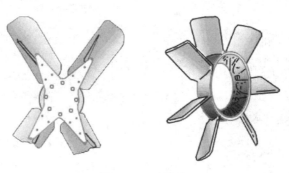

图 3-2-100 风扇

电动风扇温控系统一般由带感温元件的温控开关、电动风扇和风扇继电器组成。根据冷却液的温度高低,使风扇以不同转速工作,从而提高整车的经济性。

三、水泵

为了对冷却水加压,加速冷却水的循环流动,保证冷却可靠,冷却系都配有水泵。车用发动机上多采用离心式水泵,离心式水泵具有结构简单、尺寸小、排水量大、维修方便等优点。

离心式水泵主要由泵体、叶轮和水泵轴组成。叶轮一般是径向或向后弯曲的,其数目一般为 6～9 片。结构如图 3-2-101 所示。

当叶轮旋转时,水泵中的水被叶轮带动一起旋转,在离心力作用下,水被甩向叶轮边缘,然后经外壳上与叶轮成切线方向的出水管压送到发动机水套内。与此同时,叶轮中心处的压力降低,散热器中的水便经进水管被吸进叶轮中心部分。如此连续的作用,使冷却水在水路中不断地循环。如果水泵因故停止工作,则冷却水仍然能从叶轮叶片之间流过,进行热流循环,不至于很快产生过热。

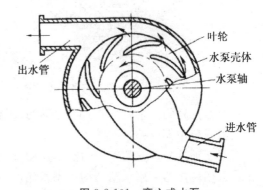

图 3-2-101 离心式水泵

四、节温器

为了保证发动机经常在最有利的温度状态下工作,通常利用节温器来控制通过散热器冷却水的流量来改变冷却强度。节温器有蜡式和乙醚膨胀筒式两种,目前多数发动机采用蜡式节温器,如图 3-2-102 所示。

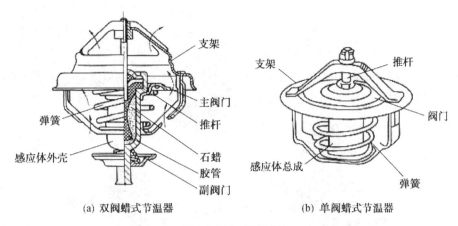

图 3-2-102　节温器

蜡式节温器在橡胶管和感应体之间的空间里装有石蜡，常温时，石蜡呈固态，阀门压在阀座上，这时阀门关闭通往散热器的水路，来自发动机缸盖出水口的冷却水经水泵又流回气缸体水套中，进行小循环，如图 3-2-103（a）所示。

当发动机水温升高时，石蜡逐渐变成液态，体积随之增大，迫使橡胶管收缩，从而对反推杆上端头产生向上的推力。由于反推杆上端固定，故反推杆对橡胶管、感应体产生向下反推力，阀门开启。当发动机水温达到 80℃ 以上时，阀门全开，来自气缸盖出水口的冷却水流向散热器，进行大循环，如图 3-2-103（b）所示。

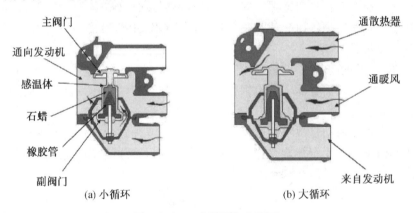

图 3-2-103　小循环与大循环

第三章　汽车底盘

汽车底盘是用于承载发动机、车身和电气设备等装置，并将发动机的动力通过其本身的各种机构传送到车轮，使汽车行驶的部件。

底盘由传动系、行驶系、转向系、制动系四部分组成。

第一节　汽车传动系

汽车传动系的基本作用是将发动机产生的动力按照需要传给驱动轮。其主要组成有离合器、变速器、万向传动装置、驱动桥等，如图 3-3-1 所示。

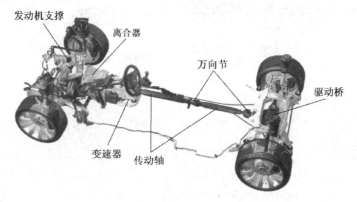

图 3-3-1　汽车传动系的组成

一、离合器

（一）离合器的作用

离合器安装在发动机与变速器之间，用来分离或接合（依靠摩擦力接合）前后两者之间的动力联系。其作用为：(1) 使汽车平稳起步；(2) 中断给传动系的动力，配合换挡；(3) 防止传动系过载。

（二）离合器的分类

汽车离合器有摩擦离合器、液力耦合器、电磁离合器等几种。目前广泛采用的是弹簧压紧的摩擦式离合器。

摩擦式离合器按从动盘数目不同可分为单片式、双片式和多片式；按压紧弹簧的形式及布置形式不同可分为周布螺旋弹簧式、中央弹簧式、膜片弹簧式等；按操纵机构不同可分为机械式、液压式、气压式和空气助力式等。

（三）离合器的结构

各类离合器的工作原理基本相同，都是由主动部分、从动部分、压紧装置和操纵机构四部分组成。本书重点介绍膜片弹簧离合器。

（1）主动部分：发动机飞轮、离合器盖和压盘是离合器的主动部分，如图 3-3-2 所示。

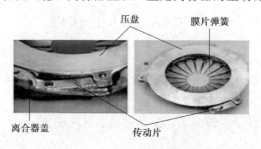

图 3-3-2　离合器的主动部分

（2）从动部分：由从动盘和从动轴组成。从动盘由从动盘本体、摩擦片和减振器盘组成。从动轴就是变速器的第一轴（输入轴），如图 3-3-3 所示。

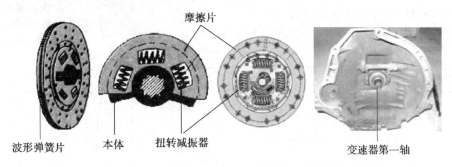

图 3-3-3　离合器的从动部分

离合器从动盘是一个用摩擦材料覆盖的钢盘，也称为摩擦盘，装在飞轮和压盘之间。从动盘可分为不带扭转减振器和带扭转减振器两种类型。为了避免共振，缓和传动系所受的冲击载荷，目前轿车上几乎都采用带扭转减振器的从动盘。

（3）压紧装置：在膜片弹簧压力作用下，压盘压向飞轮，使飞轮和压盘与从动盘的两个摩擦面压紧。

（4）操纵机构：是驾驶员借以使离合器分离或结合的一套机构。它起始于离合器踏板，终止于离合器壳内的分离轴承。包括离合器踏板、分离拉杆、分离叉、分离套筒、分离轴承等。

（四）膜片弹簧离合器工作原理

离合器盖——压盘总成在没有固定到发动机飞轮上之前，离合器盖与飞轮端面之间有距离 L，此时膜片弹簧不受力，处于自由状态，如图 3-3-4 所示。

当离合器盖上的安装螺栓被紧固后，从动盘和压盘迫使膜片弹簧以右侧支承环为支点发生弹性变形，这样膜片弹簧的外缘对压盘和从动盘就产生了压紧力，此时离合器就处于接合状态，如图 3-3-5 所示。

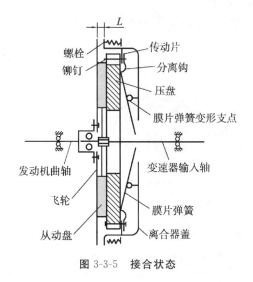

图 3-3-5　接合状态

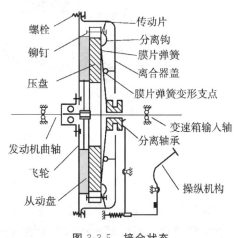

图 3-3-5　接合状态

分离时，分离轴承推动膜片弹簧内端前移，膜片弹簧便以左侧支承环为支点进一步变形，其外缘便通过分离钩将压盘向后拉动，使离合器分离，如图 3-3-6 所示。

二、手动变速器

自动变速器部分将在《汽车实习指导驾驶员（高级工、技师）培训教材》中介绍。

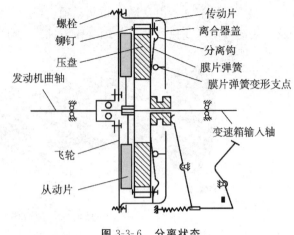

图 3-3-6　分离状态

（一）手动变速器的作用

(1) 扩大发动机传到驱动轮上的转矩、转速变化的范围，以适应经常变化的行驶条件。

(2) 设有倒挡，使汽车能倒向行驶。

(3) 利用空挡，可满足汽车发动机启动、停车、制动和滑行等情况需要。

（二）手动变速器的分类

根据齿轮传动机构的不同，可分为二轴式和三轴式两种。

（三）手动变速器的结构

手动变速器包括变速传动机构和操纵机构两部分。变速传动机构的主要作用是改变转矩的数值和方向；操纵机构的作用是实现传动比的变换，即换挡。

变速器的齿轮传动机构由一系列的轴、齿轮、轴承、接合套、同步器等组成，如图 3-3-7 所示。

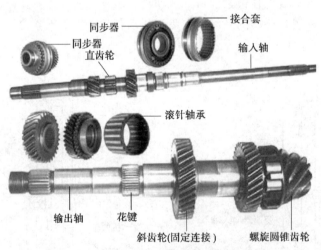

图 3-3-7　轴、齿轮、轴承、接合套、同步器

轴和齿轮的连接方式有花键连接（齿轮随轴转，齿轮可以滑动）、键连接或固定在轴上（齿轮随轴转，不可滑动）和齿轮通过轴承空套在轴上（齿轮不随轴转）。

（四）手动变速器的工作原理

1. 变速原理

如图 3-3-8 所示，一对直径不同、齿数不等的齿轮啮合传动时，可以实现变速变矩。假设小齿轮 A 为主动齿轮，大齿轮 B 为从动齿轮。显然，在相同时间内，小齿轮转过两圈，大齿轮才转过一圈，传动比为 2∶1，其转速下降一半，转矩则增大一倍，这是减速运动；相反，是增速运动。这就是齿轮传动的变速变矩原理。汽车变速器正是根据这一原理，利用若干对直径不同、齿数不等的齿轮副啮合传动来实现变速变矩的。若发动机转速、转矩不变，挡位越高，传动比越小，则车速越高，驱动轮转矩越小。

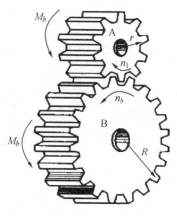

图 3-3-8　齿轮传动变速原理

2. 变向原理

外啮合的一对齿轮旋转方向相反，每经一个传动副，其轴改变一次方向。

（五）变速传动机构

以二轴式变速传动机构为例。

桑塔纳手动变速器的齿轮传动机构安装在变速器壳体内，为二轴式，由输入轴、输出轴、倒挡轴及各轴上的齿轮、轴承及同步器等组成，如图 3-3-9 所示。通过移动同步器中接合套或滑动齿套，实现挡位变换。通常讲变速器的挡数是指前进挡的个数。

图 3-3-9　桑塔纳手动变速器齿轮传动机构

二轴式变速器各挡动力传递过程（结合图 3-3-9）。

（1）一挡：一、二挡同步器左移，将一、二挡同步器锁定到一挡从动齿轮上。输入轴上的一挡主动齿轮顺时针转动，逆时针地驱动一挡从动齿轮以及一、二挡同步器和输出轴转动。

（2）二挡：一、二挡同步器右移分离一挡从动齿轮，并接合二挡从动齿轮。输入轴上的二挡主动齿轮顺时针转动，逆时针地驱动二挡从动齿轮以及一、二挡同步器和输出轴转动。

(3) 三挡：当一、二挡同步器返回空挡后，将三、四挡同步器左移锁定到输入轴的三挡主动齿轮上。输入轴上的三、四挡同步器顺时针转动驱动三挡主动齿轮，三挡主动齿轮逆时针地驱动三挡从动齿轮及输出轴。

(4) 四挡：三、四挡同步器右移分离三挡主动齿轮，并接合四挡主动齿轮。输入轴上的三、四挡同步器顺时针转动驱动四挡主动齿轮，四挡主动齿轮逆时针地驱动四挡从动齿轮及输出轴。

(5) 五挡：当三、四挡同步器返回空挡后，将五挡同步器左移接合五挡主动齿轮齿环。输入轴上的五挡同步器顺时针转动驱动五挡主动齿轮，五挡主动齿轮逆时针地驱动五挡从动齿轮及输出轴。

(6) 倒挡：一、二挡同步器接合套带有沿其外缘加工的直齿，作为倒挡从动齿轮，挂倒挡时，倒挡惰轮与倒挡主动齿轮和倒挡从动齿轮同时啮合。动力从倒挡主动齿轮经惰轮传给倒挡从动齿轮及主轴，此传动过程比其他挡位多了一级外啮合，使汽车倒向行驶。

（六）同步器

变速器的换挡操作，尤其是从高挡向低挡的换挡操作比较复杂，而且很容易产生轮齿或花键齿间的冲击。为了简化操作，并避免齿间冲击，现代变速器常在换挡装置中设置同步器。

同步器有常压式、惯性式和自行增力式等类型。目前汽车上常用的同步器为惯性式同步器，惯性式同步器可分锁环式惯性同步器和锁销式惯性同步器两种。

轿车和轻、中型货车的变速器广泛采用锁环式惯性同步器。

锁环式惯性同步器的结构如图 3-3-10 所示，由同步器花键毂、接合套、滑块、滑块卡簧、同步齿环（锁环）等零件组成。

图 3-3-10　锁环式惯性同步器

其中，花键毂以内花键与变速器轴连接。接合套套合于花键毂的外花键上，挂挡时可沿花键移动。3 个滑块位于花键毂上相应的 3 条槽中，平时在滑块卡簧作用下，滑块中央的凸出部位嵌入接合套相应的槽内。同步齿环位于花键毂与变速齿轮之间，其内锥面上有螺纹槽以提高同步摩擦效果。滑块两端位于前后同步齿环的缺口内，只有滑块端头位于同步齿环缺口的中央时，接合套才能与同步齿环上锁止齿啮合，继续移动，挂上新挡位。

（七）变速器操纵机构及锁止装置

1. 变速器操纵机构的作用

变速器操纵机构的作用是保证驾驶员能准确、可靠地将变速器挂入某个挡位，并可随时使之退到空挡。

2. 变速器操纵机构的分类

根据变速器变速杆和变速器相互位置的不同，可分为直接操纵式和远距离操纵式两种类型。

直接操纵式变速器的变速杆及其他换挡操纵装置都设置在变速器盖上。变速器布置在驾驶员座位的附近，变速杆由驾驶室底板伸出，驾驶员可直接操纵变速杆来拨动变速器盖内的换挡操纵装置进行换挡。

3. 变速器操纵机构的构造

桑塔纳 2000 型轿车五挡变速器的操纵机构主要由远距离操纵机构和内换挡机构两部分组成，如图 3-3-11 所示。

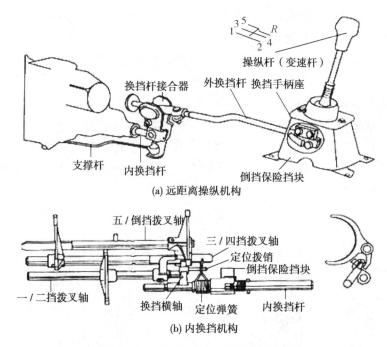

图 3-3-11　桑塔纳 2000 变速器操纵机构

4. 变速器自锁装置

自锁装置的功用是对各挡拨叉轴进行轴向定位锁止，以防止其自动产生轴向移动而造成自动挂挡或自动脱挡，并保证各挡传动齿轮以全齿长啮合，结构如图 3-3-12 所示。

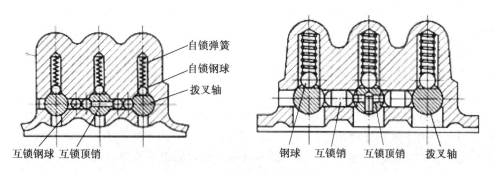

图 3-3-12　变速器的自锁及互锁

5. 变速器互锁装置

互锁装置的作用是阻止两个或多个拨叉轴同时移动，即当拨动一根拨叉轴轴向移动时，其他拨叉轴都被锁止在空挡位置，从而可以防止同时挂入两个挡位。

6. 倒挡锁装置

倒挡锁的作用是使驾驶员必须对变速杆施加较大的力，才能挂入倒挡，起到提醒作用，防止误挂倒挡。多数汽车变速器采用结构简单的弹簧锁销式倒挡锁。

三、万向传动装置

（一）万向传动装置的作用

万向传动装置的作用是能在轴间夹角和相对位置经常发生变化的转轴之间传递动力。

（二）万向传动装置的结构

万向传动装置一般可分为普通万向传动装置、准等速万向传动装置、等速万向传动装置三类。

1. 普通万向传动装置的结构

普通万向传动装置由万向节、中间支承、中间传动轴及后传动轴等组成。

（1）万向节。如图3-3-13所示，为汽车上常用的十字轴刚性万向节。万向节叉上的孔分别套在十字轴的四个轴颈上。在十字轴轴颈与万向节叉孔之间装有滚针轴承，用带有锁片的螺钉和轴承盖来使之轴向定位。为了润滑轴承，十字轴内钻有油道，且与滑脂嘴、安全阀相通。

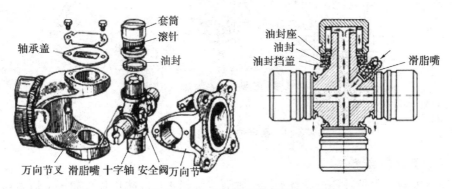

图3-3-13　十字轴刚性万向节

为避免润滑油流出及尘垢进入轴承，十字轴轴颈的内端套装带金属壳的毛毡油封（或橡胶油封）。安全阀的作用是当十字轴内腔润滑脂压力超过允许值时，阀门打开，润滑脂外溢，使油封不会因油压过高而损坏。现代汽车多采用橡胶油封，多余的润滑油从油封内表面与十字轴轴颈接触处溢出，故无须安装安全阀。

（2）中间传动轴及中间支承。中间传动轴是万向传动装置中的主要传力部件。通常用来连接变速器（或分动器）和驱动桥，在转向驱动桥和断开式驱动桥中，则用来连接差速器和驱动轮。为了减轻传动轴的质量，节省材料，提高轴的强度、刚度及临界转速，传动轴多为空心轴，一般用厚度为1.5~3.0mm且厚薄均匀的钢板卷焊而成，重型货车则直接采用无缝钢管。如图3-3-14所示，中间传动轴前端焊有万向节叉，并通过万向节与驻车制动鼓相连；后端焊有花键轴，通过中间支承总成支承在车架横梁上。

中间支承通常装在车架横梁上，能补偿传动轴轴向和角度方向的安装误差，以及汽车行驶过程中因发动机窜动或车架变形等引起的位移。中间支承常用弹性元件来满足上述要求，它主要由轴承和带油封的盖、支架、弹性元件等组成。

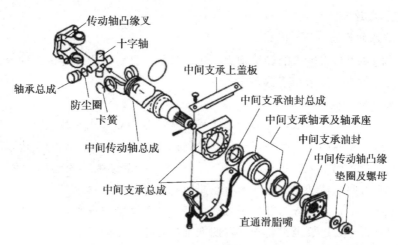

图 3-3-14　中间传动轴支承总成

（3）后传动轴。后传动轴由传动轴和伸缩节组成。后传动轴采用花键套结构，以补偿汽车行驶中传动轴长度的变化。

2. 等速万向传动装置的结构

等速万向传动装置主要由等速万向节、中间轴、驱动轴组成。

常见的等速万向节有球笼式、球叉式和三叉式。我们以球笼式等速万向节为例进行介绍。如图 3-3-15 所示，星形套与主动轴用花键固接在一起，星形套外表面有六条弧形凹槽滚道，球形壳的内表面有相应的六条凹槽，六个钢球分别装在各条凹槽中，由球笼使其保持在同一平面内。动力由主动轴、钢球、球形壳输出。

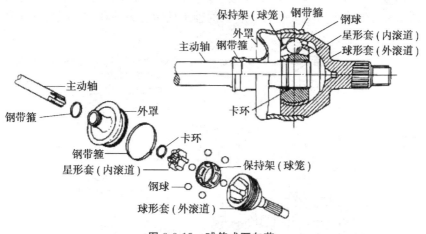

图 3-3-15　球笼式万向节

四、驱动桥

驱动桥的作用是将万向传动装置传来的发动机转矩传给驱动车轮，实现降速以增大扭矩。驱动桥由主减速器、差速器、半轴和驱动桥壳等组成。

（一）主减速器

1. 主减速器的作用

主减速器的功用是将输入的转矩增大、转速降低，并将动力传递的方向改变后（有些横向布置发动机除外）传给差速器。

2. 主减速器的分类

按参加传动的齿轮副数目，可分为单级式主减速器和双级式主减速器。有些重型汽车又将双级式主减速器的第二级圆柱齿轮传动设置在两侧驱动轮处，称为轮边减速器。

按主减速器传动比个数，可分为单速式和双速式主减速器。单速式的传动比是一定值，而双速式则有两个传动比（即两条传动路线）供驾驶员选择。

按齿轮副结构形式，可分为圆柱齿轮式（又可分为定轴轮系和行星轮系）主减速器和圆锥齿轮式（又可分为螺旋锥齿轮式和双曲面锥齿轮式）主减速器。

3. 单级主减速器的结构与工作原理

单级主减速器结构简单，质量小，体积小，传动效率高且动力性能满足中型以下货车及轿车的要求。因此，单级主减速器在这些车型上得以普遍应用。

以桑塔纳轿车为例。桑塔纳轿车发动机采用纵向前置、前桥驱动的布置形式。变速器的输出轴就是主减速器的输入轴（主动轴），省去了变速器到主减速器之间的万向传动装置，如图 3-3-16 所示。因采用发动机纵向前置前轮驱动，整个传动系都集中布置在汽车前部，因此其主减速器装于变速器壳体内，没有专门的主减速器壳体。由于省去了万向传动装置，所以变速器输出轴即为主减速器主动轴。主减速器由主、从动锥齿轮组成。主动锥齿轮与变速器输出轴制为一体，用双列圆锥滚子轴承和圆柱滚子轴承支承在变速器壳体内。环状的从动锥齿轮靠凸缘定位，并用螺钉与差速器壳连接。差速器壳由一对圆锥滚子轴承支承在变速器壳体上，主动锥齿轮轴上的轴承预紧度无须调整，圆锥滚子轴承的预紧

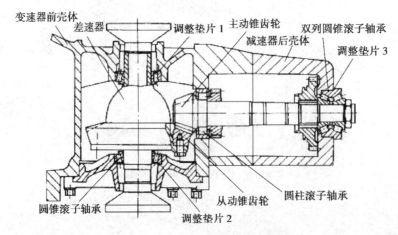

图 3-3-16 桑塔纳轿车主减速器结构

度可通过调整垫片 1 和 3 来调整。齿轮啮合的调整通过调整垫片 1、2、3 进行,即增减垫片厚度,使主、从动锥齿轮轴向移动。

(二) 差速器

差速器的作用是将主减速器传来的动力传给左、右两半轴,并在必要时允许左、右半轴以不同转速旋转,以满足两侧驱动轮差速的需要。差速器的类型按其工作特性可分为普通齿轮式差速器和防滑差速器两大类。

普通齿轮式差速器主要由行星齿轮、半轴齿轮和差速器壳等组成,如图 3-3-17 所示。差速器靠主减速器壳内的齿轮油来润滑,因此差速器壳内开有供润滑油进出的窗孔。为了保证行星齿轮与十字轴轴颈之间的润滑,在十字轴轴颈上铣有平面,并在行星齿轮的齿间钻有油孔与其中心孔相通。同样,半轴齿轮齿间也钻有油孔,与其背面相通,以加强背面与差速器壳之间的润滑。在中型以下的货车或轿车上,因传递的转矩较小,故可用两个行星齿轮,相应的行星齿轮轴为一根直轴,如图 3-3-18 所示。

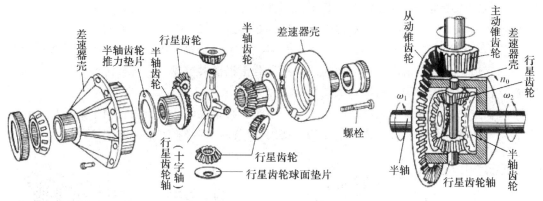

图 3-3-17　普通齿轮式差速器的组成　　图 3-3-18　差速器简图

汽车行驶时,传至差速器壳的动力依次经十字轴、行星齿轮和半轴齿轮传给半轴,再由半轴传给驱动齿轮。两侧车轮以相同的转速转动,则行星齿轮绕半轴轴线转动,称为公转。若两侧车轮阻力不同,则行星齿轮在公转运动的同时,还绕自身的轴线转动,称为自转,因而两半轴齿轮带动两侧车轮以不同转速转动。

第二节　汽车行驶系

汽车行驶系的功用是:接受发动机经传动系传来的转矩,并通过驱动轮与路面间的附着作用,产生路面对汽车的牵引力,以保证整车正常行驶;传递并承受路面作用于车轮上的各向反力及其形成的力矩;缓和各种冲击和振动,保证汽车平顺行驶,并且与汽车转向系很好地配合工作,实现汽车行驶方向的正确控制,以保证汽车操纵的稳定性。汽车行驶系一般由车架、车桥、车轮和悬架等组成,如图 3-3-19 所示。

图 3-3-19 汽车行驶系的组成

一、车架

车架的作用是支承连接汽车的各个零部件，并承受来自车内外的各种载荷；车架是整个汽车的基体，汽车的绝大多数部件和总成都是通过车架来固定其位置的。

汽车车架的结构形式主要有：边梁式车架、中梁式车架、综合式车架和无梁式车架。

（1）边梁式车架由两根位于两边的纵梁和若干根横梁组成，用铆接法或焊接法将纵梁与横梁连接成坚固的刚性构架，如图 3-3-20 所示。

（2）中梁式车架有较大的扭转刚度，并使车轮有较大的运动空间，便于采用独立悬架和获得大的转向角。但其制造工艺复杂，精度要求高，维修不方便，如图 3-3-21 所示。

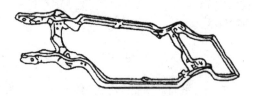

图 3-3-20 边梁式车架

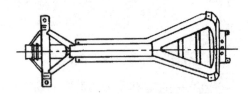

图 3-3-21 中梁式车架

（3）综合式车架是由边梁和中梁式车架结合而成的，如图 3-3-22 所示。车架前段或后段近似边梁结构，便于安装发动机和驱动桥，传动轴从梁中间穿过。这种结构制造工艺复杂，目前应用不多。

（4）无梁式车架以车身兼代车架，所以也称为承载式车身，如图 3-3-23 所示。

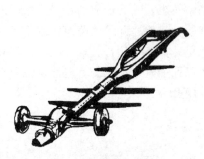

图 3-3-22 综合式车架

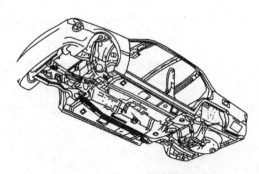

图 3-3-23 无梁式车架

二、车桥

车桥通过悬架与车架（或承载式车身）相连，两端安装车轮，其功能是传递车架（或承载式车身）与车轮之间各方向的作用力。按车桥上车轮的作用不同，车桥分为转向桥、驱动桥、转向驱动桥和支持桥四种类型。

1. 转向桥

汽车前桥一般是转向桥，它的作用是利用转向节的摆动使车轮偏转一定的角度以实现汽车转向。各种车型的转向桥结构基本相同，主要由前轴、转向节、主销和轮毂等四部分组成，如图3-3-24所示。

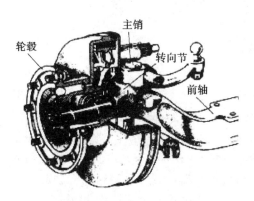

图3-3-24 悬架前桥的组成

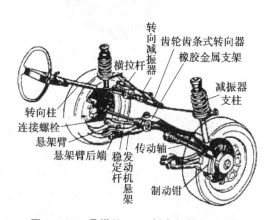

图3-3-25 桑塔纳2000轿车与转向驱动桥

2. 转向驱动桥

转向驱动桥具有转向和驱动两种功能。图3-3-25为桑塔纳2000轿车的转向驱动桥。其减振器活塞杆相当于非独立悬架汽车的转向节主销，减振器支柱相当于转向节。支柱座上端直接与车身连接，支柱下端通过下摇臂与固定在车身上的副车架铰接，支柱孔中装有轮毂轴承，轮毂压配在轮毂轴承孔中。

当汽车行驶时，固定在减振器支柱上的减振器活塞杆既可以绕车身转动，以实现车轮转向，又可以沿减振器做轴向移动，并相对于车身做少量轴向摆动。

三、车轮和轮胎

（一）车轮

车轮是介于轮胎和车桥之间承受负荷的旋转组件，其作用是安装轮胎，承受轮胎与车桥之间的各种作用力和力矩。车轮由轮毂、轮辋及轮辐（轮毂与轮辋的连接部分）组成，如图3-3-26所示。

（二）轮胎

1. 轮胎的分类

（1）按胎体结构的不同，轮胎可分为充气轮胎和实心轮胎两种。现代汽车绝大多数采用充气轮胎。

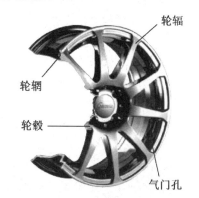

图3-3-26 车轮

(2) 按轮胎内空气压力的大小，充气轮胎分为高压胎、低压胎和超低压胎三种。

(3) 按保持空气方法的不同，充气轮胎分为有内胎轮胎和无内胎轮胎两种。

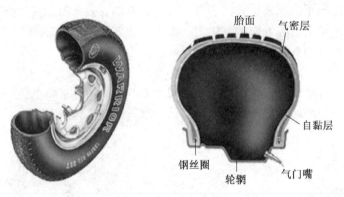

图 3-3-27　无内胎轮胎的构造

2. 无内胎轮胎

无内胎轮胎在轿车上广泛采用，并开始在部分载货汽车上使用。其构造如图 3-3-27 所示它没有内胎与垫带，空气直接压入外胎中，因此要求外胎和轮辋之间有很好的密封性。为此，在胎圈上做出若干道同心的环形槽纹，在轮胎内压的作用下，此槽纹使胎圈紧贴在轮辋边缘上，以保证轮胎与轮辋之间的密封性。由于没有内胎以及内胎与轮辋之间的垫带，消除了内外胎之间的摩擦，并使热量从轮辋直接散出，故无内胎轮胎行驶时的温度，较普通轮胎低 20％～25％，有利于提高车速，且寿命比普通轮胎长约 20％，并有结构简单、质量小的特点。此外，轮胎内壁上附加了一层厚约 2～3mm 的自黏层，当轮胎被刺穿后，自黏层的橡胶处于压缩状态而紧箍刺物，使得轮胎不漏气或漏气很慢，因此，这种轮胎的突出优点是安全。但制造材料和工艺要求较高，特别是大尺寸轮胎尤为困难，途中维修也不方便。

四、悬架

悬架是连接车架与车桥的弹性传力装置，其作用是缓和并衰减因路面不平引起的对车身的冲击和振动，并传递车轮和车架之间的各种力和力矩。

悬架系统由弹性元件、减振器和导向装置三部分组成，如图 3-3-28 所示。

图 3-3-28　悬架的组成

1. 弹性元件

弹性元件的作用是承受并传递垂直载荷，缓和不平路面引起的冲击，使车架（或承载式车身）与车桥（或车轮）之间保持弹性连接。

汽车悬架系统所使用的弹性元件分为金属弹簧（如钢板弹簧、螺旋弹簧和扭杆弹簧）和非金属弹簧（如橡胶弹簧和气体弹簧）。

（1）钢板弹簧。钢板弹簧一般是由很多曲率半径不同、长度不等、宽度一样的弹簧钢板所叠成的，其构造如图 3-3-29 所示。由于结构简单、使用可靠、维修方便，因而被载货汽车广泛应用。

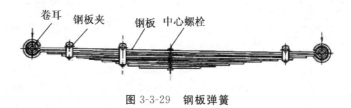

图 3-3-29　钢板弹簧

钢板弹簧的第一片（最长的一片）称为主片，其两端弯成卷耳，内装有衬套，用弹簧销与固定在车架上的支架或吊耳连接。钢板弹簧的中部用 U 形螺栓固定在车桥上。中心螺栓用以连接各弹簧片，并保证装配时各片的相对位置。

（2）螺旋弹簧。螺旋弹簧是由弹簧钢加工成的旋管式弹性元件，如图 3-3-30 所示。与钢板弹簧相比，螺旋弹簧无须润滑，防污能力强，质量小，单位质量的能量吸收率较高；螺旋弹簧本身没有减振作用，因此在螺旋弹簧悬架中必须另装减振器；螺旋弹簧只能承受垂直载荷，故必须装设导向装置，以传递垂直力以外的各种力和力矩。

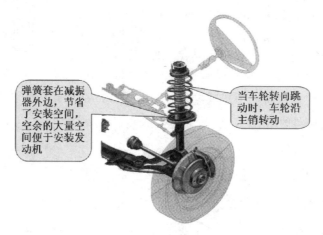

图 3-3-30　螺旋弹簧

（3）扭杆弹簧。扭杆弹簧是一根由弹簧钢制成的杆，如图 3-3-31 所示。一端固定在车架或车身上，另一端固定在悬架的摆臂上，摆臂则与车轮相连。当车轮跳动时，摆臂便绕着扭杆轴线而摆动，使扭杆产生变形，来保证车轮与车架的弹性联系。

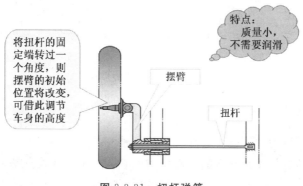

图 3-3-31　扭杆弹簧

（4）橡胶弹簧。橡胶弹簧是利用橡胶本身的弹性来起作用的弹性元件，它可以承受压缩载荷和扭转载荷。当橡胶弹簧在外力作用下而变形时，产生内部摩擦，以吸收振动。橡胶弹簧的优点是：可以制成任何形状，使用时无噪声，不需要润滑。但橡胶弹簧不适于支承重载荷。所以，橡胶弹簧主要用作辅助弹簧。

（5）气体弹簧。气体弹簧是在一个密封的容器中充入压缩气体，利用气体的可压缩性实现其弹簧作用的弹性元件。这种弹簧的刚度是可变的，因为作用在弹簧上的载荷增加时，容器中的定量气体受压缩，气压升高，弹簧的刚度增大；反之，当载荷减小时，弹簧内的气压下降，刚度减小，故它具有较理想的弹性特性。

2. 减振器

（1）减振器的作用。汽车受到路面的冲击而产生振动时，这种振动将持续到冲击能量完全耗尽为止。为了迅速衰减车架和车身振动，在大多数悬架中装设了减振器。减振器和弹性元件是并联的，如图 3-3-32 所示。减振器不仅可以提高乘坐舒适性，还可提高轮胎的方向稳定性及转向稳定性。

（2）减振器的工作原理。减振器按工作原理分为单向作用式减振器和双向作用式减振器。在压缩和伸张两个行程中均能起减振作用的减振器称为双向作用式减振器，只在伸张行程中起减振作用的减振器称为单向作用式减振器。目前，大多数汽车上使用的是双向作用式减振器。如图 3-3-33 所示为双向作用筒式减振器的示意图。

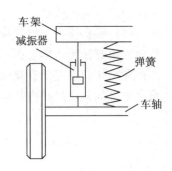

图 3-3-32　减振器和弹性元件的安装示意图

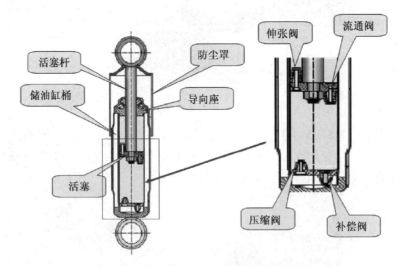

图 3-3-33　双向作用筒式减振器示意图

五、悬架的类型和特点

汽车悬架一般可分为两大类：非独立悬架和独立悬架，如图 3-3-34 所示。

非独立悬架的结构特点是两侧的车轮分别安装在一根整体式车轴两端，车轴则通过弹性元件与车架或车身连接。这种悬架当一侧车轮因道路不平而跳动时，将要影响另一侧车轮的工作。

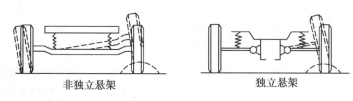

图 3-3-34　非独立悬架和独立悬架

独立悬架的结构特点是左右车轮单独通过悬架与车架（或车身）相连，每个车轮能独立上下运动，以适应路面复杂的变化。由于独立悬架的车桥为断开式，发动机位置可降低，使汽车重心下降，提高了汽车行驶稳定性；又由于可以选用理想的弹性元件进行匹配，不仅使系统工作更加柔和，改善汽车行驶的平顺性，而且减小了非悬架质量，因而悬架所受的冲击载荷也减小了，所以在轿车上得到了广泛应用。下面介绍几种典型的独立悬架。

1. 横向双摆臂式独立悬架

横向双摆臂式独立悬架是轿车中应用最广泛的一种，可分为等臂和不等臂两种，如图 3-3-35 所示。

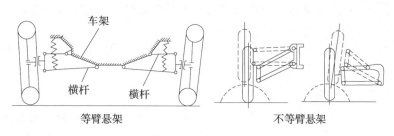

图 3-3-35　横向双摆臂式独立悬架示意图

2. 纵向双摆臂式独立悬架

如图 3-3-36 所示，这种悬架的双摆臂通常做成等臂，形成平行四边形的四杆机构。这样当车轮上下跳动时，可保持主销后倾角不变，因此可用于转向轮。

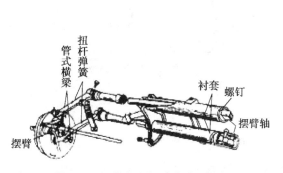

图 3-3-36　纵向双摆臂式独立悬架

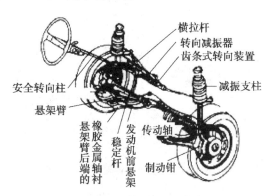

图 3-3-37　滑柱连杆式独立悬架

3. 滑柱连杆式独立悬架

如图 3-3-37 所示，这种独立悬架又称麦弗逊型，其主要特点是将筒式减振器作为悬架杆系的组成部分，并将兼作主销作用的滑柱和下摆臂组装在一起，无上摆臂，下摆臂也是一根很简单的工字形断面梁。它与车体铰接并与斜向撑杆一起组成能抗水平弯曲的结构。当车轮跳动时，其主销定位角及轮距变化较小，不需前轮定位角的调整机构，占空间小，并可靠近车轮布置。其缺点是减振器的滑动部分易磨损，转弯时车轮外倾角变化较大，且不能用于非整体式结构车身。

第三节　汽车转向系

汽车转向系是用于改变或保持汽车行驶方向的专设机构。其作用是使汽车在行驶过程中能够按驾驶员的操纵要求而适时地改变其行驶方向，并在受到路面传来的偶然冲击使汽车意外地偏离行驶方向时，能与行驶系配合共同保持汽车稳定地直线行驶。汽车转向系主要由转向器、转向传动机构、转向操纵机构等组成。

一、转向器

转向器是转向系中的减速增力传动装置，其功用是增大由转向盘传到转向节的力，并改变力的传递方向，再由转向传动机构传递到转向轮上。

按转向器中传动副的结构形式分类，目前应用较广泛的有循环球式转向器和齿轮齿条式转向器。

1. 齿轮齿条式转向器

齿轮齿条式转向器具有结构简单、传力杆件少、操纵灵敏、维修方便等优点，广泛应用于轿车上。齿轮齿条式转向器分两端输出式（图 3-3-38）和中间输出式（图 3-3-39）两种。

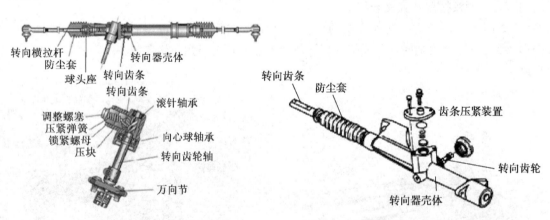

图 3-3-38　两端输出齿轮齿条式转向器　　　图 3-3-39　中间输出齿轮齿条式转向器

（1）转向齿轮。转向齿轮通过一个向心轴承和一个滚针轴承支承在转向器壳体内，其轴向位置是不可调的。上端通过夹紧箍与转向柱下端相连接形成输入端。

（2）转向齿条。转向齿条通过衬套支承在转向器壳体内，伸出端通过紧固螺栓与转向横拉杆支架相连形成输出端。

（3）转向器壳。转向器壳由铝合金铸造，通过螺栓固定于车身上。转向齿轮与转向齿条安装于壳体内，当转向盘通过转向柱带动转向齿轮转动时，齿轮即带动齿条左右移动，实现转向。

（4）齿条压紧装置。由调整螺钉、补偿弹簧、压块和尼龙衬片组成的齿条压紧装置，可以使齿轮与齿条之间实现无间隙啮合，转向盘无游动间隙状态。当转向齿轮和齿条因磨损出现间隙时，在补偿弹簧预紧力的作用下自动消除齿轮与齿条之间的啮合间隙，保证齿轮齿条始终处于最佳啮合状态，从而使转向盘无明显的自由行程，提高传向操纵灵敏度并吸收来自路面的冲击。

如图 3-3-40 所示，当驾驶员左右转动转向盘时，通过转向柱的传动，使转向齿轮转动，由于转向齿轮与转向齿条的无间隙啮合，转向齿轮的转向力矩顺利驱动转向齿条移动。转向齿条再把动力传给左右横拉杆、转向臂和左右转向轮，使汽车顺利转向。

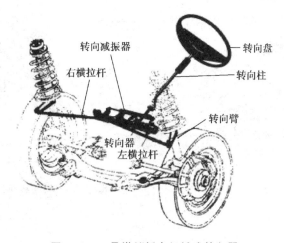

图 3-3-40　桑塔纳轿车机械式转向器

2. 循环球式转向器

循环球式转向器由两级传动副组成，如图 3-3-41 所示。第一级传动副是转向螺杆—转向螺母，第二级传动副是齿条—齿扇。

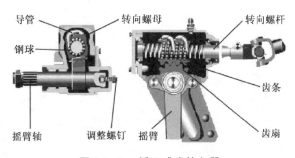

图 3-3-41　循环球式转向器

二、转向操纵机构

转向操纵机构的作用是将驾驶员转动转向盘的操纵力传给转向器，并具有一定的调节和安全性能。转向操纵机构主要由转向盘、转向柱和转向柱套管等组成。

1. 转向盘

转向盘由轮缘、轮辐和轮毂组成,如图 3-3-42 所示。轮辐一般为三根辐条或四根辐条,也有用两根辐条的。转向盘轮毂孔具有细牙内花键,借此与转向轴连接。

2. 转向柱

转向柱是连接转向盘和转向器的传动件。转向柱管安装在车身上,支承着转向盘。转向轴从转向柱管中穿过,支承在柱管内的轴承和衬套上,对方向操纵性、安全性和操纵的方便性均有重要的作用。

如图 3-3-43 所示,转向柱分为上、下两段,中间用柔性联轴器连接。联轴器的上、下凸缘盘靠两个销子与销孔扣合在一起。销子通过衬套与销孔配合。

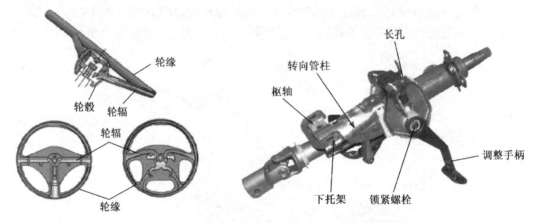

图 3-3-42 转向盘   图 3-3-43 轿车转向柱安全装置

三、转向传动机构

转向传动机构的功用是将转向器输出的动力和运动传给转向轮并使左、右转向轮按一定规律进行偏转,实现转向。转向传动机构按照悬架的不同可分为与非独立悬架配用的转向传动机构和与独立悬架配用的转向传动机构两大类。

转向传动机构主要由左右横拉杆、前桥转向臂、转向减振器和转向横拉杆支架等组成,如图 3-3-44 所示。

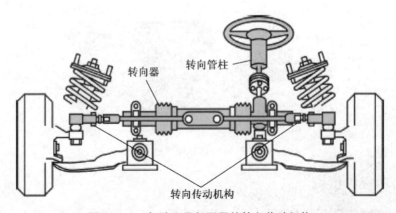

图 3-3-44 与独立悬架配用的转向传动机构

1. 转向横拉杆

转向横拉杆分为左右两根，其内端是与杆体为一体的不可调的圆孔接头。孔内压装有橡胶-金属缓冲环与横拉杆支架用螺栓连接。横拉杆外端为带有球头销的可调式接头，球头销与前桥转向臂相连。通过调整横拉杆的长度可调整汽车的前轮前束值。

2. 球头销与球头销座

球头销座由弹簧预紧以消除间隙。球头销连接可以有效防止横拉杆与车轮的运动干涉，保证在任何条件下都能顺利传递转向力。

3. 前桥转向臂

前桥转向臂一端与横拉杆球头销连接，另一端焊接在前桥柱式悬架主柱上。

4. 转向减振器

转向减振器可以有效衰减由于道路不平而传给转向盘的冲击和振动，防止转向盘打手，稳定汽车行驶方向。

四、动力转向装置

动力转向装置利用发动机输出的部分机械能转化成压力能，对转向器施加作用力，减轻驾驶员长时间行车的疲劳，并在低速时使转向轻便。动力转向装置主要由转向器机械部分、转向动力缸、转向控制阀、转向油泵和储油罐等构成。

如图 3-3-45 所示，液压式动力转向装置由转向油泵、储油罐、动力转向器和油管等组成，其中动力转向器由循环球式转向器、两个动力缸和转向控制阀组成。

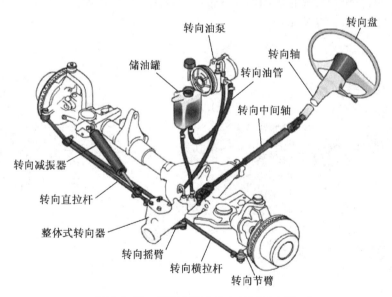

图 3-3-45 液压式动力转向装置示意图

转向油泵由发动机带动工作，产生的高压油通过油管进入动力转向器控制阀的进油口。储油罐有进出油管接头，通过油管分别与转向油泵和转向控制阀连接。动力转向器为整体式，其转向控制阀用以改变油路。由齿条活塞和缸体形成 R 和 L 两个动力缸，R 腔为右转向动力缸，L 腔为左转向动力缸。它们分别通过油道和转向控制阀连接。转向螺杆和齿条活塞、齿条活塞和齿扇组成了两对相互啮合的传动副。摇臂一端与转向摇臂轴连接，另一端与转向直拉杆铰接。转向横拉杆、转向梯形臂及前轴组成转向梯形机构。

第四节　汽车制动系

制动系的作用是使驾驶员可根据道路条件和交通情况，在最短的距离内减速或停车，保证行驶安全；并在停车后保持良好的驻车性能，尤其是在规定的坡面上停车不发生溜坡现象。

制动系统一般由车轮制动器和制动传动机构两个主要部分组成。

一、车轮制动器

车轮制动器的作用是产生制动力，阻碍车辆运动。它是利用固定元件与旋转元件的工作表面摩擦而产生制动力矩，将汽车的动能转化成热能，扩散于大气中。

车轮制动器按结构可分为盘式和鼓式。

1. 鼓式车轮制动器

鼓式车轮制动器是通过制动蹄挤压制动鼓的内侧而获得制动力，主要由制动鼓、制动蹄和制动底板以及轮缸或凸轮等组成。

如图 3-3-46 所示，双活塞制动轮缸用螺栓固定在制动底板上，前后两个制动蹄上端靠在轮缸活塞上，下端分别通过支撑销支撑在制动地板上。

踩下制动踏板时，直径相等的两轮缸活塞在液压力作用下向两侧张开，对前后制动蹄施加大小相等、方向相反的作用力 F_1、F_2，推动两蹄绕各自的支撑销向外偏转，从而压紧在制动鼓上。

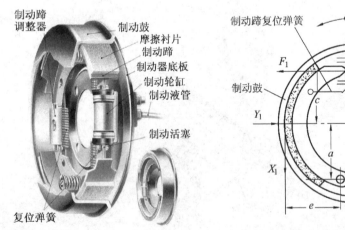
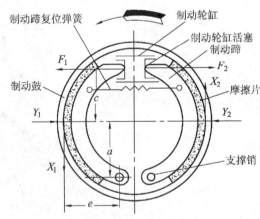

图 3-3-46　鼓式车轮制动器

2. 盘式车轮制动器

盘式制动器中，制动盘固定在轮毂上，制动钳固定在转向节上，制动钳横跨在制动盘上，制动钳内装有活塞，活塞后面装有充满制动液的制动轮缸。

（1）定钳盘式车轮制动器。如图 3-3-47 所示，这种制动器的制动钳固定安装在车桥上，既不能旋转，也不能沿制动盘轴线方向移动。轮缸分别布置在制动盘两侧，其中各有一个活塞。油缸臂上有梯形截面环槽，其中装有活塞密封圈。制动块通过导向支承销悬挂在钳体上，并可沿导向支承销移动。

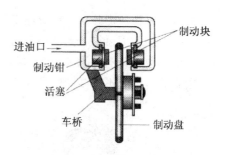

图 3-3-47　定钳盘式车轮制动器

汽车制动时，轮缸活塞在液压作用下推动制动块压靠到制动盘上产生制动力。解除制动时，活塞在密封圈的弹力与弹簧力作用下回位，并保持摩擦片与制动盘原有的间隙。

（2）浮钳盘式车轮制动器。如图 3-3-48 所示，制动钳可相对于制动盘沿滑销轴向滑动，只有一个轮缸装在制动钳内侧。制动时，轮缸活塞推动活动制动块压向制动盘，制动块上的反作用力推动制动钳移动，使固定制动块也压靠在制动盘上，产生制动作用。

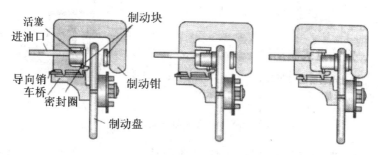

图 3-3-48　浮钳盘式车轮制动器

二、制动传动机构

制动系统按传动方式分为机械制动与液压制动。现代轿车一般行车制动采用液压式，驻车制动采用机械式。

（一）机械制动传动机构

（1）后轮制动式驻车制动传动装置。后轮的行车制动器兼作驻车制动器，即行车制动与驻车制动两套独立的操纵机构促动一套制动器本体工作而产生制动作用。

（2）该装置一般布置在汽车变速器后的传动轴凸缘叉上，有盘式和鼓式两种。当中央制动器制动时，将传动轴锁住，以实现驻车制动。这种装置在轿车上很少使用。

（二）液压制动传动机构

现代轿车广泛采用双管路液压制动系统，如图 3-3-49 所示。双腔主缸通过两条独立的管路分别控制前、后车轮制动器。驾驶员作用于踏板的力，经踏板机构转变为机械能，又通过油液、管道、制动分泵将机械能转变为液压能，再由分泵活塞推动蹄片张开，将液压能转变为机械能，使车轮制动器产生制动力。

（1）制动踏板。制动踏板将驾驶员踩踏板的操纵力传给制动主缸。踏板的结构一般有两种形式，一是支点位于车厢底板下方的结构，另一种是悬置于车厢底板上方的下垂结构。

制动踏板的自由行程，即从踩下制动踏板到感觉到有阻力时，踏板所走的距离。踏板自由行程分为两部分：一部分是消除助力器压杆与空气阀之间的间隙踏板所走的距离；一部分是消除助力器推杆与主缸活塞之间的间隙踏板所走的距离。若制动踏板自由行程过大，则制动时其制动距离和时间延长，会推迟制动器的动作；若踏板自由行程太小，则会产生制动阻力或不间断的制动作用。为此，在使用中应及时调整。

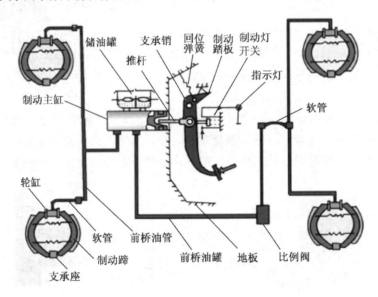

图 3-3-49　双管路液压制动系统

（2）制动主缸。制动主缸的结构：制动主缸的作用是将制动踏板的机械能转换成制动液压能。由于轿车广泛采用双管路液压制动系统，所以制动主缸为双腔式结构。目前广泛使用的是双腔串联式制动主缸，即采用一个缸体，装入两个活塞，形成两个彼此独立的工作腔，分别和各自的管路连接。

（3）制动轮缸。它安装在车轮制动器上，传递制动主缸的液压，把液压能转变为推开制动蹄的机械能。

制动轮缸有单活塞式和双活塞式。双活塞式制动轮缸如图 3-3-50 所示，主要由缸体、活塞、皮碗、弹簧等组成。

弹簧的张力将两皮碗始终压靠在活塞上，使皮碗始终随活塞一起移动，并保持两活塞皮碗间的进油孔畅通。放泄孔旋塞打开以便放出液压系统中的空气。活塞外端压有顶块与两制动蹄抵紧。

踩下制动踏板时，制动液经管路与轮缸上的进油孔进入轮缸内，推动皮碗及活塞向外移动，通过顶块使制动蹄压向制动鼓，产生制动作用。放松制动时，蹄片在弹簧作用下回位，并与鼓保持一定的间隙，制动解除。

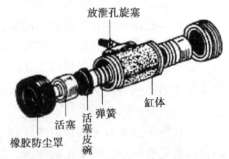

图 3-3-50　双活塞式制动轮缸

（4）真空助力器。为了提高汽车制动性能，减轻驾驶员的疲劳强度，在液压制动装置中，装有真空助力器，它安装在主缸与踏板之间，利用发动机运转时进气管产生的真空度来增大驾驶员施加在制动踏板上的操纵力。

（5）制动力调节装置。因前后轮所需制动力受到制动时汽车车速、重心位置、行驶中道路条件及车辆载荷等因素的影响，而车轮制动器所能提供的各轮上的制动力也受到制动管路、液体压力、管路直径以及制动器结构尺寸的影响，无法随使用因素的变化而改变，因此，前后轮很难同时达到"抱死"边缘。若前轮先抱死，会使汽车失去操纵稳定性而无法转向。为此，现代轿车采用了各种制动力调节装置以调节前后轮制动力的分配，如比例阀、感载比例阀、感速阀等。

第四章 汽车电气设备

汽车电气设备作为汽车四大组成部分之一，在现代汽车上所占比例已越来越大。汽车的发展离不开汽车电气技术的发展。现代汽车的电气设备种类和数量繁多，本章主要介绍传统的汽车电气设备部分，即电源系、启动系、照明与信号装置以及部分辅助电气设备，不包含现代电子控制技术。

第一节 电源系

汽车电源系主要由蓄电池、发电机、调节器及充电指示装置等组成。其主要作用是给汽车各用电设备提供低压直流电能，如图3-4-1所示。

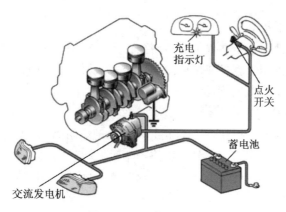

图 3-4-1 汽车电源系

一、蓄电池

汽车蓄电池是一种储存电能的装置，是可逆的低压直流电源，一旦连接外部负载或接通充电电路，它便开始了能量转换过程。在放电过程中，蓄电池中的化学能转变成电能；在充电过程中，电能被转变成化学能。

（一）蓄电池的功用

（1）发动机启动时，向启动机、点火系、电子燃油喷射系和汽车的其他电气设备供电。

(2) 发动机低速运转时，向用电设备和发电机磁场绕组供电。

(3) 发动机中、高速运转时，将发电机剩余电能转化为化学能储存起来。

(4) 发电机过载时，协助发电机向用电设备供电。

(5) 蓄电池相当于一个大电容器，能吸收电路中出现的瞬时过电压，保护电子元件，保持汽车电器系统电压稳定。

目前汽车上常用的蓄电池有：普通蓄电池、免维护蓄电池、封闭式免维护蓄电池等，此外还有混合型蓄电池和重组式蓄电池。

（二）普通蓄电池的结构

蓄电池由 6 只单格电池串联而成，每只单格电池的电压约为 2V，串联后的蓄电池电压为 12V。蓄电池主要由极板、隔板、联条、电解液、外壳和接柱等组成，其结构如图 3-4-2 所示。

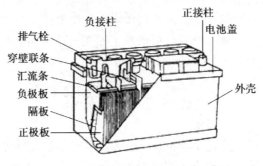

图 3-4-2　蓄电池的结构

（三）免维护蓄电池

所谓免维护蓄电池，是指在规定的使用条件下，使用期间不需要进行维护的蓄电池。对于车用铅蓄电池来讲，也就是使用期间不需经常添加蒸馏水的蓄电池。

（四）蓄电池的使用与维护

1. 蓄电池的正确使用

(1) 每次启动的时间不得超过 5s，相邻两次启动应间隔 15s 以上。

(2) 蓄电池在汽车上应固定牢靠，以防行车时振动和移位。

(3) 要经常检查蓄电池的电解液和蓄电池的放电情况，及时进行维护。

2. 蓄电池的维护

(1) 经常清除蓄电池表面的灰尘污物，疏通加液孔盖上的通气孔。

(2) 经常检查各单格内电解液的液面高度，如发现不足及时补充。

(3) 停驶车辆的蓄电池，每两个月应进行一次补充充电。

(4) 拆卸蓄电池电缆时，应先拆下蓄电池负极，再拆下蓄电池正极；安装蓄电池电缆时，应先安装蓄电池正极，再安装蓄电池负极。

二、硅整流发电机及调节器

发电机的作用是当发动机所需电压高于蓄电池电压时，能及时向蓄电池充电，并向全车除启动机外的所有用电设备直接供电。发电机由发动机曲轴通过皮带轮驱动,是把机械能转化为电能的装置。目前汽车上所用发电机均为硅整流交流发电机,交流发电机因具有体积小、重量轻、结构简单、维护方便、使用寿命长和低速充电性能好等显著特点而被广泛应用。设有电压调节器的目的是满足汽车电气设备用电及向蓄电池以恒定电压充电。充电状态指示装置用于指示汽车电源系统的工作情况。

(一)普通交流发电机的构造

普通交流发电机由两大部分组成:三相同步交流发电机、硅二极管整流器。主要有转子、定子、整流器、前后端盖、风扇、皮带轮等部件,如图 3-4-3 所示。

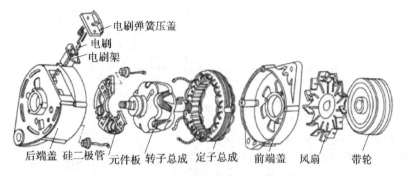

图 3-4-3　JF132 型交流发电机组件图

(二)交流发电机的工作原理

发电机转子总成由发电机通过皮带驱动旋转,磁场绕组中有电流通过,产生磁场,使转子轴上的两块爪形磁极磁化,形成 N 和 S 极。当转子旋转时,磁极在定子总成铁芯间穿过,形成旋转磁场,与三相定子绕组产生相对运动,三相定子绕组中产生三相交流电动势,相互间频率相同、幅值相等、相位互差 120°(电角度)。三相交流电动势经由六个硅二极管组成的桥式整流电路整流后变成直流电通过电枢接柱 B 向外输出,如图 3-4-4 所示。

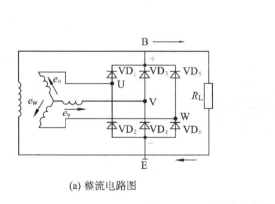

(a) 整流电路图

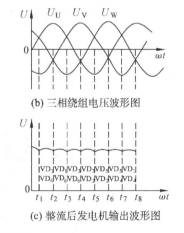

(b) 三相绕组电压波形图

(c) 整流后发电机输出波形图

图 3-4-4　交流发电机的整流原理

(三)调节器

调节器的作用是在发电机转速变化时,自动改变励磁电流的大小,使发电机输出电压保持在14V左右不变。调节器按其结构特点和工作原理可分为触点式和电子式。由于触点式调节器结构复杂、体积大、工作频率较低、输出电压脉冲大、触点间存在电火花，因此触点容易烧蚀，产生故障，发生无线电干扰，目前已经被淘汰。现在多采用电子式调节器，如图3-4-5所示。

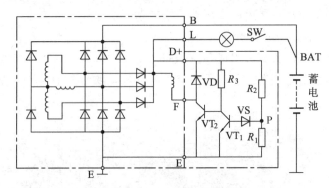

图3-4-5　电子式调节器

电子式调节器采用晶体三极管来控制励磁电流的通断，三极管的开关频率高，且不产生火花，调节精度高，还具有重量轻、体积小、寿命长、可靠性高、电波干扰小等优点，在现代汽车中广泛应用。

第二节　启动系

启动系的作用是供给内燃机曲轴启动转矩，使曲轴达到必需的启动转速，使内燃机进入自行运转状态。汽车发动机的启动方式有多种，多数汽车发动机都采用电动机启动。电动机启动是用电动机作为机械动力，当将电动机轴上的齿轮与发动机飞轮周缘的齿圈啮合时，动力就传到飞轮和曲轴，使之旋转。电动机本身又用蓄电池作为能源。

发动机启动系主要由蓄电池、点火开关、启动机等部件组成，有些车型还带有启动继电器以用来保护点火开关，如图3-4-6所示。

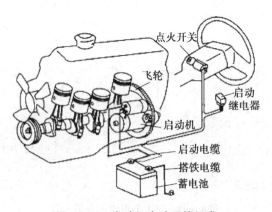

图3-4-6　发动机启动系的组成

一、启动机的结构、功用与原理

（一）启动机的结构与功用

启动机一般由直流电动机、单向传动机构、操纵机构三部分组成，如图 3-4-7 所示。其功用是：直流电动机由操纵机构控制将蓄电池的电能转化为机械能，再通过其传动机构将发动机拖转启动。

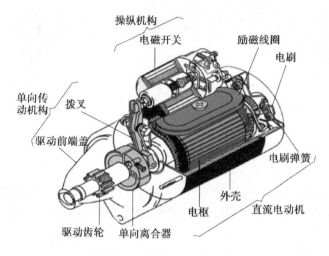

图 3-4-7　启动机的组成

1. 直流电动机的结构与原理

直流电动机是将电能转化为机械能的装置，其作用是产生发动机启动时所需要的电磁转矩。直流电动机是利用通电导体在磁场中受力运动的原理制造的，其工作原理如图 3-4-8 所示。

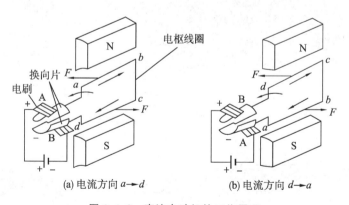

图 3-4-8　直流电动机的工作原理

由于一个线圈所产生的转矩太小，且转速不稳定，因此实际上，电动机的电枢上绕有很多线圈，换向片数也随线圈的增多而相应增加，从而保证产生足够大的转矩和稳定的转速。

现代汽车一般使用直流串励式电动机，这种直流电动机的励磁绕组与电枢绕组串联。主要由电枢、磁极、电刷和电刷架、壳体及前后端盖等组成，如图 3-4-9 所示。

电枢的作用是产生电磁转矩；磁极的作用是产生磁场；换向器的作用是改变引入电枢绕组的电流方向；电刷及电刷架的作用是引入电流，将励磁绕组与电枢绕组串联；壳体及前后端盖的作用是安装磁极，固定机件。

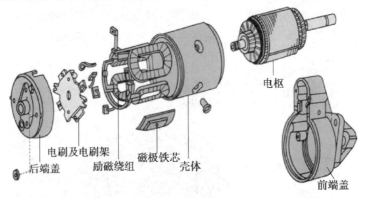

图 3-4-9 直流串励式电动机结构

2. 单向传动机构

单向传动机构由单向离合器和传动拨叉等部件组成，作用是在发动机启动时，使驱动小齿轮与飞轮齿圈啮合，传递电动机转矩以启动发动机，在发动机启动后自动打滑，保证电枢不致飞散损坏。

传动拨叉比较简单，这里主要介绍单向离合器。常见单向离合器有滚柱式、弹簧式和摩擦片式三种，如图 3-4-10、3-4-11、3-4-12 所示。

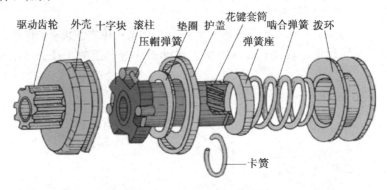

图 3-4-10 滚柱式单向离合器

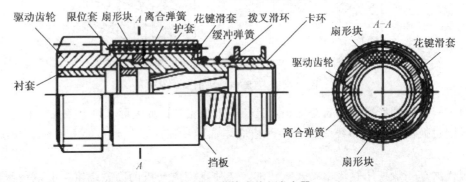

图 3-4-11 弹簧式单向离合器

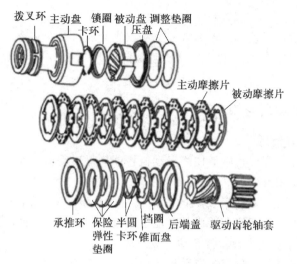

图 3-4-12 摩擦片式单向离合器

3. 操纵机构

操纵机构，也称电磁开关，其作用是用来接通或切断电动机与蓄电池之间的电路，在过去有些启动机上还具有隔除点火线圈附加电阻的作用，如图 3-4-13 所示。

常见启动机属电磁操纵强制啮合式启动机。电磁操纵是指启动机主电路的控制靠电磁开关实现，强制啮合是指驱动小齿轮靠拨叉强制推入啮合。

（二）启动机的工作原理

图 3-4-13 操纵机构

如图 3-4-14（a）所示，启动时，接通启动开关，启动机电路通电，继电器的吸引线圈和保持线圈通电，产生很强的磁力，吸引铁芯右移，并带动驱动杠杆绕其销轴转动，使齿轮移出与飞轮齿圈啮合。与此同时，由于吸引线圈的电流通过电动机的绕组，电枢开始转动，齿轮在旋转中移出，减小冲击。

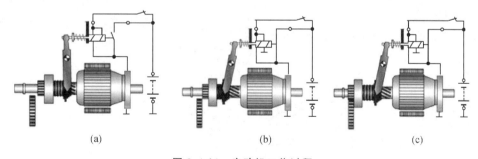

图 3-4-14 启动机工作过程

如果齿轮与飞轮齿端相对，不能马上啮合，此时弹簧压缩，当齿轮转过一个角度后，齿轮与飞轮迅速啮合。当铁芯移动到使短路开关闭合的位置时，短路线路接通，吸引线圈被短路，失去作用，保持线圈所产生的磁力足以维持铁芯处于开关吸合的位置，见

图 3-4-14 (b)。

在发动机发动后,驱动小齿轮和直流电动机之间通过单向离合器作用切断动力传递路径;启动完毕时,驱动小齿轮与飞轮齿圈自动脱离啮合,启动机保持静止状态,见图 3-4-14 (c)。

二、启动机的使用与维护

1. 启动机的正确使用

发动机启动时,合理、正确地使用启动机,能确保启动机工作正常、启动可靠,并有效地延长启动机的使用寿命。

(1) 发动机启动时,流向启动机的最大电流可达 200A。若长时间、大电流地工作,不仅可能烧坏启动电动机,还会造成蓄电池过量放电而损伤。因此,启动发动机时,启动机的每次工作时间不宜超过 5s;若启动失败,应等约 15s 后再重新启动。

(2) 启动发动机时,尽量减少启动机的启动次数。若连续三次启动失败,应检查发动机的电路、供油油路等系统是否正常,启动负荷是否过大,应排除故障后再行启动。

(3) 在启动发动机过程中,应将变速器操纵杆置于空挡位置,并踩下离合器踏板,使启动机不带负载启动,提高一次启动成功率。

(4) 蓄电池要经常保持充足电的状态,以保证发动机启动时,启动电动机能获得较大的工作电流和电压,确保启动机具有足够的转速和转矩,以满足发动机的启动,减少启动机的工作时间。

(5) 在冬季和低温环境下冷机启动时,建议先对发动机进行预热,以提高启动的成功率,减少重复启动的次数,有利于延长启动机和蓄电池的使用寿命。

(6) 发动机启动后,要立即松开点火开关,使启动机停止工作,以避免损坏电磁开关和启动电动机,减小单向离合器不必要的磨损。

(7) 发动机启动后,若操纵点火开关不能使启动机停止运转,要立即关闭发动机和车辆电源,必要时应及时拆开蓄电池的电源线,待查明故障排除后,再重新接好电路。

三、启动系统控制电路

启动系统的电路常见有三类:

1. 无继电器控制式

常用于微型车、轿车,如图 3-4-15 所示。

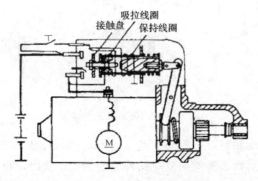

图 3-4-15 无继电器控制式

2. 单继电器控制式

启动继电器的作用是以小电流控制大电流，保护点火开关，减少启动机电磁开关线路压降，如图 3-4-16 所示。自动变速器上装有空挡启动开关，它串联于启动继电器线圈搭铁端。

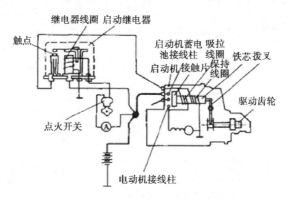

图 3-4-16　单继电器控制式

3. 安全保护继电器控制式

在发动机发动后，使启动机自动停转，确保发动机发动后不可能接通启动机电路，如图 3-4-17 所示。

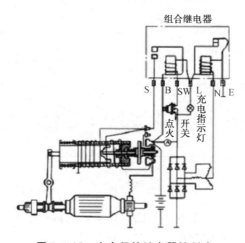

图 3-4-17　安全保护继电器控制式

第三节　照明与信号装置

照明设备和灯光信号装置，俗称灯系，包括车灯总开关和专用开关控制。照明设备主要用于夜晚照明道路，标示车辆宽度，照明车厢内部、仪表及夜间检修等；信号装置主要通过声、光信号向环境发出有关车辆运行状况或状态的信息，保证安全。汽车的照明系统主要由灯具、电源和电路（包括控制开关）三大部分组成。现代汽车照明灯具还有很好的装饰作用。汽车照明灯根据安装位置和用途不同，一般可分为：外部照明装置和内部照明装置。汽车照明灯的种类、特点及用途见表 3-4-1；汽车信号灯的种类、特点及用途见表

3-4-2。

表 3-4-1 汽车照明灯的种类、特点及用途

种类	外照明灯			内照明灯		
	前照灯	雾灯	牌照灯	顶灯	仪表灯	行李箱灯
安装位置	汽车头部两侧有两灯、四灯	汽车头部、尾部	汽车尾牌照上方或左右	汽车内部	汽车仪表板内部	行李箱内部
工作时的特点	白色常亮，远近光变化	黄色或白色单丝常亮	白色常亮	白色常亮	白色常亮	白色常亮
功率	40～60W	前45W，后21W或6W	5～10W	5～15W	2W	5W
用途	为驾驶员安全行车提供保障	雨、雪、雾天保证有效照明及提供信号	用于照亮汽车尾部牌照	用于夜间车内照明	用于夜间观察仪表时的照明	用于夜间拿取行李物品时的照明

表 3-4-2 汽车信号灯的种类、特点及用途

种类	转向灯	制动灯	小灯	尾灯	指示灯	报警灯
安装位置	汽车头部、尾部两侧	汽车尾部	汽车头部两侧	汽车尾部	仪表板上	仪表板上
工作时的特点	黄色闪亮，左右变化	红色，制动时亮	白色或黄色常亮	红色常亮	绿色或蓝色常亮	红色或黄色常亮
功率	21W	21W	5W	5W	2W	5W
用途	指示车辆行驶趋向	对尾随车辆发出防碰撞信号	从前面标示车辆型位	从后面标示车辆型位	用于指示汽车一些系统的工作状态	警示汽车上某系统处于不良或特殊工作状态

一、前照灯

前照灯在夜间行车时，照亮车前的道路和物体，确保行车安全；同时也可发出远光和近光交替变换，以便夜间超车和避免会车时使对方驾驶员眩目。

二、前照灯的结构

前照灯由光源（灯泡）、反光镜、配光镜三部分组成。

1. 灯泡

汽车前照灯用灯泡的额定电压有 12V 和 24V 两种。目前汽车前照灯所用的灯泡有：普通灯泡（白炽灯泡）和卤素灯泡。两种灯泡的灯丝均采用熔点高、发光强的钨制成，如图 3-4-18 所示。

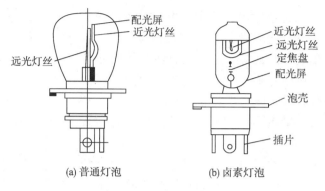

(a) 普通灯泡　　(b) 卤素灯泡

图 3-4-18　前照灯的灯泡

2. 反射镜

由于前照灯灯丝发出的光度有限，功率仅 45～60W，如无反射镜，那只能照清汽车灯前 6m 左右的路面。反射镜的作用是将灯泡的散射（直射）光反射成平行光束，使光度大大增强，增强几百倍乃至上千倍，以保证汽车前方 150～400m 范围内足够的照明。

反射镜一般用 0.6～0.8mm 的薄钢板冲压而成，反射镜的表面形状呈旋转抛物面，如图 3-4-19 所示。其内表面镀银、铝或铬，然后抛光。由于镀铝的反射系数可以达到 94% 以上，机械强度也较好，所以现在一般采用真空镀铝。

3. 配光镜

配光镜又称散光玻璃，它是用透光玻璃压制而成的，是很多块特殊的棱镜和透镜的组合。其几何形状比较复杂，外形一般为圆形和矩形。

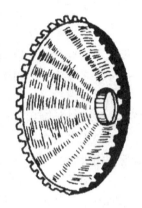

图 3-4-19　反射镜

为了弥补具有反射镜的前照灯因为光束太窄、照明不大的缺点，采用了配光镜。配光镜的作用是将反射镜反射出的平行光束进行折射，使车前路面和路线都有良好而均匀的照明。采用了配光镜的前照灯如图 3-4-20 所示。

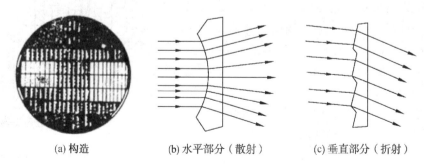

(a) 构造　　(b) 水平部分（散射）　　(c) 垂直部分（折射）

图 3-4-20　配光镜的结构与作用

二、汽车转向灯

汽车转向灯主要是用来指示车辆的转弯方向，以引起行人和其他驾驶员的注意，提高车辆行驶的安全性。另外，汽车转向灯同时闪烁还用作危险警报的指示。

汽车转向灯的闪烁是通过闪光器来实现的，通常按照结构的不同和工作原理分为电热式、电容式、翼片式、水银式、晶体管式、集成电路式等。过去汽车转向灯闪光器多采用电热式结构，由于它们工作稳定性差、寿命短、信号灯的亮暗不够明显，因而目前多采用结构简单、体积小、工作稳定、使用寿命长的电子式闪光器，即晶体管式和集成电路式两大类。

电子闪光器一般有 3 个接线柱，一般不维修，闪光频率和灯泡的功率无关（电热式和电容式都和灯泡功率有关），如图 3-4-21 所示。

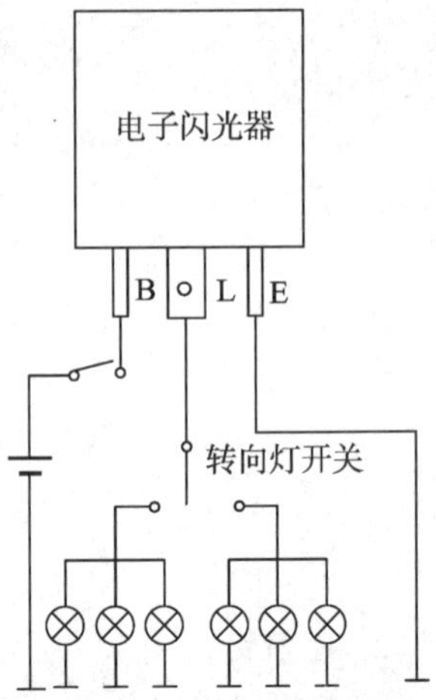

三、电喇叭

目前汽车上所装用的喇叭多为电喇叭，主要用于警告行人和其他车辆，以引起注意，保证行车安全。喇叭按发音动力有气喇叭和电喇叭之分；按外形有螺旋形、筒形、盆形之分；按声频有高音和低音之分；按接线方式有单线制和双线制之分。

图 3-4-21　电子闪光器特征电路

气喇叭是利用气流使金属膜片振动产生音响，外形一般为筒形，多用在具有空气制动装置的重型载重汽车上。电喇叭是利用电磁力使金属膜片振动产生音响，其声音悦耳，广泛使用于各种类型的汽车上。

电喇叭按有无触点可分为普通电喇叭和电子电喇叭。普通电喇叭主要是靠触点的闭合和断开，控制电磁线圈激励膜片振动而产生音响的；电子电喇叭中无触点，它是利用晶体管电路激励膜片振动产生音响的。

1. 筒形、螺旋形电喇叭

筒形、螺旋形电喇叭的构造如图 3-4-22 所示。其主要机件由山形铁芯、线圈、衔铁、膜片、扬声筒、触点以及电容器等。

膜片和共鸣板借中心杆与衔铁、调整螺母、锁紧螺母联成一体，通过线圈的通断使得膜片不断振动，从而发出一定音调的音波，由扬声筒加强后传出。

2. 盆形电喇叭

盆形电喇叭的工作原理与筒形、螺旋形电喇叭相同，都是通过控制线圈的开闭使得膜片振动引起共鸣板共鸣来发声的，如图 3-4-23 所示。只不过盆形电喇叭的发声效果更好些，在没有扬声筒的情况下，仍能够发出较大的声响。

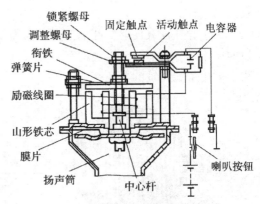

图 3-4-22　筒形、螺旋形电喇叭

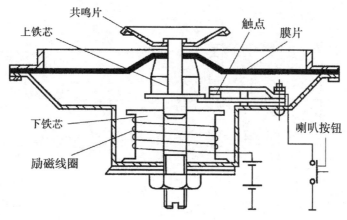

图 3-4-23 盆形电喇叭

3. 电子电喇叭

由晶体三极管取代了触点，避免了触点烧蚀等故障的产生，使得电喇叭的工作性能更为可靠，如图 3-4-24 所示。

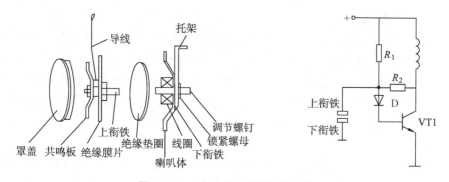

图 3-4-24 盆形电子电喇叭的结构

4. 喇叭继电器

当汽车装用双喇叭时，因为消耗电流较大（15～20A），用按钮直接控制时，按钮容易烧坏。为了避免这个缺点，采用喇叭继电器，如图 3-4-25 所示。

5. 电喇叭的调整

电喇叭的调整主要包括音量和音调的调整。

音量的大小由电磁线圈工作电流大小决定，电流越大，则音量越大；电流越小，则音量越小。调整方法是：调整音量调整螺钉，改变触点接触压力进行调整。当触点压力增加时，触点闭合时间相对增长，流过线圈的电流增大，音量相应增大；反之，音量减小。

喇叭音调的高低由活动铁芯的振动频率决定，因此可以转动音调调整螺钉，通过调整活动铁芯与固定铁芯之间的气隙进行调整。减小气隙时喇叭音调升高，反之降低。

喇叭音调和音量的调整是相互影响的，因此可以反复调整，直至声音悦耳为止，如图 3-4-26 所示。通常音量不宜调得过大，否则会损坏膜片，同时也会造成噪声污染。

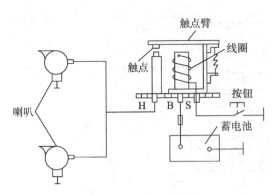 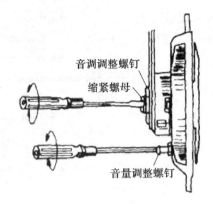

图 3-4-25　喇叭继电器　　　　图 3-4-26　电喇叭的调整

四、汽车仪表

汽车仪表的作用是监测发动机的运转状况，使驾驶员能随时观察与掌握汽车各系统的工作状态。汽车主要的仪表有机油压力表、冷却液温度表、燃油表、车速里程表、发动机转速表等。

1. 机油压力表

机油压力表用来检测和显示发动机主油道的机油压力的大小，以防止因缺机油而造成拉缸、烧瓦的重大故障发生。它由机油压力传感器和机油压力指示表两部分组成。

机油压力指示表可分为电热式、电磁式和弹簧式三种。机油压力传感器可分为双金属片式和可变电阻式两种。常用的有：电热式机油压力指示表，配双金属片式机油压力传感器；电磁式机油压力指示表，配可变电阻式机油压力传感器。

2. 冷却液温度表

冷却液温度表用来检测和显示发动机水套中冷却液的工作温度，以防止因冷却液温度过高而使发动机过热。

冷却液温度指示表可分为电热式、电磁式和动磁式三种；冷却液温度传感器可分为双金属片式和热敏电阻式两种。常用的有：电热式冷却液温度指示表，配双金属片式传感器；电热式冷却液温度指示表，配热敏电阻式传感器；电磁式冷却液温度指示表，配热敏电阻式传感器。

3. 燃油表

燃油表用来指示燃油箱内燃油的储存量。燃油表有电磁式、动磁式和电热式三种，传感器均为可变电阻式。以下以电磁式燃油表与可变电阻式传感器为例介绍。

（1）电磁式燃油表结构如图 3-4-27 所示。

（2）工作原理：当点火开关打开时，电流由蓄电池正极→点火开关→燃油表接线柱→左线圈→接线柱→右线圈→搭铁→蓄电池负极。同时电流由接线柱→传感器接线柱→可变电阻→滑片→搭铁→蓄电池负极。左线圈和右线圈形成合成磁场，转子就在合成磁场的作用下转动，使指针指在某一刻度上。

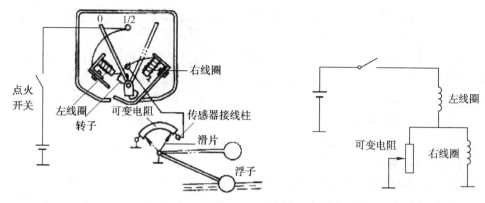

图 3-4-27　电磁式燃油表与可变电阻式传感器

当油箱无油时，浮子下沉，可变电阻上的滑片移至最右端，可变电阻被短路，右线圈也被短路，左线圈的电流达最大值，产生的电磁吸力最强，吸引转子，使指针停在最左面的"0"位上。

随着油箱中油量的增加，浮子上浮，带动滑片沿可变电阻滑动。可变电阻部分接入电路，左线圈电流相应减小，而右线圈中电流增大。转子在合成磁场的作用下向右偏转，带动指针指示油箱中的燃油量。如果油箱半满，指针指在"1/2"位置；当油箱全满时，指针指在"1"位置。

4. 车速里程表

车速里程表是用来指示汽车行驶速度和累计行驶里程数的仪表，由车速表和里程表两部分组成，分为磁感应式、电子式。以下以磁感应式车速里程表为例介绍。

（1）结构。磁感应式仪表没有电路连接，磁感应式车速里程表由变速器（或分动器）内的蜗轮蜗杆经软轴驱动，其基本结构如图 3-4-28 所示。车速表由与主动轴紧固在一起的永久磁铁、带有轴及指针的铝碗、磁屏和紧固在车速里程表外壳上的刻度盘等组成。里程表由蜗轮蜗杆机构和六位数字的十进位数字轮组成。

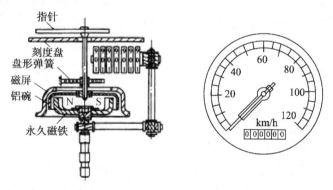

图 3-4-28　磁感应式车速里程表

（2）原理。

① 车速表工作原理：不工作时，铝碗在盘形弹簧的作用下，使指针指在刻度盘的零位。当汽车行驶时，主动轴带着永久磁铁旋转，永久磁铁的磁感线穿过铝碗，在铝碗上感应出涡流，铝碗在电磁转矩作用下克服盘形弹簧的弹力，向永久磁铁转动的方向旋转，直

至与盘形弹簧弹力相平衡。由于涡流的强弱与车速成正比,指针转过角度与车速成正比,指针便在刻度盘上指示出相应的车速。

② 里程表工作原理:汽车行驶时,软轴带动主动轴,主动轴经三对蜗轮蜗杆(或一套蜗轮蜗杆和一套减速齿轮系)驱动里程表最右边的第一数字轮。第一数字轮上的数字为 1/10km,每两个相邻的数字轮之间的传动比为 1:10。即当第一数字轮转动一周,数字由 9 翻转到 0 时,便使相邻的左面第二数字轮转动 1/10 周,成十进位递增。这样汽车行驶时,就可累计出其行驶里程数,最大读数为 99999.9km。

5. 发动机转速表

发动机转速表用于指示发动机的运转速度。常用的转速表有机械式和电子式两种。电子式转速表获取转速信号的方式有三种,即取自发动机点火系、发动机的转速传感器和发电机。如图 3-4-29 所示为桑塔纳轿车取自点火系的转速表电路原理图。

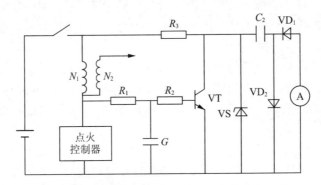

图 3-4-29　桑塔纳轿车电子式转速表电路原理图

当初级电路导通时,三极管 VT 截止,电容 C_2 被充电,充电电流由蓄电池正极→点火开关→电阻 R_3→电容 C_2→二极管 VD_2→蓄电池负极。当初级电路截止时,三极管 VT 导通,电容器 C_2 放电,放电电流通过三极管 VT→电流表→二极管 VD_1。当发动机工作时,点火系初级电路不停地导通与截止,电容 C_2 不停地充放电。因为初级电路通断的次数与发动机转速成正比,所以电流表中电流平均值与发动机转速成正比,从而可用电流平均值标定发动机的转速。

五、汽车报警装置

为了指示汽车某系统的工作状况,引起行人及车辆或驾驶员本人的注意,保证行车安全,防止事故发生所设置的灯光或声音信号装置称为报警装置。一般分为对内(车辆驾驶员)和对外(行人及其他车辆)两类报警装置。

对内报警通常由报警灯和报警开关组成,当被监测的系统或总成不正常时,开关自动接通而使指示灯发亮,用以提醒驾驶员注意,如机油压力报警灯、车门未关好报警灯、制动液压不足指示灯、燃油不足报警灯、发动机故障指示灯、变速器故障指示灯、制动系统故障报警、防盗报警等。

对外报警装置通常有危险报警闪光装置、转向蜂鸣器、倒车报警蜂鸣器、汽车防撞报警、座椅安全带报警、前照灯未关及点火钥匙未拔报警等。一般都带有声音信号或同时有灯光信号。

报警灯通常安装在驾驶室内仪表板上,功率为 1~3W。在灯泡前有滤光片,以使灯泡发黄或发红。滤光片上常刻有图形符号,以显示其功能,其含义如图 3-4-30 所示。

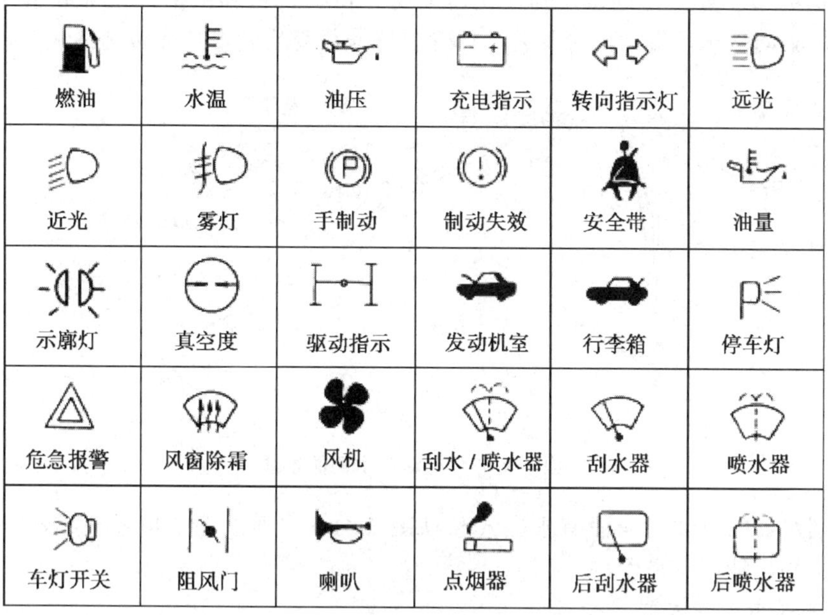

燃油	水温	油压	充电指示	转向指示灯	远光
近光	雾灯	手制动	制动失效	安全带	油量
示廓灯	真空度	驱动指示	发动机室	行李箱	停车灯
危急报警	风窗除霜	风机	刮水/喷水器	刮水器	喷水器
车灯开关	阻风门	喇叭	点烟器	后刮水器	后喷水器

图 3-4-30　常用报警灯图形符号

一般报警灯和报警灯开关串联后接入电路,报警灯开关监视相应值,并按照设定条件动作,使得报警电路接通,报警灯点亮。其基本电路如图 3-4-31 所示。

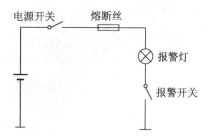

图 3-4-31　报警灯电路

第四节　汽车辅助电气设备

随着汽车技术的发展,汽车技术越来越先进,汽车上的辅助电气设备越来越多,驾乘人员的舒适性大大提高。本节只介绍有代表性的几个装置,如风窗刮水和清洗装置、风窗玻璃防冰霜装置、电动车窗、中央门锁等。

一、风窗刮水和清洗装置

电动刮水器的作用是刮除风挡玻璃上的雨水、雪或灰尘,确保驾驶员有良好的视线。目前在汽车上广泛采用的电动刮水器,普遍具有高速、低速及间歇三个工作挡位,而且除了变速之外，还有自动回位的功能。

（一）电动刮水器的组成

如图 3-4-32 所示，电动刮水器是由电动机、传动机构和刮水片三部分组成。电动机轴端的蜗杆驱动蜗轮，带动摇臂旋转，摇臂使拉杆往复运动，从而带动刮水片左右摆动。

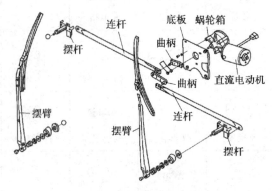

图 3-4-32　电动刮水器的组成

电动刮水器的电动机一般有永磁式和励磁式两种，而永磁式电动机结构简单、体积小、可靠性好，被广泛采用。

1. 永磁式电动刮水器

如图 3-4-33 所示是永磁式电动刮水器的电动机结构。

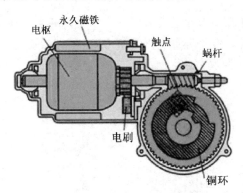

图 3-4-33　永磁式电动机结构

2. 雨刮的组成和结构特点

雨刮分刮杆和刮片两个部分。刮杆部分是由接头、刮杆臂、刮臂及弹簧等零件组成的一个刚性杆件。刮片部分由主桥、副桥、簧片及胶条等零件组成。刮杆与刮片典型的装接形式有：凸台插入式、槽孔插入式和弯钩式，如图 3-4-34 所示。

图 3-4-34　刮杆与刮片典型的装接形式

3. 刮水器传动机构

刮水器传动机构专用性较强，尺寸种类变化繁多，无统一的型号编制。其外形、安装尺寸、刮拭角等参数基本上由汽车制造厂根据汽车前围的大小、高低及布置空间等要求而确定。

典型的刮水器传动机构一般由1~3组曲柄摇杆机构或双摇杆机构组成。四杆机构的杆件一般由管材或槽钢制成。杆件间的铰接点均是球形关节结构，以弥补杆件运动平面在制造和安装上的误差。

球铰节的外套由工程塑料制成，具有吸收冲击和减少噪声、防止铰接点咬死等优点。在工作时运动灵活、平稳，装配维修时由于是靠零件的弹性过盈进行轴向定位的，不用专用工具就可拆卸。有的球铰结构同时具备轴向防脱落结构，当轴线稍有偏角，球轴防脱落肩胛便与球套对不准，以此达到防脱落目的。

4. 间歇刮水继电器

当汽车在蒙蒙细雨或浓雾天气行驶时，因挡风玻璃上形成的是雾气或细小的雨滴，这时适合间歇刮水动作。因此在很多汽车的刮水电路中设置了间歇继电器。在遇到上述天气时，将刮水开关放在间歇挡，刮水器在间歇继电器的控制下，每5~8s动作一次。

间歇刮水继电器可分为机械式和电子式两类，如图3-4-35、3-4-36所示。

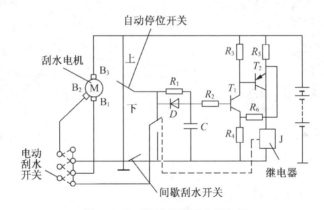

图 3-4-35　机械间歇刮水继电器

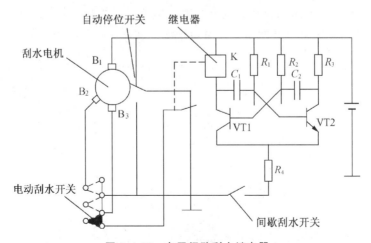

图 3-4-36　电子间歇刮水继电器

(二) 电动洗涤器

电动洗涤器的作用是在需要的情况下向风窗表面喷洒专用洗涤液或水,在刮水片配合工作下,保持风挡玻璃表面的清洁。它由储液罐、洗涤泵、软管、三通接头和喷嘴等组成,如图3-4-37所示。

储液罐由塑料制成,容量为1.2L。洗涤液一般由水或水与适量的添加剂组成,添加剂有利于清洁或降低冰点。

洗涤泵由一只小型永磁直流电动机和离心泵组成。洗涤泵安装于储液罐上。其输出压力一般为68.6kPa,消耗电流不大于3.6A。

汽车洗涤喷嘴分圆形、方形、扁形三种。

单孔喷嘴布置在左右雨刮驱动轴附近,双孔喷嘴布置于车身中心线上。喷嘴的喷头是一个球体,如图3-4-38所示,使用时用大头针插入内孔,稍稍用力即可调整其朝向,洗涤液喷射到目标面积。喷嘴堵塞时,可用细钢丝加以疏通。

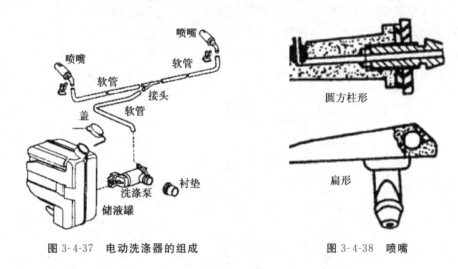

图3-4-37 电动洗涤器的组成　　图3-4-38 喷嘴

(三) 常见车型电动刮水器与洗涤器电路

奥迪轿车的刮水器及清洗装置,由熔断器、带间歇挡的前风窗刮水器开关、前风窗刮水器继电器、电动机、刮水器支座、连杆总成、定位杆以及刮水器橡皮条、喷水泵、储液罐、喷嘴等组成。如图3-4-39所示,为奥迪轿车电动刮水器与洗涤器电路图。

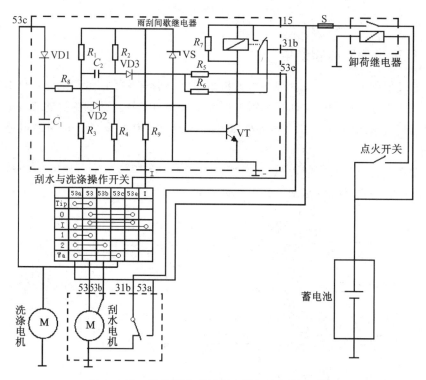

图 3-4-39 奥迪轿车电动刮水器与洗涤器电路图

（四）刮水器和洗涤器开关的正确使用

1. 刮水器和洗涤器开关的结构与功用

刮水器和洗涤器开关布置在转向盘右下方，如图 3-4-40 所示。

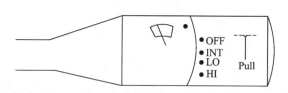

图 3-4-40 刮水器和洗涤器开关

（1）刮水器开关。刮水器开关为旋钮式开关，有"OFF""INT""LO"及"HI"四个位置。旋钮处于"OFF"位置时，刮水器电路断开，刮水器不工作；旋钮处于"INT"位置时，刮水器间歇运转；旋钮处于"LO"位置时，刮水器电动机电路接通，刮水器低速运转，刮水片慢刮；旋钮处于"HI"位置时，刮水器电路高速挡接通，刮水片做快速刮扫运动。

（2）洗涤器开关。将洗涤器开关操纵杆向上抬时，洗涤器电动机通电，洗涤器喷嘴向挡风玻璃喷出洗涤液，以利于风挡玻璃的清洗。

2. 刮水器开关和洗涤器开关的使用注意事项

（1）当车窗洗涤液停止喷出时，应释放开关杆，使洗涤电动机断电；否则在无车窗洗涤液的状态下操纵开关杆，洗涤电动机将会受损伤。

（2）用刮水器刷除风挡玻璃上的灰尘会损伤风挡玻璃与刮水器的橡胶刮水片。因此，在使用刮水器前,应以洗涤液喷湿风挡玻璃。

二、风窗玻璃防冰霜装置

在气温较低的环境中,风窗玻璃内侧易结冰霜,通常是采用加热的方法将其除去。前风窗玻璃一般采用暖风加热,而后风窗玻璃通常采用电热线加热的方法除霜,其中电热线由镀在后风窗玻璃的内表面中的多条金属导电膜制成。有些车辆以相同的电路加热外后视镜。

因除霜系统耗电很大(30A以上),所以系统采用了定时电路。如图3-4-41所示,为LS400轿车风窗除霜系统电路图,其工作过程如下:

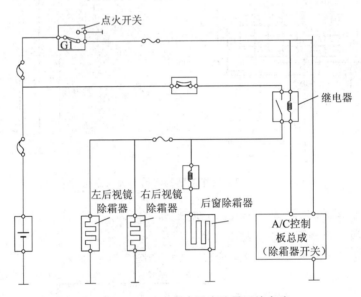

图 3-4-41　LS400 轿车风窗除霜系统电路

当接通除霜器开关后,除霜器开关使除霜继电器的磁化线圈搭铁,继电器触点闭合,风窗玻璃及后视镜上的电热丝通电发热,使冰霜受热蒸发。除霜器开关中的时间继电器维持除霜继电器导通 10~20min,然后自动切断除霜继电器的电路,使电热丝断电。若想继续除霜,可再次接通除霜开关。

三、电动车窗控制系统

电动车窗,是指以电为动力自动升降的车窗。它是由驾驶员或乘员操纵开关接通车窗升降电动机的电路,电动机产生动力通过一系列的机械传动,使车窗玻璃按要求进行升降,即使在行车过程中,也能安全方便地开关车窗。其优点是操作简便,有利于行车安全。电动车窗由电动车窗升降器和电子控制电路组成。

(一)电动车窗升降器

根据电动车窗升降器的类型,电动车窗分为机械式和油压式两种。油压式电动车窗由于结构复杂、可靠性差,现已很少使用。电动机械式车窗玻璃升降器根据机械升降机构的结构形式可分为绳轮式(图3-4-42)、齿条式(图3-4-43)和交叉臂式(图3-4-44)三大类。电动车窗升降器主要由车窗电动机和机械升降机构两部分组成。为吸收冲击对机构的影响，一般都装有吸收冲击的缓冲装置。

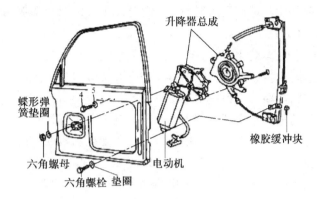

图 3-4-42　绳轮式电动车窗升降器

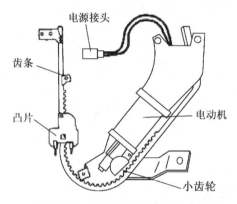

图 3-4-43　齿条式电动车窗升降器

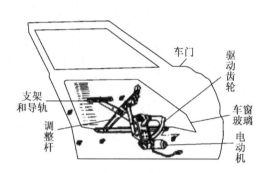

图 3-4-44　交叉臂式电动车窗升降器

1. 车窗电动机

车窗电动机是一个永磁、两极直流电动机，电动机内部装有减速装置。车窗电动机一般设计成能正反方向旋转，具有较高输出转矩、较低噪声、较小的体积、扁平外形和短时工作制，并对尘埃及洗涤剂具有密封防护性能。车窗电动机内部一般都装有抑制无线电干扰装置，以防止在使用电动车窗升降器时对车内无线电的接收形成干扰。电动机内部还装有过电流保护装置，电动机运转受阻时能自动切断电源，从而避免电机的烧毁，如图 3-4-45 所示。

图 3-4-45　车窗电动机

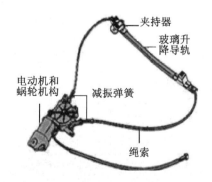

图 3-4-46　绳轮式电动机输出部分的结构

2. 电动机输出部分

以绳轮式为例，电动机的输出部分是一个塑料绳轮，绳轮上绕有钢丝绳，钢丝绳上装有滑块。电动机驱动绳轮，带动钢丝绳卷绕，钢丝绳上的滑块带动玻璃，使之沿导轨上下运动，如图 3-4-46 所示。

（二）电动车窗的工作控制过程

电子控制电路主要由控制开关、断路器、安全开关等组成。断路器的作用是当电动机超过负荷转不动时切断电路，以保护电动机。

不同汽车所采用的电动车窗的控制电路不同，其电动机有搭铁和不搭铁之分。电动机不搭铁的控制电路是通过改变电动机的电流方向来改变电动机的转向，从而实现车窗的升降的。电机搭铁的控制电路中，电机有两个绕组，在分别接通蓄电池电压时，电机的转向不同，同样可实现车窗的升降。两种控制电路如图 3-4-47 和图 3-4-48 所示。

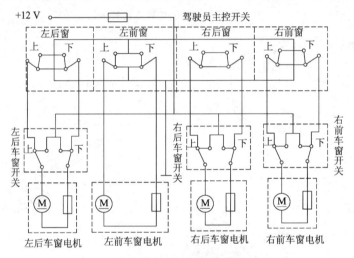

图 3-4-47 电动机不搭铁的电动车窗控制电路

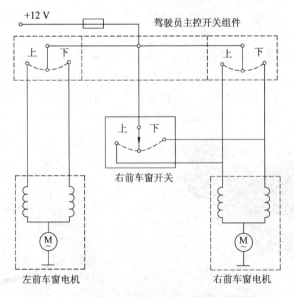

图 3-4-48 电动机搭铁的电动车窗控制电路

电动车窗控制电路中，一般都设由驾驶员操作的主控开关和每一个车窗的独立操作开关，每个车窗的操作开关可由乘客自己操作。有些汽车的主控开关备有安全开关，可以切断其他各车窗的电源，这个开关只能由驾驶员一人操作。

四、中央门锁

中央门锁以电来控制门锁的开启或锁止，并由驾驶员集中控制。中央门锁主要由控制电路和执行机构等组成。

（一）控制电路

控制电路主要由门锁开关、定时装置和继电器等组成。

1. 门锁开关

门锁开关实质上是一个电门开关，它是用来控制各车门和行李厢锁筒的锁止和开启的。用钥匙来拨动门锁锁芯转过一定的角度，即可接通门锁执行机构的电路，使电磁线圈产生吸力将门锁锁止或开启。

2. 定时装置

接通门锁开关的时间与电动机锁止门锁所需的时间不可能相等，往往开关接通电路时间较长，因此会使执行机构过载而损坏门锁的机械传动装置或电气设备。于是在此电路中根据其特点设有定时装置，来设定门锁的锁止或开启所需的时间，以防止执行机构过载。

定时装置的基本原理是利用电容器的充放电特性来控制执行机构的通电时间，使执行机构锁止或开启，电容器的电恰好放完，继电器的电流中断而丧失吸力则触点断开。

3. 继电器

在定时装置的控制作用下，接通或断开执行机构的电路。

（二）中央门锁执行机构

中央门锁执行机构的作用是执行驾驶员的指令，将门锁锁止或开启。门锁执行机构常见的有电磁线圈式、电动机式和永磁型电动机式。

（三）中央门锁工作原理

中央门锁控制电路如图 3-4-49 所示，W_1 和 W_2 分别为控制门锁关、开的控制线圈，其中 W_1 为关闭车门的控制线圈，W_2 为开启车门的控制线圈，它们的存在实现了真正意义上的电子控制。

其工作过程如下：

1. 锁止车门

当将钥匙插入锁筒内并旋转一定的角度后，车门锁止开关接通控制电路，通过一系列的控制使继电器的电磁线圈 W_1 通电，吸合 S_1 触点，使门锁电动机的电路导通并构成闭合回路，电动机转动将门锁锁扣锁止。

当接通车门锁止开关时，其电流由蓄电池的正极→熔断器→二极管 VD6→三极管 VT1 发射极→电阻 R_3→二极管 VD1→容器 C_1→锁止开关→蓄电池的负极。C_1 充电瞬间，VT1、VT2 导通，继电器线圈 W_1 有电流通过而产生吸力将 S_1 触点吸到 ON 的位置。这时的电流由蓄电池的正极→熔断器→S_1→执行机构（电动机）→S_2→蓄电池的负极。电动机有电流通过产生动力，拉下车门锁扣杠杆，锁止车门。

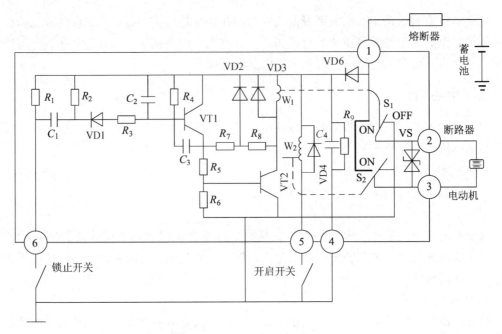

图 3-4-49 中央门锁控制电路

当电容器 C_1 充电完毕时，三极管 VT1 无基极电流通过而截止，三极管 VT2 也随之截止，继电器线圈 W_1 失电而吸力消失，开关 S_1 断开，电动机无电流通过也停止工作，锁止车门结束。

2. 打开车门

当驾驶员需要将门锁打开时，可将钥匙插入门锁锁筒内并旋转一定角度，车门锁开启开关闭合。这时，蓄电池的电流由正极→熔断器→继电器 W_2→开锁开启开关→蓄电池的负极。由于继电器的线圈 W_2 通电而产生吸力，使 S_2 触点吸到 ON 的位置（接通状态）。这时的电流由蓄电池的正极→熔断器→S_2→执行机构（电动机）→S_1→蓄电池的负极。电动机有电流通过产生动力，由于通过电动机的电流方向与车门锁止时相反，所以车门锁锁扣被拉起，车门锁被打开。

以上是以驾驶员侧车门的门锁工作原理进行的介绍，其他车门的工作过程和其基本相同。

第四单元 汽车维护

汽车维护是汽车驾驶员必须了解和掌握的一门基础课程，它涉及我国汽车维护制度的有关规定，汽车定期维护的种类和内容，汽车不定期维护的类型及相关内容。对于不同阶段的驾驶员有着不同的要求，可以有针对性地学习和掌握。

根据《汽车维护、检测、诊断技术规范》有关规定，我国的汽车维护可分为定期维护和不定期维护两大类，并将定期维护分为日常维护、一级维护和二级维护三类；而将不定期维护分为走合期维护、售前维护和季节性维护三类。汽车维护分类如下图所示。

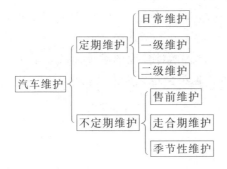

汽车维护分类

第一章 汽车定期维护

汽车定期维护是指按照我国现行的相关维护制度所确定的汽车日常维护、一级维护和二级维护。本章将对现行汽车维护制度、日常维护、一级维护的内容做介绍，二级维护的内容将在《汽车实习指导驾驶员（高级工、技师）培训教材》中予以介绍。

第一节 汽车维护制度

汽车维护是为维持汽车技术状况或工作能力而进行的一系列工作。汽车行驶一定里程后，按要求要对汽车的各总成及附属设备进行清洁、检查、调整、润滑等作业，以消除各种隐患，保持和恢复汽车良好的技术性能。

汽车维护的原则是：预防为主，强制维护。维护是为了使车辆保持完好的技术状况，目的是保证车容整洁，及时发现和消除故障、隐患，防止车辆早期损坏。

一、汽车维护制度

汽车维护制度是指对汽车进行维护工作而规定的技术性组织措施。

中华人民共和国国家标准 GB/T 18344—2016《汽车维护、检测、诊断技术规范》中对汽车的各类维护做了明确的规定,中华人民共和国国家标准 GB 7258—2017《机动车运行安全技术条件》中对汽车的技术状态做了明确的要求。因此在进行汽车维护作业时,必须遵循相关的国家标准和各省、市政府制定的行业标准,以及各汽车生产厂家的维护标准和要求。

二、汽车维护的必要性

汽车使用过程中,随着行驶里程的增加,各零部件将出现磨损、变形疲劳、松动、老化和损伤等现象,导致车辆技术状况变坏,使汽车的动力性下降,经济性变差,安全可靠性降低。如果在使用过程中根据车辆的使用情况及磨损规律,把磨损、松动、脏污和易于出现故障部位的项目集中起来,分级分期强制进行润滑、调整、检查、紧固等维护作业,则能改善各零部件的工作条件,减轻磨损,消除隐患,降低运输成本,保证行车安全,并能延长汽车的使用寿命。

如图 4-1-1 所示是汽车零部件两种情况的磨损曲线。很显然,使用方法得当、维护适时的汽车磨损量少很多,寿命也将会得到很大的提高。

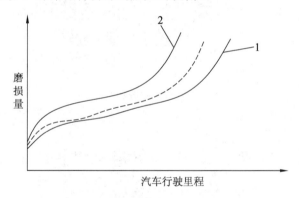

1—使用方法得当　2—使用方法不当

图 4-1-1　汽车零部件的磨损曲线

三、汽车维护的分类

1. 日常维护

以清洁、补给和安全检视为作业中心内容,由驾驶员负责执行的车辆维护作业。

2. 一级维护

除日常维护作业外,以清洁、润滑、紧固为作业中心内容,并检查有关制动、操纵等安全部件,由维修企业负责执行的车辆维护作业。

3. 二级维护

除一级维护作业外,以检查、调整转向节、转向摇臂、制动蹄片、悬架等经过一定时间的使用容易磨损或变形的安全部件为主,并拆检轮胎,进行轮胎换位,检查调整发动机工作状况和排气污染控制装置等,由维修企业负责执行的车辆维护作业。

四、汽车维护的周期

1. 日常维护的周期

出车前、行车中、收车后。

2. 一、二级维护的周期

汽车一、二级维护周期的确定,应以汽车行驶里程为基本依据。汽车一、二级维护行驶里程依据车辆使用说明书的有关规定,同时依据汽车使用条件的不同,由省级交通行政主管部门制定相应的维护标准。

一、二级维护时间间隔。对于不便用行驶里程统计、考核的汽车,可用行驶时间间隔确定一、二级维护周期。其时间(天)间隔可依据汽车使用强度和条件的不同,参照汽车一、二级维护里程周期确定。

第二节　日常维护

汽车日常维护的内容主要有三类:清洁、紧固和润滑。清洁作业的目的是保持车辆内外部整洁,防止水和灰尘等腐蚀车身及内外零部件,使汽车各功能性组织在良好的清洁环境中工作。紧固作业是因为当车辆行驶一定的里程后,车辆各部件连接处的螺旋、螺母等紧固件由于颠簸、振动等原因,可能发生松动甚至脱落,若不及时按要求拧紧或配齐,则会隐藏事故隐患,无法保证行车安全,故对各连接件要进行紧固作业。润滑作业包括发动机润滑、变速器润滑、驱动桥润滑、转向器润滑以及轮毂润滑等。润滑作业是保证车辆各运动部件正常运转、减少运动阻力、降低温度、减少磨损的重要手段。

日常维护包括:出车前、行驶途中、收车后三个环节。其要求是:车容整洁,确保四清(机油、空滤、燃油、蓄电池);四不漏(油、水、电、气);附件齐全;螺栓、螺母不松动、不缺少;保持轮胎气压正常;制动可靠,转向灵活;润滑良好;灯光、喇叭正常等。

一、出车前的日常维护

(一)驾驶室内部的检查与维护

1. 座椅周围

(1)用力踏离合器踏板,检查踏板能否顺利地踩下、回位。

(2)制动踏板踩到底后,检查制动踏板与车厢地板之间的间隙是否符合要求。

(3)将驻车制动器操纵杆(或脚踏板)拉到底(踩到底)之后,检查在这种情况下它的活动范围,范围过大或过小都不正常。

2. 发动机的运行状况

(1)检查发动机是否能够迅速启动,顺利运转,并听察启动和怠速时是否有杂音。

(2)预热发动机时,检查怠速时是否能持续运转。慢慢踏加速踏板,观察转速表的反应,是否发生熄火、爆震等现象,是否能够顺利运转。

3. 刮水器

（1）检查风窗玻璃清洗液的喷射状态，喷射方向和高度，喷射量是否正常。

（2）检查刮水器擦拭状态。拨动刮水器，检查间歇、低速、高速各挡位下的状态。查看玻璃是否擦拭干净，橡胶条有没有磨损。

（3）尽量避免在干燥状态下启动刮水器，否则会划伤风窗玻璃，损伤刮水器电动机。

（二）发动机舱内的日常检查与维护

（1）玻璃清洗液量：检查玻璃清洗液量是否正常，如果缺少则加入。

（2）制动液量：检查制动液量是否在上限（MAX）和下限（MIN）之间，如果液体减少明显，要考虑制动液是否泄漏。

（3）冷却液量：检查冷却液量是否在上限（MAX）和下限（MNN）之间。当冷却液减少很快时，水箱、水箱软管有可能泄漏。

（4）发动机润滑油（机油）：检查发动机油量是否在上限（H）和下限（L）之间。可将车停在平坦的地方，在启动发动机之前或熄火几分钟后进行。

（5）风扇传动带：用手指压在传动带中央，稍微弯曲为正常，检查传动带上是否有损伤。

（三）车辆外部的日常检查与维护

行车前应检查机动车的转向机构，轮胎、照明信号和制动等装置是否完好。

（1）检查前照灯（近光、远光）、尾灯、牌照灯、制动灯、示廓灯等照明装置和转向灯是否正常。

（2）检查所有灯罩是否有泥污或损伤。检查照明装置，可以利用墙壁和围墙反射确认。若照明装置不亮，原因往往是灯泡损坏、接线断路、接触不良、熔断丝熔断、蓄电池电量不足等。

二、行驶中的日常维护

汽车行驶一段路程后，应停车检查保养。内容包括：

（1）检视各种仪表工作情况。特别要注意机油压力指示灯、水温表、发动机故障指示灯等一些重要仪表显示的工作情况。检查有无漏水、漏油和漏气情况。

（2）检查轮毂、制动鼓、变速器和差速器的温度。检查转向器、手制动器和离合器的工作是否有效可靠。

（3）检查轮胎气压，清除双胎间和胎面花纹中的夹杂物。使用已经有裂纹或损伤的轮胎行驶，可能引起爆胎。为了避免爆胎，应立即更换掉有裂纹或者有很深损伤的轮胎，平时一定要定期检查轮胎，清理沟槽里的异物。

（4）检查各连接机件的螺栓、螺母的紧固情况及汽车各部件有无异响。

（5）检查装载物是否牢固。

三、收车后的日常维护

（1）检查发动机运转情况，检查和补充燃油和冷却水。

（2）检查各部件有无漏油、漏水、漏气和漏电。气压制动汽车，应放净储气筒内的积水和油污。

(3) 检查发动机润滑油量，按顺时针方向转动机油粗滤器手柄 3～4 转。按规定对润滑点进行检查并添加润滑油（脂）。

(4) 冬季应放尽散热器和发动机中的冷却水（未加防冻液的汽车）。

(5) 检查转向、行驶、传动和制动系各部件的连接固定情况，检查各外露部位的螺栓和螺母。

(6) 检查轮胎气压，清除胎间、胎面杂物。

(7) 检查风扇皮带及空压机皮带的松紧度，必要时予以调整。

(8) 检查照明装置、信号装置和刮水器工作情况。

四、日常维护流程

日常维护流程如图 4-1-2 所示：

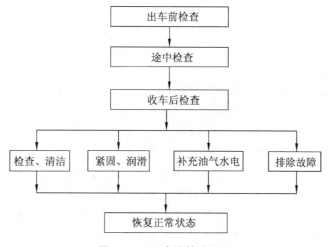

图 4-1-2　日常维护流程图

第三节　一级维护

一级维护的时机一般按汽车生产厂家推荐或规定的行驶里程或使用时间进行。一级维护的间隔里程一般为 5 000～10 000km 或 6 个月，以行驶里程或使用时间先达到为准。一级维护由专业维修工负责执行，其作业中心内容除日常维护作业外，以清洁、润滑、紧固为主，并检查有关制动、操纵等安全部件。

一、一级维护的作业内容

（一）发动机部分

(1) 检查润滑、冷却、排气系统及燃油系统是否渗漏或损坏。

(2) 更换发动机机油及机油滤清器滤芯。

(3) 检查冷却液液面高度及防冻能力，必要时添加冷却液或调整冷却液浓度。

(4) 清洗空气滤清器，必要时更换滤芯。

(5) 检查清洗火花塞，必要时更换火花塞。

（6）检查 V 型传动带状况及张紧度，视情况调整张紧度或更换 V 型传动带。

（7）检查调整点火正时、怠速转速及一氧化碳含量。

（二）底盘部分

（1）检查离合器踏板行程。

（2）检查变速箱是否渗漏或损坏。

（3）检查等速万向节防尘套是否损坏。

（4）检查转向横拉杆球头固定情况、间隙及防尘套是否损坏。

（5）检查制动系统是否渗漏或损坏。

（6）检查制动液液面高度，必要时添加制动液。

（7）检查制动蹄摩擦衬片或衬块的厚度。

（8）检查调整手制动装置。

（9）检查轮胎气压、磨损及损坏情况。

（10）检查车轮螺栓扭紧力矩。

（11）检查轮胎花纹深度。

（三）车身

（1）润滑发动机舱盖及行李箱盖铰链。

（2）润滑车门铰链及车门限位拉条。

（3）检查车身底板密封保护层有无损坏。

（四）电气系统及空调器

（1）检查照明灯、警报灯、转向信号灯及喇叭的工作状况。

（2）检查调整前大灯光束。

（3）检查风挡玻璃刮水器及清洗装置，必要时添加风挡玻璃清洗液。

（4）检查蓄电池电解液液面高度，必要时添加蒸馏水。

（5）检查空调系统是否泄漏。

（6）检查清洗空调滤清器。

二、一级维护竣工标准

（1）发动机前后悬挂、进排气歧管、散热器、轮胎、传动轴、车身、附件支架等外露螺栓、螺母须齐全、紧固、无裂纹。

（2）转向臂、转向拉杆、制动操纵机构工作可靠，锁销齐全有效，转向杆球头、转向传动十字轴承、传动轴十字轴承无松旷。

（3）转向器、变速器、驱动桥的润滑油面，应在检视口下沿 0～15mm（车辆处于停驶状态），通风孔应畅通；变速器、减速器突缘螺母紧固可靠。

（4）各润滑脂油嘴齐全有效，安装位置正确；所有润滑点均已润滑、无遗漏。

（5）空气滤清器滤芯清洁有效。

（6）轮胎气压应符合充气规定，胎面无嵌石及其他硬物。

（7）离合器踏板和制动踏板自由行程符合技术规定。

（8）灯光、仪表、喇叭、信号齐全有效。

（9）蓄电池电解液液面应高出极板 10～15mm，通风孔畅通，接头牢靠。

(10) 车轮轮毂轴承无松旷。

(11) 短途试车，检查维护效果。试车中，发动机、底盘运行正常，无异响；各操纵部位符合技术要求；转向、制动系统灵敏可靠；各部位紧固无松动；试车后，检视各部位无漏水、漏油、漏气和漏电现象。

第二章　汽车不定期维护

除上述介绍的日常维护、一级维护等定期维护内容之外，还有很多特殊情况、阶段、时期的维护，我们称之为汽车不定期维护，主要有走合期维护、售前维护、季节性维护。本章将对这部分内容做介绍。

第一节　汽车走合期维护

走合期是指新车或大修后的车辆开始投入运行的最初阶段。在此期间，零件表面不平的部分被磨去，逐渐形成了比较光滑、耐磨而可靠的工作表面，以承受正常的工作负荷。汽车走合期是指新车或大修后初运行阶段，一般为 3 000km 左右。

走合期分为三个阶段：行驶里程至 100km 时为走合初期，200km 时为初走合程度，3000km 就可磨合形成氧化膜。

一、汽车在走合期内的特点

1. 磨损速度快

两个相配合零件的磨损量与汽车行驶里程的变化规律称为磨损特性，两者的关系曲线称为磨损特性曲线。由图 4-2-1 配合件的磨损特性曲线可以看出，零件磨损规律可分为三个阶段：第一阶段是零件的走合期（一般为 1 000～2 500km），其特征是在较短的时间内，零件的磨损量增长较快，当配合件配合良好后，磨损量增长速度开始减慢；第二阶段为零件的正常工作期（$K_1 K_2$），其特征是零件的磨损随汽车行驶里程的增加而缓慢增长；第三阶段是零件的加速磨损期，其特征是相配合零件的间隙已达到最大允许使用极限，磨损量急剧增加。

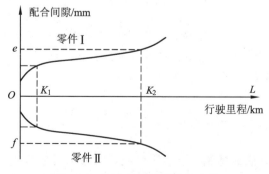

图 4-2-1　配合件的磨损特性曲线

2. 油耗量高，经济性差

在走合期内，车速不宜过高，发动机负荷不宜过大，因此汽车难以达到经济运行速度，经常在中低负荷下工作，致使油耗量增加，经济性降低。

3. 行驶故障较多

由于零件或总成加工装配质量问题以及紧固件松动，或者在这个阶段的使用不当，未能正确制订和执行走合规范，易造成走合期故障较多，常出现拉缸、烧瓦、制动不灵等故障。

4. 润滑油易变质

走合期内的零件表面比较粗糙，加工后的形状和装配位置都存在一定的偏差，配合间隙较小。由于走合期内机件配合间隙较小，油膜质量差，温升大，机油易氧化变质；加上较多的金属粒混入机油，致使机油质量下降。此时，零件表面和润滑油的温度都很高，同时有较多的金属屑被磨落进入配合零件间隙中，然后被润滑油带进下曲轴箱中，这些金属屑起着催化作用，很容易使润滑油氧化变质。因此，走合期对润滑油的更换有较严格的规定，通常是行驶到300km、1 000km、2 500km时分别更换发动机油底壳润滑油，如发现润滑油杂质过多或变质严重，应缩短更换里程。

二、汽车在走合期内的主要规定

根据总成或部件在这个时期的工作特点，为减少汽车在走合期内的磨损，延长机件的使用寿命，必须遵循的主要规定有：（1）减轻载质量；（2）限制行车速度；（3）选择优质燃料和润滑材料；（4）正确驾驶。

三、汽车走合期维护

（1）走合前期：清洁全车；紧固外露的螺栓、螺母；添加燃油、机油；补充冷却液；检查变速器、轮胎的气压；检查灯光仪表；检查电瓶；检查制动。

（2）汽车行驶30～50km时：检查变速器、前后驱动桥、轮毂、传动轴等是否有杂音或有无发热现象；检查制动系统的制动能力及紧固性、密封效果。

（3）汽车行驶150km时：检查全车外露螺栓、螺母的紧固情况。

（4）汽车行驶500km时：更换发动机机油，并用煤油清洗油底壳；更换机油滤芯；将前、后轮毂螺母进行紧固。

（5）汽车行驶1 000km：国产车需更换变速器、主减速器和转向器内的齿轮油；检查调整离合器踏板自由行程。

（6）走合期结束时：到指定维修站进行全车磨合保养，包括换机油机滤，测气缸压力，清除燃烧室积炭，拆除限速装置，调整发动机怠速，检查制动系统，调整离合器踏板自由行程，紧固前悬挂及转向机构，等等。

第二节　汽车售前维护

当汽车进入各类4S店或是销售点后，可能会因市场因素造成汽车投入使用的周期或长或短。当车主驾驶新买的车辆时，有可能这台车辆的停放时间过长从而影响了汽车的使用性能，给车主带来不便。因此大多数现代汽车生产厂家根据实际情况相应制定了汽车销售前的检查和维护规定。现以奥迪 A4 售前检查（PDI）为例说明汽车的售前检查与维护。

（1）检查蓄电池静态电压（空载电压）。

（2）检查蓄电池电缆紧固情况。

（3）检查蓄电池负载电压。

（4）目视检查发动机及发动机舱是否存在渗、漏及损坏。

（5）检查冷却液液位。

（6）检查风窗/大灯清洗液液位，清洗液罐内应装满清洗液。

（7）检查发动机机油油位。

（8）检查制动液液位。

（9）检查转向助力系统液压油油位。

（10）拆除前/后悬挂运输锁块。

（11）目视检查车辆下部是否存在渗、漏及损坏。

（12）检查轮胎（包括备胎）充气压力，厂家提供的商品车轮胎胎压应为 $3.5 \times 10^5 Pa$。

（13）检查车轮螺栓紧固力矩。

（14）安装保险丝：15 号（10A）、38 号（15A）、39 号（20A）。

（15）检查所有开关、电气设备、显示器、驾驶员操作控制系统功能。

（16）检查电动车窗升降器单触功能。

（17）调整数字式时钟。

（18）检查空调系统功能（将温度设置为 22℃）。

（19）激活收音机/导航系统功能（输入防盗码）。

（20）设置组合仪表语言显示。

（21）保养周期复位。

（22）前排乘员侧安全气囊开关处于开启（ON）位置（有该开关时）。

（23）检查所有控制单元故障记忆。

（24）检查风窗清洗喷嘴喷射角度及位置（必要时调整）。

（25）拆除座椅保护套及地毯塑料保护膜。

（26）检查车辆内部是否清洁，包括前/后座椅、内部装饰件、地毯/脚垫、车窗等。

（27）安装车轮罩盖/装饰帽、车顶天线、电话天线等（这些零件存放在行李箱内）。

（28）拆除车门保护块。

（29）检查车辆外部是否清洁，包括油漆、装饰件、车窗、雨刮片等。

（30）检查钥匙标牌上的钥匙号/认证号胶贴是否完整、清晰。

（31）在保养胶贴上填写下次保养日期（及更换制动液日期），将该胶贴粘贴在仪表板左侧或车门 B 柱上。

（32）在保养手册中填写交车检查的有关内容。

（33）检查随车文件是否完整、齐全。

（34）试车。

第三节 汽车季节性维护

汽车在不同的季节下的使用条件是不相同的,我国大部分地区夏季和冬季的平均温差都有25℃。因此做好车辆的养护,对汽车的使用有重要的影响。

一、冬季汽车的使用与维护

冬季最常见的故障是发动机不易启动,其主要原因有:

(1) 润滑油黏度大,甚至凝结,流动性差,使发动机启动阻力增大,难以达到启动所需的转速。

(2) 蓄电池容量及端电压显著降低,使发动机得不到所需的输出功率,达不到启动转速的要求。

(3) 燃油黏度大,蒸发性变差,雾化不良,使发动机转速低,进气管内气体流速减慢,混合气难以达到可燃的浓度。

冬季汽车维护,主要包括点火系统、燃油系统、冷却系统、润滑系统和电气系统的维护。

1. 点火系统的维护

点火系统的故障会造成发动机无法启动,其中大部分是由于高压线路潮湿和沉积的脏物引起的。应清洁分电器盖(里面与外面)、高压线、点火线圈及火花塞。在清洁时,应注意点火系统中在高压下工作的高压线路较12V以下的低压线路更易漏电,可以采用一些防水措施。

2. 燃油系统的维护

更换柴油及柴油滤清器,入冬前还应排出油水分离器中的水分。冬季,一旦柴油凝固,绝对不能用明火烘烤,而要用热水或热蒸汽加热,如果没有条件,只能把车推到暖和的地方自然解冻。对于汽油车,只要在换季时更换一下汽油滤清器即可。

入冬前,装有化油器的车辆,可以适当调整化油器,使混合气变浓,以利于冷车启动;如果车子装有手动阻风门,应检查一下操纵机构开闭是否灵活;如果是自动阻风门(比如靠水温或电加热线圈工作),就更要检修一下。

3. 冷却系统的维护

冬季,冷却系统也容易发生问题。在换季维护时,许多人只知道换防冻液(有预热阀的可将阀调到"冬"字),却忽略了对冷却系统进行一次仔细的检修。夏季,一些车辆出现水温偏高的故障,一些修理厂常常将节温器摘掉或把风扇离合器铆死,而经这样处理的车子到了冬季往往水温偏低。

4. 润滑系统的维护

冬季,发动机对机油的标号也有一定的要求。一般来说,20W以上牌号的机油称为夏季机油,15W的机油称为四季机油,而10W以下的机油在冬季使用最好。因此对于绝大多数车辆,在冬季可使用15W40牌号的机油;在某些严寒地区,还可选用专门的防冻机油。

5. 电气系统的维护

检查蓄电池：一般蓄电池的使用寿命为 2～3 年，应检查电解液是否充足，比重是否正常。充好电的电解液比重是 1.28，如果亏电，比重就会下降。亏电的蓄电池不仅启动困难，而且容易冻裂，因而冬季应经常给蓄电池充电。

除此以外，换季保养时，还应检查暖气、除霜装置，同时挡风冲洗罐内应加入少量的酒精，以防冻结；应保持轮胎的胎面花纹具有一定的深度，冬季最好使用 M+S 花纹的，花纹深度应该在 1.6mm 以上。必要时，可装用防泥泞、冰雪的轮胎，这种胎面的花纹，在冰雪、泥泞中有更好的附着性，但它不适用于正常的潮湿路面。

二、夏季汽车的使用与维护

在炎热的夏季，由于气温高、雨量多、灰尘大、辐射强等原因，使汽车的技术状态发生变化，同时夏季又是汽车故障的多发季节，因而掌握必要的汽车使用与维护知识非常重要。夏季汽车常发生故障的主要部位包括：冷却系统、空调系统、供油系统、轮胎和发动机。

1. 冷却系统

夏季，汽车冷却系统最常见的故障是"水箱开锅"使汽车抛锚。伴随着"水箱开锅"，还有加速无力等故障。检修"水箱开锅"的车辆，首先要确保车辆其他相关部件正常，比如使用正确标号的燃油、机油、火花塞、防冻液，调好点火正时及怠速空燃比。

检查顺序应该是：

首先看水箱。正常水箱在汽车行驶时应该上下温度一致，如果出现半边凉半边热的情况，就可以判断水箱内部堵塞。

其次再看节温器。有些人认为摘除节温器就可以防止水温偏高，其实节温器只要正常发挥作用并不会导致水温过高，而发动机长时间在低温下运行也是非常有害的。另外许多发动机的节温器是双向作用的，当节温器关闭时，强迫冷却水走小循环，而节温器打开时，小循环关闭，冷却水全部走大循环。如果不装节温器，由于管路局部阻力的节流作用，实际流向大循环的冷却水很少，水温反而升高。

最后再检查水泵。水泵的损坏有三种方式：渗漏、丢转和叶轮腐蚀。

为了防止冷却系统出现故障，应注意冷却系统的维护：

（1）检查冷却系统的密封情况，风扇皮带的松紧度，节温器的灵敏度和冷却水温的情况等并注意保持充足的冷却水。

（2）清洗冷却系统，包括散热器、水套内黏附的水垢的清洗，这样可以防止水垢影响冷却系的散热性能。

2. 空调系统

夏季，对空调系统的保养主要应注意以下几点：

（1）制冷剂是否足够。

（2）检查空调系统压力是否合适。一般来说，正常的空调系统低压端的压力为 $2\times10^5\sim3\times10^5$Pa，高压端的压力为 $15\times10^5\sim25\times10^5$Pa，因车而异。如果高低压相差不大，并且都低于 8×10^5Pa，那就很可能是压缩机工作不良或根本不工作。

（3）干燥罐或膨胀阀是否正常。

(4) 电子控制系统是否可靠。

3. 燃油供给系统

防止气阻现象出现的方法有：

(1) 行车途中发生气阻现象，可用湿布使汽油泵冷却或将车辆开到阴凉处降温使气阻现象得以排除。

(2) 改变膜片式汽油泵的安装位置，由原来靠近排气管后侧移到排气管前边通风良好处，并在汽油泵与排气管之间加一块隔热板。

(3) 在汽油泵进出油阀上各安装一个单向油阀弹簧用以提高汽油泵的抗气阻能力。

4. 发动机及各润滑系统

夏季发动机应换用高黏度牌号的润滑油，并适当缩短换油周期，轮毂轴承用滴点较高的润滑脂，变速器和差速器换用夏季厚质齿轮油，制动液采用沸点较高的制动液。对于高级轿车，应使用优质防冻液和机油，高级轿车应使用 SG（SH、SJ 更好）级机油，机油的温度范围至少应为 15W40（最好使用 5W50）级的合成机油。

5. 轮胎防爆

夏季气温高，当轮胎内温度升高，胎内气压增大，容易爆胎。一方面外界温度高，加上轮胎滚动时与地面的摩擦产热使轮胎过热，弹滞损失增加，当胎温超过 120℃时，轮胎就有爆胎的危险；另一方面，胎温升高，轮胎变形频率加快，使橡胶容易老化，发生爆胎。

夏季雨量多，雨中行车不可避免，在雨中行车除了必须严格控制车速外，轮胎的选择也事关安全，应禁止使用过度磨损的轮胎。

6. 充电系统

夏季行车，蓄电池易出现过充电现象，电解液蒸发快，极板易损坏，因此应经常检查蓄电池的液面高度和电解液的比重（电解液的比重应比冬季小一些）；经常向电解液中加注蒸馏水，保持加注口盖上通气孔畅通无阻，否则会发生蓄电池内部压力增加使壳体炸裂；还应适当调整发电机调节器，减小发电机的充电电流。

第五单元 汽车常见故障诊断与排除

汽车故障是指汽车部分或完全丧失工作能力的现象。汽车驾驶员在行车过程中难免会遇到一些故障,作为一名专职的汽车驾驶员,了解和掌握一部分汽车常见故障及其排除方法是非常重要的。本单元从实用的角度,系统地介绍发动机、底盘、电气设备的常见故障及排除方法。

第一章 发动机常见故障诊断与排除

发动机由两大机构和五大系统构成,本章主要介绍曲柄连杆机构及配气机构的常见故障,以及电子燃油喷射系统、点火系、冷却系、润滑系的常见故障的诊断和排除方法。

第一节 曲柄连杆机构和配气机构常见故障诊断与排除

发动机曲柄连杆机构和配气机构是发动机的两大主体机械机构。这两大机构在出现故障以后,会以异响的形式表现出来。因此检查人员可以使用普通旋具和专用听诊器进行异响的查听,同时使用气缸压力表和真空表等检测工具配合诊断,进而确定具体故障部位和原因。

一、曲柄连杆机构常见故障诊断与排除

曲柄连杆机构主要由活塞连杆组和曲轴飞轮组组成。曲柄连杆机构主要有曲轴轴承响、连杆轴承响、活塞敲缸响、活塞销响和活塞环响等常见故障。

（一）曲轴轴承响

1. 响声部位及特征

（1）响声部位：在气缸体下部靠近曲轴箱分界面处。

（2）响声特征：曲轴轴承响声沉重发闷,发动机一般稳定运转不响,突然改变转速时,发出沉重连续的"镗、镗"的金属敲击声,严重时发动机发生振动；发动机转速越高,响声越大；发动机有负荷时,响声明显。

2. 故障原因

（1）主轴承盖螺栓松动；

（2）轴承径向间隙大；

(3) 曲轴润滑不良;

(4) 曲轴弯曲。

3. 故障诊断与排除

如图 5-1-1 所示:

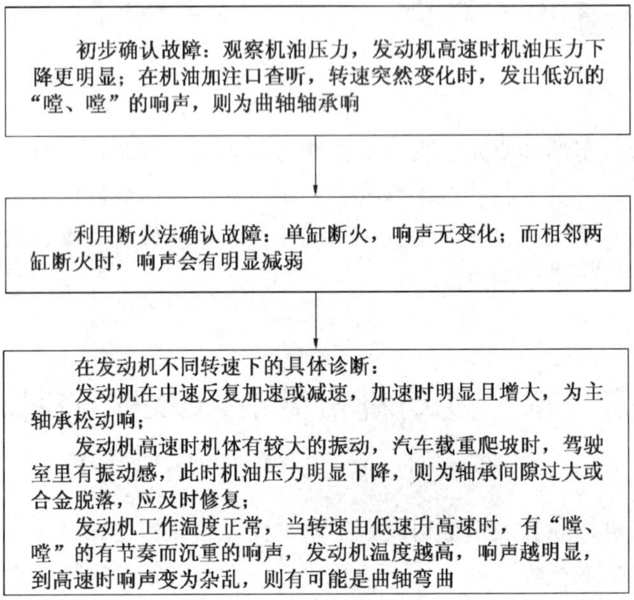

初步确认故障:观察机油压力,发动机高速时机油压力下降更明显;在机油加注口查听,转速突然变化时,发出低沉的"噔、噔"的响声,则为曲轴轴承响

利用断火法确认故障:单缸断火,响声无变化;而相邻两缸断火时,响声会有明显减弱

在发动机不同转速下的具体诊断:
发动机在中速反复加速或减速,加速时明显且增大,为主轴承松动响;
发动机高速时机体有较大的振动,汽车载重爬坡时,驾驶室里有振动感,此时机油压力明显下降,则为轴承间隙过大或合金脱落,应及时修复;
发动机工作温度正常,当转速由低速升高速时,有"噔、噔"的有节奏而沉重的响声,发动机温度越高,响声越明显,到高速时响声变为杂乱,则有可能是曲轴弯曲

图 5-1-1 曲轴轴承响故障诊断与排除步骤

(二) 连杆轴承响

1. 响声部位及特征

(1) 响声部位:机油加注口处响声明显。

(2) 响声特征:比曲轴轴承响声强,有节奏短促的"当、当"响;急速突然加速到中速时,有明显连续的"当、当"响;当负荷和转速增加时,响声也随之增加,急加速时尤为明显。

2. 故障原因

(1) 连杆轴承盖螺栓松动;

(2) 轴承径向间隙过大;

(3) 轴承烧毁或合金脱落;

(4) 润滑不良。

3. 故障诊断与排除

如图 5-1-2 所示:

```
┌─────────────────────────────────────┐
│ 检查机油压力是否下降，然后变换转速，由低速突然加 │
│ 速到中高速时，发出有节奏的"当、当"响声，单缸断火响 │
│ 声减弱或消失，复火时响声恢复，则此现象由连杆轴承间隙 │
│ 过大所致                             │
└─────────────────────────────────────┘
                  ↓
┌─────────────────────────────────────┐
│ 低温开始启动发动机，由低速突然加速到中高速时， │
│ 发出有节奏的"当、当"响声，发动机温度升高，其响声 │
│ 增大；转速增高，其响声减弱而杂乱，如单缸断火，响声 │
│ 消失，此种现象是轴承合金过热熔化所致，应立即修复 │
└─────────────────────────────────────┘
```

图 5-1-2　连杆轴承响故障诊断与排除步骤

（三）活塞敲缸响

1. 响声部位及特征

（1）响声部位：气缸上部。

（2）响声特征：发动机在低温时，发出清脆的"吭、吭"响声；温度升至正常时，响声减弱或消失；怠速时，响声尤为明显。

2. 故障原因

（1）活塞与气缸壁磨损严重，配合间隙过大；

（2）活塞与连杆衬套装配过紧；

（3）气缸圆柱度过大，活塞环弹性失效；

（4）活塞顶碰缸盖衬垫或连杆变形。

3. 故障诊断与排除

如图 5-1-3 所示：

```
┌─────────────────────────────────────┐
│ 初步确认故障：发动机低温启动时，发出有节奏的"吭、│
│ 吭"响声；发动机在怠速时，查看机油加注口是否冒蓝烟 │
└─────────────────────────────────────┘
                  ↓
┌─────────────────────────────────────┐
│ 利用断火法确认故障：单缸断火，响声减弱或消失，即可│
│ 认为该缸存在活塞敲缸响                 │
└─────────────────────────────────────┘
                  ↓
┌─────────────────────────────────────┐
│ 也可向有疑问的气缸内加注2~3mL新机油，随即发动， │
│ 若响声减弱或消失，则可断定该缸活塞敲缸响，应予以修复│
└─────────────────────────────────────┘
```

图 5-1-3　活塞敲缸响故障诊断与排除步骤

二、配气机构常见故障诊断与排除

配气机构主要由气门组和气门传动组组成。配气机构主要有气门脚响（液压挺柱响）、气门座圈响、正时皮带张紧轮轴承异响等常见故障。

（一）液压挺柱响

1. 响声特征

发动机运转时从气门室罩中发出类似于气门脚响的"嗒、嗒、嗒"声响，转速升高时响声频率也随之加快；单缸断火或断油试验中响声无变化；多只挺柱发响时，响声显得杂乱。

2. 故障原因

（1）机油压力低或机油太脏；

（2）液压挺柱磨损严重或压力腔内存在空气。

3. 故障诊断与排除

如图 5-1-4 所示：

```
┌─────────────────────────────────────────┐
│ 检查机油油面，若油面太低，应添加机油至标准高度 │
└─────────────────────────────────────────┘
                    ↓
┌─────────────────────────────────────────┐
│ 启动发动机，使之运转至正常工作温度，液压挺柱响的 │
│ 现象消失，则可继续使用。若仍然存在声响，则要拆检液压 │
│ 挺柱，进行详细检查，必要时进行更换            │
└─────────────────────────────────────────┘
```

图 5-1-4　液压挺柱响故障诊断与排除步骤

（二）气门座圈响

1. 响声特征

有节奏的类似气门脚响，但比气门脚响的声音大很多；声响与转速没有必然的关系；发动机转速一定时，响声时大时小，并伴有破碎声；发动机中低速运转时，响声较清脆，高速时响声增大且变得杂乱。

2. 故障原因

（1）气门座圈和气缸盖气门座圈座孔配合过盈量不足；

（2）气门座圈镶入气缸盖气门座圈座孔后，滚边时没有将座圈压牢；

（3）气门座圈粉末冶金质量不佳，受热变形以致松动。

3. 故障诊断与排除

如图 5-1-5 所示：

```
┌─────────────────────────────────────────┐
│ 拆下气缸盖罩，经检查不是气门脚响和气门弹簧响的，即 │
│ 可断定为气门座圈响                          │
└─────────────────────────────────────────┘
                    ↓
┌─────────────────────────────────────────┐
│ 分解配气机构后进一步检查，必要时，铰削气门座圈座孔， │
│ 更换松动的气门座圈，并保证其压入后有足够的过盈量    │
└─────────────────────────────────────────┘
```

图 5-1-5　气门座圈响故障诊断与排除步骤

第二节　电子燃油喷射系统常见故障诊断与排除

电子燃油喷射（Electronic Fuel Injection，简称 EFI）系统，是用电控单元（ECU）控制燃油喷射代替传统化油器的系统，简称为 EFI 系统。电子燃油喷射系统由空气供给系统、燃油供给系统、电子控制系统组成。电子燃油喷射系统的常见故障诊断与排除如下。

一、冷车启动困难

1. 故障现象

冷车启动困难指在发动机冷却液温度低于发动机工作温度下启动时,需要启动若干次才能启动,或者根本不能启动;而在发动机正常工作温度下,即热启动时,一启动发动机就立即能够运转。

2. 故障原因

冷车启动困难的根本原因是混合气过稀或过浓。

(1) 冷启动喷油器不喷油;

(2) 水温传感器、进气温度传感器故障;

(3) 喷油器雾化不良;

(4) 进气管积炭;

(5) 点火能量不够;

(6) 火花塞故障;

(7) 怠速控制阀故障。

3. 故障诊断与排除

如图 5-1-6 所示：

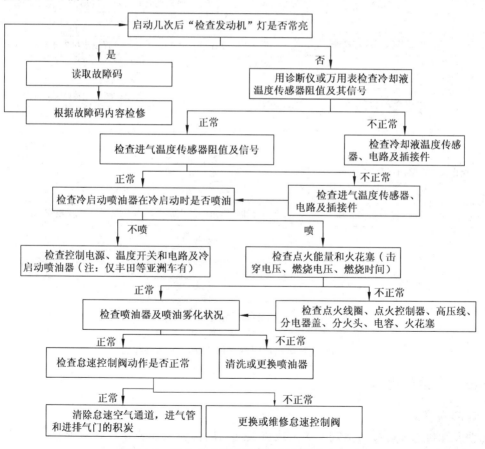

图 5-1-6　冷车启动困难故障诊断与排除流程图

二、热车启动困难

1. 故障现象

热车启动困难是指发动机冷车启动正常,当运转的发动机熄灭后,再次启动困难,甚至不能发动。

2. 故障原因

(1) 水温传感器、进气温度传感器故障;

(2) 多个喷油器漏油或严重雾化不良;

(3) 冷启动喷油器故障;

(4) 怠速阀故障;

(5) 油压过高;

(6) 点火能量不足。

3. 故障诊断与排除

如图 5-1-7 所示:

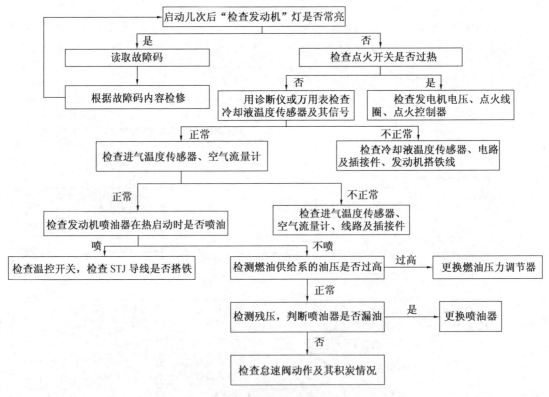

图 5-1-7 热车启动困难故障诊断与排除流程图

三、怠速转速过低

1. 故障现象

在发动机怠速时接通空调开关,或接通动力转向开关,或换挡杆从 P 挡或 N 挡挂入 D 挡时,正常情况下怠速会自然提高。如果发动机怠速调整(匹配)太低或在上述开关接通情况下怠速下降，造成怠速不稳甚至熄火，说明发动机怠速控制系统有故障，故障原因为发动机怠速转速过低。

2. 故障原因

发动机怠速转速与其温度、负荷有关。

（1）怠速控制阀故障；

（2）节气门位置传感器信号不正确。

3. 故障诊断与排除

如图 5-1-8 所示：

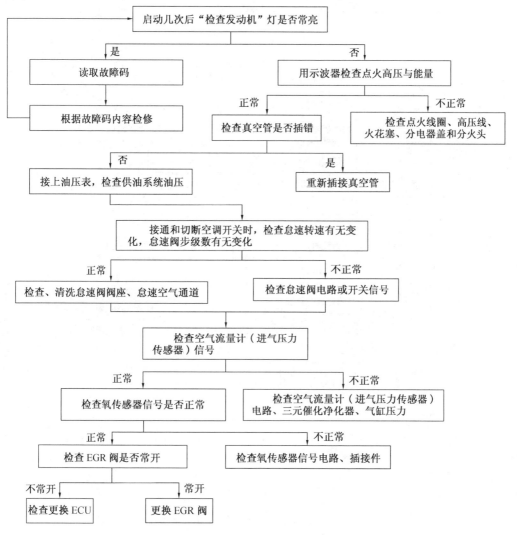

图 5-1-8　怠速转速过低故障诊断与排除流程图

四、怠速转速过高

1. 故障现象

发动机怠速转速过高，超过发动机怠速运转技术要求。

2. 故障原因

发动机怠速转速过高主要是怠速时吸入发动机空气的质量过多或发动机控制信号错误。

（1）进气温度传感器、水温传感器、节气门位置传感器、空气流量计（或进气歧管绝对压力传感器）故障；

（2）开关信号故障；

（3）怠速控制阀故障；

（4）节气门体故障；

（5）喷油器故障；

（6）发动机控制单元故障或匹配设定有问题。

3. 故障诊断与排除

如图 5-1-9 所示：

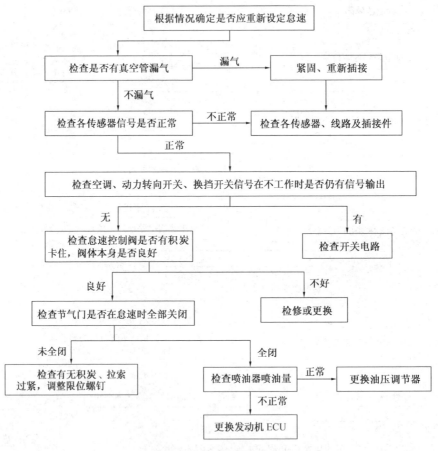

图 5-1-9　怠速转速过高故障诊断与排除流程图

五、发动机加速不良、动力不足

1. 故障现象

一种是踩下加速踏板，发动机加速时间过长；另一种是踩下加速踏板，发动机转速不但不上升反而下降。

2. 故障原因

发动机动力不足、加速迟缓，通常是由于混合气过稀或过浓、点火系统故障或发动机机械系统故障等原因引起的。

（1）燃油系统油压过高或过低；

（2）喷油器喷油不良；

（3）传感器信号错误；

（4）点火高压低，能量小；

（5）点火正时不正确；

（6）气缸压缩压力低；

（7）排气管堵塞等。

3. 故障诊断与排除

如图 5-1-10 所示：

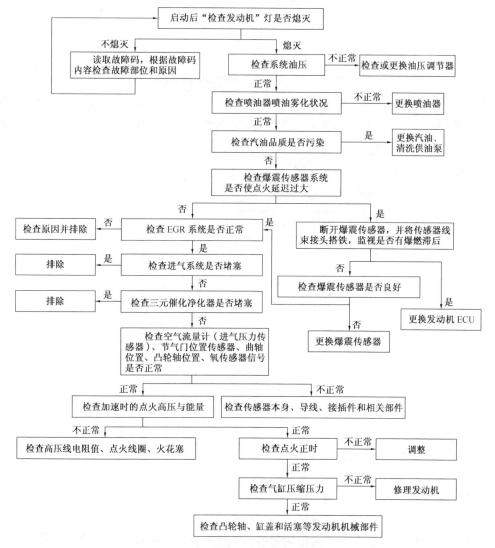

图 5-1-10　发动机加速不良、动力不足故障诊断与排除流程图

第三节　点火系常见故障诊断与排除

一、普通电子点火系统故障诊断与排除

普通电子点火系统可分为有触点式和无触点式两种。我们以无触点式电子点火系统为例进行介绍。其构成如图 5-1-11 所示，组成器件有点火信号发生器、点火控制器、点火线圈、分电器、高压线以及火花塞等。

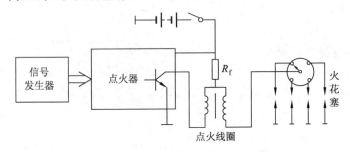

图 5-1-11　普通电子点火系统原理图

目前，普通电子点火系统中的主要器件（如点火信号发生器、点火控制器、点火线圈和火花塞）几乎均采用换件修理，因此对系统故障的检修，重点是如何正确判断故障的部位。

（一）故障诊断思路

1. 界定电压故障

界定是低压电路还是高压电路的故障，如图 5-1-12 所示。

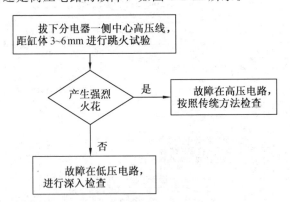

图 5-1-12　低压、高压电路故障界定分析流程图

2. 低压电路的具体诊断

在进行基本的线路通断的检查以外，重点围绕点火信号发生器和点火控制器展开检查。

（1）点火信号发生器的检查：在点火开关接通，信号转子转动时，用电压表检查信号发生器是否输出信号电压。当有信号输出且符合标准时，说明信号发生器工作良好；否则，说明信号发生器出现问题，需要进一步检查。

（2）点火控制器的检查：点火控制器的基本检查思路是模拟点火信号发生器给点火控制器的信号输入端输入相应的信号电压，再检查点火控制器能否在信号电压的作用下按要

求导通和截止，实现高压火的产生。

（二）具体故障分析诊断

以桑塔纳 LX 轿车霍尔式电子点火系统为例。

1. 故障现象

点火线圈无高压火花，轿车无法启动。

2. 故障原因

(1) 蓄电池存在故障；

(2) 供电线路断路；

(3) 点火线圈绕组断路；

(4) 信号发生器工作不良或损坏；

(5) 点火控制器故障。

3. 故障诊断与排除

如图 5-1-13 所示：

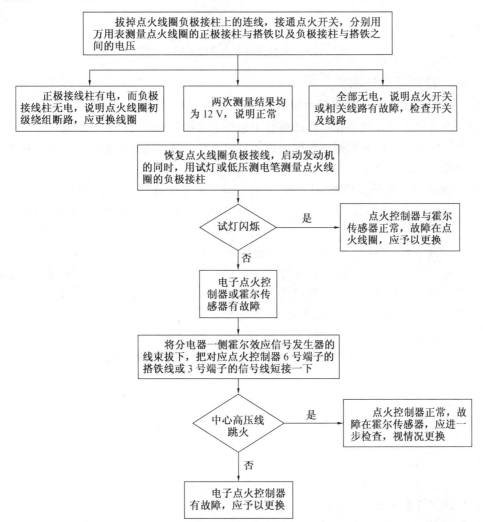

图 5-1-13　桑塔纳霍尔式普通电子点火系统故障诊断流程图

二、微机控制点火系统故障诊断与排除

微机控制点火系统可分为有分电器微机控制系统和无分电器微机控制系统。主要由电源、点火开关、控制单元（ECU）、点火模块、点火线圈、分电器、火花塞、高压线和各种传感器等组成，如图 5-1-14 所示。

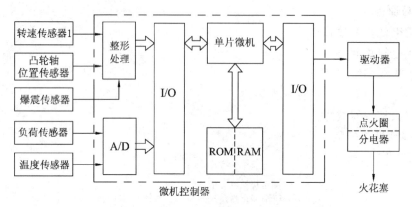

图 5-1-14　微机控制点火系统结构原理图

（一）故障诊断思路

1. 利用汽车自诊断系统进行故障检查

由于汽车电控单元能够在随机存储器中保存下电控器件的故障码，因此可首先利用解码器进行故障码的读取，根据故障码的提示，切入对应器件及其电路的检查分析环节，尽快排除故障。

2. 如果没有故障码，则根据经验和其他检查工具进行故障诊断与排除

（1）在无高压火花的情况下，应首先判断是点火模块的故障还是 ECU 和传感器的故障。

（2）在确认点火模块工作电压正常的前提下，可通过二极管试灯检查电脑给点火模块的脉冲信号。在启动发动机时，若试灯闪亮，则说明 ECU 和传感器是完好的，故障在点火模块及其线路；若试灯不亮，则说明是 ECU、传感器和连接线束存在故障。

（二）有分电器微机控制点火系统故障诊断与排除

以韩国现代 SONATA 3.0 发动机为例，其点火系统属于功率晶体管外接点火系统，如图 5-1-15 所示为其电路图。其特点是：这种点火系统将功率晶体装在电脑的外部，便于更换。

1. 故障现象

发动机不能启动，且无着火征兆。

2. 故障原因

（1）功率晶体管损坏；

（2）上止点和曲轴位置传感器及其他传感器无信号；

（3）连接线路断路、短路；

（4）ECU 故障。

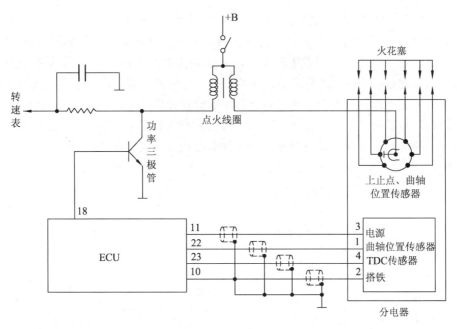

图 5-1-15　韩国现代 SONATA 3.0 发动机点火系统电路图

3. 故障诊断

进行故障自诊断,检查有无故障码。如果有故障码,则按显示的故障码查找故障原因;若没有故障码,则按照图 5-1-16 进行诊断分析。

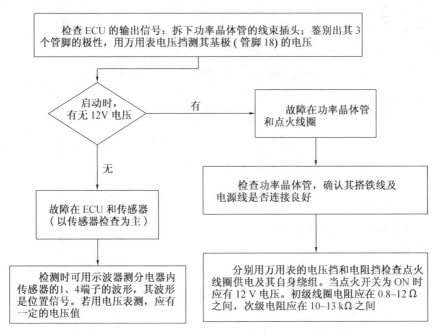

图 5-1-16　韩国现代有分电器微机控制点火系统故障诊断流程图

（三）无分电器微机控制点火系统故障诊断与排除

以时代超人 AJR 发动机为例，其点火系统属于无分电器系统，也就是说每两个缸共用一个点火线圈，图 5-1-17 是其电路图。以 4 缸时代超人 AJR 发动机点火系统为例，电脑直接发出控制信号给点火组件功率晶体管，一个功率晶体管控制一个点火线圈，因而其控制线有两条，所以这种点火系统就必须有曲轴位置转角及 TDC 信号。时代超人 AJR 发动机使用霍尔传感器（G_{40}）和磁感式转速传感器（G_{28}），同时电脑要接收其他各种传感器的信息来确定点火时刻，其检修方法与有分电器点火系统不同。

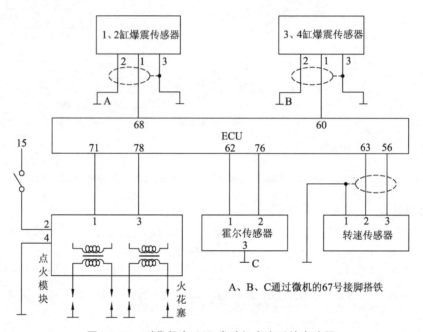

图 5-1-17 时代超人 AJR 发动机点火系统电路图

1. 故障现象

时代超人 AJR 发动机不能启动，且无着火征兆。

2. 故障原因

（1）发动机转速传感器信号丢失或信号不良；

（2）点火组件损坏；

（3）点火线圈损坏；

（4）连接线路断路、短路；

（5）ECU 故障。

3. 故障诊断与排除

进行故障自诊断，检查有无故障码。如果有故障码，则按显示的故障码查找故障原因；若没有故障码，则按照图 5-1-18 进行诊断。

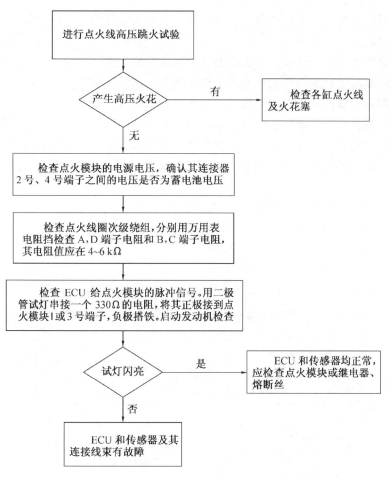

图 5-1-18　时代超人 AJR 发动机无分电器微机控制点火系统故障诊断流程图

第四节　冷却系常见故障诊断与排除

冷却系统根据冷却介质的不同可分为冷却液冷却系统和风冷系统两种。由于冷却液冷却系统工作可靠，冷却效果好，所以大多数汽车度采用强制循环式冷却液冷却系统。冷却液冷却系统一般由散热器、风扇、冷却液泵、节温器、膨胀罐、冷却液套机连接管等组成。

发动机冷却系统主要有冷却液温度过高（发动机过热）、冷却液温度过低或升温缓慢及冷却液消耗过多等常见故障。

一、冷却液温度过高（发动机过热）

1. 故障现象

汽车在运行过程中，冷却液温度表指针经常指在 100℃ 以上（冷却液报警指示灯闪亮或发出警报），并伴有散热器"开锅"现象，且发动机过热，容易产生爆燃。

2. 故障原因

（1）节温器故障，致使冷却系统不能进行大循环（节温器损坏，在关闭状态无法打开,冷却液只能进行小循环;或由于安装不当引起的节温器装反,致使节温器阀门不能打开,冷却液只能进行小循环)。

(2) 管路、接头、水封及水堵等泄漏造成冷却液的严重缺损(由于管路老化,连接接口卡箍不紧,水泵水封和某些进气管道上的水封老化,致使密封不严,缸体或缸盖水堵腐蚀漏水等引起的冷却液亏损严重,造成冷却液循环不良)。

(3) 散热器内部由于长时间未清洗造成的水垢过多,散热片堵塞、变形或损坏(由于长时间不更换冷却液,或经常使用硬水等引起的散热器内部导流管结垢过多使冷却水循环过小。散热器长期不清理造成叶片间杂质过多,或叶片受外力变形损坏造成的散热器通风不良)。

(4) 冷却液泵工作不良,驱动带打滑或断裂。

(5) 点火正时调整不当。

3. 故障诊断与排除

如图 5-1-19 所示:

```
┌─────────────────────────────────────┐
│ 检查膨胀罐冷却液液面高度,冷却液不足时应及时添加补偿 │
└─────────────────────────────────────┘
                    ↓
┌─────────────────────────────────────┐
│ 检查散热风扇工作是否正常,首先根据散热风扇驱动形式的不同,检查风扇驱动带是否过松,是否有断裂痕迹,电控风扇电动机、温控开关及有关连接器是否损坏 │
└─────────────────────────────────────┘
                    ↓
┌─────────────────────────────────────┐
│ 检查散热器及防护罩,主要观察散热器的空气通道是否堵塞。若有脏污,可用压缩空气吹通,并整理好变形的散热器片。打开散热器盖或拆下上下水管观察散热器芯管是否有堵塞、锈阻或腐蚀,若有应清洗或更换散热器 │
└─────────────────────────────────────┘
                    ↓
┌─────────────────────────────────────┐
│ 根据用手触摸后的上下水管的温差进行诊断。如果上水管和发动机温度过高,而下水管和散热器下端温度过低,则多为在关闭位置节温器失效引起,应及时拆检。检查后如果节温器正常则应拆检水泵,观察水泵叶轮是否有脱落 │
└─────────────────────────────────────┘
```

图 5-1-19 冷却液温度过高(发动机过热)故障诊断与排除步骤

二、冷却液温度过低或升温缓慢

1. 故障现象

汽车在运行的过程中,冷却液温度表指针经常指在75℃以下(冷却液温度过低);发动机工作时,冷却液温度表指针长时间达不到90℃~100℃正常位置(升温缓慢)。

2. 故障原因

冷却液温度过低或升温缓慢的主要原因是节温器工作不良,冷却液温度指示装置失效。

(1) 冷却液温度表或冷却液温度感应器损坏,指示有误;

(2) 在冬季或寒冷地区行驶时,未关闭百叶窗或未采取车身保温措施;

(3) 节温器漏装或阀门黏结不能闭合;

(4)冷车快，怠速调整过低。

3. 故障诊断与排除

如图 5-1-20 所示：

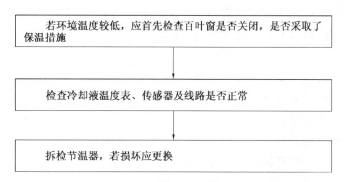

图 5-1-20 冷却液温度过低或升温缓慢故障诊断与排除步骤

三、冷却液消耗过多

1. 故障现象

发动机有漏水现象，冷却液液面下降过快，需经常添加冷却液。

2. 故障原因

（1）散热器损坏，冷却液泵密封不良和管路接头损坏、松动等造成冷却系统外部渗漏；

（2）气缸垫损坏、缸体缸盖水套破裂、气缸盖翘曲以及缸盖螺栓松动等造成冷却系统内部渗漏。

3. 故障诊断与排除

如图 5-1-21 所示：

图 5-1-21 冷却液消耗过多故障诊断与排除步骤

第五节 润滑系常见故障诊断与排除

润滑系统主要由机油集滤器、机油泵、机油滤清器、油底壳以及机油冷却器组成。

润滑系统的常见故障为机油压力过低、机油压力过高和机油消耗量过多。此外，机油变质也是润滑系统比较常见的故障。

一、机油压力过低

1. 故障现象

发动机在运转后机油压力警告灯闪亮;发动机运转中机油压力低于标准值或机油压力突然下降;曲轴箱油面升高,并有浓厚的汽油味和水珠。

2. 故障原因

(1) 油底壳中机油不足或机油黏度过小;
(2) 限压阀或旁通阀调整不等或失效;
(3) 机油泵工作不良;
(4) 机油集滤器堵塞;
(5) 曲轴、连杆或凸轮轴轴承间隙过大;
(6) 汽油泵膜片破裂或气缸垫、衬套有裂缝。

3. 故障诊断与排除

如图 5-1-22 所示:

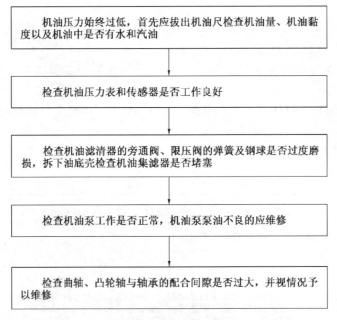

图 5-1-22 机油压力过低故障诊断与排除步骤

二、机油消耗过多

1. 故障现象

机油消耗量明显增大,超过规定范围,排气管冒蓝烟。

2. 故障原因

(1) 曲轴、凸轮轴油封或某处密封衬垫漏油;
(2) 气门导管磨损过甚;
(3) 机油压力过高;

(4) 活塞环及气缸磨损严重；
(5) 曲轴箱通风不良，造成曲轴箱内压力过高。

3. 故障诊断与排除

如图 5-1-23 所示：

```
┌─────────────────────────────────────┐
│ 检查各油封及密封衬垫处有无漏油迹象，若有则更换损坏 │
│ 的油封及密封衬垫                    │
└─────────────────────────────────────┘
                  │
┌─────────────────────────────────────┐
│ 发动机高速运转时，排气管冒蓝烟，同时机油加注口也有大 │
│ 量或脉动蓝烟冒出，表明活塞环或气缸磨损严重，应对发动机进 │
│ 行解体修理；若只是排气管冒出蓝烟，机油加注口不冒烟，则可 │
│ 能是气门与气门导管磨损过多          │
└─────────────────────────────────────┘
                  │
┌─────────────────────────────────────┐
│ 若无上述情况，则应检查曲轴箱通风管是否堵塞，如果曲轴 │
│ 箱通风不良，会造成机油渗漏、蒸发，并会冲坏油底壳衬垫 │
└─────────────────────────────────────┘
```

图 5-1-23　机油消耗过多故障诊断与排除步骤

第二章　汽车底盘常见故障诊断与排除

汽车底盘是整个车辆行驶的基础，底盘性能好坏牵涉着车辆的行驶安全。本章将就传动系、行驶系、转向系、制动系这四个系统来介绍汽车底盘常见故障的诊断与排除方法。

第一节　传动系常见故障诊断与排除

汽车传动系是由离合器、变速器、万向传动装置和驱动桥等组成，它是汽车底盘的重要组成部分。传动系技术状况的好坏不仅直接关系到发动机的动力传递，而且对汽车的操作性和燃料经济性产生较大的影响。因此，对汽车传动系的故障应及时诊断并排除，确保传动系具有良好的技术性能。

一、离合器故障诊断与排除

离合器主要由主动部分、从动部分、压紧机构、操纵机构组成。其常见故障为离合器打滑、分离不彻底、起步发抖和异响等故障。

（一）离合器打滑

1. 故障现象

汽车用低速挡起步时，放松离合器踏板后，汽车不能灵敏起步或起步困难；汽车加速行驶时，车速不能随发动机转速的提高而提高，感到行驶无力，严重时产生焦臭味或冒烟等现象。

2. 故障原因

(1) 离合器踏板没有自由行程，使分离轴承压在分离杠杆上；

(2) 从动盘摩擦片、压盘或飞轮工作面磨损严重，离合器盖与飞轮的连接松动，使压紧力减弱；

(3) 从动盘摩擦片有油污、烧蚀、表面硬化、铆钉外露、表面不平，使摩擦系数下降；

(4) 压力弹簧疲劳或折断，膜片弹簧疲劳或开裂，使压紧力下降；

(5) 离合器操纵杆系卡滞，分离轴承套筒与导管间油污、尘腻严重，甚至造成卡滞，使分离轴承不能回位；

(6) 分离杠杆弯曲变形，出现运动干涉，不能回位。

3. 故障诊断与排除

如图 5-2-1 所示：

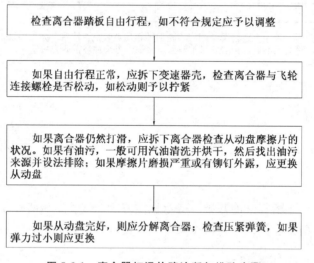

图 5-2-1　离合器打滑故障诊断与排除步骤

（二）离合器分离不彻底

1. 故障现象

发动机怠速运转时，踩下离合器踏板，挂挡有齿轮撞击声，且难以挂入；如果勉强挂上挡，则在离合器踏板尚未完全放松时，发动机熄火。

2. 故障原因

(1) 离合器踏板自由行程过大；

(2) 分离杠杆弯曲变形、支座松动、支座轴销脱出，使分离杠杆内端高度难以调整；

(3) 分离杠杆调整不当，其内端不在同一平面内或内端高度太低；

(4) 双片离合器中间压盘限位螺钉调整不当，个别分离弹簧疲劳、高度不足或折断，中间压盘在传动销上或在离合器驱动窗口内轴向移动不灵活；

(5) 从动盘钢片翘曲、摩擦片破裂或铆钉松动；

(6) 离合器液压操纵机构漏油、有空气或油量不足；

(7) 膜片弹簧弹力减弱；

(8) 发动机支承磨损或损坏，发动机与变速器不同心。

3. 故障诊断与排除

如图 5-2-2 所示：

```
┌─────────────────────────────────────────┐
│ 检查离合器踏板的自由行程，如果自由行程过大则进行调 │
│ 整，否则检查储液罐油量是否不足或管路中是否有空气，并进 │
│ 行必要的排除；如果不是上述问题应继续检查           │
└─────────────────────────────────────────┘
                    ↓
┌─────────────────────────────────────────┐
│ 检查分离杠杆内端高度，如果分离杠杆高度太低或不在同 │
│ 一平面，则进行调整；否则检查从动盘是否装反，如果都没问 │
│ 题则继续检查                                │
└─────────────────────────────────────────┘
                    ↓
┌─────────────────────────────────────────┐
│ 检查从动盘是否翘曲变形、铆钉脱落，从动盘是否轴向运 │
│ 动卡滞等，如果是则进行更换或修理               │
└─────────────────────────────────────────┘
```

图 5-2-2　离合器分离不彻底故障诊断与排除步骤

（三）离合器起步发抖

1. 故障现象

汽车用低速挡起步时，按操作规程逐渐放松离合器踏板并徐徐踩下加速踏板，离合器不能平稳接合且产生抖振，严重时甚至整车产生抖振现象。

2. 故障原因

（1）分离杠杆内端高度不处在同一平面内；

（2）从动盘或压盘翘曲变形，飞轮工作端面圆跳动严重；

（3）从动盘摩擦片厚度不均匀、有油污、烧焦、表面不平整、表面硬化、铆钉头露出、铆钉松动或切断、波形弹簧片损坏；

（4）压紧弹簧的弹力不均、疲劳或个别折断，膜片弹簧疲劳或开裂；

（5）从动盘上的缓冲片破裂或减振弹簧疲劳、折断；

（6）发动机支架、变速器、飞轮、飞轮壳等的固定螺栓松动；

（7）分离轴承套筒与导管油污、尘腻严重，使分离轴承不能回位。

3. 故障诊断与排除

如图 5-2-3 所示：

```
┌─────────────────────────────────────────┐
│ 检查离合器踏板、分离轴承等回位是否正常，如果正常则继 │
│ 续检查                                     │
└─────────────────────────────────────────┘
                    ↓
┌─────────────────────────────────────────┐
│ 检查发动机支架、变速器、飞轮、飞轮壳等的固定螺栓是否 │
│ 松动，如果松动则紧固螺栓，否则继续检查             │
└─────────────────────────────────────────┘
                    ↓
┌─────────────────────────────────────────┐
│ 检查分离杠杆的内端是否在同一平面，如果是则继续检查 │
└─────────────────────────────────────────┘
                    ↓
┌─────────────────────────────────────────┐
│ 检查压盘、从动盘是否变形，铆钉是否松动、外露，压紧弹 │
│ 簧的弹力是否不在允许范围内，如果是则更换或修理     │
└─────────────────────────────────────────┘
```

图 5-2-3　离合器起步发抖故障诊断与排除步骤

(四) 离合器异响

1. 故障现象

离合器分离或接合时发出不正常的响声。

2. 故障原因

(1) 分离轴承缺少润滑剂，造成干磨或轴承损坏；

(2) 分离轴承与分离杠杆内端之间无间隙；

(3) 分离轴承套筒与导管之间油污、尘腻严重或分离轴承回位弹簧与踏板回位弹簧疲劳折断、脱落，使分离轴承回位不佳；

(4) 从动盘花键孔与其花键轴配合松旷；

(5) 从动盘减振弹簧退火、疲劳或折断；

(6) 从动盘摩擦片铆钉松动或铆钉头外露；

(7) 双片离合器传动销与中间压盘和压盘的销孔磨损松旷。

3. 故障诊断与排除

如图 5-2-4 所示：

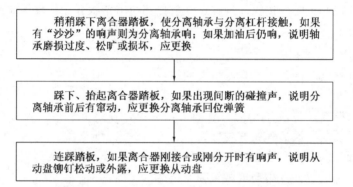

图 5-2-4　离合器异响故障诊断与排除步骤

二、手动变速器故障诊断与排除

变速器是汽车传动系中的主要变速机构，它扩大发动机传至驱动轮的扭矩、转速的变化范围，以适应不同使用条件的要求；在发动机旋转方向不变的前提下，实现汽车倒向行驶；利用空挡，切断动力传递，便于发动机启动、怠速或换挡。手动变速器主要由变速传动机构和操纵机构两大部分组成，常见故障是跳挡、乱挡、异响、换挡困难和漏油。

(一) 手动变速器跳挡

1. 故障现象

车辆在重载加速或爬坡行驶时，变速杆自动从某挡跳回空挡。

2. 故障原因

(1) 操纵杆系磨损松旷或变速器内拨叉弯曲变形、止推垫片磨损，使齿轮不能完全啮合；

(2) 相啮合的齿轮或齿圈磨损严重；

(3) 自锁装置的凹槽、钢球磨损严重，自锁弹簧疲劳或折断；

(4) 轴或轴承磨损严重，使相啮合的齿轮或齿圈不同心；
(5) 齿轮与轴的花键严重磨损，使配合间隙过大。

3. 故障诊断与排除

如图 5-2-5 所示：

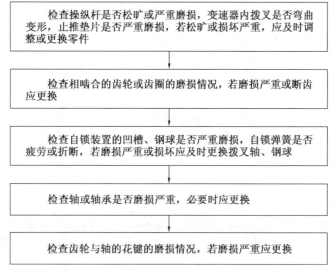

图 5-2-5　手动变速器跳挡故障诊断与排除步骤

（二）手动变速器乱挡

1. 故障现象

汽车在起步挂挡或行驶中换挡时，挂不上所需挡位；挂挡后不能退回空挡；车辆静止时可能同时挂上两个挡。

2. 故障原因

(1) 互锁装置的凹槽、锁销或钢球磨损严重；
(2) 变速杆下端长度不足、下端工作面磨损过大或拨叉导致凹槽磨损过大；
(3) 变速杆球头定位销磨损松旷、折断或球头、球孔磨损过大。

3. 故障诊断与排除

如图 5-2-6 所示：

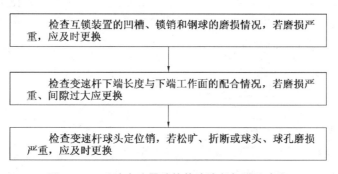

图 5-2-6　手动变速器乱挡故障诊断与排除步骤

（三）手动变速器异响

1. 故障现象

变速器异响主要有变速器齿轮的啮合声、轴承的运转声等。一般若在各挡都有连续响声，为轴承损坏；只在某挡位有连续、较尖细的响声，为该挡齿轮响声；挂上某挡时有断续、沉闷的冲击声，为该挡个别齿轮折断；停车时踩下离合器踏板不响，松开离合器踏板发响，为常啮合齿轮响。

2. 故障原因

（1）变速器第一轴、第二轴或拨叉弯曲变形，轴承、同步器毂磨损、失圆；

（2）齿轮加工精度或热处理工艺不当等造成齿轮偏磨或齿形发生变化，齿轮啮合间隙或花键配合间隙过大；

（3）自锁装置的凹槽、钢球磨损过甚或自锁弹簧疲劳、折断；

（4）齿轮油不足、变质、规格不符合要求或油中有杂物。

3. 故障诊断与排除

如图 5-2-7 所示：

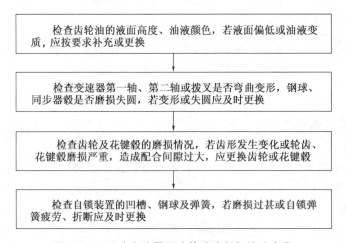

图 5-2-7　手动变速器异响故障诊断与排除步骤

三、万向传动装置故障诊断与排除

万向传动装置的作用是在轴间夹角及相互位置经常变化的变速器与驱动桥之间传递动力。万向传动装置主要由万向节和传动轴组成，必要时还加装中间支承。万向传动装置的常见故障有传动轴振动和噪声、启动时有撞击声及滑行时有异响等。

（一）传动轴振动和噪声

1. 故障现象

汽车在中速或高速行驶时，传动轴振动，并引起车身振动和噪声。

2. 故障原因

（1）传动轴弯曲或扭转变形；

（2）传动轴不平衡；

（3）十字轴万向节的轴承磨损或失效。

3. 故障诊断与排除

如图 5-2-8 所示：

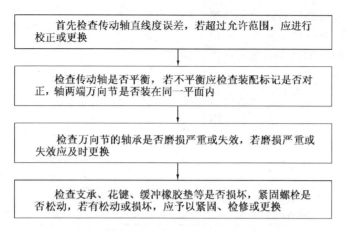

图 5-2-8 传动轴振动和噪声故障诊断与排除步骤

（二）启动时传动轴有撞击声或滑行时有异响

1. 故障现象

启动发动机时，传动轴有撞击声或滑行时有异响。

2. 故障原因

（1）万向节磨损或损伤；

（2）变速器输出轴花键及传动轴滑动叉花键处磨损或损伤；

（3）传动轴连接部位松动。

3. 故障诊断与排除

如图 5-2-9 所示：

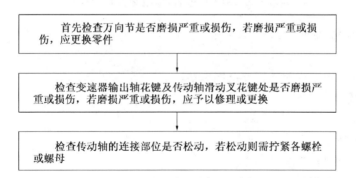

图 5-2-9 启动时传动轴有撞击声或滑行时有异响故障诊断与排除步骤

四、驱动桥故障诊断与排除

驱动桥主要由主减速器、差速器、半轴及驱动桥壳组成。驱动桥的功用是将万向传功装置传来的扭矩改变方向后传给驱动车轮，并起到降速增扭的作用，同时，允许左右驱动轮以不同转速旋转。驱动桥的常见故障有发热、漏油及异响等。

（一）驱动桥过热

1. 故障现象

汽车在行驶一段路程后，用手触摸后桥，有烫手感觉。

2. 故障原因

（1）齿轮油型号不对或油量不足；

（2）轴承预紧度过大；

（3）齿轮磨损严重；

（4）主、从动锥齿轮啮合间隙过小。

3. 故障诊断与排除

如图 5-2-10 所示：

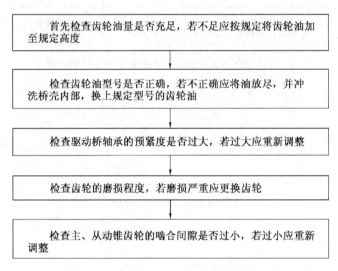

图 5-2-10　驱动桥过热故障诊断与排除步骤

（二）驱动桥漏油

1. 故障现象

驱动桥减速器衬垫或放油螺塞周围漏油。

2. 故障原因

（1）油面过高；

（2）通气塞堵塞；

（3）油型号不对；

（4）油封磨损或损坏，放油螺塞松动或垫片损坏；

（5）桥壳有裂纹。

3. 故障原因及排除

如图 5-2-11 所示：

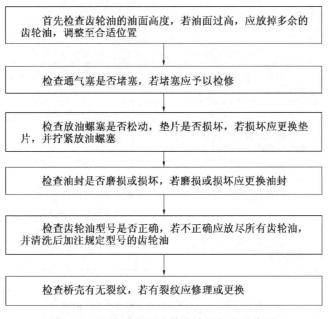

图 5-2-11 驱动桥漏油故障诊断与排除步骤

第二节 行驶系常见故障诊断与排除

汽车行驶系把来自传动系的扭矩转化为地面对车辆的牵引力；承受汽车所受外界力和力矩，保证汽车正常行驶。汽车行驶系一般分为非独立悬架和独立悬架两大类型。汽车行驶系主要由车架、车轮、车桥和悬架组成。汽车行驶系技术状况的好坏，不仅影响汽车乘坐的舒适性、汽车的操纵稳定性，而且还直接关系到汽车的行驶安全。因此，对行驶系的检测与诊断应给予足够的重视。

现代轿车行驶系主要有车辆振动、行驶跑偏、乘坐性能不良、轮胎异常磨损及异响等常见故障。

一、汽车方向盘振手、前轮摇摆或颠动

1. 故障现象

汽车在行驶时，前轮有明显颠簸或摆动。

2. 故障原因

(1) 左右轮胎气压不等或不标准；

(2) 前轮定位不准；

(3) 减振器性能不良或损坏；

(4) 转向系统固定松动或磨损松旷；

(5) 悬架与车身连接部分松动以及悬架构件工作不良；

(6) 车轮不平衡，如车轮动平衡不良、两侧轮胎磨损不同、轮面凹陷偏心、车轮或制动鼓失圆等。

3. 故障诊断与排除

如图 5-2-12 所示：

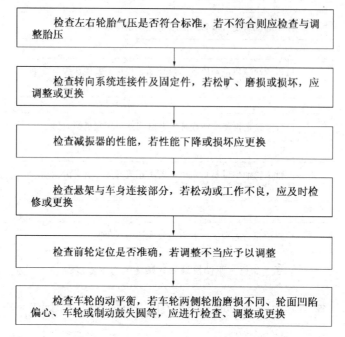

图 5-2-12 汽车方向盘振手、前轮摇摆或颠动故障诊断与排除步骤

二、行驶跑偏

1. 故障现象

车辆在行驶时向一侧跑偏，需要不断修正。

2. 故障原因

（1）车轮定位失准；

（2）左右轮胎气压相差过大；

（3）左右车轮磨损不均匀；

（4）左右车轮中某一车轮制动器分离不彻底；

（5）横向稳定器不良、减振器失效或弹簧弹性衰减或折断；

（6）车身底部或车架变形。

3. 故障诊断与排除

如图 5-2-13 所示：

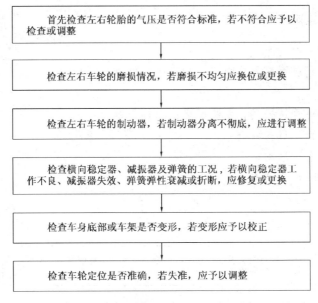

图 5-2-13　行驶跑偏故障诊断与排除步骤

三、轮胎磨损不均

1. 故障现象
轮胎花纹磨损不均匀，局部磨损严重。

2. 故障原因
（1）轮胎气压过高；
（2）前束和外倾角调整不当；
（3）车轮制动器分离不彻底；
（4）悬架系统零件连接松动、磨损过甚或破坏；
（5）车轮摆差过大。

3. 故障诊断与排除
如图 5-2-14 所示：

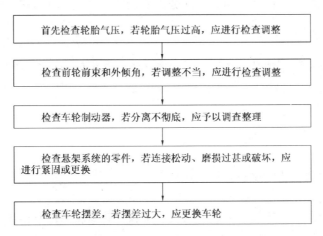

图 5-2-14　轮胎磨损不均故障诊断与排除步骤

四、行驶系异响

1. 故障现象

汽车行驶时，行驶系有异常响声，且行驶速度越高，响声越大。

2. 故障原因

（1）悬架各部件连接松动，安装不良或有损伤；

（2）减振器工作不良；

（3）前轮轴承磨损松动；

（4）转向节销或衬套磨损、安装不良。

3. 故障诊断与排除

如图 5-2-15 所示：

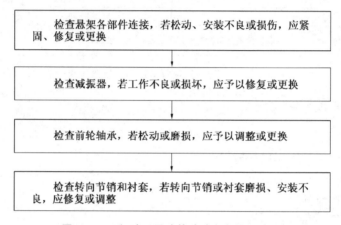

图 5-2-15　行驶系异响故障诊断与排除步骤

第三节　转向系常见故障诊断与排除

汽车在行驶过程中，需要经常改变其行驶方向。汽车转向系就是改变或保持汽车行驶方向的装置。现代汽车转向系按动力不同分为机械转向系统与动力转向系统两大类。

一、机械转向系统

机械转向系统是以驾驶员的操纵力作为能源，主要由转向操纵机构、转向器与转向传动机构组成。其常见故障有：转向盘自由转动量过大、转向沉重、自动跑偏、前轮摆振等。

（一）转向沉重

1. 故障现象

汽车转弯时，转动转向盘感到吃力，且无回正感。

2. 故障原因

转向沉重的原因与轮胎气压不足及悬架、车轴、转向轮定位所存在的故障有关，与转向系统有关的故障有：

(1) 齿条和小齿轮啮合间隙过小；
(2) 转向轴的轴承过紧或损坏；
(3) 转向拉杆的球头销与球头座配合过紧；
(4) 转向轴万向节十字轴配合过紧；
(5) 前稳定杆变形。

3. 故障诊断与排除

如图 5-2-16 所示：

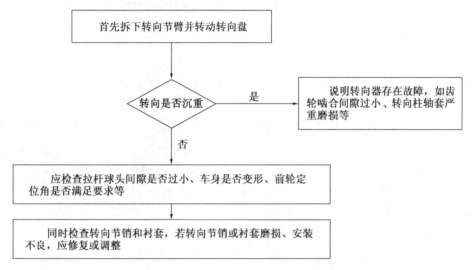

图 5-2-16　转向沉重故障诊断与排除流程图

（二）转向盘自由转动量过大

1. 故障现象

汽车转向盘位于直行位置时，转向盘左右转动的游动角度过大。

2. 故障原因

(1) 转向系的齿轮啮合间隙调整不当；
(2) 转向系齿轮箱安装不良；
(3) 转向系齿轮磨损；
(4) 转向轴万向节磨损；
(5) 左、右横拉杆连接处磨损。

3. 故障诊断与排除

在自由转动量过大的诊断过程中，重点应判断故障是由转向器还是由拉杆连接处磨损的原因造成的，故障诊断流程如图 5-2-17 所示。

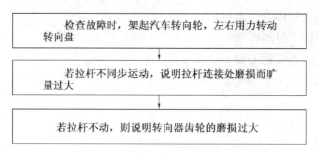

图 5-2-17　转向盘自由转动量过大故障诊断与排除步骤

（三）前轮摆振

1. 故障现象

汽车在某一速度范围内行驶时，转向轮围绕主销发生角振动。

2. 故障原因

（1）汽车在不平坦的道路上行驶，低速情况下发生摆振，主要原因是转向系各部位配合间隙过大及转向轮定位失准；

（2）汽车高速行驶时发生转向轮摆振，一般为车轮不平衡。

3. 故障诊断与排除

如图 5-2-18 所示：

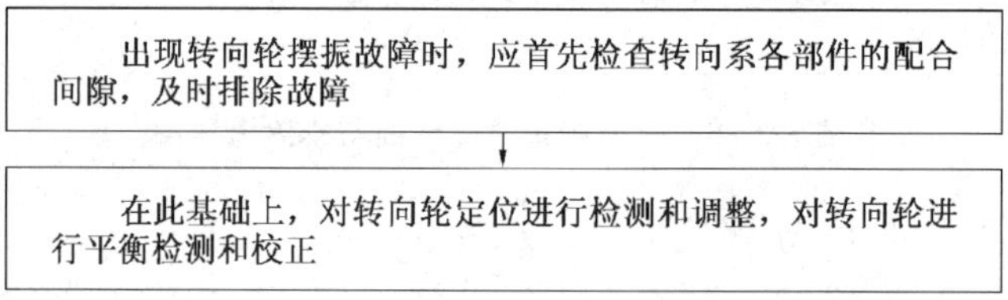

图 5-2-18　前轮摆振故障诊断与排除步骤

二、液压动力转向系统

液压动力转向系统主要由动力转向泵、动力油缸、转向控制阀、转向储油罐和油管等组成。液压动力转向系统的常见故障主要有液压助力系统因油液泄漏、渗入空气、动力转向泵失效、转向控制阀损坏和机械传动机构损坏而引起的转向沉重、车辆发飘和转向噪声等故障。故障诊断的重点为液压助力系统，机械转向系统的诊断同前，在此不再赘述。

（一）转向助力不足

1. 故障现象

装有液压助力转向器的车辆，转向时转向盘转动沉重或存在忽轻忽重现象。

2. 故障原因

（1）转向油泵驱动 V 带松弛或损坏；

（2）转向油泵工作不良，泵油压力过低；

（3）储油罐油面过低；

(4) 液压助力系统内有空气；

(5) 液压管路扭曲、折皱或破裂漏油；

(6) 压力和流量限制阀弹簧弹力下降或密封不严。

3. 故障诊断与排除

如图 5-2-19 所示：

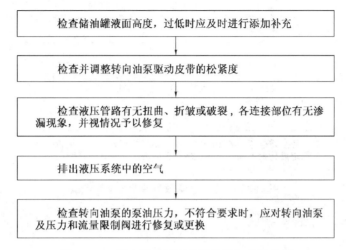

图 5-2-19　转向助力不足故障诊断与排除步骤

（二）车辆发飘

1. 故障现象

车辆发飘是指转向盘居中时，汽车向前行驶过程中从一侧偏向另一侧的现象。发飘的汽车难以保证向正前方向行驶而总是跑偏。

2. 故障原因

(1) 转向控制阀扭力杆弹簧损坏或太软，难以克服转向器逆传动阻力，使控制阀不能及时复位；

(2) 因油液脏污使阀芯与阀套运动受到阻滞；

(3) 转向控制阀阀芯偏离中间位置，或虽然在中间位置但与阀套槽肩的缝隙大小不一致；

(4) 转向传动机构连接处间隙过大，或连接件松动，或磨损过度；

(5) 车轮定位不当；

(6) 轮胎压力或尺寸不正确。

3. 故障诊断与排除

如图 5-2-20 所示：

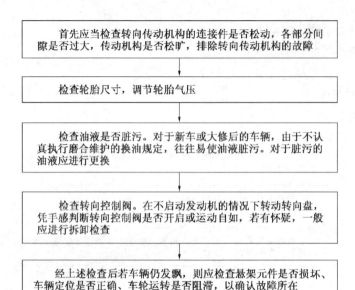

图 5-2-20　车辆发飘故障诊断与排除步骤

（三）液压助力装置异响

1. 故障现象

发动机启动或车辆行驶过程中，液压助力装置发出不正常的响声。

2. 故障原因

（1）转向油泵支架松动或 V 带紧度不符合要求；
（2）转向油泵 V 带轮坚固螺栓松动；
（3）转向油泵轴承或其他内部零件损坏；
（4）液压助力系统中存在空气。

3. 故障诊断与排除

如图 5-2-21 所示：

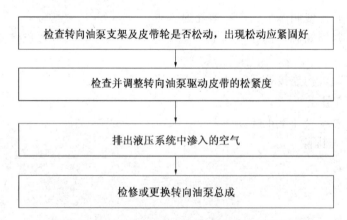

图 5-2-21　液压助力装置异响故障诊断与排除步骤

第四节 制动系常见故障诊断与排除

汽车制动系的功用是使汽车减速或在最短的距离内停车，保证行车的安全，并能使汽车可靠地停放在坡道上。汽车制动系一般可分为液压制动系统、气压制动系统以及机械式制动系统。汽车的制动性能直接关系到行车安全性、动力性的充分发挥和运输效率，因此对汽车制动系的故障诊断尤为重要。

以液压制动系统为例，常见故障有制动失效、制动反应迟钝、制动效能不良、制动拖滞等。

（一）制动失效

1. 故障现象

汽车在行驶中使用制动时不能减速，连续多次踩下制动踏板，各车轮不起制动作用。

2. 故障原因

（1）制动主缸内无制动液或缺少制动液；

（2）制动主缸严重磨损或皮碗损坏；

（3）制动管路破裂或接头严重漏油；

（4）机械连接部位脱开。

3. 故障诊断与排除

如图 5-2-22 所示：

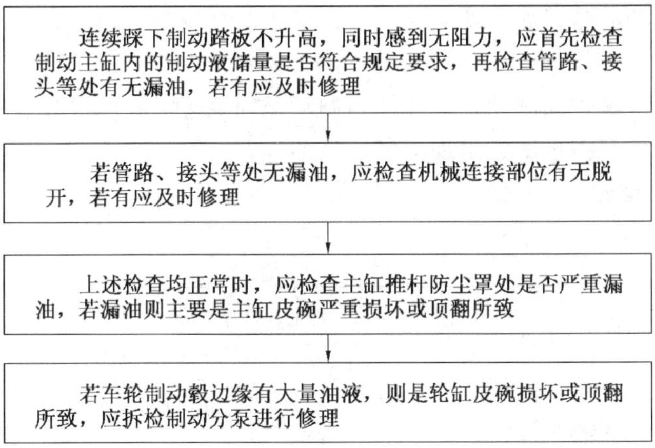

```
┌─────────────────────────────────────────────┐
│ 连续踩下制动踏板不升高，同时感到无阻力，应首先检查 │
│ 制动主缸内的制动液储量是否符合规定要求，再检查管路、接 │
│ 头等处有无漏油，若有应及时修理                    │
└─────────────────────────────────────────────┘
                    │
┌─────────────────────────────────────────────┐
│ 若管路、接头等处无漏油，应检查机械连接部位有无脱    │
│ 开，若有应及时修理                              │
└─────────────────────────────────────────────┘
                    │
┌─────────────────────────────────────────────┐
│ 上述检查均正常时，应检查主缸推杆防尘罩处是否严重漏 │
│ 油，若漏油则主要是主缸皮碗严重损坏或顶翻所致       │
└─────────────────────────────────────────────┘
                    │
┌─────────────────────────────────────────────┐
│ 若车轮制动毂边缘有大量油液，则是轮缸皮碗损坏或顶翻  │
│ 所致，应拆检制动分泵进行修理                      │
└─────────────────────────────────────────────┘
```

图 5-2-22 制动失效故障诊断与排除步骤

（二）制动反应迟钝

1. 故障现象

汽车行驶中制动时，踩一脚制动踏板不能制动，连续踩几次制动踏板才能起制动作用。

2. 故障原因

（1）踏板自由行程过大；

（2）制动蹄片与制动鼓间隙过大；

（3）制动主缸皮碗、出油阀损坏。

3. 故障诊断与排除

如图 5-2-23 所示：

```
┌─────────────────────────────────┐
│ 检查制动踏板自由行程是否符合要求 │
└─────────────────────────────────┘
                 ↓
┌─────────────────────────────────────────────┐
│ 检查主缸皮碗是否损坏，若主缸皮碗损坏，则踩制动踏 │
│ 板时每次出油较少，压力也低，会使一脚制动失灵    │
└─────────────────────────────────────────────┘
                 ↓
┌─────────────────────────────────────────────────┐
│ 检查主缸出油阀，出油阀损坏会使管路内的剩余压力过低， │
│ 管路内制动液回流主缸过多，主缸动作一次压出的制动液不能起 │
│ 作用，须多踩几次踏板才能制动                    │
└─────────────────────────────────────────────────┘
```

图 5-2-23　制动反应迟钝故障诊断与排除步骤

（三）制动效能不良

1. 故障现象

汽车行驶中使用制动，制动的减速度小，制动距离长。

2. 故障原因

（1）制动主缸缺油，皮碗老化、发胀或破损，活塞与缸臂磨损过甚而配合松旷等。

（2）真空增压器的故障，如真空管接头连接不紧密或管子破裂、凹瘪、扭曲不畅通，单向阀密封不严，控制阀活塞和皮碗密封不良或膜片破裂，控制阀中的空气阀或真空阀与其阀座表面损坏、不洁而使密封不良，加力气室膜片破裂等。

（3）制动分泵的故障，如皮碗老化发胀，活塞与缸壁配合松旷，活塞回位弹簧过软或折断。

（4）制动器的故障，如制动蹄摩擦片与制动鼓间隙过大，摩擦片有油污、水湿、硬化或铆钉外露、制动鼓磨损过度、出现沟槽、失圆等。

3. 故障诊断与排除

如图 5-2-24 所示：

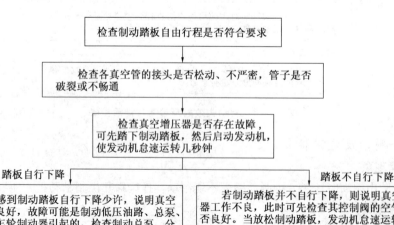

图 5-2-24　制动效能不良故障诊断与排除流程图

（四）制动拖滞

1. 故障现象

汽车行驶一段路程后，个别（或全部）车轮制动鼓过热，且汽车起步困难，行驶无力。

2. 故障原因

（1）个别车轮制动鼓过热时，一般是制动鼓与摩擦片间隙过小，制动蹄回位弹簧过软，制动分泵皮碗发胀或活塞卡滞，制动软管发胀阻塞。

（2）全部车轮制动器都发热的原因是：制动主缸旁通孔或回油孔堵塞；制动液太脏或黏度过大，使回油困难；总泵或分泵皮碗、皮圈老化、变形或发卡；总泵回位弹簧过软、折断，或磨损过度而卡滞；踏板无自由行程或过小。

3. 故障诊断与排除

如图 5-2-25 所示：

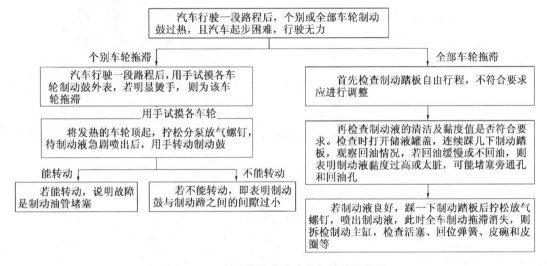

图 5-2-25　制动拖滞故障诊断与排除流程图

第三章　汽车电气设备常见故障诊断与排除

本章将介绍传统的汽车电气设备部分，即电源系、启动系、灯光信号及辅助电气设备的一些常见故障诊断及排除方法。

第一节　电源系常见故障诊断与排除

汽车电源系主要由蓄电池、交流发电机、调节器以及相关线路构成。电源系常见故障（以有充电警告灯的电源系为例）有警告灯工作不正常、蓄电池微弱（放电）、蓄电池过量充电、异常噪声等。

电源系常见故障的排除以桑塔纳 3000 轿车所配置的发电机为例。如图 5-3-1 所示为其接线图。

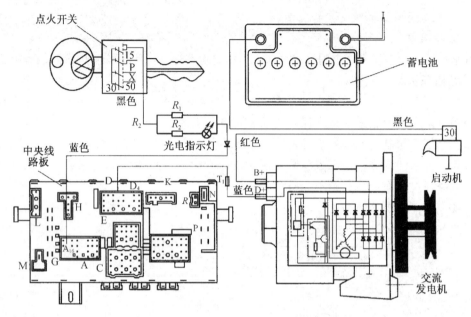

图 5-3-1 桑塔纳 3000 轿车发电机接线图

（一）充电警告灯工作不正常

（1）将点火开关拧至"ON"（通）位置但不启动发动机时，灯不亮。

此故障现象诊断基本流程如图 5-3-2 所示。

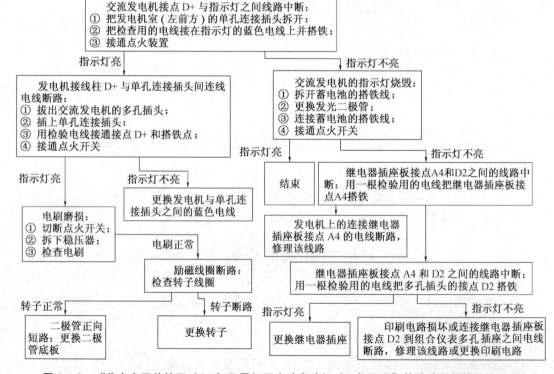

图 5-3-2 "将点火开关拧至'ON'位置但不启动发动机时，灯不亮"故障诊断与排除流程图

(2) 发动机运转，灯一直亮。

此故障现象诊断基本流程如图 5-3-3 所示。

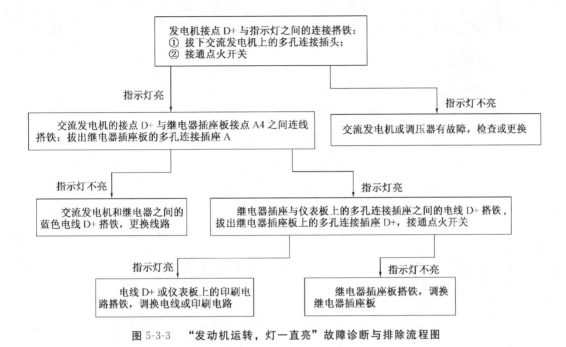

图 5-3-3 "发动机运转，灯一直亮"故障诊断与排除流程图

(二) 蓄电池微弱（放电）

(1) 蓄电池本身损坏：检查蓄电池是否存在极板硫化以及自行放电等异常情况。

(2) 全车线路漏电：用一只 0～200mA 的电流表接在蓄电池负极和搭铁线之间降低量程，直至得到清晰读数。指针在 3mA 以下时，表示无漏电现象；如果指针在 3mA 以上，表示有漏电现象。

(3) 车辆频繁短时间行驶：这里是指夜间车辆频繁短时间行驶。

(4) 电源系不充电：在发动机运转情况下，用数字万用表 20V 挡直接测量蓄电池，结果应该是 14V，上下误差 0.7V 为合格；否则按图 5-3-4 所示的故障诊断流程图检测电源系。

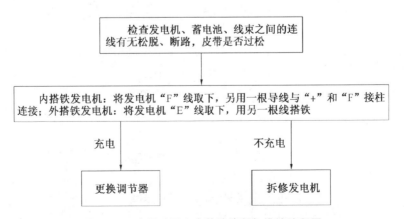

图 5-3-4 电源系不充电故障诊断与排除流程图

(5) 电源系充电电流过小：蓄电池接近充足状态时，充电电流小为正常现象，但若确认电池存电不足而充电又充不进去，则充电电路故障原因有：发电机皮带过松打滑、个别二极管短路、定子绕组有一相断路或连接不良、电刷磨损过多、滑环油污使电刷与滑环接触不良以及调节器故障等。故障检查流程如图 5-3-5 所示。

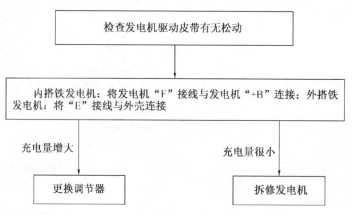

图 5-3-5　电源系充电电流过小故障诊断与排除流程图

（三）蓄电池过量充电

过量充电的实质主要是由充电电流过大引起的，其原因大都是调节器电压调整过高，低速触点烧结，磁化线圈补偿电阻烧断以及调节器搭铁不良等。

可打开调节器进行调整或检修，如不能调整则应更换。晶体管调节器或集成电路调节器应更换新件。

（四）电源系异常噪声

（1）交流发电机发出异常噪声：机械噪声往往是由传动皮带在发电机皮带轮上打滑或者是交流发电机轴承引起的。

（2）无线电静电干扰：磁共振则是由定子线圈中的层间短路或有故障的二极管引起的。在这种情况下，无线电静电与发动机的旋转同步发生。总之，除传动皮带噪声外，必须分解交流发电机检查每个零件，并在必要时进行修理。

第二节　启动系常见故障诊断与排除

汽车启动系的作用是驱使发动机曲轴转动，直至发动机能在自身动力作用下继续运转为止。汽车启动系一般包括蓄电池、启动机、启动继电器、点火开关、导线等。常见故障有启动机不转或运转无力、启动机空转以及启动机异响等。

（一）启动机不转

1. 故障现象

启动时，接通启动开关，启动机不转动，无动作迹象。

2. 故障原因

（1）电源故障：蓄电池严重亏电或极板硫化、短路等，蓄电池极桩与线夹接触不良，启动电路导线连接处松动而接触不良等。

(2) 启动机故障：换向器与电刷接触不良，磁场绕组或电枢绕组有断路或短路，绝缘电刷搭铁，电磁开关线圈断路、短路、搭铁或其触点烧蚀而接触不良等。

(3) 启动机电磁开关故障：电磁开关中吸拉线圈、保持线圈断路、短路或搭铁。

(4) 启动组合继电器故障：启动继电器线圈断路、短路、搭铁或其触点接触不良。

(5) 点火开关故障：点火开关接线松动或内部接触不良。

(6) 启动系统控制线路故障：线路有断路，导线接触不良或松脱，熔丝烧断等。

(7) 防盗系统故障。

3. 故障诊断与排除

对于有防盗系统的汽车，将点火开关转到"ON"，观察防盗系统指示灯是否异常，若有异常应先排除防盗系统的故障，此后可按图 5-3-6 进行诊断。

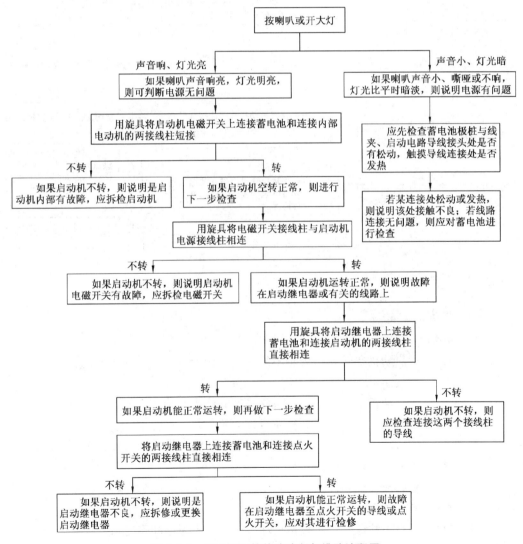

图 5-3-6 启动机不转故障诊断与排除流程图

（二）启动机运转无力

1. 故障现象

启动时驱动齿轮能啮入飞轮齿环，但启动机转速明显偏低甚至于停转。

2. 故障原因

（1）电源的故障：蓄电池亏电或极板硫化、短路，启动电源导线连接处接触不良等。

（2）启动机故障：换向器与电刷接触不良，电磁开关接触盘和触点接触不良，电动机磁场绕组或电枢绕组有局部短路等。

3. 故障诊断与排除

如图 5-3-7 所示。

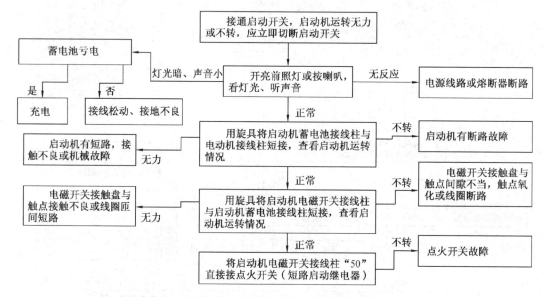

图 5-3-7　启动机运转无力故障诊断与排除流程图

（三）启动机空转

1. 故障现象

接通启动开关后启动机空转，小齿轮不能啮入飞轮齿圈带动发动机转动。

2. 故障原因

（1）机械强制式启动机的拨叉脱槽，不能推动驱动小齿轮，不能进入啮合；

（2）电磁控制式启动机的电磁开关铁芯行程太短；

（3）电枢移动式启动机辅助线圈短路或断路，不能将电枢带到工作位置；

（4）启动机单向啮合器打滑；

（5）飞轮齿严重磨损或损坏。

3. 故障诊断与排除

启动机空转实际有两种情况：一种是启动机驱动小齿轮已和飞轮齿圈啮合，由于单向啮合器打滑而空转，故障主要在启动机单向啮合器，应分解启动机进行检修或更换启动机；另一种是启动机驱动小齿轮不能与飞轮齿圈啮合的空转，故障主要在启动机的操纵和控制部分，根据启动机类型的不同，检查诊断步骤如下：

（1）对于机械强制式启动机，应先检查传动叉行程是否调整适当。若调整不当，在未驱使驱动小齿轮与飞轮齿圈啮合时，主接触盘已与触点接通而导致启动机空转。如调整适当，则可能是传动叉脱出嵌槽。

（2）对于电磁控制式启动机，则应检查主回路接触盘的行程是否过小。如过小，会使主回路提前接通，造成电枢提前高速旋转。

（3）对于电枢移动式启动机，主要是扣爪块上阻挡限止板的凸肩磨损，不能阻挡限制板的移动，致使活动触点的下触点提前闭合，并使电枢高速旋转。若活动触点与固定触点上、下两触点间隙调整不当，即下触点间隙太小时，也同样会引起电枢提前高速旋转。

（四）启动机异响

1. 故障现象

接通启动开关，启动机运转时有撞击声，且不能带动发动机运转。

2. 故障原因

（1）启动开关或电磁开关行程调整不当；

（2）电枢移动式固定触点和活动触点间隙调整不当；

（3）启动机驱动小齿轮或飞轮轮齿磨损过甚或打滑；

（4）启动机固定螺栓松动或离合器壳松动；

（5）启动机内部故障。

3. 故障诊断与排除

此现象表明启动机驱动小齿轮啮入困难。首先将曲轴摇转一个角度，再接通启动开关进行试验。

（1）如撞击声消失且能啮入启动发动机，则说明飞轮齿圈部分轮齿啮入端打坏，应予以更换。

（2）如曲轴转到任何角度都不能消除撞击声，驱动小齿轮始终不能啮入，则表明启动机拨叉行程或电磁开关行程过短，导致驱动小齿轮尚未啮入即高速旋转。

（3）当接通启动开关时，启动机壳体明显抖动，说明启动机固定螺栓或离合器壳固定螺钉松动，应立即紧固，否则可能造成启动机驱动端盖折断。

（4）此外，根据撞击声响特征也可大致判明原因。一般行程调整不当或带有空转的撞击声是连续的，而启动机固定螺栓或离合器壳松动或飞轮齿损坏引起的撞击声是断续的，且有时可以啮入启动。空转带有撞击声的诊断方法与启动机空转故障相同。

第三节 汽车照明、信号及仪表系统常见故障诊断与排除

汽车照明、信号及仪表系统是汽车正常行驶的必备系统，其性能工况的优劣直接影响汽车驾驶的舒适和安全，因此必须及时排除该系统问题和故障。

一、汽车照明系统的故障诊断与排除

汽车照明系统包括前照灯、雾灯、牌照灯、倒车灯、内部照明灯及其开关电路等。照明系统的故障诊断以桑塔纳车型前照灯的相应故障为例进行说明分析，图 5-3-8 为桑塔纳轿车照明电路。

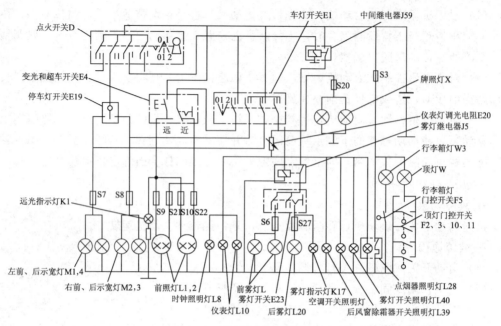

图 5-3-8　桑塔纳轿车照明电路

（一）前照灯远、近光均不亮

1. 故障现象

车灯开关处于 2 位时，拨动变光开关，前照灯远、近光均不亮。

2. 故障原因

（1）熔断器 S9、S10、S21、S22 均断路；

（2）车灯开关 E1 损坏；

（3）变光开关 E4 损坏；

（4）前照灯双丝灯泡损坏；

（5）连接线路断路。

3. 故障诊断与排除

如图 5-3-9 所示。

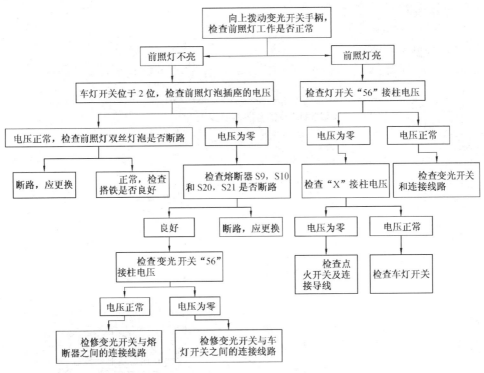

图 5-3-9 前照灯远、近光均不亮故障诊断与排除流程图

(二) 前照灯发光强度低

1. 故障原因

(1) 交流发电机输出电压低；

(2) 变光开关接触不良；

(3) 前照灯插接件接触不良；

(4) 前照灯反射镜老化或锈蚀；

(5) 线路搭铁不良。

2. 故障诊断与排除

如图 5-3-10 所示：

二、汽车信号系统的故障诊断与排除

汽车信号系统主要由信号灯和电喇叭等器件组成。汽车信号系统的故障诊断以电喇叭的相应故障为主进行说明分析。

电喇叭不响。

1. 故障原因

(1) 喇叭损坏，如内部触点接触不良、线圈断路、触点间短路等；

(2) 喇叭线路有断路故障；

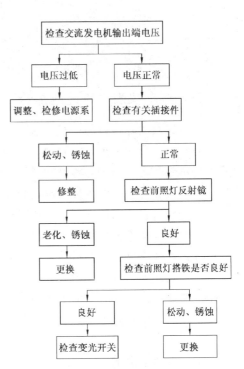

图 5-3-10 前照灯发光强度低故障诊断与排除流程图

(3) 熔丝熔断；

(4) 喇叭按钮接触不良。

2. 故障诊断与排除

如图 5-3-11 所示：

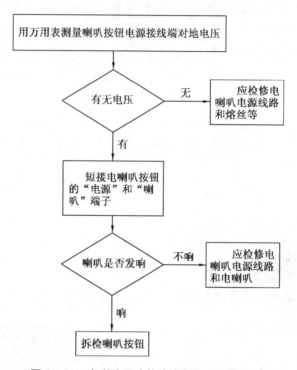

图 5-3-11　电喇叭不响故障诊断与排除流程图

三、汽车仪表系统的故障诊断与排除

组合仪表故障检修的一般方法：

(1) 当组合仪表出现故障时，应根据故障现象和其电路原理分析故障大致的原因，然后以"由外向内"的步骤检查和排除故障。即先检查组合仪表板以外的传感器、开关、熔丝、线路及插接器等的可能故障部位，待这些可能故障原因排除后，若仪表还不能恢复正常，再拆检仪表板内部的仪表、印刷电路板、灯泡等。

(2) 如果出现多个指示灯或警告灯不亮，则首先应检查与之有关的熔丝和电源线路，若正常，再检查仪表板的搭铁。

(3) 燃油表、机油压力表、水温表等仪表同时不工作时，也应首先检查其熔丝和电源线路，然后再检查仪表板的搭铁情况。

(4) 车速里程表不工作时，应先检查软轴有无松脱和断裂或车速传感器。

(5) 各仪表及传感器可用替换法检验其是否良好，即用一个好的传感器替换，看该仪表显示是否恢复正常。

第四节　汽车辅助电气设备常见故障诊断与排除

随着电子控制技术在汽车上的广泛运用，汽车辅助电气设备越来越多，技术也越来越先进，这部分设备的故障诊断与排除也越发复杂，需要专业的汽车维修人员来进行操作。现以传统汽车辅助电气设备为例简单介绍一些常见系统故障。

一、电动刮水器的故障诊断与排除

具体内容见表 5-3-1：

表 5-3-1　电动刮水器的常见故障及诊断部位

故障现象	诊断部位
系统不工作	① 线路和熔断器故障； ② 刮水器开关或电机故障； ③ 车身控制 ECU
开关在某挡不工作	刮水器开关故障或线路故障
冲洗系统不工作	① 洗涤液罐中缺水； ② 冲洗开关或电机故障； ③ 线路或喷管故障

二、电动车窗的故障诊断与排除

电动车窗系统是由车窗、车窗升降器、电动机和开关等装置组成的。

电动车窗最主要的组成是车窗升降器，目前使用的有电动钢丝绳式玻璃升降器、电动齿轮式玻璃升降器和电动交叉臂式玻璃升降器等几种。具体内容见表 5-3-2。

表 5-3-2　电动车窗系统的基本故障现象、原因及解决方法

故障现象	产生原因	解决方法
一个车窗只能向一个方向运动	分开关到总开关的控制导线可能断路	检查控制导线是否导通
一个车窗在两个方向都不能运动	① 车窗电动机可能有故障； ② 分开关到电动机的导线断路	① 检查电动车窗升降机构是不是卡住； ② 检查有故障的车窗的分开关到电动机的导线是否导通
两个后车窗的分开关不起作用	断路开关（如装有）或总开关有故障	检查断路开关（如装有）或总开关的工作情况
所有车窗都不能升降或有时不能升降	搭铁线搭铁不实	检查、清洁和紧固搭铁线

三、音响系统的故障诊断与排除

下面以上海别克轿车为例，介绍音响系统常见故障的诊断方法。

(1) 音响系统被锁住的故障诊断：点火开关置"OFF"，拆下熔断器 E1-E2 和 J7-J8，等待 1min 后再装复，点火开关置"RUN"，应解锁；否则更换收音机。

(2) 收音机系统不工作的故障诊断，见表 5-3-3。

表 5-3-3 收音机系统不工作故障诊断步骤

步骤	诊断与检测方法	结果	
		是	否
1	检查熔断丝 E1-E2 是否断路	更换	至步骤 2
2	检查熔断丝 J7-J8 是否断路	更换	至步骤 3
3	拆下连接器，在端子 F1 和搭铁之间连一试灯，看试灯是否亮	至步骤 4	线路 640 断路
4	在连接器端子 F2 和搭铁之间连一试灯，看试灯是否亮	至步骤 5	线路 351 断路
5	在连接器端子 F2 和 E16 之间连一试灯，点火开关置"ON"，看试灯是否亮	更换收音机	线路 43 断路

四、中央门锁的故障诊断与排除

中央门锁通常由门锁开关、门锁继电器和执行机构三部分组成。图 5-3-12 所示为中央门锁控制系统电路。

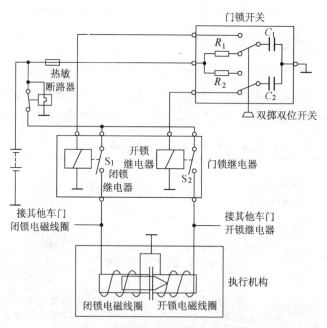

图 5-3-12 中央门锁控制系统电路

故障诊断原则是：当出现故障后，在检修之前一定要查阅车辆制造厂家的维修手册，将故障现象和维修手册中的故障检测图表一一对照，以便准确查出故障的部位及其原因。测试电路前，应结合故障检测图表，先弄清楚线路图，然后才能试加蓄电池电压或用欧姆表测量，不要盲目测量，以免损坏电子元件。对集成电路芯片，测试时应更加小心。

第四章　途中急救知识

汽车途中急救是指汽车在行驶过程中某些机件损坏后不易修复，而在中途又没有新的替代品时，为适应紧急情况的需要，而且能保证人员、车辆及运送物资的安全，维持车辆能继续行驶或将汽车开到就近修理厂进行修理而采取的一种临时性的补救措施。

途中抛锚处理的步骤和急救原则：

1. 处理步骤

（1）检查故障的原因。

① 能够解决——更换备用零件、其他临时的急救措施。

② 不能解决——打电话求援。

2. 途中抛锚急救的原则

（1）确保安全。不论采用什么样的急救措施和方法，都必须以保证安全为前提，保障人员、车辆和运送物资的安全。应避免采用不当的急救方法，确保车辆不会出现更大的损坏。

（2）尽量不损坏车辆原有的装置、设施。急救时，尽量不要移动原来装置的位置和损坏原有机件的机构，防止造成有条件时无法恢复的情况。

（3）急救的方法要因地制宜、简单易行。急救时要因车、因地、因时制宜，尽可能够就地、就车取材。

（4）急救方法、措施要合理得当，副作用小，便于恢复。

（5）有条件时必须及时更换或修理急救使用过的零件或装置，使车辆恢复良好的技术状态。

第一节　发动机故障途中急救方法

一、启动机运转无力

1. 故障现象

点火启动，启动机不能连续转动甚至不能转动，按喇叭声音不响亮。

2. 原因分析和处理方法

蓄电池电量不足或蓄电池损坏。

蓄电池损坏后，虽然无法使用启动机，但仍可以借助其他电源向车辆供电或利用拖车或下坡滑行的方法使汽车启动。

（1）利用同行车辆的电源启动。

与其他车辆一起行驶时，可借用其他车辆电源使用。接线方法是：先将损坏的蓄电池与原车断开，将被借用电源的车辆靠近待启动车辆，用两根粗导线分别将两车的大梁（或其他搭铁处）及两车蓄电池的正极引出线相连，接通待启动车辆的启动开关，启动后将发动机转速提高后锁定,去掉两车连接导线即可。

【注意】 利用这种借电方法启动时,导线的连接要可靠,要尽量利用较粗导线并缩短导线的长度,以减小导线的电阻。

(2) 利用其他车辆拖动启动。

先将待启动车辆的怠速适当调高,接通点火开关,挂上高挡,踩下离合器,当被其他车辆拖动到具有一定速度时,放松离合器,启动车辆后,利用发电机发电点火。这时要控制好油门,防止发动机熄火。

【注意】 要和前面牵引的车辆驾驶员约定好联络信号,比如连续鸣两声喇叭,当车辆启动后,及时用信号通知前车。前车要及时放松油门踏板进行滑行,但是不能立刻踩刹车。

二、热车不易启动

1. 故障现象

冷车时启动正常,但是热车时反而难启动发动。

2. 原因分析和处理方法

热车不易启动的主要原因是点火线圈温度过高或启动时混合气过浓。遇此情况可打开发动机仓盖散热片刻。发动机舱的温度随着行车时间、冷却系统性能的好坏及机件的布置形式的不同而不同。一般情况下,由于冷却系统的作用,点火线圈的温度不会太高。如果长期行车后突然停车,由于冷却系统的散热作用迅速减弱,短时间内发动机舱内的温度会高于正常行车时的温度,造成点火线圈的温度升高。点火线圈的温度升高,会使低压电流减小,启动困难;而发动机温度的升高也会使各汽油通道中的部分汽油变成蒸气,在进气管中产生极浓的混合气,使停机后再次启动困难。

三、发动机润滑系统故障

1. 故障现象

机油压力表指示压力很低。

2. 原因分析

发动机机油压力过低的主要原因有以下几个方面:

(1) 机油数量不足;

(2) 机油管接头漏油;

(3) 机油被稀释或变质;

(4) 机油温度过高,黏度变低;

(5) 机油限压阀发卡或弹簧失效;

(6) 机油油道或集滤器堵塞;

(7) 曲轴主轴承径向间隙过大;

(8) 机油压力表失灵,指示数字过低。

3. 处理方法

(1) 检查机油的数量和质量情况,必要时进行补充或更换。

(2) 检查油管接头、密封垫及管路,如有漏油应修理排除。

（3）检查机油压力表。有条件时可装用新表与其对比，如装新表后机油压力显示正常，证明原机油压力表损坏，应予更换；如换用新表后无变化，再检查曲轴主轴承径向间隙及集滤器。

此外，机油压力传感器损坏，也将导致机油显示压力降低，对机油压力传感器的检查方法与机油压力表相同，可采用对比法。

四、发动机冷却系统故障

1. 故障现象

行车中发动机水温突然过高，水温指示灯点亮（图5-4-1），甚至水箱"开锅"。

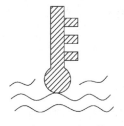

图 5-4-1　水温指示灯点亮

2. 原因分析

要进行停车检查。一般情况下，水箱突然"开锅"的原因有以下几个方面：

（1）冷却系统严重漏水引起冷却水不足；
（2）电动风扇因故障失灵不转；
（3）风扇皮带断裂；
（4）节温器失灵使主阀门不能开启，使冷却水不能大循环。

3. 处理方法

（1）检查是否缺水。如果膨胀水箱（小水箱）是白色的半透明塑料，能够直接看到水位高低。如果水位低于下线，表示缺水，需要补充冷却水。

（2）发现冷却水箱缺水，就要补充水。在热态下打开水箱盖要十分小心，过去曾发生过多次打开水箱盖，蒸汽喷出把人烫伤的事情。

为安全起见，应待水温稍下降后再打开水箱盖，此时人应离发动机稍远点，用擦车布捂住水箱盖（图5-4-2），将其拧松；然后迅速收回手臂，观察有无蒸汽从盖的四周喷出。如果有蒸汽喷出，应等待片刻，让蒸汽喷出一阵后将盖取下；若没有蒸汽喷出，即可顺势将盖打开。打开水箱盖时，不应戴手套，以防开水或蒸汽将手套打湿，造成烫伤；更不应将头部对着冷却水箱去打开水箱盖，要把头部尽量远离水箱盖，侧着身体，以防热水喷出烫伤。

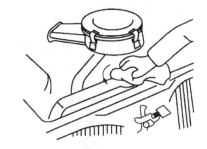

图 5-4-2　用布盖住水箱盖，逐步打开盖

如发现缺水较多，适当加注后，观察水管接头有无漏水处。当不漏水时，启动发动机进行行车试验。

（3）发动机不缺冷却水，也没有漏水处，水箱仍然"开锅"时，看看风扇是否工作正常。要看看电动风扇电线的插接器、电机接线是否完好可靠。

（4）发动机不缺冷却水，也没有漏水处，水箱仍然"开锅"时，就要检查节温器的状态。如发现大循环不起作用时，可将节温器拆除，并堵塞发动机小循环线路，使发动机冷却水只进行大循环，防止发动机过热。有条件时立即加装新的节温器。

【注意】　此时的水温很高，风扇随时都有突然转动的可能，因此在检查时一定要小心，防止被风扇叶片打伤。

（5）如果发现风扇皮带断裂了，只要更换皮带即可，如没有备用皮带时可以用替代品。

水箱"开锅"还有其他方面的原因，如发动机使用时间较长，水道中水垢较多，散热效果较差，水箱也会时常"开锅"。此时应加足冷却水，开足百叶窗，并使发动机中速行驶，以防发动机过热。此外，当汽车长时间顺风行驶时，也可能会出现"开锅"现象。

第二节　底盘故障途中急救方法

底盘中各总成技术状况的好坏，不仅关系到发动机的动力传递和燃料的消耗，而且关系到汽车行驶的操纵稳定性和安全可靠性。

1. 离合器不能分离

如果在途中，离合器出现分离不开的故障，可先将变速器挂入空挡状态，启动发动机后，应将汽车推动起来，然后在不踩下离合器的条件下，挂入低速挡，使汽车加速行驶一段时间后，再改挂较高一级的挡位加速行驶。由于离合器不能分开，故应在结合状态挂入各种挡位。低速挡挂入高速挡时，应先加速，然后退至空挡，再逐渐减速，用变速杆找到合适的时机挂入高一级的挡位。如果是由高速挡挂入低速挡，则可将车在较高转速下摘入空挡，发动机不减速或适当加速，用变速杆寻找适当时机挂入低一级挡位。这种操作方法，驾驶员可以在平时汽车正常时练习，以备急用。

2. 离合器分离不彻底

离合器分离不彻底是当离合器踏板踩到底时，压盘与从动盘不能完全脱离接触，从而导致发动机至传动系的动力传递不能彻底切断。

（1）先检查离合器踏板自由行程，如过大则应调整（图 5-4-3）。

图 5-4-3　离合器踏板自由行程调整

（2）检查分离杠杆的高度及其有无折断、弯曲、内端面磨损。检查分离杠杆支承是否松脱、折断、销子是否脱出等。如分离杠杆高度不符合要求则应调整。

3. 制动系统故障的急救

(1) 液压制动软管破裂。

因制动软管安装位置不当而产生刮擦或因使用年限太长、橡胶老化，都有可能导致液压制动软管破裂。行驶中如遇此种情况，应立即停车修理，以免因制动失效酿成事故。如无配件，可取一块合适的汽车内胎橡胶，包在破裂处，然后用皮管金属夹夹在内胎胶皮处，并紧固锁紧螺栓。也可用薄铁皮或铜皮代替皮管金属夹，然后用铁丝缠紧，检验不漏油后，即可应急使用。如有快干胶之类的黏结剂，可将油管打磨干净后，粘补薄铁皮、铜皮、胶皮等。

(2) 制动皮碗发胀。

行车中制动不灵，经检查是由于制动皮碗发胀所致，而又没有备件，可将发胀的皮碗浸泡在 80℃～100℃ 的热水中 10～15min，皮碗中所吸含的油污就会渗出一部分，因而皮碗的形状和面积就会得到一定程度的恢复。若无开水，也可将其用布包好后投入散热器中（关闭百叶窗，启动发动机，保持水温在 80℃～90℃）浸泡 10～15min，效果也一样。经这样处理后，即可装复临时使用。

(3) 制动气室膜片损坏。

制动气室膜片损坏，会引起制动跑偏或制动失效。在行驶途中遇到这种情况应及时更换新的膜片，若无备用件时，可用汽车内胎剪成与原膜片大小相同的圆形，覆盖在原膜片背面。由于膜片固定孔较多，在代用橡胶上制孔不易准确定位，可先在橡胶上每隔 90°用剪刀剪成圆形固定孔，然后用四个螺栓穿过这四个固定孔将胶皮固定在气室上，再按原气室壳体连接孔的位置在橡胶上穿孔，每穿好一孔就用螺栓紧固，逐个穿，逐个紧固。待全部螺栓紧固后检验是否漏气，如无漏气，即可使用。

第三节　电气设备故障途中急救方法

1. 发电机不发电

发电机不发电的原因有很多，通常有以下几种：

(1) 整流器脏污或烧蚀；

(2) 炭刷磨损过度，接触面过小、卡住或弹簧弹力过弱；

(3) 电枢线圈断路或搭铁；

(4) 磁场线圈断路或搭铁；

(5) 电枢接线柱至负炭刷架断路或搭铁；

(6) 磁场接柱搭铁。

诊断时，应拆下防尘箍，检查整流器是否脏污。如果不脏污，应将发电机电枢、磁场接柱导线装复，并用手按两炭刷。如充电，应检查炭刷是否磨损过度，接触面是否过小，弹簧弹力是否过弱，炭刷是否卡住。如按两炭刷仍不充电，应将发动机熄火，取下发电机电枢、磁场接柱导线。另用一根导线，其一端与调节器电池接柱相连接（简称电源导线），将该导线另一端分别与发电机电枢接柱。

(1) 与磁场接柱刮火：蓝色火花，为正常状态；无火，为磁场线圈断路；火花强烈，为磁场接柱或磁场线圈（靠近磁场接柱部位）搭铁。

(2) 电源与电枢接柱刮火：蓝色火花，为正常状态；无火，为电枢接柱至正炭刷间断路。

（3）用电源导线与负炭刷架刮火：有火，为电枢接柱至炭刷架间导线断路；无火，为电枢线圈断路；火花强烈，为电枢接柱至电枢线圈间有搭铁故障，可用刮火的方法分段查找。

汽车由于长时间停放，有时会出现发电机不发电，经检查发电机各部分良好，则应考虑是否由于磁极残磁消失，致使发电机不发电。这时，可用螺丝刀连接调节器电池、电枢接柱（或用手按断流器触点），利用蓄电池向发电机逆向放电进行充磁。但时间切勿太长，以免烧坏电枢线圈。

2. 前照灯的对光调整

当前照灯的照射高度和照射范围不正确时，需要对其进行对光调整，方法如下：

（1）给轮胎充气至规定压力，从汽车上卸下除驾驶人、备胎和工具外的所有负载。冷却液、机油要适量，油箱要装满。

（2）把汽车停放在平整的地面上。

（3）在屏幕上画出垂直线（垂直线穿过前照灯中心）和水平线（水平线穿过前照灯中心）。

（4）在前照灯和蓄电池处于良好的状态下，按图 5-4-4 所示的方法调整前照灯，让最亮部分落在水平线和垂直线上，然后打开前照灯近光灯，再使用垂直和水平调整螺钉进行对光调整。

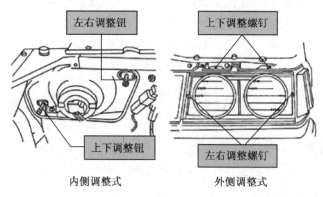

图 5-4-4　调整前照灯的方法

3. 喇叭不响

在诊断此类故障时，应先确定喇叭是否有故障。一般可先开大灯，如大灯不亮或灯光暗淡，则应检查电源技术状况，如保险器是否跳闸，蓄电池接线是否良好或存电是否充足等。

如电源确系良好，可按下述方法诊断故障具体部位：先按下按钮，若继电器发生"咯咯"的响声，可用一根导线，一端按电源，另一端直接与喇叭接线柱试火。如火花正常、喇叭响，说明喇叭按钮接触不良或喇叭接线柱至喇叭按钮、电源之间有断路处。这时，可用导线分段试火，查明故障所在。如导线与喇叭接线柱试火无火，说明故障在喇叭，需拆检喇叭，查明其磁力线圈是否断路，触点是否未闭合等。如果导线与喇叭接线柱试火火花强烈而喇叭不响，说明喇叭内部有搭铁故障。如果试火只有微弱火花，说明喇叭触点接触不良。在按下喇叭按钮时，如果继电器未发出"咯咯"声响，说明继电器触点未闭合，故障就在继电器，可拆下继电器盖，检查其磁力线圈是否烧毁或未调整好。如继电器良好，则故障在喇叭按钮，回场后应拆卸按钮进行复查或换件。

第六单元 汽车初、中级驾驶员操作技能鉴定

技能训练是汽车驾驶员培训的重要课程。通过训练，使学员熟练掌握汽车驾驶的操作技能，掌握汽车的维护知识，能够排除一些车辆的常见故障。本单元根据汽车驾驶员国家职业标准的有关规定，结合实际教学情况编写了汽车初、中级驾驶员操作技能鉴定项目。其中初级驾驶员 13 个考核项目，中级驾驶员 14 个考核项目。

第一章 汽车驾驶员初级工操作技能鉴定项目

汽车驾驶员初级工操作技能鉴定项目分两个部分：（1）场地驾驶：包括公路掉头、曲线驾驶、定点停车、坡道驾驶、车位正反倒车、侧方停车等项目的操作要领及要求。（2）维修技能：包括发动机电控系统读码、清码，更换火花塞，前照灯不亮故障排除，喇叭不响故障排除，更换蓄电池，更换轮胎，车辆日常维护作业规范等项目的操作要领及要求。

第一节 公路掉头

汽车掉头是为了使汽车向相反方向行驶，掉头方法正确，可以缩短掉头时间，减少对其他行驶车辆的影响。

一、掉头地点的选择

汽车掉头时，必须遵守交通规则，在保证安全的前提下，尽量选择便于掉头的地点，如交叉路口、广场或平坦、宽阔、土质坚硬的路段。

应尽量避免在坡道、狭窄路段或交通繁杂之处进行掉头。绝对禁止在桥梁、隧道、涵洞、城门或铁路交叉道口等处掉头。

二、场地准备

（1）路宽为 2 倍轴距；（2）路长为 3 倍车长。
场地设置如图 6-1-1 所示。

图 6-1-1 公路掉头场地设置

三、操作要求

能控制车速，正确运用挡位，选择掉头地点和方式，注意观察，确保安全。

四、操作方法

（1）一次性顺车掉头（利用左右两侧路口进行掉头）：利用右侧路口掉头，开启右转向灯，减速后采用合理挡位，观察右侧交通情况，向右转向，适当前行，再向左转向前，开启左转向灯，观察前后交通情况，向左转向，确认安全后完成一次性顺车掉头；利用左侧路口掉头，开启左转向灯，减速挂低挡，观察左侧及前、后交通情况，根据路口位置适时转向，完成一次性顺车掉头。

（2）利用右侧路口倒车掉头：开启右转向灯，前行穿过路口停车；挂倒挡，开左转向灯，利用内外后视镜及侧头观察前后交通情况，起步，向右转向，将车倒入右侧路口内停车；开启左转向灯，观察左右两侧交通情况，安全驶离路口，完成掉头。

（3）利用左侧路口倒车掉头：开启左转向灯，侧头观察前后交通情况及左侧路口内情况，将车辆驶入左侧路口内，靠右停车；挂倒挡，开启左转向灯，利用内外后视镜及侧头观察前后交通情况，起步，向右转向，将车倒至右侧公路靠边停车，完成掉头。

（4）公路掉头：选择视线良好较宽路段，减速挂低挡，开启左转向灯，利用内外后视镜及侧头观察前后交通情况，确认安全后，迅速向左转向，行驶至路边缘线前回正方向停车；挂倒挡，注意后方交通情况，起步前行，完成掉头。

第二节　曲线驾驶

曲线行驶的训练目的是培养机动车驾驶人转向的运用及对车轮轨迹运行的掌握技能。

一、场地准备

路宽：大型车辆为 4m，小型车辆为 3.5m；半径：大型车辆为 10m，小型车辆为 7.5m；弧长：八分之三个圆周。

场地设置如图 6-1-2 所示。

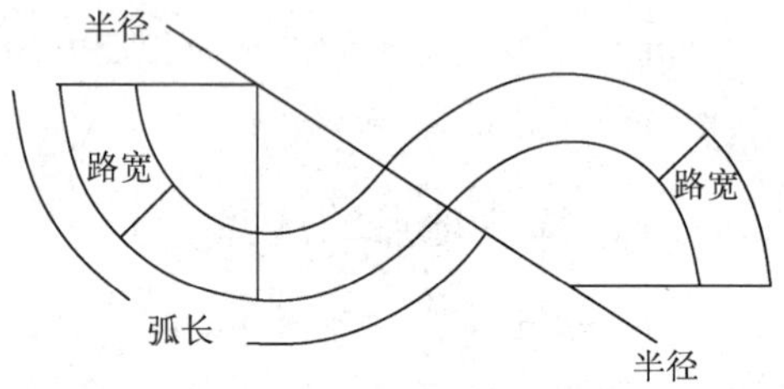

图 6-1-2　曲线驾驶场地设备

二、操作要求

车辆从弯的一端驶入，减速换挡，以低挡速度从另一端驶出，行驶中不得挤轧路边缘线，转向盘运用自如。

三、操作方法

降低车速，换入低速挡，汽车行进时，使前外轮尽量靠近外圆线，汽车行至交点时，迅速向相反方向转动转向盘，使前外轮尽量靠近另一侧外圆线，保持汽车行驶状态，平顺通过。

四、注意点

(1) 尽量靠向边线的程度；(2) 交点回转向盘的时机。

第三节　定点停车

定点停车是为了使机动车驾驶人掌握停车技能，做到安全、合理、平稳、准确、正直。

一、操作要求

车辆的前保险杠要在定点停车黄线的中间，保险杠不得超越或后缩黄线 50cm，前后右轮要停在边缘黄线和白线之间（宽度 30cm）。

二、操作方法

(1) 降低车速，开启右转向灯，通过内、外后视镜观察后方和右侧交通情况；制动减速，向右转向靠边，先踩制动，降低车速后踩下离合器踏板，平稳停车。

(2) 拉紧驻车制动器，挂低速挡，关转向灯，关闭点火开关熄火，抬离合器踏板，松制动踏板。

(3) 停车后，车身不得超过道路右侧边缘线或者人行道边缘；车身距离道路右侧边缘线或者人行道边缘保持 30cm。

(4) 在车内开门前侧头观察侧后方和左侧交通情况，下车后关好车门。

(5) 夜间在路边临时停车关闭前照灯，开启危险报警闪光灯。

第四节　坡道驾驶

坡道驾驶包括坡道起步和定点停车，其目的是考核机动车驾驶人在坡道上驾驶汽车的技能，准确判断车辆的位置，正确使用制动、离合器和挡位，以适应在上坡路段停车和起步的需要。

一、场地准备

场地设置如图 6-1-3 所示。

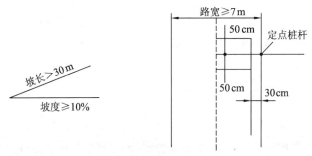

图 6-1-3　坡道驾驶场地设置

定点停车桩杆距坡底大于1.5倍车长，全坡长大于30m。

二、操作要求

机动车驾驶人应通过视觉和感觉及时地判断坡度的大小、坡道的长短及路宽等道路情况，采取正确的操作方法，控制车辆平稳停车和起步。做到转向正确，换挡迅速，操纵加速踏板、驻车制动和离合器踏板的动作准确、协调。

三、操作方法

（1）在上坡前要在最短时间内把方向调正。

（2）学员上车后，要调好座位，调后视镜，系安全带，换挡不能有齿轮"咔嚓"声，打开转向灯，学员目测目标时，坐姿要端正。

（3）听到"上坡定点停车"指令后，立刻向右转向向场地右侧靠，使车右侧与道路右边一条实线平行，车身侧面与该实线距离不得超过30cm，且不能压到实线。

（4）坡道起步就是要注意离合器、加速踏板和驻车制动杆（手刹杆）的协调配合。放松驻车制动杆（手刹杆）的时机很关键，晚了汽车起不了步，发动机会熄火，早了则会往后溜车。该实线距离不得超过30cm，且不能压到实线。车子要慢，踩离合，半联动，稍带油门，当右后视镜快到停车牌时踩离合器、踩脚刹、停车、拉手刹、关转向灯（大脚踩刹车，刹死，车子千万不能后溜，拉手刹到最大，确保车子不后溜）。

（5）定点起步前，挂一挡、打左转向灯并鸣喇叭示意车辆即将起步，慢抬离合，手握手刹柄随时准备起步；当车身有抖动感觉或发动机声音变沉闷时，证明离合器处于半联动状态。放手刹，车即向前行进（采用慢抬离合配合踩油门起步的技术）。当车身有抖动感觉或发动机声音变沉闷时，左脚停住不动，右脚轻踩油门，转速接近2 000r/min时，右脚不动，微抬离合器，使转速降至1 500r/min时，慢放手刹，车即向前行进。

第五节　车位正反倒车

车位正反倒车的目的是培养机动车驾驶人倒车入库和判断车身空间位置的能力。

一、场地准备

场地尺寸：

（1）桩长：2倍车长；前驱动车，加50cm。

（2）桩宽：大型客车、城市公交车、大型货车、中型客车为车宽加70cm；小型汽车、小型自动挡汽车、残疾人专用小型自动挡载客汽车、低速载货汽车为车宽加60cm。

（3）路宽：车长的1.5倍。

（4）起点：距右库外边线1.5倍车长。

二、操作要求

机动车驾驶人应根据桩长、桩宽及路宽等条件，熟练操纵车辆由起点从正反位倒入库内，操纵制动踏板和离合器踏板的动作准确、协调。

三、操作步骤

（一）倒左库

（1）挂倒挡，松手刹，离合器慢慢抬到半联动，启动后压稳离合器，调整好车速，慢速向后倒车；回头向右后方观察右后门三角窗，当库前中杆到达三角窗前边时，将方向迅速向右打死（打方向时注意车速保持在最慢）。

（2）如果观察到右车尾有可能碰中杆时，迅速向左回一大把方向，稍待片刻，估计车尾不会碰中杆时，继续向右打死方向。

（3）车尾顺利进库后，通过左倒车镜观察左车身线与库左边线平行时，迅速将方向向左回正。待车头顺利进库后，向后观察左倒车镜车身与边线的平行情况来修正方向，宽了往左修，窄了往右修，修完后保持方向。

（4）当身体到达停车标志位置后，停车。

（二）倒右库

（1）平稳倒车后，当身体到达标志位置后，方向盘迅速往左打死。

（2）接近中杆后，当左车尾有可能碰中杆时，迅速向右回一大把方向，稍待片刻，估计不会碰中杆时，继续向左打死方向。

（3）车尾顺利进库后，通过左倒车镜观察左车身线与库左边线平行时，迅速将方向向右回正。

（4）左右适当调整，按停车标志停车。

第六节　侧方停车

侧方停车的主要目的是使学员掌握将车正确停于路边车位或车库中的技能，以适应日常驾驶生活中临时停车的需要。

一、场地准备

（1）车位长：1.5倍车长加1m；（2）车位宽：车宽＋80cm；（3）车道宽：1.5倍车宽＋80cm。

场地设置如图6-1-4所示。

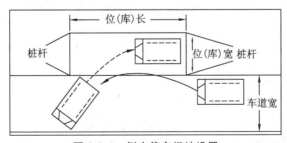

图6-1-4　侧方停车场地设置

二、操作要求

要求车辆在不碰、擦库位桩杆，车轮不压碰车道边线、库位边线的情况下，通过一进一退，将整车移入右侧库位中。

三、操作步骤

(1) 起步：上车后要先调整好座位，系好安全带；调整好两侧后视镜，以能从后视镜内侧四分之一部分看到车体为宜。

(2) 摆车：用半联动起步，有把握也可以适当加油。起步要遵循一踩、二挂、三转向、四鸣笛、五瞭望的原则，并把车平行停在离库 30~50cm 的位置，车尾要过最前方的杆。

(3) 倒车：挂倒挡，用半联动起步，控制好车速。右转身看右车门玻璃的后下角。当第一根杆（也就是离车最近的）出现后，开始向右迅速打轮，打到底，同时缓慢行车。然后看左侧后视镜，当出现第二根杆（跟第一根杆成对角线的杆）时，稳住车速，迅速向左回两圈。回轮时就开始看右侧后视镜，不要管后视镜里有什么，而是看后视镜的位置。当后视镜根部过第一根杆时，迅速向左把轮打死。看车头，等车身正了停车就可以了。

(4) 出库：挂一挡，打左转向，按喇叭，然后用半联动缓慢起步。起步时迅速向左打轮，当车右前角过杆时尽快向右回两圈轮，第三圈以后，视与右侧杆的距离来决定打多少轮和打轮的快慢。目视前方，车头快摆正时把前轮回正。

第七节　发动机电控系统读码、清码

现代轿车都采用电子控制燃油喷射系统取代了传统的化油器的结构形式。该系统结构较为复杂，但自身带有故障自诊断系统，通过使用专用的汽车解码设备（俗称汽车解码器）可以给故障的诊断带来帮助。

一、解码器的类型

一般地讲，汽车解码器可分为原厂专用型和通用型两大类型。

(1) 原厂专用型汽车故障阅读器，一般是汽车制造厂为检测诊断本厂生产的汽车而专门设计制造的汽车故障阅读器。

(2) 通用型汽车故障阅读器，一般是检测设备制造厂为适应检测诊断多车型而设计制造的。它往往可以检测几十种甚至几百种不同厂牌、不同车型汽车的电控系统。

二、发动机电控系统故障码的读取与清除

以国产 X431 电眼睛为例介绍解码器常见功能的使用方法。

1. 解码器准备

(1) 将 CF 卡标签朝上插入主机右侧的测试卡插槽内，并确认到位。

(2) 将测试主线的一端插入诊断盒诊断接口内。

(3) 选择诊断接头，将诊断接头一端接到测试主线上，另外一端插入汽车自诊断插座内。不同的车型其诊断插座位置不同，正常位于驾驶室仪表板下方，大众有些车型位于变速杆后、驻车制动杆旁，也有位于发动机舱内、保险丝盒内、蓄电池旁的，视具体车型而定。

(4) 有时还需要外接电源给解码器供电。

2. 读码与清码

（1）按下主机的电源开关"POWER"，启动主机，点击触摸屏坐下角的"开始"按钮，弹出菜单如图 6-1-5 所示。

系统信息
诊断程序
个人信息
工具
游戏
控制面板
关闭

图 6-1-5　X431 解码器主功能菜单

图 6-1-6　汽车诊断主界面

（2）在图 6-1-6 菜单中选择"诊断程序"和"汽车解码程序"，屏幕出现汽车诊断主界面。

（3）点击触摸屏上的"开始"按键，屏幕弹出诊断车系选择界面。

（4）在选择车系界面上，触摸大众汽车图标，进入大众车系的诊断程序。

（5）在屏幕上选择大众汽车全诊断版本后点击"确定"，X431 对 SMARTBOX 进行复位和检查，并从 CF 卡上下载诊断程序。

（6）点击"确定"按钮，显示选择菜单。

（7）点击"快速数据流传输"，屏幕显示测试系统选择菜单，如图 6-1-7 所示。

选择菜单
01 发动机系统
02 自动变速器系统
03 刹车系统
15 安全气囊
17 仪表板系统
08 空调系统
35 中央锁系统
46 中心模块
上翻页　　下翻页
诊断首页　后退　打印　帮助

诊断菜单
查控制电脑型号
读取故障代码
读测量数据流
清除故障代码
系统基本调整
通道调整匹配
读独立通道数据
测试执行元件
上翻页　　下翻页
诊断首页　后退　打印　帮助

图 6-1-7　系统选择菜单

图 6-1-8　诊断系统功能菜单

（8）点击"发动机系统"，屏幕上出现汽车电脑型号信息。

（9）点击"确定"按钮，屏幕出现诊断系统功能菜单，如图 6-1-8 所示。

（10）点击"读取故障代码"选项，系统开始测试故障码。测试结束后，屏幕显示测试结果，如图 6-1-9 所示。

（11）点击"打印"可打印出诊断报告。

（12）点击"后退"，回到诊断系统菜单界面，点击"清除故障代码"，系统开始清除故障码，视电控系统的实际情况会有不同的显示，如无故障，屏幕出现"无故障码"信息。

故障码
00768 后热交换器温度传感器—信号接正极
00771 燃油表传感器—G

上翻页		下翻页	
诊断首页	后退	打印	帮助

图 6-1-9　故障码菜单

第八节　更换火花塞

汽车火花塞的功能在于将点火线圈产生的高点火电压输入燃烧室，该电压在电极间产生电弧点着空燃（空气与燃料）混合气。在保证可靠并且最佳的发动机性能方面，火花塞起着关键的作用，对于现代发动机管理系统更是关键的影响因素。因此对于这类发动机，正越来越多地采用专门设计的火花塞。

一、汽车火花塞的检查方法

火花塞的电极正常颜色为灰白色，如电极烧黑并附有积炭，则说明存在故障。检查时可将火花塞与缸体导通，用中央高压线触接火花塞的接线柱，然后打开点火开关，观察高压电跳的位置。如高压电跳的位置在火花塞间隙，则说明火花塞作用良好，否则，即需换新。

二、汽车火花塞电极间隙的调整

各种车型的火花塞间隙均有差异，一般应在 0.7～0.9 之间，检查间隙大小，可用火花塞量规或薄的金属片进行。如间隙过大，可用起子柄轻轻敲打外电极，使其间隙正常；间隙过小时，则可利用起子或金属片插入电极向外扳动。

三、汽车发动机火花塞的更换要求

火花塞属易消耗件，一般行驶 20 000～30 000km 即应更换。火花塞更换的标志是不跳火，或电极放电部分因烧蚀而成圆形。另外，如在使用中发现火花塞经常积炭、断火，一般是因为火花塞太冷，需换用热型火花塞；若有炽热点火现象或气缸中发出冲击声，则需选用冷型火花塞。

四、汽车火花塞的更换步骤

（1）将火花塞上的高压分线依次拆下，并在原始位置做上标记，以免安装错位。在拆卸中注意事先清除火花塞孔处的灰尘及杂物,以防止杂物落入汽缸。

(2) 尽量使用拆装专用的火花塞套筒扳手,其内藏橡胶圈,可以轻松从发动机缸体中取出和植入火花塞。无专用套筒工具时,完全拧松火花塞后,将原车高压分火线探入发动机缸体内,可以帮助取出松动的火花塞。拆卸时,套筒套牢火花塞转动将其卸下,并依次排好。

(3) 植入后注意检查橡胶圈是否脱离火花塞,否则高压分火缸线不能安装到位。高压分火缸线安装到位即可,不要大力按压,否则容易导致卡口簧片松动。

(4) 火花塞不是固紧螺丝,不需要十分用力拧紧。将火花塞顶部电极头植入套筒中,沿缸体下滑,并轻轻旋至手感紧后,再适当加力拧动1/4圈(再拧紧90°左右),此时的火花塞紧度要求通常已经合适。

第九节　前照灯不亮故障排除

前照灯在夜间行车时,照亮车前的道路和物体,确保行车安全。以桑塔纳轿车为例,分析前照灯不亮的故障排除方法。图 6-1-10 为桑塔纳轿车照明电路。

1. 故障现象

车灯开关处于 2 位时,拨动变光开关,前照灯远、近光均不亮。

2. 故障原因

(1) 熔断器 S9、S10、S21、S22 均断路;
(2) 车灯开关 E1 损坏;
(3) 变光开关 E4 损坏;
(4) 前照灯双丝灯泡损坏;
(5) 连接线路断路。

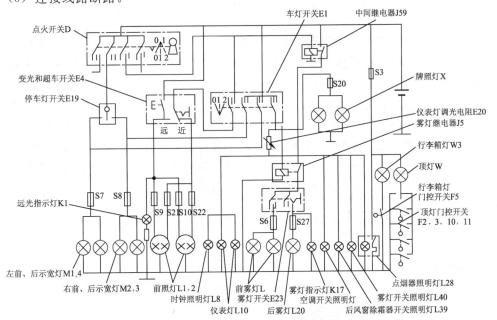

图 6-1-10　桑塔纳轿车照明电路

3. 故障诊断与排除

如图 6-1-11 所示。

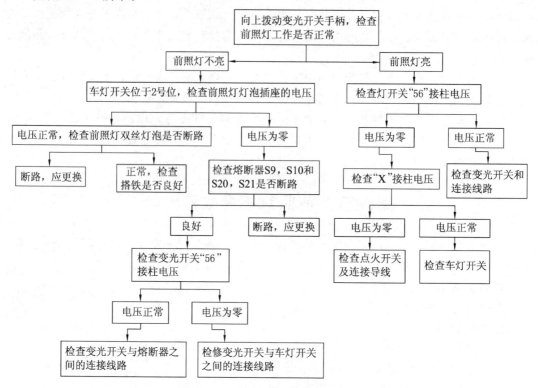

图 6-1-11　前照灯远、近光均不亮故障诊断与排除流程图

第十节　喇叭不响故障排除

喇叭主要用于警告行人和其他车辆，以引起注意，保证行车安全，由于使用频率较高、加上路况的影响（如涉水行驶），喇叭很容易发生故障。驾驶员应掌握喇叭不响的故障排除方法。

一、汽车喇叭的工作原理

当按下转向盘上或其他位置的喇叭按钮时，来自蓄电池的电流会通过回路流到喇叭继电器的电磁线圈上，电磁线圈吸引继电器的动触点开关闭合，电流就会流到喇叭处。电流使喇叭内部的电磁铁工作，从而使振动膜振动而发出声音。

二、喇叭故障原因及排除

（一）喇叭不响

1. 故障原因

(1) 喇叭损坏，如内部触点接触不良、线圈断路、触点间短路等；

(2) 喇叭线路有断路故障；

(3) 熔丝熔断；

(4) 喇叭按钮接触不良。

2. 故障诊断与排除

如图 6-1-12 所示。

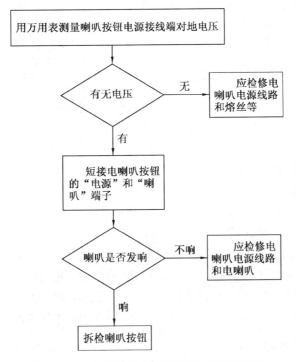

图 6-1-12　电喇叭不响故障诊断与排除流程图

（二）喇叭音质差

1. 故障原因

(1) 蓄电池亏电；

(2) 喇叭的连接线路接触不良；

(3) 喇叭存在故障，如触点接触不良、膜片破裂等。

2. 故障诊断与排除

首先检查蓄电池是否亏电，然后检查喇叭的连接线路有无接触不良之处。如果均正常，需拆检或更换电喇叭。

三、汽车喇叭使用中的注意事项

(1) 洗车时切记防止喇叭被淋湿，发现喇叭进水尽快用风枪吹干。

(2) 尽量不要经营长时间按喇叭，这样容易造成喇叭触点过早烧蚀。

(3) 喇叭出现故障尽量寻求专业维修技师帮助，不要盲目更换喇叭，以避免造成不必要的浪费。

第十一节　更换蓄电池

蓄电池是电气系统中的关键部件，在现代汽车上，使用了大量的电气装置，蓄电池工作不正常，将影响许多装置的性能。车辆蓄电池的主要作用是启动发动机，并在发动机低转速下，给全车电气设备供电。因此，车辆必须始终能获得稳定的供电。

一、影响蓄电池寿命的因素

（1）发动机电压调节器输出的电压太高或太低，正常值在 13.8～15V 之间。

（2）发电机传动皮带松弛，电机转速达不到原有的要求也会影响电池的寿命。

（3）频繁启动车辆会让电池超负荷的工作，这样会导致电池过度消耗。

（4）车主自己随意加装电气设备，如防盗锁、大功率的汽车音响，如果不另外增加电源，无疑会加重电池负担。

（5）长时间（如一个星期以上）都不使用车辆，而且也没有把连接电池负极的电线拆下来，这样电池也会有一定的损耗。

（6）使用温度过高，这与行车的车况和环境有很大的关系。例如，出租车长时间行驶就造成水分的蒸发，使得电池的温度升高，即使质量好的电池最多也只能用 1 年左右的时间。

（7）在没有启动车辆的情况下长时间使用车上的电气设备，这样对电池的损耗也是很大的。因此要避免车辆没打着火的情况下，仍长时间启动车内的电气设备，如汽车音响。

二、蓄电池的维护

（1）对免维护蓄电池也要经常检查电眼的颜色。绿色为电量充足；黑色为电量不足，需进行补充充电；灰色或淡黄色为电解液不足，因免维护蓄电池无法加液，应立即更换蓄电池。

（2）蓄电池应该在车上安放牢靠，以防在行驶中因振动而使蓄电池连线脱落，导致供电中断。

（3）要保持蓄电池表面清洁。如果发现极柱上出现固体氧化物，应及时用热水浇冲，予以清除，以免影响极柱与接线柱之间的导通性。清理干净后，将蓄电池表面擦拭干净，在极柱及接线柱上抹上黄油，保证极柱不被氧化。

（4）至少每月检查一次电解液的高度。对没有标志线的蓄电池，电解液加到高过极板 10～15mm 即可；对于有两条红线的蓄电池，电解液不能超过上边红线，否则电解液可能外溢在正负极之间形成自放电，造成发动机不易启动，并缩短蓄电池寿命。

（5）按地区和季节的不同调整电解液的浓度。在我国东北地区冬天，电解液的浓度要达到 1.28g/mL。

（6）长期不用的汽车每隔一个月左右应将汽车发动起来，中等转速运行 20min 左右，否则放置时间太长，等用车时汽车将无法启动。

（7）每次发动车的时间总长不超过 5s，再次启动间隔时间不少于 15s。在多次启动仍不着车的情况下应从电路、点火线圈或油路等其他方面找原因，故障排除后再启动发动机，否则会使蓄电池过度放电，影响使用寿命。

三、蓄电池的更换流程

维修人员在进行蓄电池的更换时，应注意遵守相应的操作规程：
（1）关闭发动机和车辆上的所有电器。
（2）先断开蓄电池负极，再断开正极（先负后正）。
（3）拆下蓄电池。
（4）确认新蓄电池与旧蓄电池性能相一致。
（5）清洁蓄电池端柱和车辆连线接头。
（6）安装并固定蓄电池。
（7）连接蓄电池与车辆的接线（先正后负）。

在蓄电池的安装过程中，要防止蓄电池正负极的意外短路。在两极断开和连接的时候，应保证正确的先后顺序，换句话说，就是在任何情况下都应避免负极单独连接蓄电池。

第十二节　更换轮胎

一、轮胎更换标志

轮胎是否更换主要以轮胎的花纹为标志。轮胎的花纹很重要，它能够确保有效的抓地力。对于花纹来说，正常磨损到一定程度，轮胎就需要更换了。而花纹的深浅则是判断轮胎是否应该更换的依据。不同品牌的轮胎都会有磨损标志，它在轮胎的表面比较隐蔽的位置，是指示轮胎应该更换的标志。一旦发现轮胎已经磨损到该标志了，就说明轮胎需要更换了。

同时，通过对轮胎接地面的观察，也能够判断出车辆四轮定位及悬架存在的隐患。这需要比较细心的观察。一般来说，如果一条胎发现了问题，那就需要认真地观察对称的另一条同轴胎，甚至需要仔细查看另两条异轴胎。

图 6-1-13 表示了各种情况造成的轮胎磨损痕迹。如果发现了这种痕迹，就可以根据痕迹的不同来判断车辆到底是哪里出了问题。

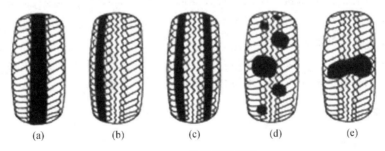

图 6-1-13　轮胎磨损痕迹

（a）表明轮胎气压经常较高或是经常遭遇较恶劣的行驶条件。
（b）表明轮胎气压常常太低，使两侧转向时接地的花纹有较大程度的磨损。
（c）表明很可能是因为长期摆振或运转不平而造成的磨损。
（d）表明悬架或四轮定位出现问题。

（e）表明高速运转时的紧急强制动造成某一部位局部的磨损痕迹。

二、更换轮胎的具体步骤

（1）汽车停在坚实且没有油污、积水的水平地面上，既不能妨碍其他车辆行驶，还要保证换胎时的人身安全。

（2）拉紧手刹车。

（3）车后放置警示装置，打开双跳灯。

（4）使用专用扳手稍微松动轮胎螺栓。

（5）将千斤顶放在举升点顶起车辆。举升点在车辆两侧各有两个，位置接近轮胎，手脚绝不能放在车下，以防千斤顶倾倒、车身下沉而危害人身。

（6）拧下要更换轮胎的螺栓，换上轮胎后用专用扳手尽量拧紧。

第十三节　车辆日常维护作业规范

车辆的日常维护以清洁、补给和安全检视为作业中心内容，由驾驶员负责执行车辆的维护作业。汽车日常维护的目的是使汽车保持良好的技术状态和车容，减少汽车故障及抛锚，保证行车安全，延长使用寿命，充分发挥汽车应有的功能和性能。日常维护的周期在出车前、行车中、收车后。

汽车日常维护的主要内容是：坚持"三检"，即出车前、行车中、收车后检视车辆的安全机构及各部机件连接的紧固情况；保持"四清"，即保持机油滤清器、空气滤清器、燃油滤清器和蓄电池表面的清洁；防止"四漏"，即防止漏油、漏水、漏气和漏电。汽车日常维护项目如下。

一、车身外部

（1）检查、清洁驾驶室内外各镜面及风挡、风窗玻璃。

（2）检查整车外观、油漆和腐蚀情况。

（3）检查调整轮胎状况和车轮固定螺栓紧固情况。

（4）检查、调整刮水器刮水片状况。

（5）检查全车各部液体泄漏情况。

（6）检查、润滑车门和发动机罩。

（7）检查、调整蓄电池液面高度或检查蓄电池比重计显示情况。

二、车身内部

（1）检查、调整灯光、信号状态。

（2）检查、调整喇叭的工作状态。

（3）检查刮水器、风挡玻璃清洗器状态。

（4）检查风挡玻璃除霜器工作情况。

（5）检查、调整后视镜、遮阳板。

（6）检查方向盘自由行程以及方向盘回转平顺情况。

(7) 检查油门踏板操作情况。
(8) 检查离合器、制动踏板的自由行程以及踩下、抬起的平顺情况。
(9) 检查制动器的制动性能。
(10) 检查驻车制动器的制动性能。

三、发动机舱

(1) 检查、补充发动机机油。
(2) 检查、补充发动机冷却液。
(3) 检查、补充挡风玻璃清洗剂液量。
(4) 检查、清除散热器的污物,紧定软管管箍,检查老化情况。
(5) 检查、补充制动总泵和离合器液压主缸储液罐的液量。
(6) 检查发动机排气系统固定和其他变化情况。

第二章 汽车驾驶员中级工操作技能鉴定项目

汽车驾驶员中级工操作技能鉴定项目分两个部分:(1) 驾驶技能:包括"百米加减挡驾驶、穿越限宽门、连续障碍行驶、单边桥驾驶、直角转弯、起伏路驾驶"等项目的操作要领及要求;(2) 维修技能:包括"发动机不能启动故障排除、发动机气缸压力检测、离合器踏板自由行程调整、前轮前束调整、制动系统常见故障排除、转向沉重故障排除、汽车充电系统故障排除、汽车一级维护作业规范"等项目的操作要领及要求。

第一节 百米加减挡驾驶

百米加减挡是考核驾驶人对车辆挡位的熟练掌握程度,车辆由百米起点线处起步,在百米内完成从最低挡逐级到最高挡的加速,以及再从最高挡逐级到二挡的减速过程,中间动作要流畅。

一、场地要求

场地设置如图 6-2-1 所示。

图 6-2-1 百米加减挡驾驶场地设置

二、操作要求

主要考查油离配合：左脚不离开离合器踏板，右手不离开变速杆，起步后就加油加挡，到50m处再加至五挡，然后（70m之前）就开始刹车减挡，减到二挡就行。整个过程中，左手控制好方向，不要跑偏。

三、操作方法

(1) 机动车驾驶人驾驶车辆由百米起点线处起步时，应将车辆的挡位准确地挂入一挡。

(2) 须用单手（左手）控制好方向盘。因为在百米加减挡的操作过程中，右手始终在操作变速杆（挡杆），没有时间协助左手控制方向盘。

(3) 驾驶人的右手应始终握住变速杆，这样可以缩短加减挡的时间。

(4) 车辆在加挡行进中，除一挡、二挡有加速（加油）过程外，其他各挡位基本上没有加速的过程，驾驶人在加挡后只需将离合器的踏板抬至最高点，再迅速将离合器的踏板踩下，做下一个加挡动作。

(5) 驾驶人驾驶车辆在加挡行进中至最高挡位后，应迅速做减挡操作动作。在做减挡操作动作时，无须做加速动作，完全靠车辆行进的惯性行走。减挡的操作动作与加挡的操作动作基本上相同。

四、操作要领

(1) 起步时应准确地将变速杆挂入一挡挡位。
(2) 掌握单手控制方向盘技术。
(3) 右手应始终握住变速杆。
(4) 加挡操作时除一、二挡有短暂加速过程外，其他挡位没有加速的操作过程。
(5) 减挡操作时，不需要有加速动作的操作过程。

第二节　穿越限宽门

穿越限宽门是考核机动车驾驶人在一定车速下对车身位置的正确判断能力。

一、场地要求

(1) 路宽：大于等于7m；(2) 门宽：车宽加60cm。场地设置如图6-2-2所示。

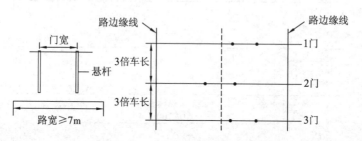

图6-2-2　穿越限宽门场地设置

二、操作要求

要求机动车驾驶人应驾驶车辆将车速控制在不低于 20km/h，将车辆从三门之间穿越，不得碰擦门悬杆。

三、操作方法

过第 1 门：保持左反光镜和左杆的距离合适（学员不用离左杆太远，不碰杆就行）。

过第 2 门：车头反光镜通过第 1 门后，根据第 2 门的位置，适量稍微调整推轮。

过第 3 门：当车两侧前反光镜通过第 2 个门后，再向第 3 个门的方向（向右）适量推轮就好。

第三节　连续障碍行驶

连续障碍行驶是培养驾驶人驾驶车辆通过连续障碍时，对车轮行驶轨迹和内、外轮差的判断能力。

一、场地要求

场地设置如图 6-2-3 所示。

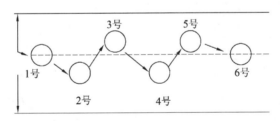

图 6-2-3　连续障碍行驶场地设置

（1）路宽：7m。

（2）圆饼直径：70cm，2 号、3 号、4 号、5 号圆饼中心点偏离路中心线 1m。

（3）饼高：小于车辆最小离地间隙；小型车辆 6cm，其他车辆 10cm。

（4）圆饼间距：指相邻两块圆饼中心点投影在路中心线上之间的距离。大型客车、城市公交车、大型货车所考核的圆饼间距为 2 倍车辆最前轮轴至最后轮轴距；牵引车圆饼间距为 1.5 倍轴距（轴距是牵引车前轴至挂车最后轴的轴距）；其他汽车圆饼间距为 2.5 倍车辆轴距。

（5）圆饼数量：牵引车只设 1 号、2 号、3 号三块圆饼，其他车辆设置六块圆饼。

二、操作要求

连续障碍行驶的考试要求是在 7m 宽的路面上设置六块圆饼，要求车辆骑于圆饼之上通过，车轮轨迹不得擦碰圆饼，并且不得超、压两侧路边缘线。这是考验学员面对连续障碍时的判断力及驾驶技术。

三、操作方法

（1）过饼前调整方向，让车能够以一条直线方向驶过1号、2号饼（具体为要感觉圆饼在车盖线两侧的中间位置）。

（2）车后轮刚过2号饼，车窗左下角与3号饼中心点对齐时，方向向左2圈，此时车头驶向3号饼；当右侧车盖头上小后视镜即将到4号饼右侧时，方向向右回正（身高175cm以上的可以过4号饼右侧后回正方向）。

（3）当车窗右下角与4号饼中心点对齐时，方向向右打到底，此时车头驶向4号饼；当车窗左下角与5号饼中心点对齐时，方向向左回正。

（4）车窗左侧后视镜与5号饼中心点对齐时，方向向左打到底，此时车头驶向5号饼；当右侧车盖头上小后视镜即将到6号饼右侧时，方向向右回正（身高175cm以上的可以过6号饼右侧后回正方向）。

（5）车窗右下角即将过6号饼中心点时，方向向右打到底，此时车头驶向6号饼；车头刚过6号饼时，方向向左回正。

第四节　单边桥驾驶

单边桥驾驶是考核机动车驾驶人准确运用转向、正确判断车轮直线行驶轨迹、操纵车辆不平行运行的能力。

一、场地要求

场地设置如图6-2-4所示。

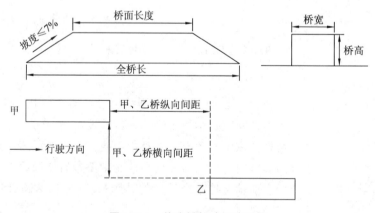

图6-2-4　单边桥驾驶场地设置

（1）桥宽：20cm。

（2）桥高：小于等于车辆最小离地间隙，摩托车桥高为5cm，小型汽车桥高为8cm，其他汽车桥高为12cm。

（3）甲、乙桥横向间距：车辆轮距加1m。

（4）甲、乙桥纵向间距：牵引车挂车为2倍轴距，小型车辆为3倍轴距，其他车辆为

2.5 倍轴距。

(5) 桥面长度：1.5 倍车辆轴距。

(6) 坡度：小于等于 7%。

二、操作要求

机动车驾驶人要正确掌握方向，将甲、乙两桥分别用左、右边轮轧于轮下，平稳、顺畅通过。小型车辆使用一挡（含）以上挡位，其他车用二挡（含）以上挡位。

三、操作方法

甲桥因为是直线上去的，上桥前摆正车身，将左车盖凹槽对准甲桥右边的边线，目视前方，握稳方向盘不动，就可顺利通过甲桥。而乙桥是斜着上去的，可使用"3、6、9"打转向的方法，左前轮一下甲桥，左手方向握把由"9点钟"打到"3点钟"位置，然后看雨刮上某点标记对上乙桥（具体每个人坐姿不同要先找好），方向拉到"6点钟"位置，车子上了桥，回到"9点钟"位置。

第五节　直角转弯

直角转弯是考核机动车驾驶人在急弯路段迅速操纵方向盘并对车辆内、外轮差进行正确判断的能力。

一、场地要求

场地设置如图 6-2-5 所示。

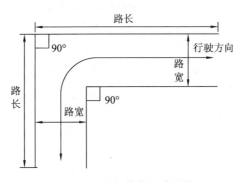

图 6-2-5　直角转弯场地设置

(1) 路长：大于等于 1.5 倍车长。

(2) 路宽：小型车辆为轴距加 1m，半挂牵引车为牵引车轴距加 3m，其他车辆为轴距加 50cm。

二、操作要求

用低速按规定的线路行驶，一次不停车完成，车辆可以由左向右或由右向左直角转弯通过。

三、操作方法

一挡通过，不加油门；直角转弯时尽量紧贴右侧边线；当驾驶室内安全带的部位过转角时，就要向左猛打方向盘，直至打到底；看到车头对准出口，就迅速将方向盘回正。

第六节 起伏路驾驶

起伏路驾驶要求驾驶员对起伏路面进行正确判断，掌握驾驶要领，要领包括制动、离合器、挡位三者协调配合的技能。

一、场地要求

场地设置如图 6-2-6 所示。
(1) 顶宽、底宽：车轮直径加 60cm。
(2) 深度、高度：6cm。

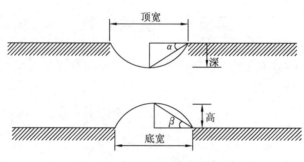

图 6-2-6 起伏路驾驶场地设置

二、操作要求

车辆正常行驶在障碍物前 20m 内制动减速，用低速挡或使用半联动通过，保证车辆平稳安全地通过障碍。

三、操作方法

（一）通过凹形路的操作方法
(1) 在凹形路前 20m 制动减速，并换入低速挡，用间歇制动驶近沟沿。
(2) 利用惯性使前轮溜下。
(3) 踏下加速踏板，使前轮上沟。
(4) 利用惯性使后轮溜下。
(5) 踏下加速踏板，使后轮上沟。

（二）通过凸形路的操作方法
(1) 在凸形路前 20m 制动减速，并换入低速挡。
(2) 当前轮接近凸形路时，踏下加速踏板。
(3) 前轮登上凸形路后，松放加速踏板使前轮滑下。

(4) 当后轮接近凸形路时，再踏下加速踏板，使后轮上凸形路。

(5) 后轮登上凸形路后，松放加速踏板使后轮滑下。

四、车速的控制和加油的时机

通过凸形障碍时，先制动减速换入低速挡，待前轮驶抵障碍物时，加油让前轮越过凸顶后放松加速踏板，使前轮自然滑下，用同样方法使后轮通过。

通过凹形障碍时，先放松加速踏板，制动减速，用点刹车为宜，利用汽车行驶惯性，使前轮缓慢进入凹坑，再加油让前轮驶出，必要时减挡，用同样方法使后轮通过。

第七节　发动机不能启动故障排除

发动机是汽车的心脏，它产生的故障占全车的比例最高，单位里程每车的配件消耗、保修工时消耗，发动机也是占首位。因此，发动机的故障诊断和维修水平十分重要，它直接影响汽车的动力性、经济性和可靠性。用来评价发动机的主要技术性能标准有：怠速运转良好、加速性能良好、功率达到设计要求、燃料消耗低等。发动机故障多由一个或两个以上故障点构成，在排除故障时，要结合上述几个主要技术性能标准，找出直接或间接影响发动机正常工作的原因。下面以发动机不能启动为例讲述故障排除方法。

一、发动机不能启动故障的原因

(1) 传感器部分、空气流量传感器、节气门位置传感器、冷却液温度传感器、转速或曲轴位置传感器等有故障。

(2) 执行器部分：点火控制器、电动汽油泵或冷启动喷油器不工作，喷油器有严重漏油。

(3) 其他部分：油箱中无油、油路压力过低、电源或点火系统有故障、空气滤清器堵塞或进气管漏气严重、发动机气缸压力过低或防盗系统锁死、空挡启动开关输出信号不良、电脑损坏。

(4) 高级轿车的自动变速器空挡启动开关信号输出错误或发动机防盗系统触发、锁死。

二、发动机不能启动故障的检修方法

(1) 检查蓄电池的连接、电压和电解液密度等情况。

(2) 检查油路部分。将油压表接至管路中汽油滤清器与油压调节器之间，打开点火开关，观察油泵是否工作；若不工作，应查熔丝、油泵、油泵继电器工作的好坏；若工作，再观察油压情况，若无油压或油压不足，则表明油箱内无油或油路有堵塞，应查油量、汽油滤清器、油压调节器等工作部件技术状况。

(3) 检查点火部分：拔下分缸线装入火花塞进行"跳火"，若无或很弱，应查高压线、点火控制器、高压线圈、分电器、曲轴位置传感器等部件好坏。

(4) 检查车用传感器：将汽车故障诊断专用插座孔用导线跨接或用汽车专用诊断仪与汽车诊断插座相连；点火开关置于"ON"，观察故障指示灯的闪烁规律（不同汽车制造

厂家进行故障自诊断测试的方法不完全一样）来读取故障码。根据显示的故障码，参照故障说明书，便可针对相应元器件进行检测、诊断，查找并排除故障（故障排除后应消码）。

（5）检查执行器：查火花塞、喷油器是否工作良好。

（6）检查辅助空气阀：若辅助空气阀不良，应再查冷却液软管、空气软管和气缸压缩压力。若气缸压缩压力低于规定值，则表明发动机有漏气，应拆检发动机排除。

（7）用万用表检查电子燃料系统电子控制回路：查配线连接情况；向 ECU 供电，检查熔丝、熔断器和主继电器；检查真空传感器、冷却液温度传感器、空气流量传感器、喷射信号回路（查 ECU 和喷射器配线）。

（8）检查进气管路有无真空泄漏，检查滤清器盖、机油油面高度、软管连接、PCV 软管及 EGR 阀是否持续开启。

第八节　发动机气缸压力检测

气缸密封性与气缸体、气缸盖、气缸垫、活塞、活塞环和进排气门等零件组成的气缸活塞组的技术状况有关，这些零部件组合起来成为发动机的心脏。在发动机使用过程中，由于这些零件磨损、烧蚀、结焦或积炭，导致气缸密封性下降，使发动机功率下降，燃油消耗率增加，使用寿命大大缩短。气缸密封性是表征发动机技术状况的重要参数。根据热力学的有关结论，气缸压缩压力与发动机热效率和平均指示压力有直接的关系。检测活塞到达压缩终了上止点时气缸压缩压力的大小，可以表明气缸的密封性。

检测方法有用气缸压力表检测和用气缸压力测试仪检测。下面以气缸压力表检测为例讲述发动机气缸压力检测方法。

一、发动机气缸压力检测方法

（一）检测条件

（1）蓄电池存电充足，启动系统工作良好。

（2）发动机应预热至正常的工作温度，水冷发动机温度为 75℃～95℃，风冷发动机机油温度为 80℃～90℃。

（3）拆下空气滤清器，用压缩空气吹净火花塞孔处的灰尘。

（4）拆除所有火花塞或柴油机喷油器，并按气缸顺序放置。

（5）将汽油发动机点火系高压总线拔下并可靠搭铁，以防止电击或着火。

（6）拆下电喷发动机油泵继电器或熔断丝，防止检测时出现燃油喷射。

（二）检测方法

（1）将气缸压力表的橡胶接头插在被测缸的火花塞或喷油器孔内，并扶正压紧；或将压力表接头旋入被测缸的火花塞或喷油器的螺纹孔内。

（2）将节气门、阻风门置于全开位置，用启动机转动曲轴 3～5s（不少于 4 个压缩行程），汽油机转速应大于或等于 130～250r/min，柴油机转速应大于或等于 500r/min（或原厂规定），待压力表头指针指示并保持最大压力后停止转动。

（3）取下气缸压力表，记录读数，按下单向阀使压力表指针回零。

（4）按上述方法依次测量各缸，每缸测量 2～3 次，并计算出各缸测量结果的算术平均值和各缸压力与各缸平均压力的差,将数据记录在表 6-2-1 中。

表 6-2-1 气缸压力测量记录表

缸序	1	2	3	4	5	6
第一次						
第二次						
第三次						
各缸平均压力						
压力差						

在检测柴油机气缸压力时,应使用螺纹接头的气缸压力表。如果该机要求在较高转速下测量,此种情况除被检气缸外,其余气缸均应工作。其他检测条件和检测方法同汽油机。

二、诊断参数标准

气缸压缩压力标准值一般由制造厂提供。按照交通部《汽车运输业车辆技术管理规定》第五十八条第三款的规定,在用车辆的发动机气缸压力不得低于原厂标定的 75%。根据 GB/T 15746—2011《汽车修理质量检查评定标准》附录 B 的规定:修理竣工的汽车发动机的气缸压缩压力应符合原设计规定,其压力差汽油机应不超过各缸平均压力的 5%,柴油机应不超过 8%。

常见几种车型发动机气缸压缩压力的标准值如表 6-2-2 所示。

表 6-2-2 几种常见车型气缸压缩压力值

发动机型号	压缩比	气缸压缩压力值(kPa)	各缸压力差(kPa)
奥迪 100 1.8L	8.5	新车:800~1 000 极限:650	不大于 300
捷达 EA827	8.5	900~1 100	不大于 300
桑塔纳 AJR1.8L	9.3	1 000~1 350	300
富康 TU3	8.8	1 200	300
解放 CA6102	7.4	930	
东风 EQ6100	6.75	833	
五十铃 4JB1	18.2	3 100	

气缸压力的测量结果如高于原设计值,并不一定表明气缸密封性好,要结合使用和维修情况进行分析。这种情况可能是由于燃烧室内积炭过多、气缸衬垫过薄或缸体与缸盖结合平面经多次修理加工过甚造成。气缸压力测得结果如低于原设计规定,说明气缸密封性降低,可向该缸火花塞或喷油器孔内注入适量(一般为 20~30mL)机油,然后用气缸压力表重测气缸压力并记录。

(1) 若第二次测出的压力比第一次高,接近标准压力,说明是气缸、活塞环、活塞磨损过大或活塞环对口、卡死、断裂及缸壁拉伤等原因造成气缸不密封。

（2）若第二次测出的压力与第一次相近，说明是进、排气门或气缸衬垫不密封（滴入的机油难以达到这些部位）的原因。

（3）若两次检测某相邻两缸压力均较低，说明该两缸相邻处的气缸衬垫烧损窜气。

以上仅为气缸组不密封部位的故障分析或判断，并不能十分有把握地确诊。为了准确地测出故障部位，可在测量完气缸压力后，针对压力低的气缸，采用以下方法进行确诊：

拆下空气滤清器，打开散热器盖、加机油口盖和节气门，用一条 3m 长的胶管，一头接压缩空气气源（600kPa 以上），另一头通过锥型橡胶头插在火花塞或喷油器孔内。摇转发动机曲轴，使被测气缸活塞处于压缩终了上止点位置，然后将变速器挂入低速挡，拉紧驻车制动器，打开压缩空气开关，注意倾听发动机漏气声。如果在进气管口处听到漏气声，说明进气门关闭不严密；如果在排气消声器口处听到漏气声，说明排气门关闭不严密；如果在散热器加水口处看到有气泡冒出，说明气缸衬垫不密封造成气缸与水套沟通；如果在加机油口处听到漏气声，说明气缸活塞配合副磨损严重。

第九节　离合器踏板自由行程调整

离合器分离杠杆内端与分离轴承之间的间隙，反映到踏板上的一段空行程，叫作踏板自由行程，即踏板从最高位置下行至感觉到有新的阻力为止的这段距离。正常的踏板自由行程，是保证离合器完全结合和彻底分离所必备的条件。

一、离合器踏板自由行程的检查

汽车离合器踏板自由行程过小，离合器压盘处于半分离状态，汽车启动后放松离合器踏板，车辆不能行走，即使能走也会加速磨损；自由行程过大或分离不彻底，在入挡的时候容易撞击变速器，摘挡也不好用。所以离合器踏板自由行程过大或过小是不允许的。

踏板自由行程的检查：用直尺先测出完全放松时踏板的高度，再测量出踩下踏板感觉有新的阻力时的踏板高度，二者的差值即为踏板自由行程。若该值与规定值不符，应进行调整。

二、离合器踏板自由行程的调整

在常用的小型汽车上，多采用膜片式离合器，用拉索进行操纵（如捷达、富康、桑塔纳等车型）。在捷达轿车离合器踏板自由行程的控制上采用了自动调整装置，此类离合器的踏板自由行程不需要进行调整。当检查其离合器踏板自由行程失准时，应检修或更换其自动调整装置。这里介绍普通的拉索式离合器踏板自由行程的检查与调整。

（1）富康轿车的离合器踏板自由行程为 5～15mm，有效行程不小于 140mm。检查时，先测出离合器踏板在完全放松时的高度，再测量踩下踏板感到分离杠杆被分离轴承压上时的高度，两次测量的行程差即为离合器踏板的自由行程。如不符合要求，可用离合器分离拨叉上调整螺母进行调整。调整时，根据需要，拧入调整螺母，则自由行程减少；拧出调整螺母，则自由行程增加，如图 6-2-7 所示。

(2) 桑塔纳轿车的离合器踏板自由行程为 15～25mm，有效行程为 150±5m。该车型离合器踏板自由行程的调整主要是靠离合器拉索的调整螺母来进行调整的，调整方法同上。

(3) 捷达轿车离合器采用自动调整拉索装置，该装置是一种免维护的拉索，具有自动补偿功能。当离合器摩擦片磨损时，由于拉索的自动调整作用，可使拉索内的拉线伸长一定的量，起到了自由行程的补偿作用。这样就保证了在摩擦片磨损一定程度之后仍能可靠地传递扭矩，避免了普通离合器踏板自由行程的定期调整工作。

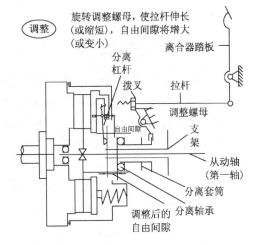

图 6-2-7　离合器踏板自由行程调整

第十节　前轮前束调整

前轮前束，是使汽车两前轮的前端距离小于后端距离，其距离之差叫作前束值。从汽车的上面往下看，左右两个前轮形成一个开口向后的"八"字形。

一、前轮前束的基本作用

(1) 前轮外倾有使前轮向外转向的趋势，前轮前束有使车轮向内转向的趋势，可以抵消因前轮外倾带来的不利影响，使车轮直线滚动而无横向滑拖的现象，减少轮胎磨损。

(2) 悬架系统铰接点的变形，也使前轮有向外转向的趋势，也要靠前轮前束来补偿。

二、前轮前束的测量

检查前束值一般在专用前轮定位仪上进行。如果没有该设备，可利用简易工具进行检测，方法如下：

(1) 检查汽车的前轮前束，必须将汽车停放在水平且硬实的路面上进行。

(2) 前轮处于直线行驶的位置，并向前滚动 2m 以上。

(3) 前束尺放在两前轮之间（置于前轴轴心的高度），前束尺两端链条刚好接触地面。

(4) 移动标尺，使"0"点对准指针。然后转动两前轮（或向前推动汽车），使前束尺随车轮转到后面，到达前面所置的高度，此时链条端头刚好接触地面。前束尺上所示的数字即为前束值（指针指向"＋"为前束，指向"－"为负前束）。

没有前束尺时也可采用卷尺、绳子等进行测量。如用卷尺测量时，可将前轮架起使其刚刚离开地面（两轮同等高度），能转动车轮。用划针在规定的前束测量处（胎面中心线上）做上标记，两边标记离地面的高度为车前轮中心水平高度（为缩小测量误差，记号应做得精确），量出标记间的距离，再将车轮转过半圈，标记转到后面（离地面的高度同前），再量出其距离，用后边的数值减去前边的数值即为前束值。如图 6-2-8 所示，前轮前束值即为 A 与 B 的差值。

三、前轮前束的调整

如果前束不符合规定，可改变横拉杆的长度进行调整。首先拧松左右横拉杆接头锁紧螺母；然后转动左右横拉杆至相等值，以使前束调到规定值（图 6-2-9）。在调整时，左右横拉杆的长度应调至等长（图 6-2-10）。在转动横拉杆前，横拉杆和齿条防尘罩应加润滑脂，以防止防尘罩扭曲，调整好后按规定拧紧力矩锁紧螺母，并检查齿条防尘罩是否有扭曲。

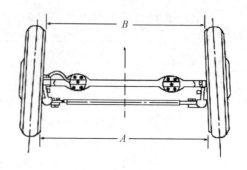

图 6-2-8 前轮前束

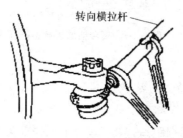

图 6-2-9 调整横拉杆长度

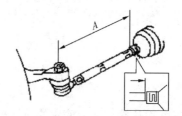

图 6-2-10 左右横拉杆等长度调整

第十一节 制动系统常见故障排除

汽车制动系的功用是使汽车减速或在最短的距离内停车，保证行车的安全。汽车的制动性能直接关系到行车安全性、动力性的充分发挥和运输效率，因此驾驶员必须掌握汽车制动系常见故障的诊断和排除方法。制动系统的常见故障有：制动效能不良、制动突然失效、制动拖滞、单边制动（制动跑偏）等。下面以制动失效、制动拖滞为例介绍制动系统的故障排除方法。

（一）制动失效

1. 故障现象

汽车在行驶中使用制动时不能减速，连续多次踩下制动踏板，各车轮不起制动作用。

2. 故障原因

（1）制动主缸内无制动液或缺少制动液。
（2）制动主缸严重磨损或皮碗损坏。
（3）制动管路破裂或接头严重漏油。
（4）机械连接部位脱开。

3. 故障诊断与排除

（1）踏几次制动踏板，若制动踏板始终到底且无反力，则断定故障在制动主缸。
（2）若制动踏板有力，检查管路和接头有无破漏或堵塞。
（3）以上没问题，检查制动系统内是否有空气。

(4) 检查机械连接部位脱开情况。
(5) 若机械连接部位无松脱，应调整主缸推杆的自由行程或对主缸进行检修。
(6) 若上述检查都正常，故障在车轮制动器。

（二）制动拖滞

1. 故障现象

汽车行驶一段路程后，个别（或全部）车轮制动鼓过热，且汽车起步困难，行驶无力。

2. 故障原因

(1) 个别车轮制动鼓过热时，一般是制动鼓与摩擦片间隙过小，制动蹄回位弹簧过软，制动分泵皮碗发胀或活塞卡滞，制动软管发胀阻塞。
(2) 全部车轮制动器都发热的原因是：制动主缸旁通孔或回油孔堵塞；制动液太脏或黏度过大，使回油困难；总泵或分泵皮碗、皮圈老化、变形或发卡；总泵回位弹簧过软、折断，或磨损过度而卡滞；踏板无自由行程或过小。

3. 故障诊断与排除

(1) 汽车行驶一定里程后，用手触摸制动鼓感觉发热，表明故障在制动主缸；若个别鼓发热，则故障在车轮制动器。
(2) 若故障在制动主缸，应先检查踏板自由行程是否过小；若过小，予以调整。
(3) 若行程正常，放松制动踏板不能迅速回位，则检查踏板回位弹簧、踏板轴及连接机构的润滑情况。
(4) 若踏板回位情况良好，则连续踏、松踏板，观察回油情况；若不回油，表明主缸回油孔堵塞，若回油缓慢，则拆检主缸。
(5) 若故障在车轮制动器，应先拧松放气螺钉；若制动解除，则为油路堵塞，若不能解除，则调整制动鼓与制动蹄之间的间隙。
(6) 经上述检查还有故障，则进一步拆检制动器。

第十二节　转向沉重故障排除

汽车在行驶过程中，需要经常改变其行驶方向。汽车转向系就是改变或保持汽车行驶方向的装置。

一、故障现象

汽车转弯时，转动转向盘感到吃力，且无回正感。

二、故障原因

主要原因是各部间隙过小、配合过紧、润滑不良或助力装置失效。
(1) 转向柱弯曲变形，转向器啮合间隙不当，轴承损坏或润滑不良。
(2) 横拉杆球头销润滑不良或调整不当。
(3) 轮胎气压不足，前轮定位不正确。
(4) 动力转向系助力装置失效。

三、故障诊断与排除

(1) 举起汽车，转动转向盘若无沉重感，表明故障由轮胎气压过低或前轮定位不正确引起。

(2) 拆下横（直）拉杆，使横拉杆与转向器（齿条）脱开，再转动转向盘检查。若转向盘转动灵活，表明拉杆球头销运动卡滞或传动轴外万向节卡滞、润滑不良。

(3) 拆下凸缘管与转向器主动齿轮间的夹紧箍，再转动转向盘检查，转向仍然沉重，应对转向柱的弯曲程度进行检修，并检查其支承轴承是否损坏卡滞等；若转向盘转动灵活，应检查转向器润滑油是否充足，调整是否得当，齿条是否弯曲变形且与衬套配合是否过紧。

(4) 对动力转向系，应先检查、调整驱动皮带的张紧度，观察有无漏油现象，并检查油泵、控制阀、助力缸的工作情况。

第十三节　汽车电源系统故障排除

在汽车上，全部用电设备所需要的电能，由蓄电池和发电机两个电源供给。若电源系统一旦发生故障，则不能保证车辆行驶所需的正常电量的消耗，需及时排除。电源系统故障通常为不发电和异响。

一、不发电故障

1. 故障现象

发动机运转，充电指示灯一直亮。

2. 故障原因

(1) 蓄电池至发电机电路保险丝断路；

(2) 传动带过松或断裂；

(3) 调节器有故障；

(4) 发电机有故障。

3. 故障现象诊断基本流程

如图 6-2-11 所示。

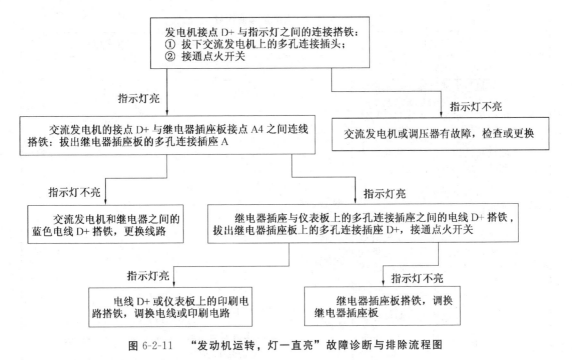

图 6-2-11 "发动机运转,灯一直亮"故障诊断与排除流程图

二、电源系统异常噪声

1. 交流发电机发出异常噪声

机械噪声往往是由于传动皮带在发电机皮带轮上打滑或者是交流发电机轴承引起的。

2. 无线电静电干扰

磁共振则是由定子线圈中的层间短路或有故障的二极管引起的。在这种情况下,无线电静电常与发动机的旋转同步发生。总之,除传动皮带噪声外,必须分解交流发电机,检查每个零件,并在必要时进行修理。

第十四节 汽车一级维护作业规范

汽车一级维护是指除日常维护作业外,以清洁、润滑、紧固为作业中心内容,并检查有关制动、操纵等安全部件。

一、一级维护作业内容

具体内容如表 6-2-3 所示。

表 6-2-3　一级维护作业内容

序号	项目	作业内容	技术要求
1	点火系	检查、调整	工作正常
2	发动机空气滤清器、空压机空气滤清器、曲轴箱通风系空气滤清器、机油滤清器和燃油滤清器	清洁或更换	各滤芯应清洁无破损，上下衬垫无残缺，密封良好；滤清器应清洁，安装牢固
3	曲轴箱油面、化油器油面、冷却液液面、制动液液面高度	检查	符合规定
4	曲轴箱通风装置、三效催化转化装置	外观检查	齐全、无损坏
5	散热器、油底壳、发动机前后支垫、水泵、空压机、进排气歧管、化油器、喷油泵连接螺栓	检查校紧	各连接部位螺栓、螺母应紧固，锁销、垫圈及胶垫应完好有效
6	空压机、发电机、空调机皮带	检查皮带磨损和老化程度，调整皮带松紧度	符合规定
7	转向器	检查转向器液面及密封状况，润滑万向节十字轴、横直拉杆、球头销、转向节等部位	符合规定
8	离合器	检查调整离合器	操纵机构应灵敏可靠，踏板自由行程应符合规定
9	变速器、差速器	检查变速器、差速器液面及密封状况，润滑传动轴万向节十字轴、中间承，校紧各部连接螺栓，清洁各通气塞	符合规定
10	制动系	检查、紧固各制动管路，检查、调整制动踏板自由行程	制动管路接头应不漏气，支架螺栓紧固可靠；制动联动机构应灵敏可靠，储气筒无积水；制动踏板自由行程符合规定
11	车架、车身及各附件	检查、紧固	各部螺栓及拖钩、挂钩应紧固可靠，无裂损，无窜动，齐全有效
12	轮胎	检查轮辋及压条挡圈；检查轮胎气压（包括备胎），视情况补气；检查轮毂轴承间隙	轮辋及压条挡圈应无裂损、变形；轮胎气压应符合规定，气门嘴帽齐全；轮轴承间隙无明显松旷
13	悬架机构	检查	无损坏，连接可靠
14	蓄电池	检查	电解液液面高度应符合规定，通气孔畅通，电桩夹头清洁、牢固

续表

序号	项目	作业内容	技术要求
15	灯光、仪表、信号装置	检查	齐全有效，安装牢固
16	全车润滑点	润滑	各润滑嘴安装正确，齐全有效
17	全车	检查	全车不漏油、不漏水、不漏气、不漏电、不漏尘，各种防尘罩齐全有效

注：技术要求栏中的"符合规定"指符合实际使用中的有关规定（GB7258—2017、GB/T18344—2016）。

二、操作步骤

（1）检查润滑、冷却、排气系统及燃油系统是否渗漏或损坏；

（2）更换发动机机油及机油滤清器滤芯；

（3）检查冷却系液面高度及防冻能力，必要时添加冷却液或调整冷却液浓度；

（4）清洗空气滤清器，必要时更换滤芯；

（5）检查清洗火花塞，必要时更换火花塞；

（6）检查 V 型传动带状况及张紧度，视情况调整张紧度或更换 V 型传动带；

（7）检查调整点火正时、怠速转速及一氧化碳含量。

后 记

编写《汽车驾驶员（初、中级）培训教材》（修订本）一书，是为了全面提升我省机关事业单位技术工人队伍综合素质的又一次尝试。汽车驾驶员工作涉及汽车的合理使用、安全使用等关键问题，编写该书不仅具有较强的现实意义，同时也具有很强的实践指导意义。

江苏省人力资源和社会保障厅领导对本教材的编写高度重视，全程指导了本教材的编写工作。为编写好本教材，省人社厅专门成立了编委会，结合我省机关事业单位技术工人队伍现状，组织有关专家、学者进行广泛调研。初稿形成后，又分别征求了有关高校和省（市）相关专家和学者，以及技术工人培训考核基地的意见，参阅了大量资料进行修订。本教材编写中，还得到了南京理工大学、江苏大学和江苏省运输管理局等部分专家及教师的指导，在此对他们表示衷心的感谢，对所参考著作和文献的作者表示诚挚的谢意。

全书共分六个单元，重点介绍了汽车驾驶基础知识，汽车技术基础知识，汽车构造，汽车维护，汽车常见故障诊断与排除，汽车初、中级驾驶员操作技能鉴定等内容，着重培养驾驶员对汽车高新配置功能的认识和识别，提高驾驶员对汽车主要技术性能的掌握水平，提升汽车驾驶员的专业岗位技能。

本教材是江苏省机关事业单位汽车驾驶员技师培训考核点多年来培训教学的经验总结和结晶，全书由江苏省人力资源和社会保障厅组织编审，主要撰写者均为江苏汽车技师学院一线专业教师。其中：第一单元由戴良鸿编写；第二单元由许媛编写；第三单元由凌晨、解国林编写；第四单元由解国林编写；第五单元由倪桂荣编写；第六单元由戴良鸿、凌晨编写。全书由戴良鸿和凌晨负责统稿。

我们力图把这本书编写得更加贴合机关事业单位技术工人继续教育的要求，使大家在学习和使用这本教材时能够得到更多的启发。由于水平所限，研究还不够透彻，对机关事业单位技术工人的科学文化水平的整体状况把握得还不够全面，因此本书在编写过程中难免存在不足和错误。在此，我们诚恳地希望使用本书的教师和读者能够在实际使用中提出宝贵的修改意见，以便日后修订得更为完善。

编 者
2018 年 2 月